渭南师范学院2014年校级特色学科建设资助项目,项目编号:14TSXK001

秦东历史文化
——2019年论文集

主　　编　卓　宇
副 主 编　凌朝栋　曹　强　韩艳秋

西北大学出版社

图书在版编目(CIP)数据

秦东历史文化.2019年论文集/卓宇主编.—西安:西北大学出版社,2020.3
ISBN 978-7-5604-4495-6

Ⅰ.①秦⋯　Ⅱ.①卓⋯　Ⅲ.①文化史—陕西—文集　Ⅳ.①K294.1-53

中国版本图书馆CIP数据核字(2020)第034226号

秦东历史文化 ——2019年论文集

主　　编：卓　宇
出版发行：西北大学出版社
地　　址：西安市太白北路229号
邮　　编：710069
电　　话：029-88302590
经　　销：全国新华书店
印　　装：西安华新彩印有限公司
开　　本：880毫米×1230毫米　1/16
印　　张：12.25
字　　数：310千字
版　　次：2020年3月第1版
印　　次：2020年3月第1次印刷
书　　号：ISBN 978-7-5604-4495-6
定　　价：38.00元

编委会

主　　编　卓　宇

副 主 编　凌朝栋　曹　强　韩艳秋

编　　委　（按姓氏笔画排序）

　　　　　王双喜　韦爱萍　白赵峰　田晓荣　权雅宁

　　　　　刘树友　卓　宇　党旺旺　凌朝栋　曹　强

　　　　　韩艳秋

目 录

◆ **作 家 研 究**

迟到的阅读
　　——李佳璐中短篇小说集《爱十二梦》的阅读札记 ………… 蔡静波　蔡海怡(1)
杜甫诗歌中的教育思想 ………………………………… 刘卓芮　王晓红　成荣强(7)
白居易渭村叹病诗 ………………………………………………………… 陈西洁(10)

◆ **人 物 研 究**（南大吉专题——"儒家文化与渭南人文"研讨会论文选）

论南大吉的良知学及其对明代关学的影响 ……………………………… 米文科(15)
南大吉对"心之良知本一"的阐释与践行 ………………………………… 郭秋桂(23)
王阳明笔下的绍兴知府南大吉形象 ……………………………………… 华建新(29)
王阳明高弟渭南南大吉
　　——阳明学在关中的传播 ……………………………… 南子扬　南海洋(36)
以南大吉为中心的明代渭上南氏家族 …………………………… 南海洋　南子扬(43)
郭坚述评 …………………………………………………………………… 张始峰(52)

◆ **戏 曲 研 究**

秦腔及华阴老腔在影视剧本创作中的融合与发展 ……………… 毛延龙　孙慧玲(58)

◆ **民 俗 研 究**

影视作品中的秦东皮影文化元素分析
　　——以电影《孙子从美国来》为例 …………………………………… 赵晓娟(62)
身边即将消失的文化 ……………………………………………………… 姬雷锁(66)

◆ 地方文史研究

秦东隐蔽战线上革命文化的传播 ………………………………………………… 白赵峰(70)

陕甘革命根据地"硕果仅存"的历史功绩 ……………………………………… 丁德科(73)

渭南地区教育系统女性宗教信仰状况调查报告 ………………………………… 韩艳秋(81)

惨烈悲壮的陕军抗战 ……………………………………………… 仝梅菊 何新国(87)

陕西文化传播力提升路径研究 …………………………………………………… 王 萍(96)

阎敬铭与"丁戊奇荒"
　　——兼论晚清社会防灾救荒体系与机制 …………………………………… 党旺旺(101)

网络视频节目《秦东印象》的文化传播研究 …………………………………… 祝培茜(108)

消失的华州名胜——西溪 ………………………………………………………… 徐颖瑛(112)

简论文明与华夏
　　——以秦东河洛地带为例 …………………………………………………… 孙 樵(121)

古汉语教材《史记·韩信破赵之战》注释商榷 ………………………………… 朱成华(129)

"国际汉语教师志愿者计划"的管理蠡探
　　——以对秦东高校汉语国际教育专业毕业生调研为例 …………………… 延 慧(133)

师范院校语言类课程"整合"的研究和实践 ……………………………… 王麦巧 程 敏(137)

◆ 《史记》与司马迁研究

十岁之差　千年疑案
　　——司马迁生年公元前145年的观点应属妥当 …………………………… 丁德科(142)

司马迁孝道思想探源 ……………………………………………………………… 王麦巧(148)

司马迁对韩城文化的影响 ………………………………………………………… 张静莉(155)

《史记·夏本纪》隐喻探析 ……………………………………………………… 王炳社(161)

雷蒙·道森英译《史记》的叙事特点 …………………………………………… 曹 强(171)

复制原貌,再现经典:杨宪益《史记》英译本评介 …………………………… 高凤平(177)

试论《史记菁华录》选文思想及其评论特点 …………………………………… 凌璐丝(184)

作家研究

迟到的阅读
——李佳璐中短篇小说集《爱十二梦》的阅读札记

蔡静波　蔡海怡
（渭南师范学院　陕西 渭南 714000）

摘　要：李佳璐是我市近年来初露头角的青年作者之一，其短篇小说《陈阿盲》荣获第三届杜鹏程文学奖。本文从篇章结构、内容描写、语言运用等方面探讨了其中短篇小说集《爱十二梦》的思想和艺术特色。

关键词：李佳璐；小说创作；爱十二梦；故事结构；语言特色

作者简介：蔡静波（1957—），陕西华阴人。文学博士，渭南师范学院人文学院教授，中国作家协会会员，渭南市作家协会副主席。蔡海怡（1984—），女，陕西华阴人。教育管理学硕士，渭南师范学院教师。

李佳璐的《爱十二梦》是近年来我阅读的为数不多较有特点的小说之一。该书虽然早已面世，中间还再版过，而我竟孤陋寡闻，直到三年之后方才听说。于是，便给作者发去微信索要，不料次日正逢她到渭南师范学院参加非遗培训，便即顺巧送来。

我看书一向很慢，但这本书却是在短时间内看完的。现在就谈谈我对此书的读后感。

从形式上看，《爱十二梦》分为《春》《夏》《秋》《冬》四部分，每个部分各有 3 个故事，每个故事的主旨精神还有对应的节气气质，可谓形式上别具一格。具体有《催眠师》《空城记》《健忘症》《陈阿盲》《向日葵》《扑风记》《梦旅人》《杜撰记》《浮生记》《美皮囊》《醉风尘》《他叫红》，全书总共 12 篇小说，就如同一年当中十二个月，且题材均为爱情类，此应为小说名称之来由。

从内容上看，有以下几个特点：

一、匠心独运，结构巧妙

《催眠师》是《春》中的首篇。作者讲述了一个名叫安西的女大学毕业生，恋上了公司里一个叫张默的老总，并被老总张默包养了起来；而老总张默是心理医生"我"的丈夫；安西知道张默和她只欲行鱼水之欢，并不想和妻子离婚，不想娶她，因而心情抑郁，于是寻找心理医生"我"诉说：幻想要为张默生个孩子；但安西并不知道她所倾心相诉的心理医生是张默的妻子；而心理医生"我"应该是一开始便明白了安西是谁；心理医生"我"注意到了丈夫张默心情好，已猜出其事，于是便设计害死了安西，从而守住了自己并不很温暖的家。

《陈阿盲》是《夏》中的首篇。作者讲述了一个名叫陈阿盲的姑娘，本来生得很美，却因为一场突如其来的火灾变成了盲人。阿盲的爷爷陈德生在老家的小镇上开了一个中医馆，专门为人把脉针灸，医德好，医术高，深得邻里乡亲信任；但爷爷有个怪癖：不为富者医，不为官者看，所以医馆生意平平淡淡。直到有天医馆里来了个人后，爷爷转变了观念，取下了墙上那幅"不为富者医，不为官者看"的墨迹，生意从此日渐兴隆了。突然有一天，爷爷休诊一日，留下阿盲照料一下熟客。傍晚时分，爷爷回来了，告知阿盲医馆要搬进城里了。其实，阿盲的爷爷陈德生早年就是省城里的名医，就是因为17年前那场大火才搬离了省城，回到了老家小镇。前去拜访并动员陈德生搬回省城的那个人叫李子玉，也是当年从大火中救出陈阿盲的人，现在来请他为一个大人物——当年分管城建的张副市长看病。这个大人物和他的儿子张默然第一次来医馆，是由李子玉领着，经过一段治疗，张副市长一直以来被那种莫名其妙突然而至的疼痛折磨得难以安眠的情况有了好转，晚上能睡安稳了。然后，突然有一天，李子玉来说张副市长死了。而且，据张副市长儿子张默然给阿盲所说，不仅他爸死了，和他爸一同在这治疗的几个他爸原来的下属也都突然死了。实际上，在陈德生为张副市长治疗的日子里，张副市长的儿子张默然已然和陈德生的孙女陈阿盲因为热爱诗歌建立起了爱恋关系。为解张默然的迷茫，阿盲对比了爷爷给张副市长几个人开的药方和给其他人的药方，发现虽然都是安眠，但方法不一：给张副市长及其几个下属用的是针灸封闭经络，而给其他人用的是疏通穴位。最后，阿盲的爷爷陈德生带着仇恨离去了人世，而张默然为陈阿盲治好了眼疾，但陈阿盲拒绝了张默然；张默然选择了出国，远离这个伤心的环境，陈阿盲则一把火烧掉了房子里曾给人治病的瓶瓶罐罐，重又回到老家小镇……

《梦旅人》是《秋》的首篇。这应该算是一篇心理小说。作者讲述了一个名叫林素的泾渭市电视台女记者和她的男友心理医生"姜一僧"（谐音）的故事，也可以说是一个精神病患者和心理医生的故事。林素和男友姜一僧在忘川镇同居后，邂逅一个名叫格落的女人。而格落则是姜一僧的前女友。格落曾是一名歌手，在北京演唱期间遇到来自忘川镇的名叫姜一僧的北大心理学学生，两人开始交往，相恋并同居，格落因此怀上了孩子。姜一僧为了不要他和格落的孩子，发挥专业特长，给格落用了药，使其失去记忆。格落生下孩子后，带着孩子来到了姜一僧的故乡忘川镇。格落因为失去孩子精神失常，被林素交给了来泾渭市纯粹是为了赎罪的心理医生姜一僧。这其实是个叠套式的小说，最后才揭示谜底：林素和格落其实是一个人，一个因为"幼年阴影"而罹患分裂症的女人，一个是成年后的她，一个是少年初次遭遇爱情时的她。最后作者才以姜一僧之口说明真相："其实分裂症不可怕，可怕的是有人根本意识不到，今天与明日分裂，此刻与彼时分裂，现在与未来分裂，在这分裂的空隙中，我寻找各种缝合的可能。而弥补这些缝隙的最好的方式就是爱。我爱你，林素。"之前林素所有的误会和痛苦，皆是童年和少女时期各种内心隐蔽糅杂在一起而起的病症与幻觉。

《美皮囊》是《冬》的首篇。它描述了盛产美女的江南名镇罗敷镇一个名叫易小花的姑娘，嫁给了一个满脸土黄病恹恹、个头不高、眼神里却透着些许狠劲、利用手段娶她的男子夏国平，并跟着夏国平来到一个鸟不拉屎的西北小县城。夏国平在这里靠着投机倒把投资煤矿竟然发了，为了自己的家业有人继承，他希望女儿夏南能招个上门女婿；孰料女儿引进门来的陈文柯却与老婆易小花的侄女丽柔搂在了一起。这虽然帮了易小花的忙——把陈文柯赶出了夏家，但同时也让看到陈文柯与丽柔院中相拥的夏南离家远去。像南南一直不知道自己想要什么一样，陈文柯面对丽柔也不知该选择谁。作者通过夏国平和妻子易小花的婚姻以及女儿夏南与男友陈文柯之恋，推论并说明男人爱女人，其实就是爱女人一副美的皮囊罢了。

这四篇小说的故事情节、人物设置都很巧妙，前后照应，浑然一体，充分体现了作者的艺术匠心。

二、性事描写，点到为止

《爱十二梦》这本以描写爱情为主的小说中，几乎每篇都写到性。但令人欣慰的是，作者没有像当下网络文学中那样用赤裸裸的性描写吸引读者，赚人眼球。她写性，多是点到为止，含而不露；她写性，只是为安排故事中人物命运发展大起大落或喜或悲所做的铺垫。

还以《催眠师》为例,作品中女主人公安西给心理医生"我"讲述她被张总第一次约进酒店里两人第一次发生性事:他在那酒店里要了我。我们的第一次很平淡,平淡得就像多年的老夫妻把这种事当作任务一般。生理上的疼痛却无法引发我继续装下去的欲望,我咬着牙不出声。后来,安西还给心理医生"我"讲:我每天都在一种期待的恐慌中度过。夜晚的寂寞随时随地都可以吞噬我。大部分的时候,张默是不过夜的。白日的欢愉刺激而又夺目,张默喜欢在日光下和我做爱,他喜欢赤裸裸地享受着这种刺激的鱼水之乐。……她说,她打给张默的电话被掐掉,短信也只有短短三个字:别打扰。她是个无从发泄怨念的小三。

安西对张默从最初的热恋、付出,到最后的殉情,不正是她一个女子命运的悲剧吗?

作为心理医生的"我"同样也给安西讲述了她和他(张默)的第一次性事:我早于自己成人之年便把自己身体交付于他,在一个漆黑而生冷的夜晚的麦秸垛子里。我的第一次毫无羞涩与痛苦,仿佛完成一个自然而然的成人礼。这些年我与他过分熟悉,彼此对于对方的欲望就如同两只野兽般互相侵吞。大概是年少时彼此耗费得过于彻底,有时候,两个人再血浓于水的亲密也会被时间熬成一锅无味的干汤。接着,心理医生"我"继续给安西讲:他不说,我却看得出来他对我日益增加的厌恶。他心底的那一点点良知倒是让他对我一直不离不弃。……我走样的身材,皱纹渐多的脸,这些,都加速了他的厌恶。只是他从来不说。他最爱的永远都是他自己,而我的青春,我的付出,我的等待,都是他的理所当然。

书中这样的描述,不也展示了心理医生"我"的情感悲剧吗?

还以《陈阿盲》为例。《陈阿盲》应该是书中唯一没有写性的篇章,但却充满了浓浓的爱意。其中医生陈德生的孙女陈阿盲在接受曾经因拆迁造成自己家破人亡的仇人的儿子张默然的生日祝福时两人有一段感人肺腑的描写:张默然说,"盲,我从来没有给一个女孩子做过这些。只有你配得上。盲,你那天说的话我听到了,我好心疼。盲,我从来不觉得你看不到,我觉得你看得到我的心,这就够了"。盲心里想,这就够了。真的够了。在这样一个时刻,在一个女孩子最为鲜艳明亮美好的时刻,她能够听到这番充满真诚爱意的话,就已经足够。她细细地咀嚼着张默然小心喂给自己吃的蛋糕:"真好吃呢。默然哥哥,你每年过生日都会吃这个吗?"张默然心疼地看着她,盲的眼睛里映着暖暖的烛光,月色迷人柔亮,洒在屋子里。"以后每年我都喂你吃蛋糕好吗?""默然哥,我可以摸摸你吗?我想记住你的样子。"张默然郑重地点点头,把脸凑上去。盲小心地把手放上去,细细地摸索着,如同平日里仔细地去摸索每一个穴位。她摸到了张默然的眼、鼻梁、嘴唇、耳朵、下巴。她在心里默默地勾勒着这个男人的模样。张默然的鼻子挺高,嘴唇略厚,脸型摸起来方方正正的,下巴上有些青涩的胡茬儿,盲触摸到他的眼睛时,他紧紧闭起,她滑过那些浓密的如同叶子一般的睫毛,她将手放在他的眼睛上,她感觉到那些叶子微微地颤抖起来。

这种男女愉悦的触摸不是性吗?难道只有男女的床笫之欢才是性吗?它写得多么纯洁!

再以《梦旅人》为例。作品中有一段林素讲述她和姜一僧在忘川镇的同居:我和姜一僧开到忘川镇已天黑,我说自己怕黑非得和他挤在一起睡。他拿我没办法就搂着我入睡了。……我轻轻抱住他,附耳问他为什么一直不要我。他捧起我的脸看了看,我好似听见很轻的一声嘀咕,他叹气道,真是像呢。我当时没多想,以为他只是叹气喃喃自语。黑暗中我看见姜一僧吻过来,他紧闭着双眼,嘴唇颤抖着。他抱起我,这个时候我感觉在他怀里像是要融化进他的气息里。我喜欢姜一僧的味道,那种味道熟悉又亲切,那种甜腻而欢欣的味道,如同他的笑容一样摄我心魄。我突然非常渴望他要我,我想要把自己溺死在这甜腻里。这突然涌起的渴望似曾相识却无从追究,我自觉自己从未获得过这方面的经验。我和他的第一次非常顺利,这顺利有些出奇,不论是我或者他,都不见生涩害羞。我不断地迎合他,就似迎合我失落于深夜的一个梦。

林素与姜一僧因格落的介入,使林素对姜一僧产生了重新认识,继而产生了莫大的间隙,但其实格落是林素因分裂而产生的幻觉,本质还是另一个自己。这种幻觉中的性爱难道不是一个女子隐匿的高潮吗?

再以《美皮囊》为例。作品中虽然夏国平用手段追到了易小花,易小花也为夏国平连生了夏南、夏北两个女儿,但真正描写夏国平与易小花的性生活文字,却极为平淡:夏国平每次与跟易小花同房都似蜻蜓点水,丝毫没有激情和乐趣。夫妻生活像是刻板的课程安排,按部就班,就连姿势似乎也都次次一般。倒不是夏国平对易小花性冷淡,而是每次就算夏国平非常激动地去投入,自己那不争气的身体让他举而不坚,每次好不容易坚硬起来让易小花刚刚兴奋,都是那么匆匆几下就泄了。夏国平举而不坚的毛病使他把对女人的兴趣全然转到了赚钱上;而易小花在心底里怕夏国平这个男人,也不敢在外面找个野男人或包养个小白脸。就是在写到夏南的男友陈文柯与易小花侄女丽柔的偷情,也没有太过赤裸,只是用了一些令人想象的文字:面对一个温柔又热情的女子,主动这样对待自己,哪个男人能够把持住自己心内的一团火而不勃发?……在这样的欲念里,陈文柯一把搂住丽柔,放到床上想要她。丽柔却是一副欲拒还迎的态度,一面推搡着,一面又是柔柔地叫唤,叫得陈文柯心里是由痒到酥再到麻。……他迅速脱掉丽柔的衣裳,急急忙忙地就撞了进去。丽柔感觉到陈文柯一定是个"生手",她很努力用身体逢迎这个男人,但是他很快就气喘吁吁败下阵来。抱着丽柔,陈文柯心里莫名地涌起一种感激而不是愧疚。他突然觉得有一个女人与自己的身体这样融合是一件在这个年纪里最妙的事情。他甘愿成了美的囚徒。这种美似一团火焰,让他的心发烫。雪白的胴体在眼里炽热着,丽柔胸前那如同脱兔一般跳动的乳房如同两座高耸的小山峰,他再次不顾一切地爬上去探索着这美丽的山峰和幽暗的泉水与森林。

这一段描写还算是相对赤裸了一点,但也只是大略而已。它告诉读者像丽柔和陈文柯这样两个一见即做的人,似乎当时很惬意很投入,其实也是露水情缘,很快就各奔东西了。

应该说,作者文中涉及的所有性描写,都是为故事的展开和人物命运的悲欢离合服务的,旨在教化读者认识社会,了解世情,而绝不是为了媚俗,迎合世俗的低级趣味。

三、小说文本,散文语言

《爱十二梦》作为小说,作者运用了传统的描述和叙述方法,完成了她的作品架构。但无论是描写还是叙述中,都采用了大量的散文化句式和惊世骇俗的语言,从而增强了作品的感染力。这应该是其一个显著的特点。

(一)散文化句式

《空城记》描写了一个名叫杜莫的北方农村娃考上大学,单相思地恋上了一个共同只上过公共课的南方同学白小楠,结果可想而知。虽然他日夜思念,苦苦寻思,甚至长途跋涉,但当他见到她时,从她的表情、她的打扮,都和这个农村出身的自己"格格不入",也和他想象中的差距很大。他已知道他所暗恋的白小楠死了。他又重回到他的家乡,唱起祖辈一直爱唱的《空城计》,就好像他从头到尾的深爱,也不过就是一出"空城计"罢了。其对主人公杜莫的描写中使用了一系列排比句:原本杜莫是条坚强的北方汉子,原本他不该出现在他无比厌恶的南方,原本他不会出现在这场雨里这条街道这个造型怪异的小阁楼前……他开始厌烦这种安静,厌烦这里连绵的雨水,厌烦周而复始地躺在潮湿而冰凉的小板床上对着漏雨的天花板发呆……他想念属于他的一望无际的沟壑,他想念他家他一手喂大的黑娃,他想念那片辽阔的苍穹上盘旋的大雁,他想念他的椒盐知了、酸甜蚂蚁、烧烤麻雀,他更想念在他上火车前对他拳拳不舍地说"杜莫哥,你大学毕业了可一定要回来带我们呀"的那一群还没上过学在村里闲逛荡的小臭孩儿们。从这些作者在开头刻意描写的排比句中，我们就应该能直观感受到主人公的命运走向。

《向日葵》描写了一个名叫小罗的女歌手爱上一个男画家的故事。故事看似不靠谱，但歌手的家教限定了她对画及画家独特的认识，因之，两人认识、相恋，又透露着生活的必然。其中对男主人公画家"我"的多处描写中使用了排比句式，如：如果不是遇到她，我不会这么富有批判精神剖析自己，我也不会如此有灵感自我创作；如果不是遇到她，我也不知道这世界有一种东西对我来说是比孤独更加深刻的温暖，那就是爱。又如：我在享受这姑娘带给我的所有柔情、所有懂事、所有温暖的时候，这姑娘又再次消失了。上次她消失，我感受到了对于她的爱。因为这爱，我却自我堕落。这次她消失，我感受到了对于她更为深刻的爱，因为这爱，我决定努力完善自己，在画作上更下功夫。再如：我的故乡有这座繁华都市不曾有的安逸宁静，也有这座繁华都市不会有的热闹人情。我的故乡有这座繁华都市不曾有的空旷辽远，也有这座繁华都市不会有的闲杂琐事。我热爱我那个小小的城市，它没有哈根达斯，却有五毛一根的好吃冰棒。它也没有琳琅满目的商品，却有一望无际的麦地。它没有这里许多打扮时髦穿着光鲜的漂亮姑娘，却有我无法忘怀的初恋的她。它也没有教授口里那么多的美术展，却有着农民用沁满汗水的双手堆出的玉米和好看的窗花。因为它有着一个让人永远沸腾的名字，故乡。还如：我觉得小罗姑娘有种特殊的魔力，总是处处给予我惊喜。她的出现是惊喜，她的回归也是惊喜。她的话语中所蕴含的力量是惊喜，而她此刻不容置疑的这个强硬态度也是惊喜。我无法抗拒她的这种莫名的魔力。但是我很疑惑这个唱歌跑调的姑娘，怎么能有那么大的能量，此刻坚定地告诉我，她要帮我办画展。这些话语，既能让我们感到小罗姑娘对这位年轻画家的影响，也能激发我们一读到底、寻求答案的好奇心。此外，这篇小说开头的"第三人称"式的叙述也是值得探究的一种引人入胜的小说技巧。

如《美皮囊》中丽柔给陈文柯洗脚的一段："丽柔轻轻扶起他的脚，缓缓地褪下袜子，慢慢搁到水里，柔软而修长的手指按压在脚上的经脉穴位上，分外的舒服。这水也是刺激得人有些意乱情迷。她竟是要帮自己洗，陈文柯心里暗自踟蹰了一下又自然起来。"这里，作者通过"轻轻""缓缓""慢慢"和"柔软而修长""按压"等一系列词语把一个女子对一个初恋的男子那种温柔、爱意淋漓尽致地描绘了出来。

《他叫红》描写了一个叫"红"的农村男孩大学毕业后在城里追梦的情感遭遇，展示了现实社会的千奇百怪和无比残酷。其中写到一个名叫弋楠的中学音乐教师和她的学生红的感情关系："弋楠和他的这段美妙而奇特的关系是，没有承诺，没有索取，没有付出，亦没有责任和纠缠。"这种对男女随意交往的描写，徒增了一份对现实的清醒认识。

（二）惊世之语言

《催眠师》中写安西："被老男人惯坏了的女人就是这样，任性、骄傲、挥金如土。"写心理医生"我"的心得："男人都类犬，看似一副忠诚的面孔，其实都有向外的心。"

《向日葵》中写画家："我成了一名酒精爱好者，俗称酗酒。其实酒这玩意儿是个好借口，人喝醉的时候往往是最清醒的时候。可以想念不可以想念的人，可以做很多平日不敢去做的事，可以对自己有更清楚的觉悟。"

《美皮囊》最后作者的感悟："有的女子，初见时觉得新鲜有趣，时日长了，便觉生出些乖僻无聊的情绪来。有的女子，刚开始平淡若水，可就在你的生命中留下席位和不可磨灭的印记，这印记会随着时光的长河，被渐渐冲洗得越发清晰，越发生动，越发鲜活起来。""女人再美，也不过是副皮囊罢了。"

上述这些仅举的例子，都会让读者凡读必思。

当然，小说还有需要改进的地方，比如个别地方语言尚欠精炼，传统文化常识尚欠准确。但是瑕不掩瑜，个别小问题并不影响该书存在的意义和审美价值。

总体来讲,《爱十二梦》不是长篇,但作者匠心独运,把一篇篇看似毫无关系的小说连缀成看似长篇的一个结构。其中一个个令人心旌摇曳的爱情故事以及故事中所蕴含的时代背景、社会现实和人物命运不仅令人不忍卒读,而且值得深思。

最后,我想说的是,无论是从对小说结构的驾驭,还是语言的运用,以及对写作动机即主题的把握都恰到好处,李佳璐都是一个正在走向成熟的作家。

杜甫诗歌中的教育思想

刘卓芮,王晓红,成荣强

(渭南师范学院 人文学院,陕西 渭南 714099)

摘 要:唐诗之所以千古流传,不仅是因为其具有感染人心的力量,更重要的是其具有启迪人思想的教育意义。作为唐诗泰斗之一的杜甫,一生写下1400多首诗歌,对唐诗的兴盛有着举足轻重的作用。以往我们都是探讨他作品中的文学思想,以及诗歌的艺术手法。今天我们从另外一个角度来对杜甫做一个更深入的了解。了解其作为一个父亲是怎样教育子女的,以及他的教育思想对后世有何启发。这也有助于我们在以后的学习中更深入地理解其诗歌思想内涵。

关键词:杜甫;诗歌;教育;思想;

基金项目:2019年渭南师范学院大学生创新计划项目(卓越教师培养类)项目编号:"新课标背景下中学文言文教学方法改革探究"

作者简介:刘卓芮(1998—),女,陕西西安人。渭南师范学院人文学院在读学生。主要进行高中文言文教学方法改革研究。

杜甫是位伟大的诗人,他的一生虽然坎坷不平,但是他从来没有一刻忘记过人民。他用笔触向世人展现了他伟大高尚的情操,但是再伟大的人也有着平凡人的七情六欲、亲情伦理。正是因为杜甫身上有着这一品质,更增添了他人格的亲近之感。他并不是我们可望而不可即,站在神坛上的偶像,而是我们能够切切实实感受到的人。本文就其表达亲子之情的作品探析一下其教子诗中流露的教育思想。

一、杜甫教育思想的核心

构成文化最核心的部分是历代哲人们的哲学思想与学说。这些思想展现了中华民族无尽的智慧,塑造了中华民族的灵魂。而在这众多的思想学派之中儒家的思想对人们的影响最为深远。对普通人尚且有熏染,何况是诗人呢?他们的诗也是自己的思想体现。杜甫的诗歌深受儒家思想的熏陶。他秉承孔孟的"仁爱"思想传统,以儒家思想为主旨,努力使自己成为一个儒者。从他的诗歌中,流露的是安人济世的儒家情怀,体现的是儒家的人本主义思想。在杜甫的思想中值得我们尤为重视的是用儒家仁义思想教育子女。儒学的核心思想是"仁","仁者,爱人"。儒家所强调的爱是分为不同的层次和境界的,即所谓"亲亲而仁民,仁民而爱物"。亲近友爱自家的亲人,再把这份爱推及对他人的身上,最终上升到对天地万物的爱。

(一)"亲亲"

"亲亲"在最初的意义上是基于血缘或姻缘的亲属关系,如家庭内部的父子、兄弟、夫妻关系。但是古人进一步将其扩大化,不仅局限于家庭伦理,而且也扩大到社会层面。古代社会在实质意义上正是以"亲属关系"为中心的熟人社会,体现着家庭伦理的放大。孝道从古至今都是我们所推崇的高尚品质。儒家更是特别重视,强调"百行孝为先"。作为一个积极"奉儒"者,作为一个最懂得感情的诗人,杜甫写了许多表现伦常情感的诗。写对兄弟姐妹的惦记牵挂:"有弟有弟在远方,三人各瘦何人强。""有妹有妹在钟离,良人早殁诸孤痴。"(《乾元中寓居同谷县作歌七首》)至于思念妻子儿女,杜甫在诗中就写得更多。

(二)"仁民"

儒家的学说可以称为"仁学"。孔子在《论语》中是因材施教、随机而答,从不同角度来回应什么是"仁",如《论语·颜渊》篇里面说到"樊迟问仁,子曰:爱人"。孟子也说"仁者爱人"。《论语》里回答樊迟的"爱人",是仁的基本含义。"仁民"顾名思义就是要爱所有的人。作为出身贵族的杜甫来说,他能够在他的诗歌中体现出"仁民"的思想。由此可见,杜甫是儒家思想的践行者,同时更体现了杜甫是一位值得世人敬仰的伟人。杜甫诗《催宗文树鸡栅》有句"我宽蝼蚁遭,彼免狐貉厄",体现了杜甫以仁爱教育来教育子女的用心。

二、以杜甫教子诗为例,阐述杜甫的教育思想

《熟食日示宗文宗武》
消渴游江汉,羁栖尚甲兵。
几年逢熟食,万里逼清明。
松柏邙山路,风花白帝城。
汝曹催我老,回首泪纵横。

《又示两儿》
令节成吾老,他时见汝心。
浮生看物变,为恨与年深。
长葛书难得,江州涕不禁。
团圆思弟妹,行坐白头吟。

这两首诗都作于寒食节,从古代就有清明节扫墓祭奠先人的习俗。作者于清明节作这两首诗目的在于对两个儿子进行孝行方面的教育。"团圆思弟妹,行坐白头吟",从笃于亲情的角度对二子予以训诫。可见杜甫还是在教育子女方面特别注重孝道,以及伦理亲情关系的。

杜甫遣仆人伐木,却规定"人肩四根已,亭午下山意",并表示要"报之以微寒,共给酒一斛",这是他教导宗武要体恤下人,爱惜人力,这正是儒家"仁者爱人"精神的体现。

三、杜甫的教育思想对当代教育的启示

(一)因材施教

孔子提倡因材施教,作为一个儒道的忠实信奉者,杜甫在教育子女方面也蕴含着因材施教的教育原则和方法。

杜甫长子名为宗文,一般而言,人们对于长子寄予的期望值往往高一些,这也深受封建宗法制的影响。按照一般逻辑宗文应该是父亲衣钵的继承者。我们从他的名字不难看出杜甫对其寄予的厚望。但是当杜甫发现其特长禀赋不在于"文",他没有将自己的思想灌输给宗文,相应地着重培养宗文其他方面的能力,主要是处理家务的能力。由《催宗文树鸡栅》诗可见,杜甫给予宗文的日常功课是农事劳动之类的工作,杜甫另有《驱竖子摘苍耳》可见。

杜甫次子宗武天资聪颖,杜甫曾夸他"聪慧谁与论"(《忆幼子》)。对这个儿子杜甫寄予了厚望,从其郑重其事地叮嘱"诗是吾家事"(《宗武生日》)不难见出。杜甫因材施教的教育方法,在当代仍然值得借鉴。在儿童的成长过程中,顺应儿童身心发展特点,这一点尤为重要。要根据儿童的特点进行教育,应该看到儿童擅长的方面并针对这些方面进行深入的教育,这样的教育是人性的、科学的。没有人是完美的,尽管看到不好的方面,但更重要的是看到好的方面。

(二)德育与智育相结合,重视综合素质

杜甫是一个读书人,但他却不是满口都是"知乎者也"的酸儒,他是一个思维开阔,有着高尚情操的文人。在教育内容上,除了德育与智育之外,杜甫比较重视培养子女的综合素质,如他有意识地让子女参加一定的劳动生产,从《催宗文树鸡栅》《课伐木》都可以看出。除了这两首诗以外,还有"儿去看鱼笱,人来坐马鞯"(《秋日夔府咏怀奉寄郑监李宾客一百韵》)、"荷锄先童稚,日如仍讨求"(《除草》)、"堂下可以畦,呼童对经始"(《种莴苣》)等,杜甫培养孩子劳作的能力,一方面是为了让孩子懂得劳作的辛苦,更加珍惜生活,另一方面是为了让孩子尊重劳动和体力劳动者。

杜甫还注重培养孩子们一些艺术修养,如"地幽忘盥栉,客至罢琴书。挂壁移筐果,呼儿问煮鱼"(《过客相寻》)、"昼引老妻乘小艇,晴看稚子浴清江"(《进艇》)、"老妻画纸为棋局,稚子敲针作钓钩"(《江村》)、"杖藜还客拜,爱竹遣儿书"(《秋清》),可以见出,杜甫在教导培养孩子们琴棋书画乃至于游泳、钓鱼等方面才艺时,方法手段是很灵活的,不拘泥于家中这样的正式场合下教学,在室外也可适时的教育,此可谓寓教于乐了。在当时这样的教育思想还是比较前卫的。可见杜甫虽然是这忠实的"儒者",但他并没有被封建思想所束缚。

(三)言传身教,以身作则

杜甫在对孩子进行教育时,还有一点更值得我们后人重视,即言传与身教相结合。

前文所述,杜甫注重培养孩子们重视伦理亲情的观念,对之灌输爱的思想。杜甫一生坎坷不平、漂泊动荡,与自己的弟妹们更是聚少离多,但是,作为兄长又深受儒家伦理亲情的熏陶,杜甫一生都不曾忘却弟妹们,杜甫所作的大量的怀念弟妹诗便很好地证明了这一点。杜甫一生中创作一千多首诗歌,其言及弟妹的诗作有52首之多,其中涉及弟弟的41首,写给妹妹的2首,兼及弟妹的9首。在中国古代作家中,如此高频率地书写自己手足之情的作家实不多见,这足以说明杜甫对亲情伦理的重视,以及其身上浓厚的人情味。

除此之外,有一个更重要的事实是,杜甫的三弟杜占长期以来一直伴随杜甫的小家而生活。众所周知,杜甫颠沛流离于江湖,尤其是后期漂泊西南期间,其家庭经济一直是十分拮据的,他的幼子因饥饿而死。杜甫可谓是自己都不能独善其身了,但他也要收留杜占。这个行为本身,无疑对孩子们就是最好的亲情教育。身教的影响力无疑是深远的,并且成效显著的。从杜甫次子宗武的身上就可以看出来。在杜甫死后四十三年宗武完成了杜甫的夙愿在万般艰难之下让其葬于祖墓。

在当代,这种教育思想值得大力提倡,值得教师以及家长切实践行。要想让孩子成为什么样的人,自己首先要成为这样的人。身教的力量远远要大于言传,与其教授孩子要怎样做,不如做孩子的榜样。和孩子一起学习,一起成长,相信这样的教育一定会产生意想不到的效果。

杜甫作为一个伟大的诗人,他留给世人的不仅仅是他所创作的反映时代、反映人生疾苦,同情劳苦大众的诗歌,还有他的教育思想。如果说我们关注他的诗,是把他作为一个伟大的诗人来看。那么关注他的教育思想,则是把他当作一个普通而又伟大的父亲来看。抛开他诗人的冠冕,他还是一位父亲。总之,杜甫的教育思想值得我们借鉴,但这并不意味着他所有教育思想都是精华,其中当然也有不好的东西。所以我们要取其精华,去其糟粕,在借鉴的同时要赋予其时代精神,更好地与时代相结合。在教学过程中了解杜甫的思想,感悟杜甫的精神远远比教授学生文本上的知识要重要得多。"授人以鱼,不如授人以渔"。这是每个教育工作者都应该明白并付诸实践的道理。

参考文献:

[1]李立国.儒家教育思想的基本内容与当代价值[J]首都师范大学学报(社会科学版),2010.(03)

[2]贺严.从杜甫的家教看其教育思想[J].河北大学学报(哲学社会科学版),2000.

[3]陈小波.杜甫教子诗的教育思想、内容和方法[J].中国家庭教育报,2009(1).

白居易渭村叹病诗

陈西洁

(渭南师范学院 人文学院,陕西 渭南 714099)

摘 要:白居易在渭村乡居期间,写下了为数不少的叹病诗,感叹身体的疲惫消瘦,四肢的无力,头发的过早斑白脱落,特别是多次谈及眼疾,感叹眼暗眼花,满含着无助无奈。这些看起来平实絮叨的诗篇,蕴含着对于生命凋衰的敏感无奈,病痛中对仕途穷通的释然,对生命的短暂与永恒的思索,时而也会在无助中产生及时行乐的想法,也有友人亲人关切的温暖。这些诗篇,让我们看到的是一个平凡生命的感悟思索,从盛唐人浪漫朦胧的神秘遐思,进入到一个痛苦,却是平实温暖的实在思索。

关键词:白居易;渭村;叹病

作者简介:陈西洁(1969—),女,陕西澄城人。渭南师范学院人文学院副教授,主要从事古代文学教学与研究工作。

白居易在渭村乡居期间,远离长安的喧嚣,脱离朝廷政事,渭河的宁静,华山的巍峨,使他心灵宁静,有几分皈依。丁忧生活没有俸禄,他开始从事农耕维持生活。纯粹的乡居生活中,诗人种田,与普通农民交往,感受到了农村生活的闲适恬然,也享受到了农民朴实纯朴的友情,使他内心温暖,有几分沉浸。乡居生活使诗人切实地体悟着一个平凡人的生命历程,写下了不少描写普通人日常生活的诗篇,体现了从盛唐到中唐诗歌题材的变化,更体现了白居易内心世界的变化。特别是在这期间,白居易写下了为数不少的叹病诗,感叹身体的疲惫消瘦,四肢的无力,头发的过早斑白脱落,特别是多次谈及眼疾,感叹眼暗眼花,满含着无助无奈。这些看起来平实絮叨的诗篇,蕴含着对于生命凋衰的敏感无奈,病痛中对仕途穷通的释然,对生命的短暂与永恒的思索,时而也会在无助中产生及时行乐的想法,也有友人亲人关切的温暖。这些诗篇,让我们看到的是一个平凡生命的感悟思索,从盛唐人浪漫朦胧的神秘遐思,进入到一个痛苦,却是平实温暖的实在思索。他在痛苦中思索,在思索中超然。

生与死的话题是中国古代文学一个永恒不衰的主题。生命有限,生命不可轮回,这个事实是个无可辩驳的话题。生与死,带给中国文人无法回避的困惑、忧惧、思考与感喟。正因为有了对死亡的审美观照与哲学思考,有识之士们才得以展示其对人、人生价值的集中思索、热切关注与深沉浩叹。生死之谜,深刻地影响着诗人作家的情绪心态,使中国文学的内蕴为之丰富深邃。[1]从《诗经》开始,中国文学就充满了对美好生命的珍视,对死亡的恐惧与无奈。至汉末、魏晋时期,伴随着社会动乱,生命的大量消亡,文人的生命意识空前觉醒,文学也进入一个自觉的时代,感叹生命短暂、渴望在有限的人生中享受生命,实现人生价值的作品多起来。到了初唐,诗人从美的短促性中认识了永恒,一个最缥缈,又是最实在,令人惊喜,又令人震怖的存在,在它面前一切都变渺小了,一切都没有了。自然认识了那无上的智慧,就在那彻悟的一刹那间,恋人也就变成哲人了。[2]"今年花落颜色改,明年花开复谁在!"到李白,更是把这种少年气盛发展为豪壮。"君不见黄河之水天上来，奔流到海不复回。君不见高堂明镜悲白发，朝如青丝暮成雪！"这是一种巨人式的感伤，带有惊心动魄的艺术力量。盛世之后的白居易，以他平静的中人心态，在凡俗的日常生活中，身体的细腻感触中，具体的感悟着生命的存在，病痛的折磨，使得他对生命的思索更加可触可感。

一、病痛的折磨，生命凋衰的无奈

白居易在幼年即身体多病，在渭村期间，母亲的去世，幼女的夭折，无疑是雪上加霜，使他原本就虚弱的身体状况愈差。他时常感到肢体虚弱，浑身乏力；头发斑白，脱落稀疏；身体消瘦，衣带渐宽。特别是眼睛的昏暗，视物模糊，使他精神上更是有了沉重的负担。这些凡俗的人生体验，撞击着白居易的心灵，使他遭受着折磨，感到痛苦无奈，也使他在无奈中反思超越，追寻到无忧无虑的超然、仕途穷通的释然。当然，也难免会产生及时行乐的念头，这也是现实生活的痛苦在诗人心灵深处的真实回旋，看起来消极，却也是诗人在痛苦中力求解脱的正常心理。

元和六年四月，母亲病故，白居易回到渭村。初夏，即赋诗《首夏病间》："我生来几时？万有四千日。自省于其间，非忧即有疾。老去虑渐息，年来病初愈。忽喜身与心，泰然两无苦。况兹孟夏月，清和好时节。微风吹夹衣，不寒复不热。移榻树荫下，竟日何所为？或饮一瓯茗，或吟两句诗。内无忧患迫，外无职役羁。此日不自适，何时是适时。"这是白居易回到渭村的第一首叹病诗。诗歌开篇诗人即自问自答："我生来几时？万有四千日。"感叹自己年已四十，四十岁的男子正当人生之盛年，应是身体康健，精力旺盛之时。诗人却接着说："自省于其间，非忧即有疾。"回忆四十年的生命历程，总是处于忧虑与疾病的折磨之中。白居易同年所作另一首诗《病气》，更是清楚地揭示自己病痛已久的状况："若问病根深与浅，此身应与病齐生。"诗歌题为《病气》，气者，指致病之气。诗歌前两句说："自知气发每因情，情在何由气得平。"开篇即点出自己病之根源：一个"情"字。白居易是一个很重感情的人，亲情、恋情、友情，无不在他心中占据着重要地位。多情自会多烦忧，情动于中，必牵于外，自然会引起身心之痛。所以后两句诗人接着感叹："若问病根深与浅，此身应与病齐生。"白居易降生时，即带来疾病，幼年就体弱多病。身体基础差，又多愁善感，自然身体状况一直不佳。面对自己体弱多病的状况，诗人在平和的语气中，透露着无奈。

写于《首夏病间》之后的《自觉二首》，更为具体地描写了衰病的状态："四十未为老，忧伤早衰恶。前岁二毛生，今年一齿落。形骸日损耗，心事同萧索。夜寝与朝餐，其间味亦薄。"这首诗在开篇点名自己四十岁，但诗人说四十岁算不上老，然而忧伤使身体早衰，前一年已是"二毛生"，头发已经花白，今年一颗牙齿脱落，这是身体衰病的明显特征。"形骸日损耗，心事同萧索。"诗人形、神俱损，形骸的损耗，由于从小就虚弱的身体，更是"忧伤""心事"，这里暗含着此诗之前所作的一首《慈乌夜啼》中深沉的失母之悲，亦是《自觉二首》其二中"朝哭心所爱，暮哭心所亲。亲爱零落尽，安用身独存"的深哀剧痛。这种骨肉亲情、生死离别之哀，"结为肠间痛，聚作鼻头辛""悲来四支缓，泣尽双眸昏"。过度的悲伤使诗人行动迟缓，不尽的哭泣使得双眼昏暗。"所以年四十，心如七十人。"《沐浴》一首："经年不沐浴，尘垢满肌肤。今朝一澡濯，衰瘦颇有余。老色头鬓白，病形肢体虚。衣宽有剩带，发少不胜梳。自问今年几，春秋四十初。四十已如此，七十复何如？"这首诗通过沐浴，描写自己的身体状况，引发人生感慨。常人沐浴之后，是神清气爽，诗人却是衰瘦疲惫。"老色头鬓白，病形肢体虚。"再次感叹盛年两鬓斑白，身体虚弱无力。"衣宽有剩带，发少不胜梳。"更是写到身体的日渐消瘦，头发不仅过早斑白，而且脱落稀疏，甚至经不住梳子梳理了。此情何堪？悲情郁结于胸，诗人并没有任其汨汨宣泄，而是平和发问"自问今年几？"淡然回答："春秋四十初。"但终究还是无法抑制内心的无奈和幽怨，急切发问："四十已如此，七十复何如？"

元和九年所作《村居卧病三首》，依旧在感叹着病体的折磨、人生的无奈。第一首开篇："戚戚抱羸病，悠悠度朝暮。"身体瘦弱，心中戚然，时日难熬。接着描写了自然界的一些具体变化："夏木才结阴，秋兰已含露。前日巢中卵，化作雏飞去；昨日穴中虫，蜕为蝉上树。"诗人以宁静的心灵，细腻的观察，敏锐地捕捉到大自然的变化，这些都是可喜的生命变化，也是大自然不可逆转的变化。所以，诗人感叹："四时未尝歇，一物不暂住。"日月轮转，四时变化，毫不停歇，大自然没有一物能够暂时停留。但毕竟诗人看到的都是生命向上的变化，这没有带给他兴奋，反而是伤感，因为这一切与他的状况形成强烈的反差，"唯有病客心，沉然独如故。"欣欣向荣的是周边的一切，沉然不变的是久病折磨的心。这一组诗歌的第二首："新秋久病客，起步村南道。尽日不逢人，虫声遍荒草。西风吹白露，野绿秋仍早。草木犹未伤，先伤我怀抱。朱颜与玄鬓，强健几时好。况为忧病侵，不得依年老。"荒凉的秋日，拖着久病的身体，独自出门，排遣愁思。自然界的草木还未凋衰，自己却已伤怀。忧思疾病的侵扰折磨，使得诗人年未老而身先老。第三首结尾感叹："病身知几时，且作明年计。"他得做好一切准备，调养衰病的身体。

衰病之中，白居易的不适是多方面的，但他感叹比较多比较集中的是他的眼疾。眼睛是心灵的窗户。眼睛的状况关系到一个人正常的生活，会影响人的心理状况。白居易正当盛年，眼睛就出现严重的问题，不仅影响了生活质量，更为重要的是，直接影响了他的精神世界，使他格外痛苦。元和六年所作《白发》诗云："由来生老死，三病长相随。除却念无生，人间无药治。"这里的"三病"指多种病。多病长随诗人，无法摆脱。"无生"，佛教谓万物的实体无生无灭，此处指佛经、佛经教义。多病无法医治，只能依靠佛教消磨缓解。此时，佛教趁诗人身体遭遇痛苦之时，进入其内在心灵世界，成为一剂止痛剂。而这病痛中最让他痛苦的就是眼睛："书魔昏两眼，久病沉四肢。"另一首《得钱舍人书问眼疾》"春来眼暗少心情，点尽黄连尚未平。"春天万物复苏，大自然是生机勃勃的景象，诗人却是提不起兴致，因为眼睛黯淡不清，心情不佳，用药没有丝毫效果。元和九年夏天，白居易的弟弟白行简，赴东川节度使卢坦幕，白居易送别，作《别行简》，诗云："漠漠病眼花，星星愁鬓雪。筋骸已衰疲，形影仍分诀。"写离别之情，却不从离别着笔，而是以自己的眼疾起笔，可见眼睛的病痛对他的心理影响之大。《眼暗》一首更是字字泣血的无奈之作："早年勤倦看书苦，晚岁悲伤出泪多。眼损不知都自取，病成方悟欲如何。夜昏乍似灯将灭，朝暗长疑镜未磨。千药万方治不得，唯应闭目学头陀。"诗歌开篇两句，先是回忆反思眼睛模糊昏暗的原因。白居易早年读书是非常刻苦的，他说自己"昼课赋，夜课书，间又课诗。不遑寝息矣。以至于口舌成疮，手肘成胝。既壮而肤革不丰盈，未老而齿发早衰白；瞀瞀然如飞蝇垂珠在眸子中者，动以万数，盖以苦学力文之所致"（《与元九书》）。诗人早年刻苦攻读，体力严重透支，成年后形体瘦弱，年未老就出现早衰之状，齿牙动摇，头发斑白脱落，且眼前总有动以万数的东西在飞，如飞蝇。这其中所言，大抵是现代医学所谓飞蚊症。后来生活的变故，导致他"悲伤出泪多"，也是他患严重眼疾的一个重要原因。母亲的去世，女儿的夭折，使他处于极度的悲伤之中。在渭村闲居，他又不断将葬于外地的亲人灵柩搬回，一次次举行葬礼，使他难免悲伤落泪。自然会导致眼睛严重的昏暗，眼疾的困扰，给他造成了极大的痛苦。

总的来说，病痛的折磨，使白居易感到生命的凋衰与无奈，特别是严重的眼疾，严重影响到他的生活和心理，特别是对于热爱创作的白居易，那就更是痛苦的折磨。但诗人也并未一蹶不振，而是在痛苦中反思、超越。

二、生命的短暂与永恒

白居易描写病痛的诗歌中，不止停留在痛苦的感叹无奈中，而是在思考中体悟人生的道理，或寄情自然，或融入凡俗的生活，或借助吟诗，或依托佛道二教，为自己开解释怀，并在生命短暂与永恒的思索中,超越痛苦,达到释然。

《首夏病间》:"移榻树荫下,竟日何所为？或饮一瓯茗,或吟两句诗。内无忧患迫,外无职役羁。此日不自适,何时是适时？"身心之闲让他忘记身体之病痛,自适超脱。《自觉二首》其一:"畏老老转迫,忧病病弥缚。不畏复不忧,是除老病药。"将病情的加深与缠绕归结为"畏"与"忧",以精神的超越作为摆脱的一剂良药。其二:"誓以智慧水,永洗烦恼尘。不将恩爱子,更种忧悲根。"更是积极主动的努力斩断情根,摆脱悲情的折磨,超越精神的痛苦,追求生命的释然。《白发》:"由来生老死,三病长相随。除却念无生,人间无药治。"依托佛教解脱痛苦,佛教成为病痛中的一剂有效的镇痛剂。

《九日登西原宴望》一首,是病痛中对于生命更为理性的思索与超越。"病爱枕席凉,日高眠未辍。弟兄呼我起,今日重阳节。起登西原望,怀抱同一豁。移座就菊丛,糕酒前罗列。虽无丝与管,歌笑随情发。白日未及倾,颜酡耳已热。酒酣四下望,六合何空阔！天地自久长,斯人几时活？请看原下村,村人死不歇。一村四十家,哭葬无虚月。指此各相勉,良辰且欢愉。"此诗作于元和七年九月重阳节。诗歌开篇言及久病卧榻,唯喜凉爽静卧,九月九日,日高未起。这时,兄弟们呼唤诗人起床,因为这一天是重阳佳节。重阳节人们有登高望远、饮酒赏菊之习俗。大家一起登上渭水之南的西原,登高望远,襟怀豁然开朗。随后,大家坐在菊花丛中,饮酒食糕赏菊。虽无丝竹之乐,却是歌笑任情随性,怡然和乐。酒酣之时,四下瞭望,自不免感慨良多。天地上下四方,空阔辽远,地久天长,让人不免感慨生命的短暂与渺小。白居易的感慨很实在,他不是源自对生命空灵的思索,而是从眼前的生活现象出发,以普通人的视角在忧伤生命,就更有触动人心的力量。"请看原下村,村人死不歇。一村四十家,哭葬无虚月。"由此,他与兄弟们相勉励:"良辰且欢愉"。诗歌从凡俗的生活现象出发,以通俗之语,将空间之辽远与个体生命之短暂相比较,寻求解脱。与汉乐府民歌之"何不秉烛游"的少年任性相比,体现出的是中年的冷静、理性、成熟。

三、病痛中的亲情、友情

病痛对于人是痛苦,是折磨,然而,人间的温暖,却也能使冰雪消融。白居易患病期间,也受到亲人的关心,友人的关注,使他在痛苦中,感悟着亲情、友情,体悟人生的温暖,写下寄寓亲情、友情的感人诗篇。

拳拳兄弟情。《别行简》:"漠漠病眼花,星星愁鬓雪。筋骸已衰疲,形影仍分诀。梓州二千里,剑门五六月。岂是远行时？火云烧栈热。何言巾上泪,乃是肠中血。念此早归来,莫作经年别。"诗歌从自己病眼昏花,两鬓白发写起,不忍兄弟骨肉形影分离,结尾深勤呼唤行简早日归来,"莫作经年别",字字是泪,句句是情。《雨夜有念》:"以道治心气,终岁得晏然。何乃戚戚意,忽来风雨天？既非慕荣显,又不恤饥寒。胡为悄不乐,抱膝残灯前。形影暗相问,心默对以言。骨肉能几人？各在天一端。吾兄寄宿州,吾弟客东川。南北五千里,我身在中间。欲去病未能,欲住心不安。有如波上舟,此缚而彼牵。自我向道来,于今六七年。炼成不二性,销尽千万言。唯有恩爱火,往往犹煎煎。岂是药无效,病多难尽蠲。"这首诗作于元和九年。开篇说自己靠着佛道的养生之道,终年身体才能得以调养安适。然而莫名而来的忧愁郁闷情绪,加上风雨的天气,使诗人闷闷不乐,残灯前悄然抱膝独坐。他独对残灯,又在想些什么呢？"形影暗相问,心默对以言",透露了灵魂的信息。下面就是他的内心独白了,"骨肉能几人？各在天一端"。大哥白幼文远在安徽宿县符离,弟弟行简去了东川,弟兄三人相隔遥远,"欲去病未能,欲住心不安"。思念担忧,身体多病,却不能前往探望。多年专心向佛消解内心苦闷,对亲人强烈的思念却无法消解。《寄上大兄》:"秋鸿过尽无书信,病戴纱巾强出门。独上荒台东北望,日西愁立到黄昏。"兄幼文在符离,许久没有书信。诗人拖着病体出门登上高台眺望,久久站立在秋风之中,直到日落黄昏。"病戴纱巾强出门",病体虚弱隐含其间。"日西愁立到黄昏",苦苦的思念担忧见于言外。

款款挚友意。白居易病中所作抒写友情的诗篇数量更多。《病中友人相访》:"卧久不记日,南窗昏复昏。萧条草檐下,寒雀朝夕闻。强扶床前杖,起向庭中行。偶逢故人至,便当一逢迎。移榻就斜日,披裘倚前楹。闲谈胜服药,稍觉有心情。"久卧病榻,昏昏沉沉,不知时日。勉强拄着拐杖起床,可见诗人病体之糟。可是友人的来访,让诗人格外开心,"闲谈胜服药"。《得钱舍人书问眼疾》:"春来眼暗少心情,点尽黄连尚未平。唯得君书胜眼药,开缄未读眼光明。"友人的书信胜似眼药,打开信封未及阅读眼睛就已经亮了。可见眼病给他带来的痛苦,病痛中的友情是那么让诗人惊喜。《寄元九》是白居易写给好友元稹的一首诗,诗中款款深情,令人感动。开篇感叹"一病经四年,亲朋书信断",人情之冷暖自知。而元稹被贬江陵,依然"忧我贫病身,书来唯劝勉;上言少愁苦,下道加餐饭","怜君为谪吏,穷薄家贫褊。三寄衣食资,数盈三十万"。元稹自己贬谪异地,还关心白居易的生活,多次接济他,让诗人十分感动与歉疚:"念我口中食,分君身上暖。"《病中作》:"病来城里诸亲故,厚薄亲疏心总知。唯有蔚章于我分,深于同在翰林时。"这首诗开篇同于前一首,从自己丁忧归村之人情冷暖起笔,比较中深感朋友钱徽真挚的情意。《病中得樊大书》:"荒村破屋经年卧,寂绝无人问病身。唯有东都樊著作,至今书信尚殷勤。"此诗开篇亦从荒村病身的苦闷冷落起笔,写到友人殷勤的书信问候,这些生命寒冬的炉火,温暖着病中寂寞的诗人。

白居易经历病痛的折磨,感到了人生的无奈,但他并未苦闷沉沦,而在努力地寻求精神解脱。他也在困苦中思索着生命的短暂与永恒,寻求生命的价值意义。同时,诗人也在病痛中感悟到人情的冷暖,体悟到亲情友情的可贵与温暖。这些诗,在平凡的生活中让人看到中唐人对于生命的理解,体悟生命的价值与意义。

参考文献

[1] 王立. 中国古代文学十大主题[M]. 沈阳:辽宁教育出版社,1990,249.

[2] 闻一多. 唐诗杂论[M]. 上海:上海古籍出版社,2000,16.

论南大吉的良知学及其对明代关学的影响

米文科

(宝鸡文理学院 马克思主义学院,陕西宝鸡 721016)

摘　要:南大吉是明代北方王门的一位重要代表,也是第一位在关中地区自觉传播阳明学的学者。与其他王门诸子注重从义理上对王阳明思想进行阐释不同,南大吉的良知学主要体现在对"良知"的笃信和躬行上。他以"致"为宗旨,以改过、慎独为工夫,强调"学仕一事",发挥了阳明学重视"行"的精神。南大吉与其弟南逢吉在关中对良知学的传播,给当时以朱子学为主流的关学增添了新的思想内容和发展动力,使得阳明学成为明代正德、嘉靖年间关学"中兴"与多元化发展的一个重要组成部分。

关键词:阳明学;朱子学;关学;南大吉;良知

作者简介:米文科(1978—),山西汾阳人。宝鸡文理学院马克思主义学院副教授,硕士生导师。2011年毕业于陕西师范大学中国哲学专业,获哲学博士学位。主要研究方向为明清关学与儒佛道三教关系史。

在明清关学的发展过程中,渭南地区的理学无疑具有重要的地位和影响。早在明代成化、弘治年间,当思想界还是"此亦一述朱,彼亦一述朱"①的时候,渭南学者薛敬之(号思庵,1435—1508)就已经对朱子学关于"心"的认识做出修正,将心与气分开,转向强调心性的修养。而朝邑的韩邦奇(号苑洛,1479—1555)和富平的杨爵(号斛山,1493—1549)则是正德、嘉靖年间关学"中兴"的重要代表。在清初康熙时期,当整个关中地区流行李二曲的王学思想时,朝邑的王建常(号复斋,1615—1701)则以朱子《小学》为初学入门工夫,主张"主敬"以存心,从而奠定了清代关中朱子学一脉的基础。而蒲城的刘鸣珂(字伯容,1666—1727)则代表了康熙后期和雍正年间关中朱子学的发展,其学可与李二曲弟子王心敬(号丰川,1656—1738)并称。当乾隆时期关中王学在王心敬之后开始走向衰落、提倡无人的时候,关中朱子学却仍保持着比较强劲的发展,澄城的张秉直(号萝谷,1695—1761)便是其中最为重要的一位代表。张秉直一生隐居乡里讲学,从思想上对朱子学进行了诸多阐发,而与其同时的关中朱子学者如华阴的史调(号复斋,1697—1747)、武功的孙景烈(号酉峰,1706—1782)等虽然盛名在外,但其学问重心主要是在制艺上。张秉直之后,朝邑的李元春(称桐阁先生,1769—1854)则成为嘉庆、道光年间关中最著名的学者。李元春不仅继续在关中传播和弘扬朱子学,而且开始有意识地对清代关学学者的著述进行刊刻和续编《关学编》等,以传衍"关学"道统,并培养了三原的贺瑞麟(字复斋,1824—1893)、朝邑的杨树椿(号损斋,1819—

---

① 黄宗羲:《明儒学案》(修订本),北京:中华书局,2008年,第178页。

1874)等一批晚清著名的关学学者。而本文探讨的对象则是明代第一个在关中地区自觉传播阳明学的渭南学者南大吉。

一、南大吉的生平

南大吉（1487—1541），字元善，号瑞泉，明代陕西渭南人。正德六年（1511）进士。嘉靖二年（1523）二月，南大吉升任浙江绍兴府知府，是年六月到任，此时正值王阳明倡道东南，讲良知之学，遂师事之。不过在这之前，南大吉就与王阳明相识，因为南大吉是正德六年辛未科王阳明所取之士。而此时南大吉的弟弟南逢吉（号姜泉，1494—1574）也因会试不第，于是年陪同母亲一同来到绍兴，并与当年十二月师从王阳明。①

嘉靖三年（1524）四月，南大吉重修稽山书院，并建明德堂、尊经阁，选诸生优秀者入书院读书，又延请王阳明及其弟子讲学其中，《（万历）绍兴府志》说："文成振绝学于一时，四方云集，庖廪相继，皆大吉左右之。"②十月，南大吉又续刻《传习录》（相当于今本《传习录》上、中两卷）于绍兴并作序。③南大吉的这些举措为当时阳明学的传播与发展作出了一定贡献。嘉靖五年（1526）正月，因在先前的施政中得罪地方大族，南大吉在当年的考绩中被罢官。七月，南大吉回到家乡渭南。在返乡途中，他曾寄书于王阳明，而王阳明复书不仅称赞其为"庶几于有道之士"，而且还说：

关中自古多豪杰，其忠信沉毅之质，明达英伟之器，四方之士，吾见亦多矣，未有如关中之盛者也。然自横渠之后，此学不讲，或亦与四方无异矣。自此关中之士有所振发兴起，进其文艺于道德之归，变其气节为圣贤之学，将必自吾元善昆季始也。今日之归，谓天为无意乎？谓天为无意乎？④

从王阳明的答书中可以看到，他寄望南大吉与南逢吉兄弟此次回到家乡后能在关中传播良知学，使关中之士振发兴起，"进其文艺于道德之归，变其气节为圣贤之学"。故不久之后，王阳明又复书询问南大吉"里中英俊相从论学者几人？学绝道丧且几百年，居今之时，而苟知趋向于是，正所谓空谷之足音，皆今之豪杰矣。便中示知之"⑤。而南大吉在《示弟及门人》一诗中云："归来三秦地，坠绪何茫茫。前访周公迹，后窃横渠芳。愿言偕数子，教学此相将。"⑥也表明他愿意在家乡传播良知学。带着王阳明的厚望，南大吉回到渭南后，便在所居之地秦村与诸生讲良知学。嘉靖八年（1529）四月，又建沺西书院（或称沺西草堂）讲学，前来问学者众多。南大吉的讲学活动一直持续到嘉靖二十年（1541），这一年八月，南大吉去世。其后继续在关中传播良知学的是其弟南逢吉。

南逢吉在嘉靖十七年（1538）中进士之前一直与其兄在家乡讲学，后来从山西按察司副使任上致仕后，又在渭南建姜泉书院，"收训子侄门人，接引后学"⑦。在南氏兄弟的门人中，较为著名者有薛腾蛟（字时化，号南冈）、王麟（字季灵，称石鼓先生）、裴贞（字一卿，号灵阴）等。另外，南大吉有三子，也颇有声名，能得良知之旨，"鼎峙诸生间，时人目为三凤"⑧，但可惜皆不幸早卒，不能继其父辈

---

① 南逢吉著有《姜泉集》《越中述传》等书（今二书已佚）。王阳明曾为南逢吉阐发"博约"说（王守仁：《王阳明全集》，上海：上海古籍出版社，2014 年，第 296 - 297 页）在《王阳明全集》卷 32《传习录拾遗》中又有南逢吉向王阳明请教"尊德性"与"道问学"关系的问答之语。（参见王守仁：《王阳明全集》，第 1288 页）

② 萧良幹，张元忭：《绍兴府志》卷 38《人物志·名宦》，见《中国方志丛书》，台北：成文出版社，1983 年，影明万历十五年刊本。

③ 南大吉所作《刻传习录序》见《南大吉集》，西安：西北大学出版社，2015 年，第 62 - 63 页。南大吉的《瑞泉集》共 22 卷，明嘉靖四十四年南轩刻本，现存卷 16—卷 22，以及附录 1 卷，后记 1 卷。

④ 王守仁：《王阳明全集》，上海：上海古籍出版社，2014 年，第 235—236 页。

⑤ 王守仁：《王阳明全集》，第 236 页。

⑥ 王美凤：《关学史文献辑校》，西安：西北大学出版社，2015 年，第 301 页。

⑦ 马自强《山西按察司副使南公逢吉志铭》，见焦竑：《国朝献征录》卷 97，《续修四库全书》第 530 册。

⑧ 岳冠华：《（雍正）渭南县志》卷 10《人物志·儒林》，清雍正十年刊本。

在关中继续传播良知学,而南氏兄弟的弟子在关中的影响力也并不大,在南逢吉之后未见有较大的讲学活动。

虽然南大吉与南逢吉对阳明学的传播主要是在渭南一带,并且在他们之后关中的阳明学很快便衰落下去,但王学对关学的影响却仍然存在。晚明万历时期长安学者冯从吾(少墟,1557—1627)就以"本体与工夫合一"来融合程朱、陆王之学,使关中阳明学开始迎来了新的发展局面,并最终在清初李二曲和王心敬那里达到鼎盛。

二、笃信良知学

从现有资料来看,南大吉于嘉靖五年回到渭南之后,从此便远离了阳明后学的讲学中心,也没有参与王门诸子之间的相互论学,书信往来也极少。十五年左右的时间,南大吉主要是在渭南讲授良知学,与其交往的大多是关中本地的一些学者,如吕柟(号泾野,1479—1542)、马汝骥(号西玄,1493—1543)等人。因此,我们在南大吉的著作中基本上看不到他对王阳明思想提出什么不同的看法,不像其他阳明弟子曾围绕"良知"之含义和"见在(现成)良知""无善无恶",以及"良知"的寂感、未发已发等问题产生一系列的辩论,南大吉对王阳明的良知说主要是以笃信与躬行为主,很少从理论上进行阐释。

从对良知学的笃信来看,南大吉在《寄答阳明先生书》中说道:

> 大吉兄弟资不敏,其幼而学也,窃尝有志于圣贤之道,乃为近世格物之说所囿,终焉莫得其门。比其长也,乃遂驰骛于词翰之场,争奇而斗胜者,然且十数年矣。既乃以守越获登尊师之门,而领致知之教,始信人皆可以为尧舜,而七十子之所以服孔子者非伪也。天命我心而我自放之,不仁孰大焉?亲生我身而我自失之,不孝孰大焉?今而后愚兄弟可以勉强惕厉以求自存其心,自成其身,而不至不仁不孝之大者,皆尊师之赐也,故曰孔子于诸子有罔极之恩焉。①

此书信作于嘉靖五年返乡途中,正如王阳明说的"勤勤恳恳,惟以得闻道为喜,急问学为事,恐卒不得为圣人为忧,亹亹千数百言,略无一字得丧荣辱之间"②。南大吉在信中说道,他与其弟早年为近世格物之说所惑,于圣贤之道不得其门而入,成年以后又驰骛于诗词古文,争奇斗胜,直到从王阳明那里得闻"致良知"之说,才相信人人皆可以为尧舜,从而转向理学的学习。南大吉把王阳明在其为学道路和做人修养上的引领视为是"罔极之恩",即如同父母的养育之恩一样。

不过,南大吉也强调自己对良知学"中心悦而诚服之",并不是因为这是老师的学说,他说:"夫王先生之学,天下方疑而非议之,而某辄敢笃信而诚服之者,非所以附势而取悦也,非为其所惑也,非喜其异而然也,反而求之,窃有以见夫吾心本如是,道本如是,学本如是,而不可以他求也。"③南大吉指出,他对阳明学之笃信诚服,不是趋炎附势以取悦于阳明,也不是为其学说所迷惑,更不是好异而为之,而是由于"吾心本如是,道本如是,学本如是",所以他不顾天下之人正在怀疑和非议阳明学,仍然转向良知学的学习。

那么,究竟是什么使南大吉认为"吾心本如是",从而对良知学心悦诚服,认为圣人可学而至的?这就是王阳明的"格物"说。上文已指出,南大吉曾自述其早年为"近世格物"之说所惑,而无从得入圣贤之门,这与王阳明的"庭前格竹"的经历非常相似,都是受朱子"即物穷理"的影响,以为由此可以逐步达至圣贤地位。后来,王阳明通过"龙场悟道"而大悟格物致知之旨,并最终提出"心即理"的命题,从此摆脱了朱子学的困扰。王阳明的"格物"说主要是反对朱子学在事事物物上寻求个"定理",而认为"定理"或"至善"存在于人的内心之中,所谓"于事事物物上求至善,却是义外也。

---

① 南大吉:《南大吉集》,第 80-81 页。
② 王守仁:《王阳明全集》,第 234 页。
③ 南大吉:《南大吉集》,第 78 页。

至善是心之本体"①。王阳明的这一"格物"思想显然给了南大吉兄弟极大地启发,如王阳明在作于嘉靖四年的《博约说》中说道:

> 南元真之学于阳明子也,闻致知之说而恍若有见矣。既而疑于博约先后之训,复来请曰:"致良知以格物,格物以致其良知也,则既闻教矣。敢问先博我以文,而后约我以礼也,则先儒之说,得无亦有所不同欤?"②

如果考虑到南逢吉是在嘉靖三年十二月才从学于王阳明,那么从中可以看到,南逢吉是在对王阳明的"格物"思想即"致良知以格物,格物以致其良知"恍若有见后,又进一步向其请教"博文"与"约礼"的关系。对此,王阳明指出"博文以约礼,格物以致其良知,一也"③。因为在王阳明看来,"礼也者,天理也",而"文"则是"天理"(礼)的具体显现,亦即天理之条理,"礼"与"文"是一种体用关系,礼是文之存于中者,而文是礼之见于外者,二者就好像朱子说的"理一分殊"。因此,所谓"博文"就是在语默动静、酬酢变化之间求尽吾心之条理,而所谓"约礼"则是通过"博文"来求尽吾心之天理,故王阳明认为博文以约礼与格物以致良知是一致的。

而南大吉在作于嘉靖三年的《杂说二首》中也对"良知"与"定理"的关系进行了具体阐释,指出:

> 定理、定体,其即吾心之良知乎!毫末不可以加损,其犹规矩尺度之不可易乎!法用之不可定也,其犹方圆长短之不可胜穷乎!圣人以其一心之良知,而应乎无穷之事变,大而参赞弥纶,小而动静食息,无不各得其当,亦犹规矩立而方圆不可胜用,尺度陈而长短不可胜用,天下岂有不治乎?周公思兼三王,正唯求之于吾心焉尔矣。夫何今之人不反求物理于吾心之良知,而乃求之于应事之变,如某事则曰当如之何如之何,其治也如某官则曰当如之何如之何,其为也各为定法执之以为定用,故不能随物当理,随时应变。滞极而不可通,弊至而不可救,亦犹不以规矩为方圆,而以方圆为方圆,则方圆一定而用必穷矣。不以尺度为长短,而以长短为长短,则长短一定而用必穷矣,天下之不治兹其病之源与。④

南大吉指出,"定理""定体"就是吾心之良知,而良知就像规矩、尺度一样,"规矩立而方圆不可胜用,尺度陈而长短不可胜用",故学者应该以吾心之良知来应乎无穷之事变,如此便能做到随物当理,随时应变,而事事物物无不各得其当,而不是像朱子学在事物上去寻个"定理"。故南大吉说:"夫是道也,具于吾心,秉彝天则之良,大中至正,人人所同,而不可以毫发私意加损焉者也。依是天则而处之各得其道,则人心无有不慊者矣。"⑤

另外,南大吉与其弟南逢吉在绍兴时曾录有王阳明的讲学语录,后来由其后人整理为四篇,名为《越中述传》,其中就有"格物"之篇,从中也可以看到南氏兄弟对王阳明"格物"思想的重视。总之,王阳明以"格物"为致良知,认为"定理""至善"就存在于人的内心之中,这对南大吉从此确立圣贤之志,将为学方向从古文诗词转向良知学产生了重要影响。

三、躬行良知学

晚明学者冯从吾在《关学编》中对南大吉之学有一个总的概括,指出:"先生之学,以致良知为宗旨,以慎独改过为致知工夫,饬躬励行,惇伦叙理,非世儒矜解悟而略检押者比。"⑥这就是说,相比世儒从语言文字上来认识良知学,南大吉更重视"良知"的躬行实践,并以"致"为宗旨。

事实上,纵观南大吉的阳明学思想,确实可以看到他非常重视"致良知"的工夫实践,而很少从

---

① 王守仁:《王阳明全集》,第2页。
② 王守仁:《王阳明全集》,第296页。
③ 王守仁:《王阳明全集》,第297页。
④ 南大吉:《南大吉集》,第71页。
⑤ 南大吉:《南大吉集》,第84页。
⑥ 冯从吾:《关学编(附续编)》,北京:中华书局,1987年,第52页。

义理上去阐发王阳明的思想。如王阳明去世后，王门诸子对"良知"之义就产生了各种不同的看法，王畿（号龙溪，1498—1583）曾列举过当时的六种"良知异见"，即：

> 有谓良知非觉照，须本于归寂而始得，如镜之照物，明体寂然，而妍媸自辨，滞于照，则明反眩矣。有谓良知无见成，由于修证而始全，如金之在矿，非火符锻炼，则金不可得而成也。有谓良知是从已发立教，非未发无知之本旨。有谓良知本来无欲，直心以动，无不是道，不待复加销欲之功。有谓学有主宰，有流行，主宰所以立性，流行所以立命，而以良知分体用。有谓学贵循序，求之有本末，得之无内外，而以致知别始终。①

如果再加上王龙溪自己的理解，关于"良知"的认识就有七种。此外，诸如"见在良知""无善无恶"和"归寂"、未发已发等都在阳明后学中引起广泛的讨论，但这些问题完全不见南大吉有所论及。

而在具体工夫主张上，南大吉也与其他王门诸子的"致良知"工夫不同，如王龙溪主张从当下"一念灵明"处即"见在良知"上做工夫，即工夫即本体；聂豹（号双江，1487—1563）则主张返归良知寂体，立体以达用；欧阳德（号南野，1496—1554）强调"循良知"；刘邦采（号师泉，1492—1577）认为要"性命兼修"，修证并进，等等。南大吉则以理学传统的慎独、改过为致良知工夫，这一工夫主张虽然看起来平淡无奇，但却来自南大吉的实践经验。

首先，关于"改过"。据说南大吉刚开始治理绍兴时，为政苛急，经常会犯一些过错，他就向王阳明请教如何改过、少过。《王阳明年谱》中对此事有较为详细的记载：

> 郡守南大吉以座主称门生，然性豪旷不拘小节，先生与论学有悟，乃告先生曰："大吉临政多过，先生何无一言？"先生曰："何过？"大吉历数其事。先生曰："吾言之矣。"大吉曰："何？"曰："吾不言，何以知之？"曰："良知。"先生曰："良知非我常言而何？"大吉笑谢而去。居数日，复自数过加密，且曰："与其过后悔改，曷若预言不犯为佳也。"先生曰："人言不如自悔之真。"大吉笑谢而去。居数日，复自数过益密，且曰："身过可免，心过奈何？"先生曰："昔镜未开，可得藏垢。今镜明矣，一尘之落，自难住脚。此正入圣之机也，勉之！"②

王阳明认为，能知过、改过，乃是良知本心的显现，而从知身过到知心过，从视听言动到意念之微，则说明良知已渐渐恢复其本明之体，故"一尘之落，自难住脚"。王阳明指出，由此去实致其良知，正是"入圣之机"。可见，南大吉对"改过"的重视主要来自其为政的经历，而此后他也一直以"改过"为致良知的一种重要工夫，如在嘉靖十五年（1536），南大吉在写给友人的信中说道：

> 是故恶非君子之肯为，过则虽圣人不能免也。是故古之君子其过也，非闻之为难而悔之为难，非掩之为贵而改之为贵。故曰："吾未见能见其过而内自讼者也。"又曰："过而不改，是谓过矣。"……是故闻贵悔，悔贵改，改斯善而可与圣贤同归矣。③

在这里，南大吉指出即使是圣人也不能免于过错，因此学者对于其过，不仅贵于悔，而且更贵于改，改则可与圣贤同归。

其次，关于"慎独"。在南大吉看来，只是去纠正视听言动等"身过"还远远不够，毕竟这些"身过"都是已经发生了的过错，与其过后悔改，更重要的是如何减少甚至不犯"身过"，也就是还要改正其"心过"，而"心过"便与"慎独"有关。南大吉说：

> 是故当尊也心有所骄忽，而或卑称焉；当卑也心有所恐惧，而或尊称焉；当厚也心有所忿懥，而或薄施焉；当薄也心有所好乐，而或厚施焉；当有也心有所拂吝，而或乃无焉；当无也心有所忧患，而或乃有焉。又或之其所畏敬而辟焉，则过于尊

---

① 王畿：《王畿集》，南京：凤凰出版社，2007年，第26页。
② 王守仁：《王阳明全集》，第1423页。
③ 南大吉：《南大吉集》，第83页。

矣;之其所傲惰而辟焉,则过于卑矣;之其所亲爱而辟焉,则过于厚矣;之其所疏薄而辟焉,则过于薄矣;之其所哀矜而辟焉,则过于有矣;之其所贱恶而辟焉,则过于无矣。此等一失,人皆曰我非也,而人心慊乎? 人心不慊,则吾内省能无疚乎? 能自慊乎? 然此等此则具于应壁之心者,其几之初动也,或是或非,或当或不当,应壁之心昭然自知,即所谓莫见莫显者也,即所谓良知。依是良知,尊尊卑卑、厚厚薄薄、有有无无,不以一毫私意参乎其间,即所谓慎独也,即所谓致良知也。①

在引文中南大吉着重说明了如何去改正"心过",他指出意念之初动,或是或非,或当或不当,良知昭然自知,能够依此良知去做,"不以一毫私意参乎其间,即所谓慎独也,即所谓致良知也"。另外,南大吉所说的"慎独"并不完全只是在意念上作为善去恶的工夫,其所谓"独"乃是"独知",亦即良知,故"慎独"就是要恢复和保持良知本心之虚明,而这也就是"致良知"。在南大吉看来,如果能做到"慎独",就能避免"心过"以至"身过",所谓"此'知'一致,人皆曰我是也"。可见,"慎独"与"改过"是一而二、二而一的。

最后,南大吉不仅在思想上主张躬行良知学,而且在其日常生活中也能实致其良知。如南大吉因得罪地方势力而遭受毁谤被罢官回乡,对于这一不公平的待遇,虽然他自觉无愧于心,并且能不以得失毁誉动其心,但偶尔有时又会有不平之气。他在给友人的信中说道:

古之君子不以毁誉得丧动其心,是以学日进而德日修也。……某也鄙夫,窃尝有志于圣贤之学而未能也,是故闻誉而喜,见毁而怒,得则乐,丧则忧。每觉而每加省焉,至于今年且四十矣,而兹归也,反之于心若无愧焉。然不平之气又或窃发,发则觉,觉则力加克治。病根若或拔矣,稍懈而萌者复达焉,达则又芟治之而其心始快。顾唯气薄而质不美,是以此心不能常跃如也。所幸者吾心之良知自明,故发则即能觉,觉则克治之功自有不容已者。弗克则心必不快,不快则愧怍生矣。②

南大吉指出,对于自己的不平之气,即闻誉而喜、见毁而怒、得则乐、丧则忧之心,是"发则觉,觉则力加克治",反反复复,稍有懈怠则得失毁誉之心就会萌发,但他每次都能力加克治,且克治之后便感到快乐,不去克治则其心不快。从这里即可以看出南大吉是真能致其良知者,他对王阳明学说的认识并非是一种语言文字上的领悟。

四、政学合一

除了强调在人伦日用中去躬行良知学之外,南大吉还将王阳明的"致良知"说与为政统一起来,提出"学仕一事"的思想。

南大吉不仅是一名学者,同时也是一位官员。作为当时的绍兴知府,如何治理好地方,有益于当地百姓是他首先也是最重要的考虑,所以南大吉不仅向王阳明请教如何纠正"临政多过"的问题,还向其师请教如何为政之事。王阳明则为其阐发"明德"与"亲民"一体之学,南大吉听后深受感悟,于是将其听政之堂取名为"亲民堂",王阳明在《记》中说:

南子元善之治越也,过阳明子而问政焉。阳明子曰:"政在亲民。"曰:"亲民何以乎?"曰:"在明明德。"曰:"明明德何以乎?"曰:"在亲民。"曰:"明德、亲民,一乎?"曰:"一也。明德者,天命之性,灵昭不昧,而万理之所从出也。人之于其父也,而莫不知孝焉;于其兄也,而莫不知弟焉;于凡事物之感,莫不有自然之明焉;是其灵昭之在人心,亘万古而无不同,无或昧者也,是故谓之明德。其或蔽焉,物欲也。明之者,去其物欲之蔽,以全其本体之明焉耳,非能有以增益之也。"曰:"何以在亲民乎?"曰:"德不以徒明也。人之欲明其孝之德也,则必亲于其父,而后孝之德明矣;欲明其弟之德,则必亲于其兄,而后弟之德明矣。君臣也,夫妇也,朋友也,皆然也。故明明德必在于亲民,

---

① 南大吉:《南大吉集》,第84页。
② 南大吉:《南大吉集》,第80页。

而亲民乃所以明其明德也,故曰一也。"①

首先,王阳明向南大吉指出,"政在亲民",即为政的根本在于亲民。其次,王阳明强调,要做到亲民则需要"明明德",但"明明德"不是离开亲民而去"明",而是就在亲民之中,"明德"与"亲民"是合一的。王阳明说的"明德"就是"良知",从为政来说,"明明德"是不能离开各种具体的亲民措施而空明其德的,就像"致良知"不是离开君臣、父子、兄弟、夫妇、朋友这些具体的人伦事物而空致其知的,所谓"人之欲明其孝之德也,则必亲于其父,而后孝之德明矣",兄弟、君臣、夫妇、朋友皆是如此,所以说"明明德必在于亲民,而亲民乃所以明其明德","明德"与"亲民"是一件事,是体用一原的。

后来,南大吉将王阳明的"明德""亲民"合一的思想发挥为"学仕一事"。他说:

> 心之良知本一也。以其运于天而言谓之命,以其赋于人而言谓之性,以其率而行之谓之道,以其修而诚之谓之教,以其推而及之于四海谓之治,以其成而重之于万世谓之功,皆是心也,天下之所同也,学所以明此也,仕所以行此也。故吾心于事苟无欺蔽,行之而自觉其是;于物苟无私累,处之而自得其安;则必自以为快矣。吾心既快,求之天下而同然,人心亦未有不快之者,是故毁誉不能摇,祸福不能怵,无入而不自得也。夫然后知学与仕本一事,而非两途也。夫然后知学固学也,仕亦学也。②

南大吉指出,"心之良知本一",从天命之性到治国平天下,皆是吾心之良知及其流行发用,故学是明此良知,行则是行此良知,故从为官为政的角度来看,学与仕也只是一事,而非两途。学是为了使此心之良知恢复其本明之体,而仕则是将此良知施之于政,推之于民。因此,为学与为政、为人与为官是浑然一体的,而不是决然分开的。可以说,政学合一、学仕一事的思想是南大吉良知学的一个非常重要的特点,而这也反映了他对王阳明思想的笃信与躬行。

五、结语

南大吉及其良知学思想对明代关学的发展来说具有非常重要的意义和影响。在南大吉兄弟之前,关学主要是以朱子学为宗,恪守着"主敬穷理"之传,强调经学与礼教,躬行实践。虽然在较早之前,就有关中学者接触和学习过阳明学,如正德年间三原学派王承裕(号平川,1465—1538)的门人三原李伸在巡按江西时,正值"阳明王子讲学东南,先生(李伸)与为讲友,自谓深得其学"③,这可能是关中学者最早接受阳明学的例子。嘉靖初年,同州(今陕西大荔)人尚班爵(字宗周)亦学于王阳明。④ 此外,又有三原张元相于嘉靖四年(1525)至绍兴向王阳明问过学,王阳明告之以"格物"与良知说。⑤ 但是,无论是李伸,还是尚班爵、张元相,他们都没有过多的在关中宣传阳明学,真正第一个在关中地区自觉传播良知学的是南大吉。⑥ 晚明冯从吾说:"昔王文成公讲学东南,从游者几半天下,而吾关中则有南元善、元贞二先生云。"⑦ 晚清关学学者柏景伟(号沣西,1831—1891)也说:

> 关中沦于金、元,许鲁斋衍朱子之绪,一时奉天、高陵诸儒与相唱和,皆朱子学也。明则段容思

---

① 王守仁:《王阳明全集》,第 279-280 页。
② 南大吉:《南大吉集》,第 78 页。
③ 王美凤:《关学史文献辑校》,第 259 页。
④ 参见冯从吾:《关学编(附续编)》,第 52 页。
⑤ 张元相在嘉靖四年从三原至浙江绍兴请王阳明为其亲撰写墓志铭,并在这期间向王阳明询问"圣人之学",王阳明"语以格致之说焉。求格致之要,则语之以良知之说焉"(王守仁:《王阳明全集》,第 309-310 页)。张元相深受启发,表示回乡归葬其亲后会再来绍兴从学于王氏之门。临行,王阳明作《书张思钦卷》送之。
⑥ 参见刘学智:《南大吉与王阳明——兼谈阳明心学对关学的影响》,《中国哲学史》,2010 年第 3 期。
⑦ 冯从吾:《冯从吾集》,第 251 页。

起于皋兰,吕泾野振于高陵,先后王平川、韩苑洛,其学又微别,而阳明崛起东南,渭南南元善传其说以归,是为关中有王学之始。①

可见,从晚明以来关中学者就把南大吉兄弟看作是关中王学的真正代表,而南氏兄弟在关中对阳明学的传播及其良知学思想,无疑给当时以朱子学为主流的关学增添了新的思想内容与发展动力,成为明代正德、嘉靖年间关学"中兴"和多元化发展的一个重要组成部分。

---

① 柏景伟《小识》,见冯从吾:《关学编(附续编)》附录,第69页。

南大吉对"心之良知本一"的阐释与践行

郭秋桂

（陕西师范大学哲学系，陕西西安 710062）

摘　要：南大吉是明代中后期关中理学发展的重要推动者。作为王阳明的高门弟子，南大吉认为圣贤之道在于良知本体，提出了"心之良知本一"的命题。他从人性善合天地万物一体以及"中心悦而诚服之"的心性视角阐释"心之良知本一"；从"慎独改过"的修己功夫践履良知之"致"；从心学治政的政治实践落实"万物同体"之志。"心之良知本一"是"命""性""道""教""治""功"的一以贯之。南大吉用所言所行阐释和践行了"心之良知本一"，他对王阳明心学的领悟、传播与实践，为关中地域理学的发展增添了心学因素，推动了明代中后期关中理学的复兴。

关键字：南大吉；"心之良知本一"；王阳明；致良知；心学治政

作者简介：郭秋桂（1992—），女，山西灵石人。陕西师范大学哲学系中国哲学专业博士生。

南大吉（1487—1541），字元善，号瑞泉，陕西渭南人，是明代中后期关中地域理学发展的重要推动者。"心之良知本一"不仅是人心良知本然的同一，而且是我与生民"心之良知"的同然，是南大吉设身处地从生民万物的宏阔视角思考所得。南大吉对"心之良知本一"有一段经典的描述：

> 是故纷至遝来，因心衡虑，反诸吾身，徵诸吾民，夫然后始见夫是心之良知本一也。以其运于天而言谓之命，以其赋于人而言谓之性，以其率而行之谓之道，以其修而诚之谓之教，以其推而及之于四海谓之治，以其成而重之于万世谓之功。①

南大吉在"近取诸身，远取诸物"的反思过程中，自然悟到"心之良知本一"的"万物同体"思想。心之良知，运诸于天命，施赋于人性。人率而行之，即是道，人修而诚之，即是教，如《中庸》所言"天命之谓性，率性之谓道，修道之谓教"②，是由天到人应然下贯和人"性—道—教"实然落实的过程，在应然与实然中，心之良知及其发用流行是同然的。不仅如此，"良知"可以进一步推之于四海，成就于万世，即是"治"与"功"。通过"反诸吾身，徵诸吾民"由己到民的推及，得出"心之良知本一"的结论。"心之良知本一"是"命""性""道""教""治""功"的一以贯之。南大吉正是用所言所行阐释和践履了"心之良知本一"。

一、"心之良知本一"的阐释

"心之良知本一"是南大吉心学思想的中心内容。作为王阳明的高门弟子，南大吉认为圣贤之道在于良知本体，提出了"心之良知本一"的命题。他从人性善合天地万物以及"中心悦而诚服之"的心性视角论证了"心之良知本一"。

（一）人性善合天地万物

南大吉首先从人性善合天地万物的视角阐释了"心之良知本一"论题。"夫人性之善也，合天地万物而一体者也"是对"以其（良知）运于天而言谓之命，以其（良知）赋于人而言谓之性"的进一步

---

①　南大吉：《寄马西玄仲房书》，《南大吉集》，李似珍点校，西北大学出版社2015年版，第78页。
②　郑玄注、孔颖达疏：《礼记正义》卷52，《中庸第三十》，《十三经注疏》清嘉庆刊本，阮元校刻，中华书局2009年版，第3527页。

阐释。

先秦时期，孟子首次提出人性善的论题。其所谓"尽其心者，知其性也。知其性，则知天矣。存其心，养其性，所以事天也"①。尽心之善，知人本性，则尽天命，所以要通过"尽心养性"的功夫修养，充分体悟天命赋予人的本性，进而推之，则天地万物融为一体。孟子注重主体日用伦常的道德践行，自然生发和流露人的恻隐之心、羞恶之心、辞让之心、是非之心，以仁义礼智信修身进德，推己及人，则"万物同体"。南大吉亦是从人性善合天地万物一体的角度论证"心之良知本一"的论题。他在《师论》中谈道：

夫人性之善也，合天地万物而一体者也，人之所同也。故夫人之心无弊也，亲岂唯其父子，苟见一夫之茕而无弗哀也；爱岂唯其花鸟，苟见一器之毁而无弗惜也。时而见云翔也，而无弗与适也；时而见川泳也，而无弗与悠也。是夫人之性也，是固天地万物而一体者也。圣人尽之，君子反之，众人弊之耳矣。②

人性为善，无所遮蔽，能够在日用伦常中推而扩之，显而尽之。于是，个体不再是单独的个体，而是与"万物同体"，如"亲"不仅包含有父子等血缘关系之"亲"，亦包含有对鳏寡孤独者生发的亲近怜悯之感；"爱"不仅表现为对花鸟可爱之物的喜爱，也有对"一器之毁"的无限惋惜怜爱；如遇"云翔"之类的景观，无不感到闲适自得；观其"川泳"之类的景象，无不有悠然浩荡的胸襟。在南大吉看来，圣人与众人"心之良知本一"，只不过圣人能够尽心性之道，尽显良知本然；君子能以善反之，众人之心则有所遮蔽，良知未能显现。圣人能将人心推诸天地万物，将仁爱德性付诸天地万物，将自我融于天地万物之间。如何推己及人，扩而

充之？在于"思圣人之所以为教而学以教之"。"圣人之视斯人也，由己推而纳之沟壑之中也。是故循循然而善诱之，过者俯而就焉，不至者企而及焉。去其蔽以复其本性之善而已矣。所谓以先知觉后知，以先觉觉后觉，固非裂我之善而增之彼，亦非恃我之长而攻其短也。然则孔子之所以不能拒互乡童子者，果待物之洪哉？夫是之谓以善养者也。"③圣人视人待物，能够将自己囊括在万物之中，传道教人"循循然而善诱之"，使过者与不及者在谆谆教导后处之得当，恢复人性善的本质。以先知、先觉者教育和引导后知、后觉者，通过"知"而"察"，"知"而"返"，发其"善端"，"善端之发而求之于心，以扩充之"，进而充盈于万事万物。孔子不拒互乡童子，而尽"养善之道"，则是"视天下万物无一物非我"的"万物同体"思想。

人心之善为人本心所具有，本然完整地自发与呈现，推而及之，扩而充之，则与天地万物为一体，这正是在"心之良知本一"命题的前提下，"以其（良知）运于天而言谓之命，以其赋于人而言谓之性"的诠释。

（二）"中心悦而诚服之"

南大吉自少就受到儒家思想的熏陶，知求圣贤之学，"入仕，尚友讲学，渐弃其辞章之习，志于圣道，然犹豪旷不拘小节"④，尤其是在阳明心学在当时遭到非议，南大吉没有附势取悦，而是"慨然悼末学之支离"，"以致良知为宗旨"。对"心之良知本一""吾心本体自现"的领悟就在于"中心悦而诚服之"。

"夫王先生之学，天下方疑而非议之，而某辄敢笃信而诚服之者，非所以附势而取悦也，非谓其所惑也，非喜其异而然也，反而求之，窃有以见夫吾心本如是，道本如是，学本如是，而不可以他求

---

① 赵岐注、孙奭疏：《孟子注疏》卷13上，《尽心章句上》，《十三经注疏》清嘉庆刊本，阮元校刻，中华书局2009年版，第6014页。
② 南大吉：《师论》，《南大吉集》，李似珍点校，西北大学出版社2015年版，第69页。
③ 同上。
④ 冯从吾：《瑞泉南先生》，《关学编》，陈俊民、徐兴海点校，中华书局1987年版，第51页。

也。"①反求诸己,非攀炎附势,非喜异求新,而应笃信诚服,明见个体所存之心、所求之道、所向之学皆源于良知。事、理、学都是"吾心之本体自现",为人心良知所具有,即是"心外无事,心外无理,心外无学"。在他看来,只有"中心悦而诚服之",使"吾心本体自现",才使"心之良知本一"。这是在王阳明传授良知之学的过程中得以证实的,也成为解释七十弟子之所以服于孔子的关键所在。南大吉在《寄答阳明先生书》中曰:

兹孟子谓七十子服孔子,夫苟其中心之悦也。夫苟其中心之悦也,必得其心之所同然者矣。……彼七十子者其初也,亦众人之徒也。及闻孔子之教而各得其心之所同然,然后天之命于我者勉而全之,始不愧于为人之道,而得免夫禽兽之归,则孔子于诸子有周极之恩焉。是故其生也悦而诚,其死也哀而庐诸其墓焉。②

大吉兄弟资不敏,其幼而学也,窃尝有志于圣贤之道,乃为近世格物之说所囿,终焉莫得其门。比其长也,乃遂驰骛于词翰之场,争奇而斗胜者,然且十数年矣。既乃以守越获登尊师之门,而领致知之教,始信人皆可以为尧舜,而七十子之所以服孔子者非伪也。③

孔子七十弟子最初也是芸芸众生中的一员,闻教于孔子,"各得心之所同然",使"天命"于我的思勉力行中得以显现。率天命,依人性,行修己之道,使良知诚然内化于心。孔子作为师者,在言传身教中,使弟子"中心悦而诚服之",这不仅体现了"天命—人性"的贯通性与一致性,而且,也讲明了"中心悦而诚服之"的"修而诚之"功夫论对发掘人性之善端的重要性,能够诚然内化于心,在现实生活中,各得心之所同然。南大吉用自己的亲生求教经历论证了这一点。南大吉少年有志于圣贤之道,迷惘于"格物之说",未入其门,也曾"驰骛于词翰之场",争奇斗胜。然而,自入阳明门下,领会良知之教,便开始信服人人可为尧舜的道理,深知七十诸弟子对孔子之教"中心悦而诚服之"的坚实笃定。对天命贯通于人性的体察和应然向本然的追溯与达成在于顺天命、依人性的良知本心。良知为人本心自然呈现,反求诸己,"中心悦而诚服之",则众人之心与圣人之心同然。

综合观之,南大吉对"心之良知本一"的诠释是在心性层面展开的,以人性善合天地万物为一体的"万物同体"以及"中心悦而诚服之"的"修而诚之"的视角阐释众人之心本与圣人之心同然,阐释了南大吉"心之良知本一"的心学思想。

二、"心之良知本一"的践行

既然南大吉是"反诸吾身,徵诸吾民"的体察中,得出"心之良知本一"的结论,他也正是从修身成德、心学治政两个方面入手,去践行良知之"致"。具体而言,则是以"慎独改过"践履良知之"致",以"心学治政"落实"万物同体"之志。

(一)以"慎独改过"践履良知之"致"

王阳明讲"致良知",是在"良知"发用流行中用功,致"吾心良知之天理于事事物物",使"事事物物皆得其理",依靠内在良知本体和道德理性的觉悟去指导日用伦常。南大吉也将"良知"及其流行发用比作"理"与"法"、"体"与"用"的关系,圣人之"良知"是"定理""定体",而其流行发用则是"定理"所呈现的"无定法"、"定体"所呈现的"无定用",顺应天地万物,"无定法""无定用"的流行发用最终能通变为恰当之法和恰当之用。圣人"良知"所发,无论在参赞天地之化育,还是日用伦常动静之间,都能"随物当理,随时应变"。因为"良知"为人心本具,且内含有无穷无定、应事之变的能力,所以应"反求物理于吾心之良知",各有其当,至通无碍。然而,以"无定法"为定法,以"无定用"为定用,这正是众人的诟病所在。

"盖先生(大吉)之学以致良知为宗旨,以慎独改过为致知工夫,饬躬励行,惇伦叙理,非世儒矜

---

① 南大吉:《寄马西玄仲房书》,《南大吉集》,李似珍点校,西北大学出版社2015年版,第78页。
② 南大吉:《寄答阳明先生书》,《南大吉集》,李似珍点校,西北大学出版社2015年版,第80-81页。
③ 南大吉:《寄答阳明先生书》,《南大吉集》,李似珍点校,西北大学出版社2015年版,第81页。

解悟而略检押者可比。"①冯从吾对南大吉的评价是恰当的。

在《寄骆秀才行简王秀才懋明书》中，南大吉说："故夫慎独格物致吾之良知，以求至乎圣人之道者，则非一时之荣辱进退、聚散远迩所能加损者也。若苟放其心而支于物，则亦引之而已。"②圣人以"慎独"作为涵养心性的工夫，作为衡量日常行为的标准，非有"一时之荣辱进退、聚散远迩"而有所偏差。良知明觉的状态即是对事物无所欺蔽和牵累，行处之间能够自明、自得、自安、自快。不因闻誉而喜，不因毁誉得丧，不因得则乐，不因丧则忧。没有事物欺蔽，于行动间自觉良知所发，没有物欲私累，则自得安处，心中自然畅然自快、怡然自得。这种畅然自快、怡然自得之感即是"慎独"，是心之良知自明的状态。南大吉的朋友应壁曾向他求教，南大吉在答复的信中讲到："依是良知，尊尊卑卑、厚厚薄薄、有有无无，不以一毫私意参乎其间，即所谓慎独也，即所谓致良知也。……夫兹应酬小事也，此其大者可无慎乎！由是观之则吾心天理之流行，果有离于日用之常乎！夫其常也自一应酬之小以极乎庶政之繁繁，然条理果有出于吾良知天则之外乎！"③"致良知"于日用伦常中，不计较"尊卑""厚薄""有无"，不掺杂"一毫私意"，即是"慎独"。"慎独"小可行于日用伦常，大可推至为政之事。南大吉正是在为政做官的事务中，通过反省自讼修身养性的功夫，使"心之良知"昭然自现。南大吉为官时期，时刻请益求学于阳明先生，砥砺躬行，经常审慎反思为政过失，于是便与王阳明有了一段蕴意颇深的对话：

尝曰："大吉临政多过，先生何无一言？"王公曰："何过？"先生历数其事。王公曰："吾言之矣。"先生曰："何？"曰："吾不言，以何知之？"曰："良知自知之。"王公曰："良知却是我言。"先生笑谢而去。居数日，复自数过加密，来告曰："与其过后悔改，不若预言无犯为佳也。"王公曰："人言不如自悔之真。"先生笑谢而去。居数日，复自数过益密，曰："身过可勉，心过奈何？"王公曰："昔镜未开，可得藏垢。今镜明矣，一尘之落，自难住脚。此正入圣之机也，勉之！"④

从这段话中可以看出，南大吉在王阳明的教诲下懂得了"自悔之真"的可贵之处，遇事审慎行之，有过然后能改。将功名、利禄、贫贱、忧戚等置之度外，不为功名利禄所动，不为贫贱忧戚所移。王阳明以"明镜之喻"生动形象地回答了南大吉"心过奈何"的疑虑。人人本具"良知"，"镜明"已开，然陋习之弊自然很难纠缠纷扰本有的"良知"，则良知自现。成圣的真谛就在于保持心之"镜明"。圣人与众人心本同然，然圣人能够保持心之"镜明"，而众人则是"镜明"未开，为藏垢所盖，需时刻下工夫。

南大吉以"慎独改过"为致良知的功夫，这正是"以其（良知）率而行之谓之道"修己成德功夫论的展开。以"慎独改过"纠陋习之弊，呈现心之明镜，使良知自现。

（二）以"心学治政"落实"万物同体"之志

南大吉见证了王阳明晚年"致良知"思想的演变过程，并深受阳明心学的影响。王阳明晚年居越时，围绕"万物同体"的观点，在追求自我内心精神层面的基础上，更加重视生民的生活状况。从良知学的角度上讲，万物同体论引起了良知内涵的变化，使致良知趋向实践层面的落实，成为阳明心学的重要组成部分。这一思想对南大吉产生了重要影响，可以说，南大吉就是沿着良知学趋向实践层面的路向去践行，学政合一，心学治政。

南大吉遗父之志，勤勤恳恳，行法敦仁、心怀与物同体之志。正德七年冬十月，授户部湖广司主事；丁丑十二年，复授户部江西司主事；辛巳十六年，升浙江司员外郎，扎理下粮厅及清查京营诸

---

① 冯从吾：《瑞泉南先生》，《关学编》，陈俊民、徐兴海点校，中华书局1987年版，第52页。
② 南大吉：《寄骆秀才行简王秀才懋明书》，《南大吉集》，李似珍点校，西北大学出版社2015年版，第82页。
③ 南大吉：《寄贺长洲府书》，《南大吉集》，李似珍点校，西北大学出版社2015年版，第84页。
④ 冯从吾：《瑞泉南先生》，《关学编》，陈俊民、徐兴海点校，中华书局1987年版，第51页。

食粮军士,夏五月,升福建司郎中,寻调云南司。一生为官功绩最大当属嘉靖二年历浙江绍兴府知府,造福百姓,得到了民众的拥护和认可。入觐罢官后归乡,建立酒山书院,志于讲学,多有高门弟子。他在了解了良知真谛后,便能知"学与仕本一事,而非两途也",且能够怀着平实朴素的心态亲身躬行、实践。当是时,人们批判王阳明心学流于空疏之弊,然而却不知其良苦用心之处在于亲身实践。

南大吉治越期间,问政于阳明先生,王阳明回答:"亲民治政",使他领悟到"明明德"即是"亲民","亲民"即是"明明德",亲己之父而亲人之父,亲己之兄而亲人之兄,以至于君臣、夫妇、朋友,推而至于鸟兽草木,孝悌之情,万物之感,皆是自然昭著显见于人心,其依天命之性,人率而行之,无物欲之弊,对此则是亲民才能"明其明德","求尽吾心以自明其明德",最后达到"明明德于天下",使明德亲民止于至善。"至善"是天然自有的,毫无加损,否则为"私意小智"。"明德亲民"止于吾心之"至善","犹之规矩之于方圆也,尺度之于长短也,权衡之于轻重也"①。揭示了其"至善"本质在于"明德亲民",就像"规矩"的功用在于校正"方圆","尺度"的用处在于测量"长短","权衡"作为判断"轻重"的准绳。于是名其莅政之堂曰"亲民",而曰:"吾以亲民为职者也,吾务亲吾之民以求明吾之明德也夫!"②元善喟然而叹曰:"甚哉!大人之学若是其简易也。吾乃今知天地万物为一体矣!吾乃今知天下之为一家、中国之为一人矣!一夫不被其泽,若己推而内诸沟中,伊尹其先得我心之同然乎!"如《大学》中所云:"大学之道在明明德,在亲民,在止于至善"。③南大吉将我与民紧密地融为一体,即心与大道合一,正是南大吉追求的"视天地万物无一而非我"的天人合一境界。由此观之,他对"政学合一"观念有了深刻的体悟,同时从自身的亲历实际出发,更好地践行了"政学合一"观。王阳明当时所讲的致良知之学与亲民之政,对南大吉产生了重要的影响。在师者的一番教导之后,南大吉以亲民为为政之要,从修身之明明德向亲民治政推广开来。

渭南南侯守越,巨奸狡猾,面对民众和士人的诽谤,"持之弥坚,行之弥决"。南大吉认为他们"并非无是非之心"而是"弊于习染",所以"学之不讲而教之不明"。于是建龙首书院,南镇庙、镇东阁;重起稽山书院,聚八方学士;开浚运河,治水安民,关心群众切身利益;重修海塘城、大禹陵庙;处置冤案,治理会稽大盗,育化民众,造福乡里。"锄奸兴利,不避嫌怨",功绩累累。后来,民风渐淳,民众、士人"日有所觉,月有所悟",称其为"严父""慈母"。他能够体察民情,应父亲之志,穷究其体,完成《渭南志》并昭显于后世。其中包括:图两卷,以治民事神为主;表四卷,阙所不知者,录其所知也;考五卷,传七卷。"图以宣隐,表以阐微,考以稽物,传以垂轨,不侈而悉,不迂而理。"④嘉议大夫河南按察使门人富平李宗枢所写的《渭南县志叙》称其为"良史之才",他对待史实严谨客观,不浮夸,不隐匿,能够秉着还原真实历史的态度原则。南大吉还进一步在《风土考》提出了"天下大本"的思想,"风俗者,天下之大本。政教者,治世之先务。"⑤"风俗"关乎天下之治乱,系"政教者"之职责,故"先务"。南大吉不仅对阳明心学"中心悦而诚服之",同时深知其关键在于亲身躬行,将一生所学致力于从政生涯,更好地诠释了"心学治政"的理念。

南大吉通过为学治政践行良知之学,继承了王阳明晚年致良知向亲民治政的实践层面的转

---

① 王守仁:《王阳明全集》,吴光等编校,上海古籍出版社2011年版,第280页。
② 王守仁:《亲民堂记》,《南大吉集》,李似珍点校,西北大学出版社2015年版,第171页。
③ 郑玄注、孔颖达疏:《礼记正义》卷60,《大学第四十二》,《十三经注疏》(清嘉庆刊本),阮元校刻,中华书局2009年版,第3631页。
④ 李宗枢:《明嘉靖渭南县志摘录》,《南大吉集》,李似珍点校,西北大学出版社2015年版,第135页。
⑤ 南大吉:《风土考第三》,《明嘉靖渭南县志摘录》,《南大吉集》,李似珍点校,西北大学出版社2015年版,第139页。

向,与"万物同体"之志相对应,为生民营造了舒适安宁的社会秩序、淳朴的社会风气,南大吉对心学有着深刻的体悟,对思想的阐释紧密结合为学为仕经历,从具体的为学进德和为官治政中去反求诸己,努力践行。他为关中思想发展增添了心学因素,促进了明代理学的中兴和发展。

参考文献:

[1] 冯从吾.关学编[M].北京:中华书局,1987.

[2] 南大吉集[M].西安:西北大学出版社,2015.

[3] 王阳明全集.[M].上海:上海古籍出版社,2011.

[4] 刘学智.南大吉与王阳明——兼谈阳明心学对关学的影响[J].中国哲学史,2010,19(3):98.

[5] 阮元校刻.十三经注疏(清嘉庆刊本)北京:中华书局,2009.

王阳明笔下的绍兴知府南大吉形象

华建新

（浙江省余姚市南滨江路130弄5单元402信箱 315400）

摘　要：明嘉靖二年至四年，王阳明与南大吉在越城有三年的交集，此期间南大吉向正在越城丁忧、赋闲的王阳明问政请学，受阳明先生亲炙。在与南大吉的交谊中，王阳明为南大吉撰写了六篇相关的文章，在其笔下，南大吉是一位明德亲民、勇于担当的力行者，求诸己心、逆风勇进的弘道者，昭明灵觉、高风亮节的得道者。王阳明笔下的南大吉形象，彰显了正义者、亲民者、传道者的力量，闪烁着追求政治清明、学术朗润、社会和谐的治世理想。无论为官还是为民，南大吉的形象为世人确立了人格高标，具有较高的历史认识价值与现实意义。

关键词：王阳明；南大吉；形象

作者简介：华建新，男，浙江余姚人。余姚市东海城市文化研究院院长，宁波市王阳明文化研究促进会副会长，阳明学研究学者、副教授。研究方向：阳明学与阳明文化。出版著作：《王阳明诗歌研究》《姚江秘图山王氏家族研究》《王阳明散文研究》《余姚竹桥黄氏家族研究》。

南大吉（1487—1541），字元善，号瑞泉，陕西渭南人。明正德六年（1511）进士。嘉靖二年（1523），以户部郎中外任绍兴知府。王阳明与南大吉在绍兴有三年的交集，虽事出巧遇，但也有某种机缘。据《阳明先生年谱》（以下简称"年谱"）记载：明正德五年（1510）十一月，王阳明在江西庐陵（今吉安）知县任上奉命赴京入觐。离庐陵时，王阳明撰《告谕庐陵父老子弟》作别。十二月，其被朝廷升任南京刑部四川清吏司主事，但未赴任。次年正月，改任吏部验封清吏司主事。自正德元年（1506），王阳明被阉党刘瑾贬谪至贵州龙场到官复原职级，已过了整整五年，仕途命运再次发生转机。正德六年（1511）二月，其任会试同考试官。恰巧在这一年，南大吉参加会试，后被录为"贡士"，由此，王阳明成为南大吉的房师，才有了不见面的交集。此后，王阳明在仕途上跌宕起伏，历经艰险，在平南昌叛王朱宸濠后再次遭受朝中权奸陷害、排斥。正德十六年（1521），其奉旨赴京受挫后，便上疏归省，获准。八月，返回绍兴家中。九月，归余姚省祖茔。年底，因平朱宸濠之功，封"新建伯"。嘉靖元年（1522）二月，父王华因病去世，按制在家中丁忧。在丁忧期间，其仍授徒讲学不止。再说当年南大吉参加会试后，于正德六年中进士，历官户部主事、员外郎、郎中，一级一级攀升，仕途还算顺畅；时至嘉靖二年（1523），被朝廷外放，出任绍兴知府。如此，才有了《年谱》所载："郡守南大吉以座主称门生。"自正德六年至嘉靖二年，时隔十二年，王阳明与南大吉才形成了真正意义上的师生关系。在绍兴短短的三年中，师生齐心协力、风雨同舟、肝胆相照，成为王门佳话。在嘉靖四年、五年中，王阳明相继撰写了与南大吉有关的六篇文章，即《亲民堂记》（1525年）、《稽山书院尊经阁记》（1525年）、《送南元善入觐序》（1525年）、《浚河记》（1526年）[①]、《答南元善一》（1526年）、《答南元善二》（1526年）。其中，《亲民堂记》《稽山书院尊经阁记》《浚河记》被后人称为"越中三记"；《稽山书院尊经阁记》被清人收入《古文观止》，声播环宇。在王阳明的笔下，这位出自关中的绍兴知府,是一位恪尽职守、勇于担当、逆风弘道、高风亮节的清官。

一、明德亲民:勇于担当的力行者

"绍兴"之得名,缘于南宋建炎四年(1130),高宗驻跸越州,取"绍奕世之宏休,兴百年之丕绪"之意,次年改"绍兴元年",升越州为绍兴府,领会稽、山阴、萧山、诸暨、余姚、上虞、嵊县、新昌等八县,府治与山阴、会稽两县同城。元至元十三年(1276)改为绍兴路,辖境、属县未变。明洪武二年(1369)复称绍兴府,治所、领县不变。绍兴历史悠久,春秋时期为越国国都,人文荟萃,历代豪杰俊才辈出,以"名士之乡"著称于世。然而,历史的发展,社会的变迁,总是伴随着阴暗面,需要有勇于担当的人物去破解。

(一)治水化灾,纾解民困

南大吉于明嘉靖二年(1523)春夏之际到任。当时绍兴的现状,正如王阳明在《送南元善入觐序》一文中所言:"渭南南侯之守越也,越之敝数十年矣。巨奸元憝,窟据根盘,良牧相寻,未之能去;政积事隳,俗因隳靡。"[1]881 意思是说南大吉上任之初,面临各种复杂的社会问题,加之前任政事怠惰,情势十分严峻。绍兴地处水网地带,江河湖泊纵横,天灾人祸不时并发,对南大吉而言不啻是严峻的挑战。如何治理? 生性豪放、大智大勇的南大吉没有像前人那样裹足不前、明哲保身,而是知难而上,激流勇进。嘉靖四年(1525),其通过实地察访,求通民情,发现水利问题特别严重。正如王阳明在《浚河记》一文中写道:"越人以舟楫为舆马,滨河而廛者,皆巨室也。日规月筑,水道淤隘;蓄泄既亡,旱潦频仍。商旅日争于途,至有斗而死者矣。"[1]904 当年,绍兴府城河道被豪门巨富等严重侵占,导致河道阻塞、灾情时发,甚至还为争水道发生械斗而死人,百姓叫苦不迭。水道是灌溉、调节旱涝、交通运输的命脉,事关一方之安宁。南大吉通过分析利弊,决定从事关民生的水利问题着手,解决民困,化积弊为民利。南大吉认为"善治越者以浚河为急",故以治水为本。面对不法豪强,南大吉敢于碰硬,发出浚河安民告示,"拟拆府河两旁庐舍六尺,许以广河道"。[2]13 南大吉这一造福地方的举措,自然触犯了一些豪强的既得利益,于是造谣污蔑风起;但南大吉不为所动,雷厉风行,大力推进浚河治水,在当年秋即见成效,诸多地方旱情严重,但绍兴却无大碍。次年春,诸多地方水灾严重,但绍兴却平安无事,治水效果显著。由此,百姓深感南大吉之恩,以歌谣传颂其功德。然而,这样一位治理有方的地方官,竟在嘉靖五年(1526)末,被朝廷罢官返乡。王阳明的《浚河记》正是在此背景下而撰。

有感于南大吉不畏强势,为民造福的品性,王阳明于嘉靖五年(1526)夏秋间撰《浚河记》。此文仅仅三百余字,然言简意赅,将兢兢业业为民治水的清官南大吉浚河事迹叙述得清清楚楚,由此传达出王阳明一贯主张的为官者须"明德亲民"的仁政思想,"纪其事于石,以诏来者"。此文,不仅仅是为南大吉辩诬立传,而是为廉洁官员歌功颂德,为开显民心树碑,为绍兴府城的治水史作证! 时至今日,今绍兴鲁迅广场的大云桥旁,立有《浚河记》碑文。此文的现实意义不可低估,对于官员的勤政廉洁,对于保护水系生态环境,无疑具有重要的现实意义。

(二)源头活水,志在亲民

南大吉在绍兴知府任上三年,明德亲民,为老百姓办了诸多实事、好事。据清悔堂老人在《越中杂识·名宦·南大吉》中记载:"政修废举,戢暴惩奸。建稽山书院,集八邑髦士,讲习其中。囚不决者,一鞫即得其情。属吏有被诬者,力为湔雪。每临重囚,必朱衣象简,秉烛焚香,洞开重门,令众见之,人咸以为神人不可犯。又尝开浚郡河、运河,为势家侵占者,治其罪而复之。筑陂塘,备旱涝。郡有大盗,素为郡要所庇,悉置之法。"[2]50 可见其锄奸兴利,宽严分明,不避嫌怨,教化为先,善任人事。除此之外,南大吉还对侵吞王右军(王羲之)、谢太傅(谢安)故地者,严明法典,悉剖归其主。南大吉还尝开上灶溪,花大力重修禹庙,兴建碑亭,辟大禹陵,亲题"大禹陵"碑,书法雄浑遒劲,至今犹在,可谓政绩斐然。南大吉明德亲民的力行精神,与问政其师、受到王阳明的教诲有密切的关系。

据《年谱》载:嘉靖三年(1524),王阳明在越城讲学论道活动声势日益浩大,四方投学王门者接踵而至,南大吉不仅要其弟逢吉(字元贞)拜阳明为师,而自己在政余时常向王阳明问政、请教。《年谱》中描述了王阳明与南大吉师生间的一段精彩对话:

郡守南大吉以座主称门生,然性豪旷不拘小节,先生与论学有悟,乃告先生曰:"大吉临政多过,先生何无一言?"

先生曰:"何过?"大吉历数其事。

先生曰:"吾言之矣。"

大吉曰:"何?"

曰:"吾不言,何以知之?"

曰:"良知。"

先生曰:"良知非我常言而何?"大吉笑谢而去。

居数日,复自数过加密,且曰:"与其过后悔改,曷若预言不犯为佳也。"

先生曰:"人言不如自悔之真。"大吉笑谢而去。

居数日,复自数过益密,且曰:"身过可勉,心过奈何?"

先生曰:"昔镜未开,可得藏垢;今镜明矣,一尘之落,自难住脚。此正人圣之机也,勉之!"[1]1290

以上对话,是南大吉向其师问政、问学的一段小插曲,反映了其如何"知错"、如何"改错"和如何"防错"的过程。南大吉虚心求教、学而不厌的态度与王阳明诲人不倦、循循诱导的形象跃然纸上。这段师生对话十分重要,反映了南大吉当年接受阳明心学最初的途径和思想转化的节点,从原先接受朱学到转向阳明心学的过程。王阳明为教十分注重为官"明德亲民"的实践和内心体悟,引导南大吉进入心学的殿堂;而南大吉对阳明心学的领悟与发挥则成为其为官的思想基础。从对话中可知,南大吉严于律己,善于反省,将"致良知"的功夫落实在为民办实事、好事及整肃政风上。可以说,南大吉在绍兴知府任上所取得的政绩,是力行阳明心学的结果,这也为其后传道关中,奠定关中王学打下了扎实的基础。

南大吉不仅力行"明德亲民"之教,而且将其转化为政的明训。嘉靖四年(1662)正月,南大吉在聆听王阳明关于"明德亲民"的一番教诲后,醍醐灌顶,心体洞开,还将其知府大堂上悬挂的"公正堂"匾改题"亲民堂",立言明志:"吾以亲民为职者也,吾务亲吾之民以求明吾之明德也夫!"[1]252自励自勉,同时传导府治上下,形成风气。为让更多的人明悉王阳明"明德亲民"的思想,南大吉特请恩师撰《亲民堂记》一文。王阳明在这篇对话体式的记中,运用"万物一体"的心学思想诠释《大学》三纲领,即明明德、亲民与止于至善,全面、系统地论述了"明德亲民"政治思想的内涵。文中师生之间的生动对话,可窥见当年南大学问学的诚恳与王阳明答问的深刻、圆通:

南子元善之治越也,过阳明子而问政焉。

阳明子曰:政在亲民。

曰:亲民何以乎?

曰:在明明德。

曰:明明德何以乎?

曰:在亲民。

曰:明德、亲民,一乎?

曰:一也。明德者,天命之性,灵昭不昧,而万理之所从出也。人之于其父也,而莫不知孝焉;于其兄也,而莫不知弟焉;于凡事物之感,莫不有自然之明焉,是其灵昭之在人心,亘万古而无不同,无或昧者也,是故谓之明德。其或蔽焉,物欲也。明之者,去其物欲之蔽,以全其本体之明焉耳,非能有以增益之也。

曰:何以在亲民乎?

曰:德不可以徒明也,人之欲明其孝之德也,则必亲于其父,而后孝之德明矣,欲明其弟之德也,则必亲于其兄,而后弟之德明矣。君臣也,夫妇也,朋友也,皆然也。故明明德必在于亲民,而亲民乃所以明其明德也。故曰一也。

曰:亲民以明其明德,修身焉可矣,而何家、国、天下之有乎？

曰：人者，天地之心也；民者，对己之称也。曰民焉，则三才之道举矣。是故亲吾之父以及人之父，而天下之父子莫不亲矣；亲吾之兄以及人之兄，而天下之兄弟莫不亲矣。君臣也，夫妇也，朋友也，推而至于鸟兽草木也，而皆有以亲之，无非求尽吾心焉以自明其明德也。是之谓明明德于天下，是之谓家齐国治而天下平。[1]250

从上述对话中，可知南大吉问学深得其师思想之精华，其会意说："大人之学若是其简易也。吾乃今知天地万物之一体矣。吾乃今知天下之为一家、中国之为一人矣。"[1]252 从对话中亦可感知王阳明在《亲民堂记》一文中对南大吉虚心求教，慎独力行的品德无不充满赞赏、期待之意。王阳明对南大吉的教诲，使一个初具心学思想的南知府，迅速成为坚定而虔诚的阳明心学追随者、力行者，其日后成为关中王门的掌门人是势之必然。

二、求诸己心：逆风勇进的弘道者

南大吉在知府任上，践行阳明心学，修身进德，推己及人，敢冒风险，以弘扬阳明心学为己任：

（一）以身明道，增刻《传习录》

南大吉在知府任上勤政为民多有善举，感染了当地士民，从对南大吉不了解到爱戴，情感上发生了重大转变。按制南大吉奉命入觐，百姓获知，担忧知府一去不返，请留的呼声十分强烈，还想通过王阳明挽留，反映了南大吉与百姓之间的深厚情谊。王阳明在《送南大吉入觐序》一文中对此做了详细的记载：

至是惠洽泽流而政益便，相与悔曰："吾始不知侯之爱我也，而反以为挟我也；吾始不知侯之拯我也，而反以为劳我也；吾其无人之心乎！侯真吾之严父也，慈母也！"于是侯且入觐，百姓惶惶请留，不得，相与谋之多士曰："吾去慈母，吾将安哺乎？吾去严父，吾将安恃乎？"士曰："吁嗟！维父与母，则生尔身；维侯我师，实生我心。吾宁可以一日而无吾师之临乎！"则相与假重于阳明子而乞留焉。阳明子曰："三年之觐，大典也。侯焉可留乎？虽然，此在尔士尔民之心。夫承志而无违，子之善养也；离师友而不背，弟子之善学也。不然，虽居膝下而侍几杖，犹为不善养而操戈入室者也。奚必以留侯为哉！"众皆默然，良久，曰："公之言是也。"相顾逡巡而退。明日，复师生相率而来请曰："无以输吾之情，愿以公言致之于侯。庶侯之遄其来旋，而有以速诸生之化，慰吾民之延颈也。"[1]882

然而，这样一位求通民情，愿闻己过，清正廉洁的南知府，竟然没有通过朝廷考计。其遭罢官归里，仕途生涯画上了句号。据文献显示，其罢官不是因为失责赖政，主要是其不避时讳、增刻《传习录》而所致。

王阳明心学的代表作之一为《传习录》，最初的《传习录》是由阳明早期弟子、其妹夫徐爱整理编纂而成的阳明语录集。徐爱据《论语·学而》中"传而不习乎"之意，取名《传习录》。其后，王阳明的另一弟子广东揭阳人薛侃继续整理阳明语录，将徐爱所录的残稿及阳明弟子浙江吴兴人陆澄与他新录的各为一卷，共三卷，于正德十三年（1534）八月首刻于虔州（今江西赣州），即为明隆庆六年（1572）谢廷杰所刊刻的《王文成公全书·语录》（简称"隆庆本"）之卷一。时至嘉靖三年（1524）十月，绍兴知府南大吉因受王阳明亲炙，深契"良知"之学精髓，为弘扬师说，冒着极大的政治风险，以薛侃赣州首刻的《传习录》三卷为底本，又将其师手定的论学书信加以增补，并命其弟南逢吉"校续而重刻之"，续刻增补本之《传习录》于绍兴。南大吉所增刻的其师论学书信八篇，其篇目为：《答徐成之》二书（正德六年）、《答周道通》（嘉靖元年）、《答陆原静》二书（正德十六年）、《答罗整庵》（正德十五年）、《训蒙大意》（正德十五年）、《教约》（正德十五年）。其后，王阳明的晚年弟子钱德洪，将此八篇中的书信加以调整，即成为隆庆本《传习录》之卷二。钱德洪还将自己与其他阳明弟子所录先师之语，编纂为隆庆本《传习录》之卷三。

南大吉在《传习录序》中说："是录也，门弟子录阳明先生问答之辞、讨论之书，而刻以示诸天下者也。吉也从游宫墙之下，其于是录也，朝观而夕玩，口诵而心求，盖亦自信之笃而窃见夫所谓道者,置之而塞乎天地,溥之而横乎四海,施诸后世,无朝夕人心之所同然者也。"[1]1580南大吉续刻《传习录》,在当时的情势下是逆天之为,因当朝贬抑王学。钱德洪在《传习录》中题记说:"元善当时汹汹,乃能以身明斯道。卒至遭奸被斥,油油然惟以此生得闻斯学为庆,而绝有纤芥愤郁不平之气。斯录之刻,人见其有助于同志甚大,而不知其处时之甚艰也。"[1]40由此可知,南大吉此举甚为艰险,并为其后被朝中权贵嫉恨遭罢官之起因。南大吉对其师的著述心存敬畏、推崇至之,才不顾自身安危,"以身明道"而续刻《传习录》,其为传播阳明心学起到了特殊的作用,功莫大焉。

(二)扩建稽山书院,求《尊经阁记》

王阳明自正德十六年(1521)返绍兴家中后,因被朝廷封为"新建伯",故在其父原宅基础上扩建"新建伯"府第,俗称"伯府"。此府邸成为王阳明讲学论道之所,在此接待来自四方的学子,以至于偌大的伯府人满不堪,难以满足日益增加的求学需求。作为阳明亲传弟子、绍兴知府的南大吉因经常来伯府问学自然知情。为此,南大吉决意扩建绍兴稽山书院,增建"尊经阁"等教学设施。嘉靖三年(1524)知府南大吉令山阴知县吴瀛拓书院,增建"明德堂""尊经阁"。此稽山书院始建于宋宝元元年(1038),名臣范仲淹出任越州知州之时。范到任后的次年,在越州州治今绍兴市区府山风雨亭处创建稽山书院。至南宋乾道六年(1170),朱熹在稽山书院讲学敷政。及至元至正年间,稽山书院得以修葺扩建,至元末书院一度荒废。明正德间,山阴知县张焕移建故址之西。

南大吉扩建稽山书院,为其师传播学说提供了更好的教育环境,以教化府属八县弟子,有志于归圣贤之道,以救世儒学风颓败。据《年谱》记载:"于是辟稽山书院,聚八邑彦士,身率讲习以督之。"南大吉自到书院讲论经义、督促弟子学习。由于王阳明应南大吉之请在稽山书院讲学,声名远播,于是四方学子闻声而来,聚集在阳明门下。据《年谱》记载:"于是萧璆、杨汝荣、杨绍芳等来自湖广,杨仕鸣、薛宗铠、黄梦星等来自广东,王艮、孟源、周冲等来自直隶,何秦、黄弘纲等来自南赣,刘邦采、刘文敏等来自安福,魏良政、魏良器等来自新建,曾忭来自泰和。"[1]1290因稽山书院容量有限,而远道而来的学子源源不绝,以至于"宫刹卑隘,至不能容。盖环坐而听者三百余人"。在此期间,王阳明"只发《大学》万物同体之旨,使人各求本性,致极良知以至于至善,功夫有得,则因方设教"。可以说,稽山书院的扩建,对于培养阳明心学专才、推助王阳明"万物一体"学说的流播发挥了重要作用,亦为其后绍兴阳明书院的建立提供了范式。稽山书院尊经阁落成后,南大吉请其师作记。王阳明婉辞不得,便应允作记。王阳明在文末说:

郡守渭南南君大吉既敷政于民,则慨然悼末学之支离,将进之以圣贤之道。于是使山阴令吴君瀛拓书院而一新之,又为尊经之阁于其后。曰:"经正,则庶民兴;庶民兴,斯无邪慝矣。"阁成,请予一言以谂多士。予既不获辞,则为记之若是。呜呼!世之学者既得吾说而求诸其心焉,其亦庶乎知所以为尊经也矣。[1]255

此文,在写作上一反传统作"记"之套路,对建阁的过程,阁本身的形制、建筑特色只字未提,而以"尊经阁"之"经"自作为阐发心学观点的论题,系统地论述了"《六经》者非他,吾心之常道也"的精辟观点,阐明了"经"的内涵,角度新颖,独树新说,发人未发,别开生面。对当时的思想界、学界起到了振聋发聩、正本清源、澄清是非的作用,影响之大无人出其右。王阳明对此文亦十分看重,寄呈其道友湛甘泉分享。其后,被清人所编《古文观止》收录,可见在文脉上的影响力。

三、昭明灵觉:高风亮节的得道者

作为知府的南大吉其在任上克己奉公、勤政爱民,是深受百姓爱戴的清官;作为王阳明的亲传弟子南大吉求知若渴、反省慎独、学以致用,是王阳明的高足弟子。因时朝廷打压阳明心学,王阳明本人亦不被任用,搁置在家;然而,南大吉不以朝廷权贵马首是瞻,而追随王阳明,为传播师说,续刻《传习录》、扩建稽山书院为王阳明讲学提供方便，均为犯忌之举，终于导致嘉靖四年末的考计中，被朝中权奸罢免。南大吉去任后，不以此动心沮丧，而是坚定地走上弘扬师说的道路。在归里途中，南大吉写信给其师，信中除问学外还坦陈自己的思考和志向。王阳明于嘉靖五年五月接到南大吉来信后，次月即复信，对这位身处逆境的弟子给予高度的评价及殷切的期许。

(一) 豁达大度，有道之士

在生命的激流中，南大吉因弘道而折翅仕途，然其不以此动心，超然物外，探求圣学义无反顾，其在返乡的途中给其师写信，只字不提罢官之事，但问学业之疑。王阳明在复信中对南大吉豁达大度、不计得失的品格给予高度赞赏：

近得中途寄来书，读之恍然如接颜色。勤勤恳恳，惟以得闻道为喜，急问学为事，恐卒不得为圣人为忧，亹亹千数百言，略无一字及于得丧荣辱之间，此非真有朝闻夕死之志者，未易以涉斯境也。浣慰何如！诸生递观传诵，相与叹仰歆服，因而兴起者多矣。[1]210

在信中，王阳明还以"勤勤恳恳，惟以得闻道为喜""急问学为事，恐卒不得为圣人为忧"之语评价南大吉的为政为学之道，尤对信中千语言而不提"得丧荣辱"之气度表示由衷的欣慰和赞许，有孔圣人"朝闻夕死"之志，不以得失荣辱为念，人生境界之高，堪称士中俊杰。为褒扬南大吉之品德王阳明还将此信给学子传阅，激发诸生志向。信中，王阳明通过比较，极赞南大吉是"有道之士"：

世之高抗通脱之士，捐富贵，轻利害，弃爵禄，决然长往而不顾者，亦皆有之。彼其或从好于外道诡异之说，投情于诗酒山水技艺之乐，又或奋发于意气，感激于愤悱，牵溺于嗜好，有待于物以相胜，是以去彼取此而后能。及其所之既倦，意衡心郁，情随事移，则忧愁悲苦随之而作。果能捐富贵，轻利害，弃爵录，快然终身，无入而不自得已乎？夫惟有道之士，真有以见其良知之昭明灵觉，圆融洞澈，廓然与太虚而同体。[1]210

王阳明此段议论精辟独到，对世人中具有"捐富贵，轻利害，弃爵禄"价值观倾向的士人做了划分：一类是"高抗通脱之士"，其特征：或"好于外道诡异之说，投情于诗酒山水技艺之乐""奋发于意气，感激于愤悱，牵溺于嗜好，有待于物以相胜，是以去彼取此而后能"，此类人已无远大高洁之志向，以嗜好度日，玩物丧志，自以为超脱尘世，视名利富贵为烟云，实际上则陷入虚度年华，自戕生命的泥潭之中。与此相对的则是"有道之士"，其特征："以见其良知之昭明灵觉，圆融洞澈，廓然与太虚而同体"。此类人是以"良知"立身，有与万物同体之心，故能真正做到"捐富贵，轻利害，弃爵禄"，而不失人性之善，凡是贵得于心，以良知为是非，虽其言出自孔子，不敢以为是。由此，王阳明进一步推演出南大吉的处世态度完全符合"有道之士"的品质特征：

故凡有道之士，其于慕富贵，忧贫贱，欣戚得丧而取舍爱憎也，若洗目中之尘而拔耳中之楔。其于富贵、贫贱、得丧、爱憎之相，值若飘风浮霭之往来变化于太虚，而太虚之体，固常廓然其无碍也。元善今日之所造，其殆庶几于是矣乎！是岂有待于物以相胜而去彼取此？激昂于一时之意气者所能强？而声音笑貌以为之乎？元善自爱！元善自爱！[1]211

上述议论，王阳明极赞赏南大吉坚守心中的良知，不为"富贵、贫贱、得丧"而动心的高贵品质。南大吉因不愿与当朝权奸同流合污而遭罢官，富贵、利禄与他无关；其虽失去了官职，但获得了自己的尊严，当属"有道之人"，内心是富足、高尚的，才是真正的超脱。因而，"高抗通脱之士"与"有道之士"在宇宙观、价值观和人生观等诸方面有着本质的区别，远非与那些"高抗通脱之士"相提并论。南大吉的自立、独得精神，其思想渊源显然源于阳明心学的良知学说，其独特的行为方式显然是以其师为榜样，由此，确立了其在中国传统文化中"有道之人"的形象，其人生价值取向对后世士人的立身之道选择产生了深远的影响。

(二) 高风亮节，关中豪杰

王阳明在回复南大吉的来信中，不仅高度评价了其坦然的处世态度和孜孜不倦的求道精神，

而且寄希望其开出生命的新境界,其在信末中说:

关中自古多豪杰,其忠信沈毅之质,明达英伟之器,四方之士,吾见亦多矣,未有如关中之盛者也。然自横渠之后,此学不讲,或亦与四方无异矣。自此关中之士有所振发兴起,进其文艺于道德之归,变其气节为圣贤之学,将必自吾元善昆季始也。今日之归,谓天为无意乎? 谓天为无意乎? 元贞以病,不及别简,盖心同道同而学同,吾所以告之亦不能有他说也。亮之亮之![1]211

王阳明对关中的历史文化、豪杰志士十分钦佩;然而,其更希望有人继承张载的精神风范:"为天地立心、为生民立命、为往圣继绝学、为万世开太平",担当起弘扬"圣贤之学"的重任,进则为循吏,退则为乡贤,以实现"有道之人"的历史担当。为此,王阳明对南大吉、南逢吉(字元贞)兄弟二人寄予极大的厚望。王阳明在第二次给南大吉的信中亦表示:"学绝道丧且几百年,居今之时,而苟知趋向于是,正所谓空谷之足音,皆今之豪杰矣。"[1]212此言,可以说是王阳明与南大吉共勉,心是相通的。在封建专制高压下,他们不惧威严、不贪利禄,敢于挑战皇权的威严,敢于冲破精神桎梏,寻求思想的解放,具有反叛性和挑战性,表现出高风亮节的崇高品格,从更广阔的人生舞台中发现生命的价值,确立自身的行为模式,形成以"致良知"为价值标准的人生态度,进入纯净的"万物一体"境界之中,由此确立独立的文化人格。历史的发展,最终证明了王阳明的预期是实现的,南大吉、南逢吉兄弟没有辜负其师的期望,为关中王门的确立,为"良知学"的传承、弘扬作出了杰出的贡献,开出了生命的新天地。

结语

经文献调研,据不完全统计,自嘉靖元年至六年,在《王文成公全书》(隆庆版)中明确标明时间的文章(书信、记、序、卷等)共99篇,涉及的王阳明弟子43人,在短短的三年中,王阳明为弟子南大吉写下六篇文章,这在阳明先生一生中是比较少见的。联系明中政治的种种弊病,南大吉对王阳明的崇敬,王阳明对南大吉的提携和厚爱也就不难理解了,两者心心相印最也自然不过了。在王阳明的笔下,南大吉是一位在"立德""立功""立言"三方面不屈人之下的地方官。在"立德"上,其大义刚正,率性诚真,聪明睿智,从内心体认"圣贤之学",学有所得,圆融洞澈。在"立功"上,其以民为本,将良知心学贯通于为政之中,为越中百姓的福祉呕心沥血、殚精竭虑,发强刚毅,勤勉有加。在立言上,其崇儒重教,涵育熏陶,勤于著述,文理密察,阐发阳明心学独树一帜。南大吉因随从王阳明而悟道成圣贤,王阳明因得南大吉而添翼凌空。王学西行,传道关中,开宗启流,南大吉为北方王门第一人。王阳明笔下的南大吉形象,其身上所蕴藏的正义力量,闪烁着政治清明、社会和谐的治世理想,无论为官为民,都为世人确立了人格高标,具有较高的历史认识价值与现实意义。南大吉的性格、智慧和胆识是在特定环境中得以自然地显露,充满历史的真实感和丰满的精神世界,为世人拓展了自身的生存空间、从中汲取生存的智慧及抗击私欲泛滥的环境压迫提供了不竭的精神力量。

注释:

①关于《浚河记》的写作时间:《王文成公全书·外集》在《浚河记》一文题下标注时间为"乙酉",即嘉靖四年(1525);然而,据王阳明在《浚河记》所述"是秋大旱,江河龟坼,越之人收获输载如常""明年大水,民居免于垫溺"及作于嘉靖五年(1526)的《答南元善二》一文中所述"郡中今岁之旱,比往年尤甚"分析,此文应作于嘉靖五年为是。

参考文献:

[1] [明]王阳明. 王阳明全集[M]. 吴光等编校. 上海:上海古籍出版社,1992.

[2] [清]悔堂老人. 越中杂识[M]. 杭州:浙江人民出版社,1983. 徐承烈(1730—1803),字绍家,一字悔堂,晚号清凉道人,浙江德清人。

王阳明高弟渭南南大吉
——阳明学在关中的传播

南子扬　南海洋

摘　要：明嘉靖五年（1526），瑞泉先生遭谗言罢官回到了渭南。归渭南后在渭南县城西门外湭水西岸建湭西书院，"四方来学者云从，渭邑人文之兴，实自南瑞泉先生始"。南大吉兄弟北传阳明心学至关中且具有一定影响力是非常难能可贵的。明嘉靖后期的学者，对南瑞泉先生评价最为中肯者，当属关学集大成者少墟冯从吾先生，少墟先生在《关学编》卷四《南瑞泉先生》中说："先生幼颖敏绝伦；稍长，读书为文，即求知圣贤之学。"弱冠时则"以古文辞鸣世"，及知府绍兴，随阳明先生学。体悟到"人心果自有圣贤也，奚必他求"。至归渭南，"益以道自任"。先生之学"以致良知为宗旨，以慎独改过为致知功夫。饬躬励行，惇伦叙理，非世儒矜解悟而略检押者可比。故至今称王公高第弟子，必称渭南南元善云"。

关键字：南大吉；渭南湭西书院；阳明学

作者简介：南子扬（1980—），渭南渭上南氏家族南大吉、南逢吉后裔，青年学者。

　　　　　　南海洋（1981—），同上。

　　南大吉，字元善，号瑞泉，明代渭南县田市里秦村人（今渭南市临渭区官道镇南家村）。瑞泉先生生于明成化二十三年（1487），举明正德辛未六年（1511）进士，历任户部湖广司主事、户部江西司主事、户部浙江司员外郎、户部福建司、云南司郎中、浙江绍兴府知府。先生在绍兴期间，与弟姜泉先生南逢吉俱受学于王阳明先生，建稽山书院，启迪东南人文，续刻阳明先生重要著作《传习录》及编撰《绍兴志》若干卷藏于郡县。明嘉靖五年（1526），瑞泉先生遭谗言罢官回到了渭南。归渭南后在渭南县城西门外湭水西岸建湭西书院，与弟南逢吉、门人弟子姜泗、贺府、刘凤池、薛腾蛟、孙一正、孟重、白大用、裴贞、王麟、郭俊、郭都等诵读不辍，"四方来学者云从，渭邑人文之兴，实自南瑞泉先生始"。嘉靖二十年（1541），瑞泉先生编撰成渭南历史上第一部县志《渭南县志》，河南按察司按察使李宗枢称先生"有良史才"。

　　南大吉与康海、吕柟、马理、王九思、韩邦奇、韩邦靖等为张横渠之后同时期的关中学者，彼时，关中总体仍以程朱理学为盛，且朝廷当道者反对阳明学说，南大吉兄弟北传阳明心学至关中且具有一定影响力是非常难能可贵的。明嘉靖后期的学者，对南瑞泉先生评价最为中肯者，当属关学集大成者少墟冯从吾先生，少墟先生在《关学编》卷四《南瑞泉先生》中说："先生幼颖敏绝伦；稍长，读书为文，即求知圣贤之学。"弱冠时则"以古文辞鸣世"，及知府绍兴，随阳明先生学。体悟到"人心果自有圣贤也，奚必他求"。至归渭南，"益以道自任"。先生之学"以致良知为宗旨，以慎独改过为致知功夫。饬躬励行，惇伦叙理，非世儒矜解悟而略检押者可比。故至今称王公高第弟子，必称渭南南元善云"。

　　基于南瑞泉先生所著《渭南县志》《瑞泉集》等相关文物遗存及姜泉先生南逢吉所著《瑞泉南先生纪年》等，对南瑞泉先生生平作以探微启发，讨论南瑞泉先生的理学根基、临政思想、在阳明心学的发展传播及丰富关学内涵、开启明代渭南人文科目、渭上南氏家族家风形成、著述《渭南县志》及对渭南社会、人文等方面的贡献。因此,我们抛砖引玉,推动对以南大吉为代表的渭南优秀传统地域文化进行持续深入的研究,以裨益于渭南地区的社会主义文化事业。

一、南大吉的理学根基

关中地区自古乃理学之邦,穆穆周礼,皇皇华夏;横渠崛起,有"为天地立心,为生民立命,为往圣继绝学,为万世开太平"之气象,在明代,程朱理学亦是正统的关学,影响最为深远。时有兰州段坚、咸宁张鼎、三原马理、王承裕、朝邑韩邦奇、高陵吕柟、富平杨爵等,俱是遵程朱理学颇有影响力的关学大家;而渭南南大吉兄弟、长安冯从吾等则接受或融合了阳明学说,其初期亦受正统关学。瑞泉南大吉自幼受四书五经之学,深得孔孟儒家之精要,根据姜泉先生南逢吉《瑞泉南先生纪年》中记载,瑞泉先生南大吉七岁入小学,受《孝经》;十岁,渭阳父授其四书,即《大学》《中庸》《论语》《孟子》等,能通大意;十三岁,渭阳父授其《小戴礼记》,能为文;十七岁时,渭阳父授河南新野县学训导,南大吉随父入新野,学益勤奋多进;十九岁,与弟南逢吉俱受《易经》于新野县教谕冷宗元,此时能作诗赋;至其二十二岁,与弟南逢吉俱受《小戴礼记》于邓州知州常赐。

瑞泉先生十五岁时,有诗《十五言怀》,可窥见其早期基于孔孟儒家之学的志向抱负,其诗中句云:"谁谓予婴小,忽焉十五龄。志学因所愿,含精殊未灵。独念前贤训,尧舜皆可并。中怀转激烈,仰思奋以兴。复礼良由己,反身乃自成。……毋徒拾青紫,赫耀日相乘。"其"复礼良由己"正是前贤孔子《论语》所言"克己复礼为仁,一日克己复礼,天下归仁焉!为仁由己,而由人乎哉";而"反身乃自成",则化用孟子"万物皆备于我矣。反身而诚,乐莫大焉。强恕而行求仁莫近焉"之句。由此可见,南瑞泉先生的儒学根基,是基于孔圣贤之学,表现为追随儒家的克制自己,践行复礼,反躬自问,诚其意,求仁得仁的精神与思想。

二、为官户部时的实践与思想

南瑞泉先生于明正德五年(1510)秋以《小戴礼记》登乡试魁第,次年三月登殿试二甲进士第,由此进入仕途,弟姜泉南逢吉亦随之入京就先生学。南瑞泉先生于正德七年(1512)授户部湖广司主事,是年冬即受户部委派出塞,札饷边关宣府、大同一线。中间正德九年(1514)遭渭阳父丧,遂遵制丁父忧,在里又三年。

至明正德十一年(1516)复出,次年复授户部江西司主事,入易州,札理保定粮储并禁革奸弊。当年四月始经行良乡、涿州、保定、易州及宣府、大同、紫荆关等处,七月又复由易州至保定等处。所见天灾频繁、民生凋敝、府库匮乏、军伍不肃、边关动摇,积弊颇深。遂于正德十二年(1517)九月就札理保定粮储及禁革奸弊事上明武宗皇帝《条陈便宜奏状》云:"处其位则思其事,食其禄则思毕其能。"其中又举管子曰:"仓廪实而知礼节,衣食足而知荣辱。"言"夫民知礼节则能怀仁以亲上,知荣辱则能服义以死长,然后驱而之难则勇于战斗而乐之用,虽死无怨焉者"。又对曰:"矧保定密迩京师,南通秦楚,东连海岱,西接云中,尤非他郡邑可比也。夫救灾患,匡困之,勤抚字,缓催科,守令之责也。肃军伍,宁边陲,观风俗,弥寇盗,兵备之责也。实仓廪,充府库,杜奸弊,给馈饷,臣之则也。今仓廪如是,府库如是,奸弊如是,此臣所以日夜忧思而不能忘者也。""更乞圣明悯念灾伤,一则命有司停催科之政,加抚恤之仁而救荒于渐。一则敕兵备严整饬之方,肃巡视之令,则杜乱于微,则恩威并行,地方可保无虞矣。"瑞泉南大吉所作奏状,为民生忧、为边关策、为职守思、为国家计,无不体现了先儒所教"明明德""亲民""格物致知""止于至善""正心""诚意""治国""平天下"的思想。

三、知府绍兴致良知学及临政思想

瑞泉先生任府绍兴之前曾作《守辨》曰:"君子学以行道,余则弗论也。"学以践行,是为"躬行君子"。

明嘉靖二年（1523），南瑞泉先生以户部郎出守绍兴，任绍兴知府。以"敏以临政、忠以事上，敬以使民，果以御变，勋劳王室，润泽生民"为要，更以"泽被苍生，功在社稷"为己任，也是致力于对平生所学的实践。先生至绍兴府则见府城、公署、庙堂、学校等破败不堪，于是瑞泉先生以身作则，早晚勤政不辍，根据事情轻重缓急依次图之，并任贤选能，凡是不便民众的积弊均予以革除，绍兴府面貌为之一新。

时阳明先生丁父忧在里，并倡道东南讲授良知学。因瑞泉先生为正德六年（1511）殿试阳明先生分房所取之士，故阳明先生与瑞泉先生又有座主门生之谊。瑞泉先生及弟逢吉、侄南轩俱从阳明先生学。南轩《跋刻先伯父瑞泉公集》曰："当先伯父瑞泉公携余父受学阳明先生时，余方总角，伯父每命执古本《大学》侍立于旁听焉。"

《明儒学案》记瑞泉先生"观摩之久，因悟人心自有圣贤，奚必他求？"瑞泉先生辟稽山书院，身亲讲习，择八邑俊才读于书院及府学中，于是明季东南人文自此而盛。

瑞泉先生在绍兴期间，敢冒天下非议阳明心学之难，而续刻阳明先生《传习录》于世。并亲作《刻传习录序》："故夫圣贤之言，将以明斯道而示诸人，使天下之人晓然知道之在，是而庶民兴焉。庶民兴则邪慝息，邪慝息则万物序而天地官矣，然后圣贤之欣始安而其言始已矣。"瑞泉先生所倡导的"道"，目的是"庶民兴而邪慝息"的道，非无为之道。又说"是录也，门弟子录阳明先生问答之词、讨论之书，而刻以示诸天下者也。……而窃见夫所谓道者，置之而塞乎天地，溥之而横乎四海，施诸后世而无朝夕，人心之所同然者也"。阳明先生在《答南元善》书中对其良知之体做了较为详细的说明："盖吾良知之体，本自聪明睿智，本自宽裕温柔，本自发强刚毅，本自斋庄中正，本自文理密察，本自溥博源泉而时出之，本无富贵之可慕，本无贫贱之可忧，本无得丧之可欣戚，爱憎之可取舍"，其语尽出于《中庸》至圣章。后来桂萼质疑阳明先生良知之体乃伪学，其门生黄绾亦辨之，说致知出于孔氏，而良知出于孟轲性善之论。亲民则《大学》旧本所谓亲民者；而知行合一，为知至至之，知终终之，只一事也这些都驳斥了桂萼等对阳明学说的非议，阳明先生良知之学本自孔门正传而有所振发，而后传之是肯定的。

南大吉守越三年，亲民仁政，重视教育，查革奸弊，严正士风，申明仪礼，兴修水利，遗泽苍生。其为道不空为其说，真正在实践中致力其所学良知。在与赵文载的信中则言："尝勉强自树求诸心，以徵诸民，利惟其当兴而有福于民者则兴之，功不邀于一时。弊唯其当革而有祸于民者则革之，名不为乎一己。风则欲移而淳之也，而不苟从夫众见之同。俗则欲易而之厚也，而不窃畏夫群言之乱。"

瑞泉先生明德、亲民、仁政、革弊，终因触动豪族利益而遭蜚语中伤，以致嘉靖四年冬入觐考察时遭遇不公，遂浩然无愧，罢官归于渭南。面对诽谤中伤，他在寄书叶天球的信中说："古之君子不以毁誉得丧动其心，是以学日进而德日修也。……至今年且四十矣，而兹归也，反之心若无愧焉。"阳明先生则评价南大吉："关中自古多豪杰，其忠信沈毅之质，明达英伟之器，四方之士，吾见亦多矣，未有如关中之盛者也。然自有横渠之后，此学不讲，或亦与四方无异矣。自此关中之士有所振发兴起，进其文艺于道德之归，变其气节为圣贤之学，将必自吾元善昆季（南大吉兄弟）始也。"嘉靖后期，关学集大成者冯从吾评瑞泉先生说："元善笃信文成，而毁誉得失不能夺，其真能'致良知'可知。"此时，关学发展虽有门户之分，各学者造诣亦有不同，但同源一脉，俱为孔门而下之余续。

四、湭西书院与渭南人文

南瑞泉先生归渭南后，益以道自任，于嘉靖八年（1529）在渭南西门外湭河畔构建湭西书院，四方来学者云从。瑞泉先生与弟姜泉逢吉、侄南轩、门人贺府、姜泗、刘凤池、薛腾蛟、孙一正、孟重、白大用、裴贞等二十余人诵读不辍，渭南人文之盛，南瑞泉先生作人之功不可没。明嘉靖后期关中学者冯从吾说："文成公门人虽盛，而世传其学者，东南则称安成邹氏，西北则称渭上南氏。自二先生传文成公之学以来，代有闻人。"

瑞泉先生有五言古诗《示弟及诸门人十五首》之一曰："昔我在英龄，驾车辞赋场。朝夕工步骤，追踪班与扬。中岁遇达人，授我大道方。归来三秦地，坠绪何茫茫。前访周公迹，后窃横渠芳。愿言偕数子，教学此相将。"味诗中之意，瑞泉先生在酒西书院的教学，既有对儒家经典"周公迹"（《尚书》《周礼》《诗经》等）的继承，又有对张载"横渠芳"关学的传承，还有"中岁遇达人"对阳明良知学的笃信、融会贯通。

瑞泉先生之学，得乎孔孟正传，及张载关学"为天地立心，为生民立命，为往圣继绝学，为万世开太平"之旨，阳明学之"致良知"精神，其诗《秋晓发自秦村复诸生讲曰》云："安得鲁尼父，宫堂共尔升。仰思遗编在，清清耀性灵。白日如西坠，红颜安可停。四十苟无闻，皓首竟何称。邈矣先圣学，典哉贵始终。"《冬晓发自秦村复诸生讲曰》则有："青也绿成蓝，琢矣玉成章。教学良相半，仲尼畏后生。念此情愈迫，骖鸾鸣以锵。去去遵横渠，遥遥眺孔堂。……君子乾而健，终老以无疆。"

马理说："先生归田日温寻旧学弗辍，四方弟子云从，乃构酒西书院以居，至弗能容。皆虚往而实归，多取紫拾青，位列方岳，文行名世者焉。"

瑞泉先生酒西书院门人弟子有：

李宗枢：字子西，号石叠。富平人，嘉靖二年进士，历官河南按察司按察使、河南巡抚。著有《石叠集》；

贺府：字应壁。渭南人，嘉靖八年进士，历官长洲知县，兵部主事，官至山东布政司参议。

姜泗：正德十四年举人，任徐州知州。

姜沂：姜泗弟，嘉靖元年举人，任当涂县知县，与兄为官皆清正廉洁，有政声。

刘凤池：字文甫，号东陵。渭南人，嘉靖十四年进士，历官兵部主事，兵部职方。著有《东陵集》。

薛腾蛟：字时化，号南岗。渭南人，嘉靖十四年进士，历官长治令，南京户部主事、郎中、四川佥事分巡川东，山西参议分治大同，终升中议大夫赞治尹。著有《南岗漫稿》《经说》等，祀乡贤。

弟南逢吉：字元贞，号姜泉。渭南人，嘉靖十七年进士，历官礼部仪制主事，保宁府知府，云南督学副使、归德府知府、雁门兵备道、陕西按察司副使。归建姜泉书院，著有《姜泉集》《越中述传》《会稽三赋注》等。

孙一正：字格卿，渭南人。历官户部主事、山西副使、顺天府尹。

孟重：字汝器，渭南人。历官固始县令、仁和县令、滑县令、兵部主事、怀庆郡守、山东按察司副使兵备霸州、河南参政分守大梁、佥都御史巡抚上谷、兵部右侍郎。

白大用：渭南人，嘉靖二十六年进士，历官河南长垣县知县。

裴贞：字一卿，渭南人。得瑞泉先生良知之教，后贡授修武县训导，著有《易说》数卷。

王麟：渭南人，字季灵。嘉靖中选贡，以友刘凤池家贫母老，将岁贡机会留给刘凤池。

郭珠：字用明，贡授阶州文学。孙郭俊进士、郭侨举人，任州守。

郭都：字子术，历任泗州训导、颍上教谕。

考瑞泉先生编撰《渭南县志》时，其校对、写字等署名的门人还有不少，不一一具。

嘉靖十六年（1537）、十七年（1538），朝廷发生反对阳明先生及湛若水建书院聚徒讲学之事，而毁其书院，但范围尚小，应对酒西书院没有影响。瑞泉先生于嘉靖二十年（1541）八月撰写完《渭南县志》后溘然长逝，酒西书院从此时中断教学，直到瑞泉先生逝世后十五年，酒西书院毁于嘉靖三十五年（1556）冬十二月关中大地震的可能性最大。在渭南书院历史上占有重要地位的酒西书院至此落幕，而姜泉先生南逢吉则于渭南城东构建姜泉书院，其门人亦多位至台岳。这正是阳明先生对南大吉、南逢吉二兄弟所抱有的期望。

瑞泉先生嘉靖五年（1526）秋七月始归渭南，为邑中师表。而阳明先生于嘉靖六年（1527）五月

"以兵部尚书兼左都御史,总制两广、江西、湖广军务,讨田州蛮"。七年九月又平广西蛮,军务倥偬,治乱持危之际,于嘉靖七年(1528)冬逝于南安舟中。绍兴一别,由此瑞泉先生与阳明先生再无有请益赐教之会。

五、瑞泉先生的交游与关学的发展

瑞泉先生一生所学,交游,基于儒家及关学,发于良知,致力于实践。当时,阳明后期的学人"谈良知者多放纵决裂,为世诟病,是空谈良知而不实用致之之功故也"。后来清李维桢独评价南大吉说:"天下为新建(新建伯王阳明)学者不少矣,托之空言,不若见诸行事,深切注明则公其人耳。余闻嘉靖初,当国者忌新建,禁伪学,嗛公行其《传习录》,逸口因是得人。今新建配食孔子,公并受秦越人血食,学何负人哉?"瑞泉先生逝世后数十年,被绍兴、渭南两地祀于名宦祠。

南大吉一生交游,极其广泛,幼受学于父南金,先后学于新野县教谕冷宗元、邓州知州常赐。此后与当时陕西关中学人的交往,有吕柟、康海、马理、王元正、张治道、王九思、李锦、裴绍宗、马汝骥、韩邦奇、韩邦靖、李宗枢、薛祖学等,海内则有王守仁、何景明、高友玑、杨慎、张钦、常伦、王溱、赵文载、桑溥、薛蕙、叶天球、祝宏舒等等。

关中有阳明学,则是南大吉兄弟归渭南后。因为南大吉酒西书院的创立,关学开始有了与阳明心学真正的交融。虽然同时期的吕柟与阳明先生及湛若水、马汝骥等就理学、致良知等先后辩论过,但是谁也没有说服谁。即便吕泾野、马理、康海诸儒与南大吉或少或多都有联系交往,甚至有的还互有一层亲戚关系,但这时候,关学与阳明心学尚未真正融合。瑞泉南大吉、姜泉南逢吉兄弟在酒西书院及姜泉书院的讲学,使阳明学说与关学深度融合有了可能。

李元春在《关中三先生语要录序》中说:"讲朱子(朱熹)者斥象山(陆九渊)心学、阳明(王阳明)良知为非,虽以泾野(吕柟)与阳明同时,亦持此论。"冯从吾则说"泾野为薛文清(薛瑄)门人,学朱子之学;渭南二南(南大吉、南逢吉)则阳明受业弟子,各不相是,而未始不交重也。"当时,在明正德、嘉靖时期重要关学人物中,吕柟长南大吉八岁,康海长南大吉十二岁,王九思则长南大吉十九岁,马理亦长南大吉十三岁,马汝骥小南大吉六岁。正德九年南大吉丧父的时候,吕柟为撰墓碑;嘉靖十二年,南大吉丧母,康海为撰墓志铭。马理与南大吉亦友亦亲,为连襟关系。马理父卒,瑞泉先生为作墓碑;而瑞泉先生南大吉去世后,马理又亲为撰、写墓碑,马汝骥为作墓志铭。其后人也保持着一定的交往与联系,后来南大吉侄南轩亦受康对山先生次子康栐(字子秀)之请为《康对山先生抄本》作序,南逢吉之孙南师仲亦与康栐为金兰结社莫逆之交。与冯从吾亦有深交,南逢吉曾孙南居益、玄孙南廷铉之外甥李因笃之父李映林,亦学于冯从吾。马理言瑞泉先生"与人和而有容,简易可亲,怒不至詈。虽有不和而亲旧不失,唯善是扬"。虽然学有不同,年有高低,确无门户之狭。关学与程朱、阳明学一直在互相吸收交融中发展,此后冯从吾、李颙、李元春等总其说,融合程朱陆王之间,且代有闻人,关学由是基于儒家经典,一统程朱陆王,总其说,有了新的发展。张载之后的关中理学在嘉靖初期与阳明心学在碰撞中交融,互取,至冯从吾则有了关中理学、阳明心学之集大成之像。

姜泉先生南逢吉之孙、礼部尚书南师仲将阳明致良知说离而为四,为"立志、格物、从政、教人",此正所以为在实践中致其良知。冯从吾谓此"良知是本体,致知是功夫。识得本体,然后可以做功夫。做得功夫,然后可以复本体。千流万注而不离其源,千言万语而不出其宗,此文成公之学所以大有功于斯道也"。

六、南瑞泉先生的齐家思想

清李因笃在为南师仲所作《玄麓堂诗集序》中说:"关中望族,首推渭南南氏。盖上溯太守(南大吉)、观察(南逢吉)昆仲以来,科第蝉联,勋名彪炳。光家乘,冠国书,震耀吾秦,为近代所未有,而称西京之大雅。"渭上南氏家族,自瑞泉南大吉、姜泉南逢吉而下,穿越了明王朝正德、嘉靖、隆庆、万历、泰昌、天启、崇祯七朝,涌现出了南大吉、南逢吉、南轩、南宪仲、南师仲、南企仲、南居益、南居业、南居仁等一门九进士（明洪武有保举南谨，任北平知府；明天顺进士南钊，任河南布政司右参政；清顺治则有南廷铉，四川按察司佥事分巡川南道），衣冠之盛，家声不坠，可谓空前。

瑞泉先生不仅为人师表，四方弟子皆虚往实归，取紫拾青。治家亦燕翼诒谋，遗德流长，是以渭上南氏家族兴盛不衰。人知南氏之盛，何以为盛？

孔子曰："君子之事亲孝，故忠可移于君；事兄悌，故顺可移于长；居家理，故治可移于官。是以行成于内，而名立于后世矣。"瑞泉先生家居秦中洒渭之间，自幼受学于父南金。南大吉进士及第归秦村之时，渭阳公南金曾语"男子坠地，天下四方即尔事"以教之。在关中又天然熏染张横渠之说，中则从学于冷宗元、常赐、王阳明，与关中康海、吕柟、马理、马汝骥诸君相友善。深得儒家经典之要，又在实践中致其良知之学。是故马汝骥言瑞泉先生为"躬行君子"，"在官能政，在家能教"。马理亦说先生"奉亲孝，执丧尽礼，为人师表。海弟逢吉学，中己卯乡试，戊戌进士，授礼部仪制主事，其宦游家居视如左右手乎！凡饮食裳衣必同，有闻未尝不以告焉"。侄南轩"又以重远之道教之"，轩中丁酉乡试，嘉靖三十二年（1553）进士。妹南静嫁于王鸾，而鸾早卒。"二男四女幼孤，俱嫁且娶之，且教其长子为学宫增广弟子。"举人郭郁早卒，瑞泉先生怜其子廪膳生郭珠孤而贫，将次女嫁与郭珠。

冯从吾在《越中述传序》中，对渭上南氏衣冠之盛的原因做了深入的分析，其记曰："自二先生传文成公之学以来，代有闻人。元善先生生三子俱蜚声庠校，而俱早亡。有孙曰企仲，官太仆卿，以直谏显。有曾孙曰居业，登科而未仕。元贞先生有子曰轩，善世所称阳谷先生者也。往元善先生与三子相继殁也，太仆卿为遗腹子，伶仃孤苦，人争龋龀，而阳谷先生力为卵翼，卒底以成，又为刻瑞泉遗稿。"冯从吾赞曰："学之不讲久矣，孤儿寡母求不乘机而利其所有已难，况施恩于不报。子孙于父祖遗文且任其散佚而不知收，况侄之于伯父哉。在阳谷公不过自致其良知，而在挽近世，实大有裨乎风化矣。（姜泉先生）有孙四而取科目者三，太史其季也，而其曾孙居益，今且督学晋中。世德良学方兴未艾，二先生诒谋远矣。"渭上南氏家族自南大吉以下衣冠之盛多因，是以家族成员之间能仁爱、孝悌、砥砺、互助，致其良知，故而能历尽苦难代有闻人，枝繁叶茂，源远流长。

自南瑞泉先生于绍兴遭谗言罢官归渭以来，从容度之，亲民、施教、治家、著史，致其良知，无愧于天地，无愧于心。并将这种品质赋予了后世子孙，渭上南氏家族出现这种不论遇到任何艰难苦厄，都能实现于逆境中超越的特质。不因代远，不因人亡，不因枝散，不因亲疏，而能为渭上南氏家族一体。昔姜泉先生南逢吉长孙南宪仲卒于枣强令任上，而其子南居益幼，日夜伏草哭，几殆而生。其祖父南轩抚居益背曰："有父书在，儿何苦至此。"后南居益游学于京师，从叔父南企仲又全力照顾南居益起居学习，使二子南居仁、南居业与居益学。后南居益中万历二十九年（1601）进士，官至福建巡抚、工部尚书。而其从叔父南企仲，崇祯元年则升为南京吏部尚书。冢宰公南企仲曾以大义教子曰："以廉隅自持，毋堕祖德。"

七、南瑞泉先生对渭南人文的贡献及相关研究

瑞泉先生不仅开启了阳明心学与关学的融合，促进了渭南明代人文科目的兴盛，亦对渭南地区的方志事业作出了首创性的贡献。明嘉靖二十年（1541），四川广安辛万均来任渭南县令，并以《渭南志》请撰于瑞泉先生。瑞泉先生"始纂述渭阳父之遗续与其生平所论说者，于是作《渭南志》"。其《渭南县志》自叙传六中云："予缵述先人论选之意，以为《渭南志》。"又在《修志后序》中曰："予之为《渭南县志》也，县新令意也，亦予先人宿志也。"南企仲《天启渭南县志序》亦记："《渭南志》创自于曾祖（南金），成于余祖君（南大吉），逾若干年而余世父（南轩）续焉。又若干年，而余兄（南师仲）骈之。"

瑞泉先生作《渭南志》，"自嘉靖二十年（1541）四月辛酉起，迄于七月之壬辰，阅三月而成"。凡四类，二十一篇，十八卷。"溯自秦汉以往，下迄于嘉靖庚子（嘉靖十九年1540）之岁。旁搜博考，包罗兼括，爰命诸弟子分类校勘，首图、次表、次考、次传。"以司牧之政作诸图上；以治人事神，作诸图下；以纪迹系年，作易置表；以人事因革，作官师表；以户口盛衰，作户口表；以庶富教兴，作选举表；以人才恩典，作恩例表；以建官分土，作封域考；以守土立政，作建置考；以民材习俗，作风土考；以祈报之典作祠祀考；以政令得失，作官职传；以时移物迁，作迁寓传；以人才盛衰，作人物传；以男外女内，作烈女传；以材之美恶，作杂记传；以推原作者之意，作自叙传。

南大吉所撰嘉靖《渭南县志》是渭南历史上第一部县志，自南大吉首编《渭南县志》而下，诸子孙持续修志，推动了对渭南历史人文的记载与研究。明万历侄南轩《续编渭南县志》，明天启侄孙南师仲又《增订渭南县志》。一门三代，为渭南留下了宝贵的地方史志资料。之后历代在前三版《渭南县志》的基础上持续增修，其后踵接渭上南氏而修撰《渭南县志》者有朱可衽、岳冠华、何耿绳、焦联甲等辈，均在前序中说明南氏修志之首功。

南瑞泉先生所纂嘉靖《渭南县志》于嘉靖三十三年（1554）为时任陕西左布政使的范钦所集，后藏于宁波天一阁。至民国末年天一阁失盗流出，今嘉靖《渭南县志》刻本辗转存于台湾图书馆，亦有刻本存于湖北图书馆，抄本嘉靖《渭南县志》今存于上海图书馆。二〇一〇年，由梁玉珍、姜继业将南瑞泉先生嘉靖《渭南县志》全文及图作缩印附图，并做了校注，已由陕西人民出版社出版；至二〇一五年，刘学智教授又任总主编，编纂《关学文库》，李似珍又将南瑞泉先生《瑞泉南伯子集》做了专集点校整理，并简略录入了嘉靖《渭南县志》部分内容，已由西北大学出版社出版。

由南子扬、南海洋两位渭上南氏后裔积数十年之功，筹划撰写的《南大吉年谱》目前已完成了近二十万字的初稿，有系年、有地图、有世系、有人物关系表、有影像等。正在紧张修订审校中，预计明年出版，此书将填补学界研究南瑞泉先生史料方面的空白，为学人进一步研究南瑞泉先生提供可靠翔实的资料。

参考文献：

[1]〔明〕南大吉.嘉靖《渭南县志》.
[2]〔明〕南师仲.天启《增订渭南县志》.
[3]〔明〕南大吉.《瑞泉集》.
[4]〔明〕南逢吉.《瑞泉南先生纪年》.
[5]〔明〕南轩.《渭上稿》.
[6]〔清〕张廷玉.《明史》.
[7]〔明〕王守仁.《传习录》.
[8]〔明〕冯从吾.《关学编》.
[9]〔明〕王守仁.《王阳明全集》.
[10]〔清〕李因笃.《受祺堂文集》.
[11]〔明〕黄宗羲.《明儒学案》.
[12]〔明〕康海.《对山集》.
[13]〔明〕吕柟.《泾野别集》.
[14]〔清〕李维桢.《大泌山房集》.
[15]〔明〕冯从吾.《冯少墟集》.
[16]〔清〕李元春.《关中三先生语要录》.
[17]〔明〕马理.《谿田文集》.
[18]〔春秋战国〕孔子.《论语》.
[19]〔春秋战国〕.《大学》.
[20]〔春秋战国〕孟轲.《孟子》.
[21]〔西周〕春秋诸儒.《易经》.
[22]〔汉〕戴圣.《小戴礼记》.

以南大吉为中心的明代渭上南氏家族

南海洋　南子扬

摘　要：以南大吉为核心的明代渭上南氏家族的世系家风、为学为政、著书立说等等，其文化影响、精神内涵，对渭南及社会的历史贡献渐渐清晰起来，自是一番清洗认前朝，深感薪火可传，于今世人伦风化大有裨益。明代渭南县对渭上南氏家族旌表，为南大吉、南逢吉、南轩、南宪仲、南师仲、南企仲、南居仁、南居业、南居益在渭邑建立了一座"七朝甲第坊"，另建有大司空坊（为南居益立）、大司成坊及翰苑坊（为南居仁立）。

关键词：南大吉；明代；渭南南氏家族

作者简介：南海洋（1981—），渭南渭上南氏家族南先生南大吉、南逢吉后裔，青年学者。

　　　　　　南子扬（1980—），同上。

笔者本家曾存有一块残碑，碑文右侧自上而下书曰："□□（南）氏昌盛，后人难貌辩，披览世系而亲疏班次画然清白。□□□余始祖讳均甫，原籍蒲城，生子讳安义，迁居渭南宗支□□□谱终未成，自六世祖明嘉靖赐进士翰林庶吉士吏部□□□布政使司左参谏议讳轩者，始手订南氏宗谱一册。□□□叙仕宦人物，功业文章，益其详哉。"再加之1949年前，笔者祖父讳希韬者，依然保持着去渭南给列祖列宗上坟祭祀的传统。由此，揭开我们对渭南南氏家族追本溯源的序幕。

近年来，笔者参阅大量古籍文献及考古资料，并在渭南南家村及南石村、南园子村、渭南老城及临渭区博物馆等处多次实地走访考察，先后发现了明代秦村堡石门额及祖上南大吉的墓表残碑、瀑园遗址等，以南大吉为核心的明代渭上南氏家族的世系家风、为学为政、著书立说等等，其文化影响、精神内涵，对渭南及社会的历史贡献渐渐清晰起来，自是一番清洗认前朝，深感薪火可传，于今世人伦风化大有裨益。

图一　阎良武屯镇耿西村南氏世系碑碑文局部

一、南大吉简介

南大吉,字元善,号瑞泉,明代渭南县秦村人(今渭南市临渭区官道乡南家村),生于明成化二十三年(1487)十月三日。明正德五年(1510)乡试第四名,正德六年(1511)登进士第,历任户部湖广司主事、江西司承德郎、浙江司员外郎、福建司郎中、云南司郎中、浙江绍兴府知府。任职绍兴知府时,政令严明,修书院开创新风、不畏豪强为民坚持正义、疏浚河道修建桥梁,至今伟业为后人称道。与弟南逢吉俱受学于王阳明(浙江余姚人,明代心学集大成者),王阳明的重要著作《传习录》即南大吉在绍兴期间续刻。后来钱德洪说当时天下群起攻击阳明先生,南大吉在处境最艰难的情况下,能奋不顾身的弘扬王学,以至于遭到奸臣排挤而被罢官,但他欣然以接受王学的学说为幸事,余皆不论。人都知道南大吉对弘扬王学有功,但谁又知道他当时刻《传习录》需要多么大的勇气,这是何等气度;并建会稽书院,自此绍兴科目之盛,人才辈出。及罢官归里后,又于渭南县西门外湭河西岸构筑湭西书院,教化四方来学之士,开一地风气之先。著有《瑞泉集》二十二卷、《绍兴志》若干卷、《少陵纯音》,是渭南县历史上第一部《渭南志》的编撰者。瑞泉南先生卒于嘉靖二十年(1541)八月十九日,享年五十有五。墓在秦村西南祖茔。

南大吉字元善渭南人正德六年進士嘉靖初以部郎出爲紹興太守二守靳塘多智譎大吉下車郡事多諮於塘塘以書生易而謾之大吉陰察其情而陽爲

欽定四庫全書　陝西通志 卷五十七上

不知者旣三月一日坐堂上召諸吏抱案集庭下數之曰若等善欺予某事欺若以爲不然某事不然若以爲然何欺予如是亟持案來案至立剖數十事人人慴服塘駭汗齚舌不敢出一氣由是飭條教頒下邑懲奸戢暴不撓貴勢巨豪石天祿戴顯八者寓盜致富官府素不能治逮捕斃獄中每臨重囚必朱衣象簡秉燭焚香大開重門令衆見之望見者以爲神人不可犯是時王文成先生爲大吉會試舉主故稱

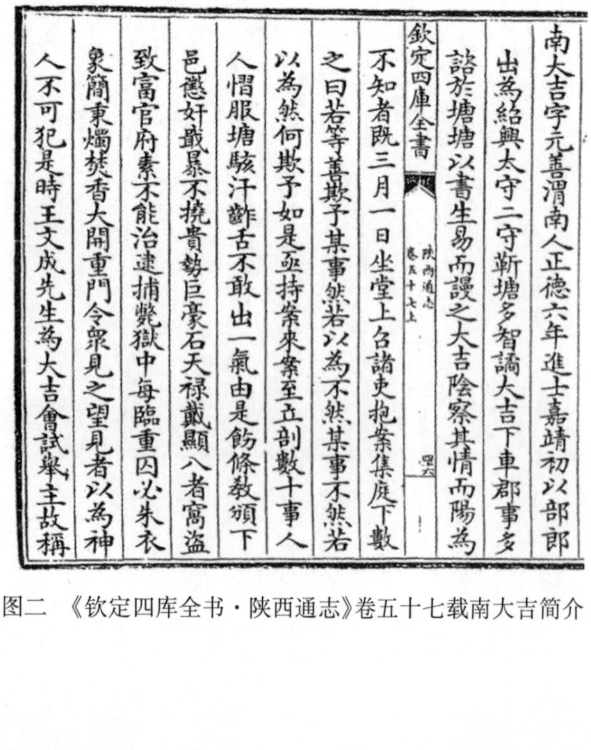

图二 《钦定四库全书·陕西通志》卷五十七载南大吉简介

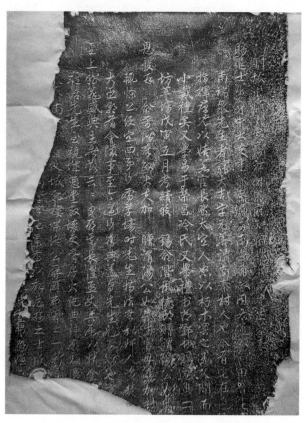

图三 渭南秦村堡(今官道镇南家村)发现南大吉墓表

渭上南氏以文学起家,门风孝悌,科第相继,此后成就了一门十进士的盛况,成为"关中巨族""关中铨曹词林世家"(两人吏部任职、三位翰林)。道光九年(1829)《重辑渭南县志》何耿绳序云:"渭邑自两汉以来,名贤接武,香山(唐白居易)、莱公(北宋寇准)其尤著者。前明科第益盛,而南氏为最,儒林忠孝萃于一门,不独轩冕为邑中冠也。"清代王士祯(号渔洋,刑部尚书)亦称:"渭南南氏,自大吉、逢吉而下,衣冠之盛,与灵宝之许、余姚之孙相鼎足。"[1]

二、渭上南氏渊源

南大吉嘉靖《渭南县志》自叙传中说:"南氏之先,河东(今山西)中条山人,盖今平阳之解梁地也。"当宋靖康年间(1126—1127),徽、钦二帝为金人所俘,北宋灭亡。赵构于河南即位,改元建炎,是为南宋。此时"金人娄宿入河东,河东失守,南氏去晋谪秦,至于蒲城之贾曲里(今蒲城贾曲乡)居焉。其后,金元光初,元人木华黎入关中,南氏分散,或在渭南先后不一;或在罗纹桥,或在商州。其在商州者即其在罗纹者之在迁也。…… 其在渭南者即今田市里秦村也。先至者北平府知府谨则其后也,后至者曰君甫者之子安义、安礼者也,而谨于安义为从子。"[2] 即南氏为避兵燹之乱,从蒲城贾曲里迁居渭南的先后有两拨,亦为兄弟同门。安义生俨(宗长公),俨生言,言生珪(三复公),珪生金(号渭阳父,新野县训导),金生大吉(号瑞泉,明正德辛未进士,浙江绍兴府知府)、逢吉(号姜泉,嘉靖戊戌进士,礼部郎中,山西副使)。瑞泉公生南軨、南軹、南辕,聪颖绝伦,人称南氏三凤,可惜軹、辕于嘉靖三十四年(1555)十二月十二日华州大地震中罹难。軨亦于两年后离世,幸有遗腹子南企仲,为南瑞泉公保留下了一线血脉。南企仲,明万历庚辰举进士,授兵部主事,累迁南京吏部尚书。这就是现在南家村人口口相传,但可能并未弄清楚的南天官(吏部为六部之首,吏部尚书称为天官);企仲生居仁(壬戌进士,明国子监祭酒)、居业(进士,礼部主事)。

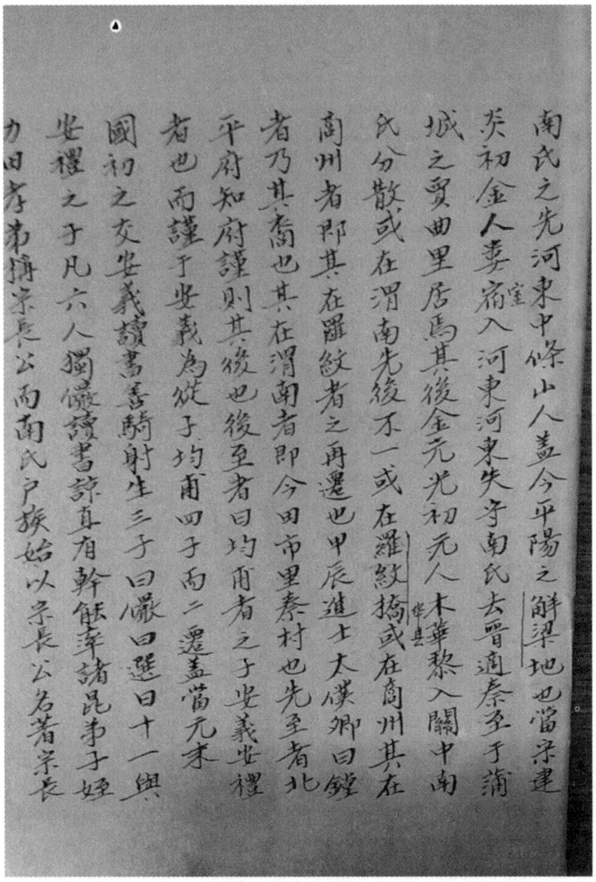

图四 上海图书馆藏明嘉靖《渭南县志》抄本 南氏世系迁移史

姜泉公南逢吉生南轩(嘉靖丁酉科进士,吏部文选司郎中、山东布政使左参议);南轩生南学仲(怀庆通判)、南宪仲(甲戌进士,河北枣强县令)、南师仲(乙未进士,官居南京礼部尚书)、南仰仲。

南宪仲生南居益(辛丑进士),历任福建巡抚,抗击荷兰海寇,后升任工部尚书。南氏家族以南居益的功业被载入正史,《明史》记载:"南居益,字思受,渭南人,尚书企仲族子、师仲从子也。曾祖从吉与曾伯祖大吉皆进士,两人子姓,科第相继。"南居益少厉操行,举万历二十九年(1601)进士,授刑部主事。历官广平知府,擢山西提学副使、雁门参政,历按察使、左右布政使,入为太仆卿、右副都御史,巡抚福建。天启二年(1622)在福建抗击荷兰海寇,为国家复得澎湖一块疆土。五年(1625)迁工部右侍郎,总督河道。福建人为南居益立祠以祀,勒碑于澎湖及平远台。

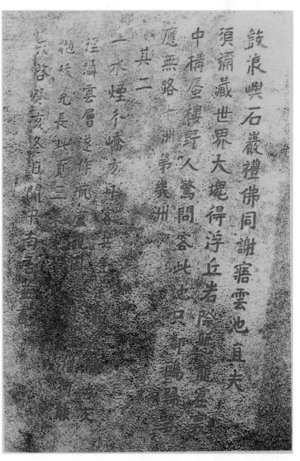

图五 厦门鼓浪屿南居益任福建巡抚时的诗作摩崖石刻

崇祯十六年(1643),李自成陷渭南,责南氏饷百六十万,南企仲、南居益、南居业大义凛然,为国捐躯。[3] 崇祯十七年(1648),明亡清兴。渭上南氏家族的发展进入了分散转折时期。

明代渭南县对渭上南氏家族旌表,为南大吉、南逢吉、南轩、南宪仲、南师仲、南企仲、南居仁、南居业、南居益在渭邑建立了一座"七朝甲第坊",另建有大司空坊(为南居益立)、大司成坊及翰苑坊(为南居仁立)。

入清之后,南师仲孙南廷铉(字鼎甫、号六如老人)任清代礼部郎中、广西柳州府推官、按察司佥事,后三藩叛乱,南廷铉以命相抗不任伪职,九死一生,归家乡居。至此之后,家族成员鲜有再入仕途。

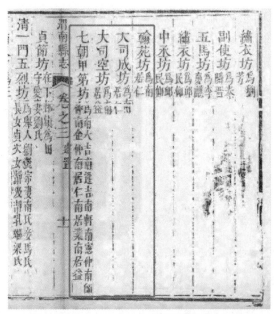

图六 《渭南县志》卷三 朝廷旌表南氏的牌坊

图七 南家村三队南方南大吉家族墓地遗留龟趺

三、仕宦及交游

明代渭上南氏因其家族传承、长期活跃在政治、文化舞台,又有自己的操守,不傍依权臣、附着大僚,以文化人为自我定位,因此无论政治风浪多么严峻,家族始终兴盛,可谓真正的文化世家。

渭上南氏的交游,从南大吉开始,成为北方王门的重要代表,与各门户的学者建立起互相交融的联系。他本人在当时关中具有重大的声望,与康对山、吕泾野、马谿田先生鼎足。瑞泉公南大吉与武功康海、三原马理、高陵吕柟、李宗枢、薛敬之孙祖学、王元正、马汝骥亦多少有交集,马理与南大吉为连襟关系,亦与马仲房、赵文载、王元正、薛祖学、李宗枢先生关系过从甚密。南大吉与程朱陆王等派学者的联系,为关学的发展及后世南氏子孙在文坛兴起奠定了重要的基础。

南大吉长其胞弟南逢吉七岁,南逢吉未仕时长期作为其幕僚跟随相伴其兄,又兼以功课,兄弟两人互相关爱、互相尊重,可称"兄友弟恭"的典范,也为南氏后人树立家族关系的榜样。南逢吉的交游因其《姜泉集》已佚,详不可细考,除王守仁、李宗枢外,还有华州王维桢、崔桐、王世贞弟王世懋等人。

南轩为南逢吉长子,嘉靖癸丑进士,选翰林庶吉士。明代非翰林不入内阁,凡入翰林者,必是已进入政治、文化的中枢,交游极广。后南轩出任吏部文选司郎中,后来其从子南企仲也在万历二十六年(1598)担任吏部文选郎中,吏部又称"天官",这就是南家成为南天官的由来。南轩的交游极为广泛,名人中有张居正、马自强、胡直、魏学曾、盛以弘、王维桢等等。

南师仲,是南轩季子,万历乙未进士,选翰林,官至南京礼部尚书。收藏大家、善集杜诗。与汤宾尹、李维桢、沈一贯、张四维、胡应麟、汤显祖等人来往紧密,可以说是南氏交游最广泛的代表人物。

南居益,万历二十九年(1601)进士,官至工部尚书,南居益的交游一方面是家族世交、一方面是同时期关中学人、一方面是在福建巡抚任上来往的同僚学者。主要有书法家邢侗、叶向高、顾起元、曹学佺以及本土西安秦宗室、三原梁君旭梁氏家族、来复家族等等。

南居仁，南企仲次子，善书法，天启二年（1622）进士，选翰林院庶吉士，南家第三位翰林，历官国子监祭酒，詹事府詹事，以礼部侍郎致仕。交友以天启二年那批著名的翰林为主。如书法家王铎、黄道周、倪元璐、李印诸、三原焦源溥、温与亨、富平田时震等等。

图八　南大吉手书"大禹陵"

四、创建书院传播王阳明致良知学

南大吉于明世宗嘉靖二年（1523）二月出任浙江绍兴知府，时年三十七岁；至嘉靖四年（1525）五月离开绍兴归里，在绍兴知府三年。其间，瑞泉公大吉与王阳明交往过从甚密。南大吉当年会试中式，举二甲进士第，王守仁因为是主考房官的原因，故与大吉有座主之称。

王阳明，字伯安，浙江余姚人，号阳明，学者称为阳明先生，官至兵部尚书、都察院左都御史，是明代著名的思想家、文学家，是陆王心学之集大成者。时王阳明在越讲明理学，"以致良知为宗旨，以慎独改过为致知工夫"。南大吉因门生身份，故受王阳明"致良知"学说影响较大，其经历了王阳明在绍兴创立"致良知"学说并讲学的主要过程。

南大吉作为绍兴郡守，还为王阳明讲授"致良知"而开辟稽山书院，另外还修建了万松书院、龙首书院等。稽山书院在越城卧龙西岗，旧时为北宋范仲淹知越州时所建，南宋时朱熹亦到此讲学，故闻名于东南。但当南大吉任绍兴郡守时，稽山书院早已破败不堪，而这时四方负笈求学之士益多，阳明书院已经容纳不下这么多学生了，于是南大吉对其进行修葺一新，复稽山书院之名，为王阳明讲授致良知学说创造了便利条件。王阳明说："越城旧有稽山书院，在卧龙西岗，荒废久矣。郡守渭南南君大吉既敷政于民，则慨然悼末学之支离，将进以圣贤之道。于是使山阴令吴君瀛拓书院而一新之，又为尊经之阁于其后。曰：经正则庶民兴；庶民兴，斯无邪慝矣。"[6]南大吉实际上是以王阳明门生的身份亲做表率，"致知之学，亲民之政"，参与并讲习传播阳明心学，对王阳明的"致良知"学说起到了重要的推动作用。明光禄寺卿三原大儒马理为南大吉所撰墓表中亦言："至于前钱氏所遗镇东山阁、晦翁（朱熹）所建稽山书院，俱存遗址而已，先生与肇造之如初。府学及八邑诸生，尝躬率诸令诲之得之。复拔诸髦士于稽山书院，令其亲炙。乃给之饮食笔劄，俾专心向学无他累焉。以故从游之士成者十九，至今绍兴科目之盛始于乙酉，夫先生作人之功顾可少邪！"

嘉靖三年（1524），南大吉对王阳明的主要著作《传习录》进行刊刻，并为《传习录》作序。

嘉靖五年（1526）南大吉罢官离开绍兴，回到渭南，创办湭西书院，成为王学在关中的首位传播者。明代关中大儒冯从吾也说："文成公门人虽盛，而世传其学者，东南则称安成邹氏，西北则称渭上南氏。"南大吉于归程中曾寄书王阳明，"勤勤恳恳，惟以得道为喜，数百言，无一字得丧荣辱之间"。南大吉自绍兴归里途中，向老师王先生写信汇报自己对王学的感悟，以及离开老师的不舍之情。阳明先生非常感动，满怀深情给南大吉手回信一封，为现在《传习录》所载《答南元善》一篇，云："关中自古多豪杰，其忠信沈毅之质，明达英伟之器，四方之士，吾见亦多矣，未有如关中之盛者也。然自有横渠之后，此学不讲，或亦与四方无异矣。自此关中之士有所振发兴起，进其文艺余道德之归，变其气节为圣贤之学，将必吾元善、元真昆季始也。"

南大吉有一首五言古诗《示弟及诸门人十五首之一》，说明了他的思想中，亦有正统关中理学思想，又有受学于王阳明先生后对良知的感悟：

昔我在英龄，驾车辞赋场。朝夕工步骤，追踪班与扬。

中岁遇达人，授我大道方。归来三秦地，坠绪何茫茫。

前访周公迹，后窃横渠芳。愿言偕数子，教学此相将。

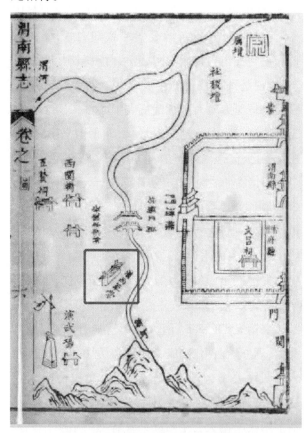

图九 《渭南县志》湭西草堂位置图

南元善昆季（人称二南先生）归里后，先后创办了湭西书院、姜泉书院，马理撰墓表云："先生归田日温寻旧学弗辍，四方弟子云从，乃构湭西书院以居，至弗能容。"明代渭南人才科目之盛，实始于此。二南先生门人中多有佼佼者，出名的有明河南巡抚李宗枢（富平人）、薛腾蛟、贺府、裴贞、王麟、孙一正、孟重、杨光训、郭俊、史记事、张经世、刘芳、侯于鲁、贾玘、秦邻晋等人。

五、渭上南氏家风

渭上南氏自大吉逢吉而下，一门七朝甲第，称渭南大族矣。清代富平学者李因笃说："关中望族首推渭南南氏，盖上溯太守、观察昆仲以来，科第蝉联，勋名彪炳。光家乘，冠国书，震耀吾秦，为近代所未有。"[7]

到底是怎样的家风来支撑着渭上南氏一门科第蝉联，轩冕为邑中冠也？

回到瑞泉公南大吉撰《渭南志十八卷》自叙中寻找渭上南氏家风传承的脉络，曰："……独俨读书，谅直有干能，率诸昆弟子侄，力田孝弟"；"独南氏自上世传来，家世修齐，即贵富贱贫，即无卑行污名焉"；"大吉归见渭阳父于秦村之轩，渭阳父执大吉手泣曰……夫男子坠地，天地四方即尔事"。

南轩《渭上稿·世传第四》曰："先伯父（即瑞泉公南大吉）事亲以孝，执丧尽礼，一弟即先君（即姜泉公南逢吉）也，自宦所及家居，视如左右手，食必共案，衣必共采，唯恐其心若有伤者。且当婚嫁犹子女暨诸甥急于所出，又特构沇西书院从游士。""在官能政，在家能教。""然与人和而有容，简易可亲，至于当官任事，则毅然有执，屹若砥柱，立于狂澜洪涛无能撼者。"[8]

《渭上稿》外传第五，范伯母。南大吉辛丑卒时，范伯母年才"三十有七，三子辕、軨、軛皆少寻，皆早世。独与遗腹子孙企仲相依为命。幼而拊长而教，蹈厄茹苦，历四十年而企仲成进士矣，而瞑然归报夫君于地下，人咸称为节孝"。

瑞泉先生门人薛腾蛟云："天之佑人顾不有意哉。夫使遗腹子不男，男而不育，育而不可教，与范姆先自衰绝不及教，目不知书，不善教，穷而夺乱其心志，以不克教，则固渭上布衣耳。而先生家声顾不待此儿以中兴邪！此我瑞泉先生之灵，天之所佑而昌者也。"

而渭上南氏之后的南居益，其父南宪仲，亦于枣强令任上病故，居益尚幼。此时家族中南轩、南师仲、南企仲等亲人又接力教养南居益成才，后举辛丑进士，出为福建巡抚，累升为工部尚书。

综观渭上南氏一门，自大吉、逢吉而下，枝繁叶茂。在田则力，在学则专，在官能政，在家能教，学风笃实而注重实践，躬行礼教，崇尚节气而敦善厚行，儒林孝悌、忠信友爱萃于一门。王阳明《答南元善》书引《中庸》句释其良知学："盖吾良知之体，本自聪明睿智，本自宽裕温柔，本自发强刚毅，本自齐庄中正文理密察，本自溥博如渊而时出之。"南大吉以来的后人既崇尚关中学人笃实格物、又崇尚节气的学风，仍然实践体用致良知学，并深刻地融入了渭上南氏家族的家学与家风中。

六、编撰《渭南志十八卷》

自唐《元和郡县图志》及元李好文《长安志》以来，至明代，地方郡县修志之风始兴。此时，渭南尚无一部真正意义上的县志。南大吉自绍兴归渭后，开始着手编纂渭南历史上的第一部县志。

瑞泉公在《渭南志十八卷》有修志后记，说明了撰修《渭南志十八卷》的原因："予之为《渭南县志》也，县新令意也，亦予先人（即南金）宿志也。新令者，蜀广安辛子原一，万钧也……三月，即以是志撰请予。"

其门人嘉议大夫河南按察使富平李宗枢为《渭南志十八卷》所撰叙中曰："瑞泉先生既屏居于渭，卜筑湭西别宇，日偕邑子之属覃析大道，著述玄言。慨邑有故志，讹跂亡纪，文献曷（何）徵？乃博摭（摘）籍传，洞窥今昔，错综檃栝，作渭南县志云。"

《渭南志十八卷》体例详略得当，有图、表、考、传、悉在诸卷端。图二卷，表四卷，考五卷，传七卷，凡一十八卷。《渭南志》成于嘉靖二十年（1541），岁在辛丑之秋。时李宗枢因遭母丧，丁忧在家，得以过渭南见老师瑞泉先生，瑞泉先生将《渭南志》前叙的任务交给他来写。李宗枢为明正德癸未进士，授诸城令，政尚严饬（严加整治），境内肃然，旋以治绩拜御史，任河南按察使，巡抚河南，著有《石叠集》。

明万历《续渭南县志》（南轩撰）、天启《增订渭南县志》（南师仲撰），清道光《重辑渭南县志》（何耿绳撰）都是在南大吉嘉靖版的《渭南志》的基础上做了新的增补，瑞泉南大吉嘉靖版《渭南志》开创渭南郡县志之首，于渭南的史志有首创之功。而后，渭上南氏家族历代学人一直致力于继承先祖遗志，将编撰续修《渭南县志》当成自己家族义不容辞的责任。

另外，瑞泉先生南大吉在知绍兴任上，亦编撰著有《绍兴志》若干卷，为绍兴也留下了宝贵的史料，得到绍兴当地学者高度肯定，其门人李宗枢称先生为良史才也。

八、相关著述及诗作摘抄

南大吉的主要著作有明嘉靖《渭南志》《瑞泉南伯子集》及《绍兴志》，其中交游唱和文章、诗作等，多在《瑞泉南伯子集》中。从中可窥见先生早年"以古文名世"、嘉靖初年后既讲授正统关学，又"致良知"、交游、归切砥砺门人等学术及思想。

摘录诗作若干首以观：

《关内二首为对山康子德涵作》其一，这首诗是写给状元康海的。

海内文章称独步，泮东泉石且娱心。
一临清渭迎红屿，楼背黄山涌翠岑。
菊圃气薰书馆静，杏园花积史坛深。
金声肯托《长门赋》，玉韵唯传《梁甫吟》。

而康海亦有《望渭南》五律怀瑞泉南先生，诗曰：

渭南烟雾里，暗淡若为看。
岭树低笼日，山风远送寒。
水曹犹有宅，民部欲无官。
可惜姚江守，春风会晤难。[9]

而反映讲学活动的重要诗句则有：

《秋晓发自秦村复诸生讲约》：

长飙响森木，宵景摇繁星。
鸡明严四驾，迅予逝南征。
霞晨渡清渭，汎汎扬松舲。
凭轼登修坂，锵鸾度远垌。
遵彼林下麓，欻此水西扃。
曲径交绿竹，广庭虚以明。
抠衣趋犹子，循墙迟诸生。

川辉澄讲席，八牖洞疏棂。
兰泽多芳草，山水郁层层。
采之荐清庙，兼以列丹楹。
窃诵知新训，惭无长善能。
安得鲁尼父，宫堂共尔升。
仰思遗编在，清清耀性灵。
白日如西坠，红颜安可停。
四十苟无闻，皓首竟何称。
邈矣先圣学，典哉贵始终。
丹书何肃肃，千载垂吉凶。
愿言同此佩，永为盘上铭。

湭西书院当渭南湭水渭河之交，曲径绿竹，广庭虚明，山水郁郁，川辉摇曳，讲堂肃静，南大吉带领诸生日夜诵读圣贤之学，日夜弗辍。这里不光孕育了一个儒林之冠的渭上南氏，亦因二南先生的勤恳讲学之故，以致明代的渭南科第兴盛，人才辈出。

九、渭上南氏家族祖茔及文物遗迹

结合嘉靖、天启《渭南县志》、嘉靖《陕西通志》《中国文物地图集陕西分册》等文献资料记载及多年来实际走访，发现渭南临渭区官道乡南家村、辛市南石村、以及向阳街办的南塬子村，多遗留有渭上南氏的祖坟碑碣残块及园林遗址。

图十　南大吉墓表碑首残件背面

依据文献记载，南家村老庄南附近为南金、南大吉、南逢吉等渭上南氏先贤的墓地，田野里尚遗留有三座龟趺；西侧水渠上发现有马理撰南大吉墓表碑刻残碣，碑座及碑首尚在渠边，有南大吉瑞泉公名号的残碣已被村民保护至家中收藏。

南家村委会北侧渠外及渠上有残碑小块及石兽残件，村北应为南学仲、南仰仲等人墓地。

南家村尚存有明代"秦村堡"石门额一件，此为渭上南氏祖居地重要的地理位置文物；

为南轩家族墓地，位于辛市南石村北，第一次文物普查时，尚存有圆形封土墓六座，主墓前树青石一通，通高4.7米，"明故朝列大夫山东布政使左参谏议致仕阳谷南公墓表"，石羊等物俱在。今石碑已毁，工部尚书南居益亦葬在此。

图十一　渭上南氏后裔南海洋先生在湭河西岸南居益瀑园旧址考察

蒋家崖村以南的湭河西岸有南园子村，即唐朗士元所说半日村所在，经过实际走访当地南氏家族后人南山正等人，结合南居益撰《瀑园记》、其门人福建池显方撰《瀑园记》及清刑部尚书王渔洋诗《渭南望瀑园寄南鼎甫佥事》，对比瑞泉瀑布、雨洼沟等地形及遗留的残砖瓦、太湖石等，证明南塬村为明代南居益瀑园遗址所在。

图十二　湭河西岸雨洼沟南居益瀑园旧址

另渭南老城博物馆碑刻长廊中,保存有南氏门人秦邻晋父母的两块墓志铭,《李太恭人墓志铭》为南师仲撰、杨光训篆额、南居益书;《秦中桥公墓志铭》为南轩撰,杨光训篆额、郭俊书。

图十三　南居益撰《重修渭南县城隍庙碑记》拓本局部

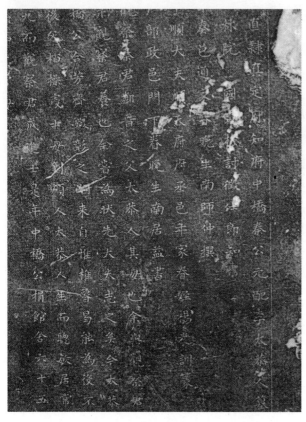

图十二　南师仲撰、南居益书《秦中桥元配李太恭人墓志铭》局部

另外,渭南城隍庙,旧有工部尚书南居益撰《重修城隍庙碑记》,今闻说原碑在印刷厂,惜早年基建时被埋入地下,今只有《重修城隍庙碑记》拓片挂于城隍庙道长堂上。

碑碣已残,前明掌故仍在,渭上南氏家风犹存,儒林忠孝萃于一门,不独轩冕为邑中冠。研究发掘渭上南氏的为学、齐家、交游、理政、著述等,具有积极向上的现实意义,也是积极落实中央两办下发《关于实施中华优秀传统文化传承发展工程的意见》的重要方向和载体,对于提高渭南文化自信、地域自豪感具有极大帮助。渭上南氏相关文化即是中国优秀传统文化的缩影,亦是渭南一笔不可估量的宝贵财富。

注释:

[1] 〔清〕王士祯.《分甘余话》卷二之七——八页《钦定四库全书》

[2] 〔明〕南大吉明.嘉靖二十年《渭南志十八卷》

[3] 〔清〕张廷玉.《明史·列传第一百五十二》

[4] 〔明〕马理.《明故中顺大夫浙江绍兴府知府瑞泉南先生墓表》

[5] 〔明〕王阳明.《王文成公全书·浚河记》中华书局 2015 年

[6] 〔明〕王阳明.《王文成公全书·尊经阁记》中华书局 2015 年

[7] 〔清〕李因笃.《受祺堂文集》清道光七年杨浚刻本

[8] 〔明〕南轩.《渭上稿二十五卷》明万历十六年家刻本

[9] 〔明〕康海.《对山集十九卷》,明嘉靖二十四年吴孟祺刻本

郭坚述评

张始峰

(渭南师范学院人文学院,陕西渭南 714099)

摘 要:郭坚(1887—1921),字方刚,陕西蒲城县人,青年时代即胸怀救国救民、振兴国家、打倒清王朝的壮志,经历了"辛亥"革命、"逐陆讨袁""靖国讨陈"等战役,民国时期陕西靖国军领袖人物之一,1921年被冯玉祥诱杀。郭坚是近代陕西著名的军事领袖,政治上也是一位务实的革命者,追求进步,同情民众,对劳苦大众有深厚的阶级感情,凤、岐一带群众称其为"郭善人"。同时,郭坚戎马倥偬之中手不释卷,借鉴古今,喜好吟诗作词,书法造诣水平很高,幽默风趣,但缺乏政治远见,政治斗争经验不足。

关键词:郭坚;陕西靖国军;务实的革命者

作者简介:张始峰(1965—),陕西蒲城人。渭南师范学院人文学院副教授。

郭坚(1887—1921),字方刚,原名振军,1887年出生于陕西蒲城县东南乡平陆郭家村一个普通农民家庭,父亲以农耕为业。郭坚年少时聪颖异常,敏而好学,崇侠尚义,胸怀匡时济世之志,辛亥革命后改名为"坚",意为矢志革命坚决到底,不半途而废。1911年10月辛亥革命西安起义时,郭坚赴省城参加学生军,1915年12月袁世凯帝制自为,郭坚在白水起义,树西北护国军义旗,通电讨袁。1918年于右任、张钫统一陕西靖国军编制,郭坚任第一路军司令,1921年8月13日被冯玉祥诱杀。

一、郭坚生平

纵观郭坚一生,"远慕孙中山之革命,近愤陈树藩之祸陕,树立靖国军之旗帜,据凤翔形势富庶之地,纵横渭河南北及关中全部地区,电掣雷轰,骁勇绝伦。正义之处,颇为进步人士所推崇"。

1. 追求进步的青少年时期

1895年前后郭坚就读本村私塾,学习刻苦,博闻强记,刚正不阿,崇侠尚义,怀匡时济世之志,迥异于一般农村少年,在文化知识方面知晓颇多,深得老师同学嘉许。

戊戌维新以后,废科举,原来私塾改设新式学堂,郭坚为进一步深造,就读于蒲城县立高等小学堂,在学习中接受了一些西方的自然科学知识和资本主义民主政治思想。

甲午战争之后,清王朝政治腐败,民族危机日益加深,农村经济更加衰败,人民生活困苦,郭坚目睹这种惨况,痛心疾首。这一时期,以孙中山先生为首的资产阶级民主民族革命运动风起云涌,农民自发的反清斗争汹涌澎湃。1908年"蒲案"发生以后,郭坚的思想受到极大刺激,有意识地和具有进步思想的人士结交,同时又和在地方有一定社会势力的"哥老会"首领人物及其在社会上行侠仗义的"刀客"暗中联络,结成团体,在蒲城一带逐渐发展成一股颇有社会影响的潜在势力。

1911年10月,辛亥革命西安起义时,郭坚闻讯星夜驰赴西安,参加了学生军,勇猛异常,一人携机关枪攻破北城门楼。革命胜利后,郭坚先在秦陇复汉军政府交通司任守卫,由于对此项工作缺乏兴趣,转而到陕西秦陇复汉军东路招讨使陈树藩部。在清军分东西两路进攻陕西时,郭坚和耿直先到大荔募集"刀客"和农民组成了"冯翊军"在陕东迎击清军,后在甘肃清军犯陕时,郭又率部驰援,在淳化通神沟大败敌军。

辛亥革命胜利以后，陕西建立了以张凤翙为首的民主政权——秦陇复汉军大统领府，"冯翊军"被改编为巡缉营，郭任营长，驻防白水、大荔、蒲城等地，隶属于陈树藩的陕西陆军第二混成旅，后因驭下不严而给予免职处分，流亡河南镇嵩军刘镇华处约有年余时间。

2．义军讨袁逐陆时期的郭坚

1914年，借剿灭义军白朗之际，袁世凯势力进入陕西，爪牙陆建章入陕后，为了安抚、拉拢陕军各部为其所用，逐步分化瓦解陕军各部的领导核心，同时对陕西知名人士、同盟会员实行残酷地迫害，财政经济上专权独揽，激起陕西人民的强烈反抗，陕军义士暗中联络，消弭内部纷争成见，互相策应，开展了轰轰烈烈的讨袁逐陆运动。1915年2月，郭坚、耿直、曹世英、高峻等首开逐陆战幕。陆建章为了分化陕军各部的团结，利用"以陕人制陕"的手段将陈树藩由陕南镇守使调为渭北剿匪总司令，讨伐郭、耿、曹、高联军，逐陆联军因军事力量与敌强弱异势，向陕北作战略转移。

1916年春，陆建章子陆承武率精锐部队北上讨伐陕西联军，进驻富平，胡景翼在富平设计诱擒陆承武，郭、耿、曹、高得到胡的情报星夜回师关中，袭取三原，乘胜向咸阳、泾阳、礼泉及西路一带驰进，接连获胜，形成对西安包围的大好形势。陆建章见爱子被擒，联军节节进逼，败局已定，以联军释放陆承武并保护他们安全离陕为条件，主动交出陕西军政大权，陈树藩接受了陆建章的离陕条件。联军各部将领因缺乏政治斗争经验，在陆、陈互换条件的协议中，为其利用，充当了陈的工具。

陆建章下台陈树藩登场，实际上是一场军阀互换的闹剧，陕西人民仍处在水深火热之中。

陈树藩取得陕西政权以后即撕去假面具，迫不及待地向袁世凯上表称臣。袁世凯恢复帝制，陈树藩逆天下之怒向袁称臣，通电拥护，1915年12月23日袁封陈为三等男爵，狼狈为奸。后段祺瑞执政北洋政府，陈又二度卖身，参加了北洋军阀所组织的督军团，成为北洋军阀的忠实走卒。

陈树藩为了巩固其在陕政权，按和自己私人关系的远近、实力大小、驾驭难易分别授以官禄，编郭坚部为陕西警备军，下属六个步兵营和一个骑兵营，郭为警备军统领，驻西安，耿直驻凤翔，反陈的政治势力暂时销声匿迹。

3．靖国军时期的郭坚

陈树藩在和郭坚的交往中认识到这是一个难于驾驭的人物，密友耿直也是一位有政治思想且胆略过人的人物，郭耿携手对他在陕西的统治极为不利，所以表面上形似亲近，实则早有戒备，存借机剪除、消除隐患图谋。

1917年张勋复辟，陈以出兵讨伐为名，令郭坚东渡黄河，假道山西讨张，郭坚出兵后陈树藩又给山西阎锡山发出密电，称郭坚叛变，妄图渡河作乱，为祸山西，假手晋军消灭郭坚。郭坚在山陕两军夹击之下全军溃败，仅以身免，在韩城龙王山以北渡过黄河返回陕西。

郭坚返回陕西后沿途收集流散士卒，退至凤翔。其时以孙中山先生为首的南方革命政府为谋求国家统一，在政治上主动团结北洋军阀，并在政治地位上尽量予以让步。但陈树藩在行动上和北洋军阀亦步亦趋，采取种种反动措施，镇压陕西革命人士响应和促进南北统一的活动，到处白色恐怖。耿直与郭坚等密商以后，派其妻兄范润生密赴广州晋谒孙中山先生，口头汇报陈在陕的政治背景与作为，陕西各派军人的政治态度与动向以及人民的愿望和要求，请求给予指示。孙中山先生认为陕西的政局应由陕西革命同志和进步人士协商解决，因时因地制宜，并授颁陕西靖国军名义，责成耿直相机处理其事，力争把陕西变成国民革命的基地之一。

耿直遵照孙中山先生的指示积极部署，组织推翻陈树藩的革命活动，在西安暗中与有关各方人士，共同密谋商讨对策。在刺杀陈树藩及西安起义活动失败以后，鉴于力量悬殊，西路郭坚援军未到，乃决定退出西安，向西路转移，至周至县与援军郭坚相遇。郭、耿会师后经过会商，在周至组成陕西靖国军，郭任司令，耿为副司令，刘锡麟任总指挥。随后耿直退保岐山,郭坚回防凤翔。

1917年12月21日,郭坚委托马凌甫在上海报纸上发表了讨陈通电,发誓要"为国除奸"。陈树藩派重兵在进攻岐山耿直部的同时围攻凤翔郭坚,并诱以高官利禄,郭坚不为所动,弃城经醴泉(今礼泉)、泾阳至澄城寺前镇,与已宣告独立的高峻和先期到达的耿直部取得联系,联合攻克白水。

三军白水会师后,重新正式宣布遵从孙中山大元帅的命令,成立陕西靖国军,司令郭坚,副司令高峻,参谋长耿直,通电全国并上报广州大元帅府,正式举起了靖国军的革命旗号,与孙中山领导的南方革命政府遥相呼应。

靖国军建立初期,拟以蒲城作为根据地,但在1918年1月25日攻打蒲城战斗中耿直战死,郭坚率部移驻临潼交口。耿直殉难的当天夜晚,张义安、董振五、邓宝珊等在三原起义倒陈,函请胡景翼、曹世英援助。胡景翼、曹世英率部抵三原后,分别以陕西靖国军左右翼名义响应,后经郭坚、胡景翼、曹世英、高峻等商定合力进攻西安,郭坚、高峻率部攻东门,胡部攻西门,曹部攻北门。

郭坚为左翼军东路前卫,一度进军至西安东郊的韩森寨。但由于河南镇嵩军刘镇华入陕援陈,加之靖国军各路没有统一的指挥和协调,围攻省城失败,郭坚、高峻所部退守渭北交口、关山一带。

1918年3月23日,郭坚计划攻取战略要地大荔。大荔守军系陈树藩手下王飞虎,知郭军勇猛,坚闭城门,攻城一月未克,反被陈树藩围困于羌白镇,坚守40余日后终因粮弹告罄,于7月底率部突围至蒲城,与杨虎城、张铎部会合于蒲城兴镇。

1918年8月8日,于右任、张钫通电全国,分别就任陕西靖国军总司令和副总司令,统一了靖国军编制,郭坚任第一路军司令,任务是经略西路,广东军政府授予郭坚陆军少将衔。郭坚指挥所部先后攻克乾县、武功、扶风、岐山等地,西路各县多被郭部占领。其间,郭坚只身带领百余骑,一昼夜行军170余里,连克汧阳(今千阳)、陇县、宝鸡,凤翔守军慑于靖国军威力献城投降。靖国军威大振,所向披靡。

11月6日,郭坚设司令部于凤翔县署,西部各县局势大定。同月,北京政府以奉系师长许兰洲为援陕总司令,指挥甘、川、晋军等入陕围剿陕西靖国军。郭坚和云南靖国军第八军叶荃部合力抵御许兰洲于武功、扶风之间的杏林镇,相持两个多月后退守凤翔,又被围困数月,交通阻隔,城内弹尽粮绝,军民交困。郭坚以血战连年,强将多殉,与张钫、樊钟秀会商,决定"联许倒陈",与许兰洲局部议和,靖国军一、二路军接受改编,樊被改编为第一游击支队司令,郭被改编为第二游击支队司令,同在兴平设立办事处。其余靖国军各部都有或明或暗的联系,在兴平许军驻地都有外交人员。

直皖战争爆发后,奉军全部离陕东去。郭在岐、凤乘机加紧训练部队,扩充实力,养精蓄锐,以备再战。随后不久,陈树藩又令大部军队同镇嵩军向岐、凤大举进攻,战况极为惨烈,陈军曾一度攻进凤翔东关,双方死伤惨重。郭为了挽回垂危的局面,乘敌军立足未稳之际,巧设计谋,放出几十匹骡马,有意让陈军抢夺,趁其混乱夺回已失阵地,全歼进入东关的陈军。

陈企图以重赏收买郭部副司令刘福田充当内奸,里应外合夺取城池,为郭坚察觉,立即将刘军法从事,消除内乱。

4. 郭坚之死

1921年直系战胜皖系之后,直系军阀头子吴佩孚命令阎相文率阎治堂、吴新田、冯玉祥等师入陕,皖系陈树藩全线溃败,逃窜陕南,八百里秦川成为直系势力范围。

阎相文主持陕政后,以强大的军事力量和政治引诱手段双管齐下,分化陕西各路靖国军。胡、曹、高等陆续接受改编,郭坚也于9月间接受协议,实行改编,去西安晋见陕督阎相文。阎为了巩固在陕所夺得的政权,以冯玉祥出面设宴招待陕西各军将领,实则预谋借此机会将陕军将领一网打尽,永除后患。刘镇华将冯等的图谋泄露,胡景翼、高峻等见过阎相文后随即返回防地。郭坚不以为然前往西关陆军小学。宴会中间,冯借故离席,以事前约定的暗号"杀瓜"为号,将郭坚当场捕捉,宣读阎相文命令后旋即加以杀害,遇难时年仅三十四岁,二十名卫士被乱枪打死十八个,仅二人逃脱。这位铁马金戈,自辛亥以来驰骋关中,纵横秦川,为陕西地方革命利益浴血奋战的铮铮铁汉就此殒命。

阎相文无法收拾事后残局,8月24日吞烟自杀,冯玉祥取得了陕西督军的地位。

陕西靖国军义旗为郭坚首举,因郭坚率部能征善战,百折不挠,是靖国军中一支劲旅,在全国产生重大影响。由于郭坚被杀,靖国军从此一蹶不振,逐步走向衰亡。9月1日,胡景翼宣告取消靖国军名义,所部隶属直系接受改编,郭坚所部群龙无首,各自为政。于右任在三原无法立足,就把靖国军总司令部的旗子插到武功杨虎城部,后又退到凤翔。1922年6月,于右任从凤翔微服出走,绕道甘川赴沪,杨虎城部随后退到陕北,郭坚部下党玉昆、麻振武等被刘镇华改编,陕西靖国军及护法靖国运动就此结束。

二、郭坚述评

郭坚自1911年辛亥起义到1921年遇害止,经历了"辛亥"革命、"逐陆讨袁""靖国讨陈"等战役,战斗力量几经起落,由小到大、由弱变强,有其存在和发展的客观社会原因。青年时代即胸怀救国救民、振兴国家、打倒清王朝的壮志,平时有意识地与社会上有正义感的人士结交,经常与那些见义勇为、不畏强暴的江湖义士建立密切友谊,与革命人士一起密谋策划在当地开展政治活动,积极投身反帝反封建斗争,值得我们追念和反思,也应该对其功过做出客观评价。

1.政治上是一位务实的革命者

郭参加陕西辛亥革命,是在一定的认识基础上参加的,郭经常说:"打倒满清,解民倒悬之苦,要在严酷的流血斗争中求实现,不是靠口头宣传所能见实效的"。

郭坚在陕西前期革命中对谁是敌人,谁是朋友,应该联合谁,打倒谁等等重大关键问题上,一向是明确的、清楚的,态度也是鲜明的。武昌起义爆发后,郭在故乡闻讯后义无反顾采取行动,纠合平日与他结交的仁人志士昼夜兼程驰赴西安,投身于气势磅礴的革命洪流中,同清王朝的反动武装力量展开殊死战斗,直到胜利旗帜飘扬在西安城上空。后期在艰苦的"逐陆讨袁""讨陈"战斗中郭坚都是态度明朗、立场坚定地站到孙中山先生一边,第二次讨陈之战中直接在孙中山先生的授意、关心和领导下与革命先烈耿直一起发难。虽然西安起义失利,但此举却大长革命派的志气,沉重打击了陈树藩的嚣张气焰,树起了陕西靖国军革命的旗帜,揭开了西北反军阀斗争的新局面,也为以后的胜利铺平了道路。

2.近代陕西著名的军事领袖

郭坚处事勇敢机智果断,每临战斗,身先士卒,不避艰险,对重大军事活动指挥若定、运筹帷幄、巧妙部署,常常一鼓而获胜。平时关心部下生活,与士卒同尝甘苦,休戚与共,故战争中将士用命,守必固,攻必克。辛亥前夕,郭以一个来自农村的青年,平地崛起,数年间发展成为一支具有五六千人规模的武装力量,驰驱关中十余年,经历无数次成功与失败,终于锻炼成为靖国军一支善战的劲旅,讨伐反革命势力的中流砥柱。

3.同情民众

郭坚生长在农村,青少年时代过着比较贫苦的生活,对劳苦大众有着厚深的阶级感情,对清王朝下层官军的残暴罪行深恶痛绝。起义初期在冯翊军任营长时,由于统驭不严、纪律松弛而发生抢劫群众事件,肇事者十余人被处决,郭坚个人亦因此而被撤职。这一教训使郭坚深刻认识到,严明的军纪是军队的生命,是克敌制胜、获得人心、发展壮大的关键。在凤翔时期,一有机会,即对部队进行整顿和训练,特别重视纪律教育,通过具体事件,严格整饬军纪。在整军经武中注意对下级军官的选拔培养,建设部队的基层骨干力量,在附近招收一批青年有为的学生,经过训练后充实到基层,给部队注入新鲜健康血液。

郭在凤翔时期,对其管辖范围内的群众严禁

扰害。凤翔北部一带,地瘠民贫,经常发生自然灾害,郭坚为了安定群众的生活,拨粮拨款及时赈济,不让一户流离失所。对于凤、岐南乡敌我交错地带的农村更加爱护,晓喻官兵,绝对不许滋扰,倘敢故违者,定予严惩不贷。他地举户迁移郭占区乃常见的事,凤、岐一带的群众称其为"郭善人",足见其对群众的爱护。

从1917年至1921年郭坚驻军凤岐期间,曾在凤翔创办"右辅中学",出版《捷音日报》,除报道军事外,还宣传革命思想,矫正社会观念。在凤翔首次成立了县农会、天足会,宣传妇女缠足之害,提倡放足,效果颇佳。1919年5月,凤翔县中小学学生受郭坚支持,上街游行,提出"打倒军阀""抵制日货"的口号。

当然,郭坚在治军中也有疏于教导和管束不严的地方。郭的部属中一些革命动机不纯、作风不良的个别中下级军官,在行军过程中或在驻地屡有滋扰乡里、侵害百姓的事件发生,郭知道后都立即以军法严惩。

4. 文坛怪才

郭坚一贯好学不倦,戎马倥偬中手不释卷,借鉴古今,提高自己。郭性豪爽坦荡,明朗亮阔,潇洒诙谐,写信作诗文,从不讳言个人缺点。对于有知识和才能的人,谦恭礼下,虚心对待,周围聚集了相当一部分学识渊博、广有识见、智谋远广的知识分子,其中有不少名儒硕彦,如马凌甫、党晴梵、肖西臣、郭海楼、雷继扬、苗润芝、张东白、蒙寿芝、蔺德如、蔚定侯、杨季石等。

郭坚喜欢书法,对黄庭坚尤为酷爱,于住房前庭设置一桌,笔墨纸砚俱全,每日抽出一定时间,摒除杂念,专心摹"黄",获得较高造诣,达到形神毕肖境地。如有人说:郭写的对联是黄写的,他只不过把黄字改为郭字而已。

郭坚还好吟诗,1916年整修凤翔东湖亲笔题写"重修东湖"等字,至今遗碑尚存。1916年重游东湖灵虚台有感作诗曰:"禾黍高低旧战场,眼中风物尽悲凉。秦山渭水应如昨,漫拟章邯作雍王。"郭的夫人杨玉梅葬于凤翔东湖,其墓前有对联一副传为郭作:"灵虚台下怨埋玉,喜雨亭前乱落梅",横额"杨花飞去"。笔力劲健,诗情悲切,景、物、人尽收入联内。

郭在残酷的战争生活中常表现出性格上的轻松。如在军旅之暇,约人一起吹、拉、弹、唱,陶情娱兴,在严肃认真中也时有"幽默"表现。如一次陈树藩叫郭希仁给郭坚写信,商谈和解的问题,而郭坚在复信中有意顾左右而言他,写了一些与本题无关,令人莫名其妙的话,如"麦出牛又出芽,又出渣是为什么?"郭希仁读后不知所云,令其啼笑皆非。

当时在动荡不定、战乱不止的形势下,不少官兵有贪财致富、广置田产的思想和行动,同时也沾染有吸食鸦片的恶习,然郭基本上是清廉的,身后萧条即为明证,本人也无吸毒嗜好,这在当时是难能可贵的。

5. 自身短板

作为旧时代的民主革命者,成长混迹于那个特殊的年代,郭坚也有其自身无法规避的缺点。

第一,缺乏政治远见。郭坚的思想在辛亥以前仅仅局限在推翻满清统治,辛亥以后集中表现在保境安民,为陕西地方利益而斗争上面。对于孙中山先生的资产阶级民主革命的理解是空洞的,口号式的,因此,不能形成一种信仰作为指导革命实践活动的指针。当他与革命先烈耿直合作共事的时候,其军事行动具有明确的目的和政治方向,耿直殉难以后在政治上迷失了方向,显示出一定的为达目的不择手段的倾向。保境安民、维护陕西地方利益的实质是郭坚拥兵自重,称王称霸的思想,后期这种思想已成为主导。

第二,政治斗争经验不足。对于封建军阀钩心斗角、争权夺利等本质认识不足,把复杂的政治斗争简单化,轻信冯玉祥,上当受骗而致杀身之祸,终成千古恨事。

后来史家盛赞郭坚,"远慕孙中山之革命,近愤陈树藩之祸陕,树立靖国军之旗帜,据凤翔形势富庶之地,纵横渭河南北及关中全部地区,电掣雷轰,骁勇绝伦。正义之处,颇为进步人士所推重"。

参考文献：

[1] 渭南市地方志办公室. 渭南市志[M]. 西安：三秦出版社，2009.

[2] 蒲城县志编纂委员会. 蒲城县志[M]. 北京：中国人事出版社，1993.

[3] 郭润宇,郭坚被杀罪名考[J]. 近代史研究，1996(1).

[4] 赵怀忠,靖国军宿将郭坚[J]. 渭南师专学报，1993(7).

[5] 乔益洁,陕西靖国军前期斗争述论[J]. 青海社会科学，1997(10).

戏曲研究

秦腔及华阴老腔在影视剧本创作中的融合与发展

毛延龙　孙慧玲

（渭南师范学院人文学院，陕西渭南 714099）

摘　要：秦腔与华阴老腔丰富了影视剧本创作的表现形式，而影视剧本的创作也为秦腔及华阴老腔的发展带来了新的机遇。秦东本土影视剧《百鸟朝凤》《老腔》《白鹿原》等，就体现了秦腔及华阴老腔等富有秦东地方特色的剧种与影视剧本的融合以及发展。这样的融合与发展即使影视剧生动可看，同时也为秦腔、老腔等秦东戏剧的广泛传播与发展提供更多的可能性。

关键词：秦腔；华阴老腔；影视剧本创作

作者简介：毛延龙（1998—），渭南师范学院人文学院2016级戏剧影视文学专业学生。孙慧玲（1971—），女，陕西澄城人。渭南师范学院人文学院副教授。

基金项目：渭南师范学院大学生创业创新训练项目（19xk009）

随着影视产业的发展，人们逐渐开始注重影视剧的质量，剧本的好与坏也往往成为评判影视剧成功与否的标准。因此，在影视剧本创作的过程中，编剧应该更加注重剧本的文化内涵和历史厚重感，而秦东民俗文化作为重要的人类文明成果之一，凭借其种类多样、内容丰富以及独特的地域性等特点，为剧本提供了大量的创作素材和灵感来源，同时，给观众也带来了独特的视听感受。本文将从影视剧本创作的角度出发，探究陕西民俗文化中的秦腔、华阴老腔等元素在影视剧本创作中的融合与发展。

一、秦腔、老腔在影视剧本中的素材选取

（一）电影中的素材选取

在电影剧本素材选取中，为了使秦腔、华阴老腔更能满足社会发展和人们的审美观念。编剧会对秦腔、华阴老腔素材进行改编、浓缩和二度创作，使其符合电影的审美意味和象征隐喻化的表达。如何将秦腔、华阴老腔素材与电影剧本融合成了编剧的一大难题。首先，要充分吸收秦腔、老腔对于艺术作品创作的指导；其次，要在众多秦腔、华阴老腔素材选择符合电影主题思想的素材；最后，在对其素材进行通俗化的创作。如秦东民俗文化最具有代表性的两部电影《百鸟朝凤》和《老腔》。这两部电影剧本在素材选取上，都采用以秦腔、老腔传承人的故事为素材进行现代化的创作，并且被大众所接受取得了一定的好评。如《百鸟朝凤》这部作品入围了第十三届精神文明建设"五个一工程"优秀作品奖、第29届中国电影金鸡奖评委会特别奖、第一届丝绸之路国际电影节最佳故事片奖、法国tours电影节观众最喜爱影片奖等多项奖项，而《老腔》还未上映，就已经在国内外获得了第38届蒙特利尔国际电影节世界焦点单元并得到电影节主席洛赛克授予的世界民族文化贡献影片、入围第6届欧洲万象国际华语电影节主竞赛单元并获得最佳原创故事片奖、参加了第27届东京国际电影节中国电影周展映。

（二）电视剧中的素材选取

电视剧的素材选取跟电影有所不同，电视是影视艺术的衍生物，因电视剧剧本较长，编剧更多的是直接引用素材来进行表达，它能完整的保留住秦腔、华阴老腔的魅力所在，更能推进故事情节的进展、展现人物形象，并和社会背景巧妙地融合在一起，对整部电视剧都有锦上添花的作用。电视剧《白鹿原》最为精彩的两处秦腔，一是白孝文暗示鹿子霖鹿兆鹏不回家的原因是"外面有人"，这直接摧毁了鹿子霖的心理防线，让白孝文感觉"扬眉吐气"，因此，他趾高气扬地回到家里时，唱起了秦腔的经典剧目《五典坡·三击掌》中的一段，现摘取一段附录：

王宝钏（白）：噢！

（唱）：老爹爹不要那样想，

有平贵儿不要状元郎。

有几辈古人对父讲，

老爹爹耐烦听心上。

姜子牙钓鱼渭河上，

孔夫子在陈曾绝粮。

韩信讨食拜了将，

百里奚给人放过羊。

《五典坡·三击掌》原是歌咏薛平贵与王宝钏的一幕秦腔戏剧，白孝文选唱这一段是编剧别有用意的，他在打击了鹿子霖的嚣张气焰后的那种洋洋得意的心理在这里显露无遗。这段唱腔在这里运用得恰到好处。另一处是白孝文去贺家坊听戏，田小娥勾引白孝文时，电视剧选取秦腔作为背景。作为族长接班人，白孝文一直被父亲白嘉轩寄予厚望，从小白孝文就接受良好的教育尤其是品德教育。在"父为子纲"的时代，白孝文实际上是被父亲束缚在一定的圈子内。白孝文与田小娥的结合，就是对这种束缚的一种反叛和突破。此时，贺家坊戏台子上表演的是秦腔《走南阳》的片段，《走南阳》讲述的是光武帝刘秀被王莽追杀，行至一村舍，与村妇讨饭吃，而全剧的高潮就在"刘秀调戏村妇"，当白孝文正津津有味地欣赏戏曲时，田小娥适时出现，悄悄拉起了白孝文的手。此处选用秦腔是"戏里""戏外"内容交相呼应，推动了情节进展，有震撼人心的效果，这也成为白孝文生命的一个转折点。

在漫长的社会变革发展历程当中，秦腔和华阴老腔拥有丰富的历史文化积淀，形成了独特的地域特色，这也为影视素材的选取提供了丰富的文化内容，其悠久的历史文化进程为影视创作素材提供了丰富的宝库。

二、秦腔、老腔在影视剧本故事情节中的设置

在故事情节设置上，编剧可以采用以秦腔和华阴老腔的故事为原型，再对其进行艺术化的处理，让其更符合大众的审美口味。《百鸟朝凤》和《老腔》的电影探索，无疑向大家印证了在影视剧本故事情节上加入秦腔和老腔等元素的不可或缺性。如《百鸟朝凤》讲述了德高望重的唢呐老艺人焦三爷带领徒弟们用执着的热情与坚定的信仰追求和传承唢呐精神的故事。影片中所展现出对唢呐传承的坚守，在现实生活下显得尤为可贵。作为电影主角的游天鸣，凭借倔强不屈的个性和对唢呐的挚爱之心，历经磨难，用心将唢呐艺术发扬光大，用自身的命运承载唢呐艺术的变迁。秦腔元素的使用让电影人物形象真实丰满，个性鲜明。而影片《老腔》的故事设置则更为复杂，它通过邵家、葛家两辈人及小华、小凤、白毛三个年轻人之间错综复杂的情感纠葛勾勒老腔艺术承袭过程中的阻碍与矛盾。《老腔》可以说是一部有情怀、有内涵的电影，但并不能说它是一部优秀的电影，正是由于这种复杂的人物关系给观众感觉就是很混乱、不知道要表达什么，从影片的名字，大家不难看出编剧的野心之大，《老腔》的架构太宏大使它陷入了两难的尴尬处境，这也体现了出秦腔、老腔在影视剧本故事情节的设置上是尤为重要的，它往往能影响大众对影片质量的评价。影片《老腔》虽然有些许的不足，但在电影剧本中融入老腔是有可取之处的。《老腔》剧本以华阴老腔为故事背景让电影更具审美性、可看性、观赏性，同时也使影片具有一定的文化价值和教育价值。这说明秦腔、老腔在影视剧本中的运用，也为秦东民俗文化的保护和传承提供了新的传播平台,也让秦腔、老腔迎来了更多的挑战。

三、秦腔、老腔在影视剧本中的叙事化表达

剧本的叙事化表达是重中之重的。秦腔、华阴老腔元素的融合,能为影视剧本的叙事增色不少,在叙事手法上,编剧可多用象征、隐喻等方式展开叙事,常常会有意想不到的效果。如《百鸟朝凤》中的百鸟朝凤就有象征的意味,《百鸟朝凤》是一首大哀的曲子,只有德高望重的死者才可以享受,一般人几乎无缘闻听。无论对逝者,还是对悲痛欲绝的孝子贤孙们而言,能享受"百鸟朝凤",不仅仅是曲如其名的百鸟献瑞,更会由此引发十里八乡对逝者的敬重,代表了一种最为尊贵的荣誉。同时对唢呐艺人而言,吹不吹"百鸟朝凤",自有自己刚正不阿的判断,丝毫不会为亲情和金钱妥协,归根到底,"百鸟朝凤"更是唢呐艺人作为一种正义而高尚的存在的价值。在电影《老腔》中,导演将场景设置在滚滚黄河边,赤膊的船工奋力拉动着纤绳,这个镜头就带有象征与隐喻意味,在时代发展的洪流激荡下,老腔就好像举步维艰的大船,船工就像影片主角白毛一样,用尽所有的力气肩负着传承老腔的责任。影片中滔滔黄河与赤身船工都是主人公所处环境的景物,出现得非常自然,却是主观设计和精心选择的结果,为整部电影定下基调,既带有浓烈的地域色彩,又象征着老腔艺术前行不止。秦腔、老腔等元素在剧本叙事手法上运用,往往能体验一个编剧的专业水准,这需要进行不断地摸索。除了在叙事表达上,秦腔、老腔等在其他方面上起到了举足轻重的作用。

四、秦腔、老腔在影视剧本的配乐运用

说到秦腔、老腔等元素与影视剧本中的融合,那必然得回归到音乐层面。首先,秦腔、老腔作为秦东民俗文化中的重要元素,它在剧本中常常是为了展现地域特色、烘托气氛,交代情节,推动故事发展等作用。在热播剧《白鹿原》开头就运用到秦腔,"原上的白鹿呦,我爷爷我爸爸的白鹿哦",轻声悠扬的秦腔唱法,诉说着渭河平原那段变迁的历史,带我们感受着这段历史的情感与故事。在电视剧版的第一集中,有一个场景是白嘉轩到已经死去的六位妻子的坟前祭奠,这时所配的音乐是秦腔《周仁回府》中"夜逃"一段中的前两句唱词"夫妻们分生死人世至痛,一月来吧悲情积压在胸中"。"夜逃"原本就是一个悼亡的唱段,主要讲述的就是周仁的妻子为了救她的嫂子而牺牲,夜晚,周仁与嫂子一同逃出,途中经过妻子的坟地,周仁在嫂子的劝慰下在妻子坟前哭泣。从配乐跟画面的配合,编剧让大家感受到了白嘉轩的无奈和内心苦楚,这充分说明秦腔在渲染气氛和推动剧情发展起到了至关重要的作用。而在电影《白鹿原》中则体现得淋漓尽致,不论是黑娃和其他麦客饭后休息时即兴演唱华阴老腔《将令一声震山川》,还是当镜头由深夜田小娥知晓黑娃继续留下来干活转到日出的麦田时,男声无伴奏独唱的秦腔《征东总是一场空》都让观众感受到秦腔、老腔的豪迈与悠长。秦腔、华阴老腔在影视剧《白鹿原》的运用,让观众深切地感受到其作品的完整性、审美性、独特性,同时也说明在影视剧本创作中,融入秦腔、华阴老腔,能让剧本更具生动性和真实性。

五、秦腔、华阴元素在影视剧本中的其他表达

秦腔、华阴老腔作为秦东民俗文化的重要组成部分,它们往往能给影视剧注入一些生机。除了在素材、故事情节、叙事、配乐等方面,秦腔、华阴老腔在人物塑造、渲染主题、线索等方面也有着功不可没的作用。首先在人物塑造方面,影视剧本加入秦腔、华阴老腔元素,能增加人物的鲜活性,也能展现人物的多面性,更能增加影片的真实性;在主题上,秦腔、华阴老腔更多的是渲染主题、深化主题、上升主题的高度与宽度;在线索上,秦腔、华阴老腔更多的是为了推动故事情节的发展,或者起到过渡、铺垫、伏笔、贯穿全剧的作用。在影片《白鹿原》中,华阴老腔《将令一声震山川》让我们对黑娃及麦客们的悲惨命运感到惋惜,但他们身上的那种跟命运抗争的精神也深深影响着观众。华阴老腔的运用让观众对电影主题有了新的

理解,也让电影的厚重感和历史感得以提升,而电影《百鸟朝凤》与《老腔》主要以秦东独具特色的秦腔元素唢呐和老腔的传承与发展为主线,唢呐与老腔在片中多次出现。除此之外《百鸟朝凤》中的秦东民居、语言习俗、老百姓服饰、参与社会生产的纺线、割麦子及婚丧嫁娶都有展示;《老腔》中除了醇正的黄土地上那一声声呐喊与呼唤的老腔,还包括秦东经典民俗皮影、木偶、糖画等。秦腔、华阴老腔在影视剧本中的众多运用,丰富了剧本的内容形式,也让剧本变得更加的有层次感和文化内涵。

六、秦腔、华阴老腔与影视剧本融合存在的问题

(一)两者的本质特性不同

影视艺术,通过声、光、电等技术手段,以画面和音响为媒介,创造银幕形象和荧屏形象的综合艺术。技术的发达程度影响着艺术呈现的美感,恰当地运用技巧表现构图、色彩、线条、影调来叙述故事、抒发感情、阐述哲理。

而秦腔和华阴老腔则是戏曲艺术,或者可以称作是舞台艺术,舞台艺术不同于影视艺术,它善于运用众多独特元素营造舞台上的时空感受。秦腔、华阴老腔更多的追求形式美和夸张的表演方式,它更多的是把一种文化价值体系传达给观众,正是由于本质特性的不同,也就造成了秦腔、华阴老腔与影视剧本存在着摩擦和排斥反应,但这种情况是可预见的,也正是由于这种反应,也让影视剧本创作有了更多的可能性。

(二)秦腔、华阴老腔的局限性

秦腔、华阴老腔作为秦东民俗文化的重要组成部分,其独特的地理环境、人文环境、生活条件、社会制度,让它在历史长河中不被淹没,但也正是由于其独特性的地域性造成了它表演时使用陕西地方语,这让没有方言基础的观众会听不懂,有人会说用普通话来唱,但字正腔圆的表演,还能展现秦腔特有的语言魅力吗?因此,秦腔、华阴老腔的运用更多的是陕西本土的地方电影剧本中,这也造成了秦腔、华阴老腔发展的困顿的局面。

总结

综上所述,现在许多的影视作品常常会添加一些秦腔、华阴老腔的元素。有些作品惊艳成了经典,而有些则在争议中成长。这让大家看到秦腔、华阴老腔作为地方戏的魅力所在。放眼未来,中国影视市场还将有更广阔的发展空间,影视剧本创作随之也会有很大的发展,秦腔、华阴老腔出现在影视剧本中的次数也将越来越多。编剧在进行影视剧本创作时,会更精确地融入秦腔、华阴老腔以及其他的一些秦东民俗文化像方言、民歌、皮影、提线木偶等元素,这些元素既能够使剧本的内容与层次更加的饱满,也能让秦东民俗文化得到更好的发展,更能使影视市场涌现出更多优秀的影视剧作品,何乐而不为呢?秦腔、华阴老腔等元素与影视剧本创作的有机结合既是现代传播艺术的提升,又是传统艺术的再生,值得更多的编剧为其发展投入热情与精力。

参考文献:

[1]郭勋亚.陕西民俗文化的影视化表达路径论略[J].戏剧之家,2017(17):94,96

[2]郭勋亚.民俗文化与影视艺术联袂的成功探索——以陕西本土电影《老腔》为例[J].新闻研究导刊,2017,8(13):23,34.

[3]王勇.中国影视剧本创作的现状及发展 从小说改编电影风潮分析[J].艺术教育,2016(06):57-58.

[4]马立军,杨喃.浅析秦腔影视创作现状[J].大众文艺,2013(03):151.

民俗研究

影视作品中的秦东皮影文化元素分析
——以电影《孙子从美国来》为例

赵晓娟

(渭南师范学院 人文学院,陕西 渭南,714099)

摘 要:秦东渭南地区有着丰富的历史文化资源,华县皮影被誉为世界电影的开山鼻祖,同时华县皮影的文化元素出现在了众多的影视作品中。电影《孙子从美国来》赋予了皮影艺术多样化的表现方式,影片以秦东地区的农村生活为背景,皮影既是连接老杨头与外国孙子的精神纽带,又是整个影片的叙事线索和文化主题。皮影元素的创新性运用,通过人物故事的冲突与弥合,将皮影传承与文化传播中的困境完整地呈现了出来。

关键词:皮影;文化元素;影视作品

作者简介:赵晓娟(1982—),女,陕西富平人。文学硕士,渭南师范学院人文学院讲师,主要研究方向为新闻语言与文化传播。

1994年张艺谋执导的电影《活着》至今在很多人的记忆中印象深刻,葛优饰演的福贵和皮影有着不解之缘,当时为电影配唱的就是著名华县皮影表演大师潘京乐和他的戏班。随着《活着》在四十七届法国戛纳电影节上获奖,华县皮影的知名度也逐步走向了国际。[1]51 2012年,另一部以皮影传承为原型的电影《孙子从美国来》重新将华县皮影带入人们的视野。

一、皮影文化元素在电影中的表现方式

《孙子从美国来》是一部优秀的陕派小成本电影,影片讲述的是主人公渭南华县的皮影艺人老杨头和一个美国小男孩的故事。离家多年的儿子张栋梁及他的美国女友为了保护藏羚羊,把儿子布鲁克斯托付给老杨头照顾,于是中国农村老汉老杨头和美国孙子布鲁克斯之间发生了一系列故事。

《孙子从美国来》这部电影赋予了皮影艺术多样化的表现方式,创新性的将皮影文化与大众传媒相联系,揭示了中西文化冲突、留守老人儿童等多种社会问题,揭露了传统的民间技艺的传承和保存状态;同时又满足现代化多元的艺术审美需求和市场导向,针对传统艺术如何在当代传承发展提出了思路[2]72。

在《孙子从美国来》中,直接表现皮影文化元素共有五处。影片一开始通过一段一分半钟的皮影戏《大闹天宫》抓住观众眼球,使大众产生观看兴趣,不曾想,却是一场梦,主人公老杨头正式登场。皮影第二次出现是孙子布鲁克斯无意之间翻出老杨头的皮影工具,老杨头大发雷霆,为后面老杨头同意出山开班授徒的故事情节埋下伏笔。第三次皮影的直接出现是在华县皮影生产性保护基地培训班成立,老杨头在培训班教授皮影技艺,但是却面临学生年龄偏大,皮影传承后继无人的窘境。后来,老杨头亲手制作蜘蛛侠的皮影道具是影片中皮影的第四次直接表现,虽然目的只是为了哄得布鲁克斯开心,却很直观的为观众展示了皮影的制作过程。最后一次皮影的出现,也是影片中唯一一次真正意义上的皮影演出,让观众看到了皮影戏真实地呈现方式和演出情景。

二、皮影是影片的叙事线索和精神纽带

整个影片看起来情节简单、主题直白,但是在这些直白的表现方式背后却是值得我们思考的文化传承。皮影在整个影片中以线索的形式贯穿始终:皮影既是整个影片的叙事线索,也是老杨头与孙子情感维系的纽带。

作为影片的叙事线索,从王站长邀请老杨头出山授徒,开办皮影文化培训班,到后来老杨头经历内心斗争同意参加皮影培训班,以及后来成立起来培训班之后面临的学生老龄化,皮影传承后继无人的窘境,就算老杨头很想要让皮影得到传承,但是王队长想要在皮影培训班的基础上建成皮影加工厂仍然有很远的路要走。影片的情节也随着老杨头开始的不愿意,到后来的慢慢改观,以及加入皮影工艺培训班,进行皮影演出和皮影艺人的争吵层层深入。

作为维系老杨头和孙子情感的纽带,皮影功不可没。跨越了时间和空间的两个人因为皮影才有了共同的语言,老杨头用皮影的方式告诉布鲁克斯,"不要让孙悟空和蜘蛛侠打架,而是要让他们成为好朋友,一起保护我们的地球。"[3]115 编剧通过老人与小孩之间这种温情的互动,赋予了皮影艺术一份更加贴近生活的色彩,也让观众更容易接受这种文化方式。

作为影片的线索,皮影是老杨头的精神依靠,也是王站长的精神寄托。影片开始用一段简短的皮影戏为我们交代了老杨头老艺术家的身份,他连做梦都是皮影戏的表演,可以看出老杨头对于皮影戏的热爱。但是后来为什么他始终不同意接受王站长的邀请去皮影培训班授徒,也是我们不禁思考的问题。说皮影是王站长的精神寄托,影片中关于王站长的介绍只是说他是个外乡女婿,退伍后回来当文化站站长,因为想找村里的特色进行特色村文化宣传,完善农村文化建设,所以根据当地民俗文化传统,建立皮影艺术培训班是他的第一个切入点。

虽然老杨头的热爱和王站长的宣传是两个不同的出发点,但是却都有一个共同的落脚点,那就是皮影文化的传承。也就是因为这个共同的落脚点,我们才能在影片中看到皮影培训班这种延续皮影传承的创新发展模式,也是这份对于文化的热爱,最终打动了老杨头,同意出山授徒。

三、电影中的中美文化差异与融合

老杨头和孙子布鲁克斯代表的其实是中美两个国家之间的生活习惯,物质和语言差异:从油泼面到方便面,从羊肉泡馍到汉堡包牛奶,从老杨头主动学英语,到布鲁克斯不理解汉语意思,影片通过大量直白的对比表现了两个人、两种文化之间的差异。狗日的就是"dog sun",汉堡包就是把肉夹馍的面饼子换成面包,看似通俗的描写背后是两种文化的碰撞,也很委婉地为我们揭示了现在皮影艺术内容上过于老旧,不懂得推陈出新的现实依据。

除了简单的语言和饮食习惯差异,老杨头和布鲁克斯的生活中也表现出两个人之间性格的差异。老杨头内敛,保守,在他看来,布鲁克斯的黄头发太过于扎眼,容易招到村里人的笑话,所以他把布鲁克斯关在家里。但是纸包不住火,老杨头还是带着布鲁克斯去染了头发,他骗王站长说布鲁克斯是新疆人,也是出于一种害怕村里人的不认同的心理。相反,布鲁克斯作为一个外国小孩,他代表的则是与老杨头完全的对立的开放、好奇,他对于老杨头的一切都充满好奇心,刚开始他只吃方便面汉堡,喝牛奶,但是后来也开始接受羊肉泡馍;他喜欢蜘蛛侠,所以被蜘蛛咬了之后也没有哭哭闹闹,爬上树去找蜘蛛,最后却摔个鼻青脸肿;他偷了爷爷的核桃用门夹,却不小心将整个门板卸下,在布鲁克斯这个外国小孩的身上,我们看到的是一种冒险精神,是一种求知欲。

两人的价值观差异让我们看到中西文化的碰撞。中国人从小接受儒家传统文化的熏陶,"修

身、齐家、治国、平天下"这种大无畏的集体主义思想涵盖了中国人的精神始终,但是在美国,因为历史文化的差异,他们更奉行尊重差异,支持个性、追求平等的个人主义[4]186。因此我们在影片中可以看到当布鲁克斯尿床后自己拿着被子去晒的时候,老杨头非但没有表扬布鲁克斯这种独立和自主的人格,而是说"多大了还尿床,害不害臊"。除此之外,当王站长问布鲁克斯私人问题布鲁克斯拒绝回答后,王站长道德绑架地说出一句:"叔问你话呢,小朋友要懂礼貌"。这种在中国司空见惯的对话似乎和美国人强调的个人意识背道而驰。就是这种故步自封的自我认可,使得皮影艺术的发展一路坎坷,受众喜闻乐见的是一种能够带给他们一定的心理认可和文化认同。如果以影片中老杨头为代表的传统艺术继续洋洋洒洒继承着传统的旧思想,那么,缺少创新的皮影艺术最终也会失去人心。

从《孙子从美国来》中让我们感受最为明显的应该就是老杨头和孙子布鲁克斯之间地交流了。爷爷老杨头是中国传统皮影老艺人,虽然年事已高,但仍然喜爱着皮影艺术事业,珍藏着许多皮影戏的表演装备,几十年来受中国传统文化特别是皮影文化的熏陶,老杨头对于皮影有一种由衷的热爱之情,这种热爱让他在刚开始看到孙子布鲁克斯的蜘蛛侠玩具时有着深深的不理解和不认可,但是又因为对于传统文化中孙悟空形象的认可,使得老杨头通过孙子布鲁克斯了解了蜘蛛侠的形象后,开始产生一种文化认同。同样是拯救世界,维护正义的英雄人物,孙悟空和蜘蛛侠的文化差异通过皮影这种固定形态的展示得到了融合。面对多元文化浪潮下的中美文化差异,只要采取有效的跨文化交际一定会走向最终的融合。[5]121

四、皮影文化元素表现的创新

《孙子从美国来》能从众多表现皮影的影视作品中脱颖而出,主要还是得益于以下三个方面:

一是传承形式的创新。以往对于皮影这种传统艺术的传承仅仅体现在走马观花似的在村里摆戏台,表演几个曲目,观众在哈哈大笑中最多感慨句"还不错"便不再提及了,或者有些地方为了宣传皮影文化,简单的办个展览会或者培训班,就如同影片中体现的那样,只是为了一个简单的宣传。《孙子从美国来》之所以能成功,被大家接受,是因为它抛开了原本的皮影艺术只靠灯影和固定舞台为表演的模式,将皮影艺术这种古老的表演形式和时下最新潮的影视媒体相结合,将皮影文化融入电影中,赋予皮影新的传播内涵。

二是表现形式的创新。与《孙子从美国来》一样,讲述皮影艺术的电影电视剧不少,例如讲述法国女孩索菲亚到中国泰城拍摄关于皮影戏纪录片的电影《一个人的皮影戏》,和将皮影植入影片中推动故事情节发展,升华电影主题的《活着》,不同的电影有着不同的表现形式。《活着》中皮影是贯穿影片的一根扯不断的暗线,它既是温情地活着的影射,是活着的工具,又揭示了"人如玩偶"的悲剧命运;《一个人的皮影戏》中皮影便是皮影,它有着让人为之赞叹,严谨细致的制作工艺,也面临着申遗和保护的困境。

三是剧本的创新。《孙子从美国来》别具匠心地运用了一系列耐人寻味又别具一格的小惊喜,滴水藏海,设置一个又一个悬念,当最后所有的问题全都解决后让人产生原来如此的感觉。在整个影片的故事架构中,既有老杨头和孙子之间互动的乐趣,逗乐观众的同时,又有一丝淡淡的愁绪包含在影片中,关乎对农村留守老人生活困境的心疼,影片刻画的孤独感更是让人感同身受。同时整个影片中又结合了当下中国社会中留守儿童、孤寡老人、文化传承断层等热点话题,让我们在感受时代发展的同时,也不禁开始思索皮影发展之路的艰难,观众在观影中笑中带泪,思考文化传播的困境。

参考文献:

[1]沙垚. 从空间到主体:皮影戏的尴尬与解放[J]. 中国艺术时空,2017,(06):50-56

[2]王芳. 从《孙子从美国来》看中美文化差异[J]. 电影文学,2013,(22):72-73.

[3] 孟昕颖.论电影《孙子从美国来》的文化内涵[J].电影文学,2017,(17):115-117.
[4] 马丽芳跨文化传播中的理解——以电影《孙子从美国来》为例[J].视听解读,2017,(5):185-186.
[5] 巨海宁,秦伟.基于霍夫斯泰德维度理论的中美文化冲突和融合分析——以电影《孙子从美国来》为例[J].新西部,2019,(21):120-121

身边即将消失的文化

姬雷锁

（澄城县审计局，陕西渭南 715200）

摘　要：本文从渭北农村人的日常用语入手，着重挖掘整理了这些方言字的写法，从而从思想上消除一些人对渭北方言的误解，认为是没有可对应的口语文字——"土话"；其实这些口语是实实在在的老话，古人在好多文言文早已使用；本文只为起到抛砖引玉的作用，为进一步增强文化自信，也吸引更多的人去研究我们身边的文化，使先人文化遗产能得到继承发展。

关键词：方言；消失；把式

作者简介：姬雷锁（1973—），陕西澄城人。1996 年毕业于渭南师专，文学爱好者，主要从事渭南地方文化研究。已出版个人文集《都不容易》。

一、从嘴边消失的字

关中方言，从西周（公元前 1094 年）开始历经 3000 年的沉淀传承，形成了质朴直率，大气磅礴的语言风格；能切合意境表达准确，有音意结合之美。作为当时的京畿之地，它应该是当时的官话，也就相当于现在的普通话。从蓝田猿人、大荔猿人的考古发现也充分证明关中方言为华夏文明的古老语种。

伴随着普通话的普及使用，方言在逐步地衰落，也可以讲语言的活化石有可能断代、消失。下面笔者将平时收集、推敲整理的关中方言一个分支——渭北方言中常用字的写法呈现出来，旨在纠正部分人思想深处对方言的一些误解，以增强文化自信。只要是关中人或多或少的都在使用以下文字，本文不做过多阐释仅供大家参考、讨论、进一步研究！

弝（bà）：古同"把"，器物上的柄。例如：手扶摇弝。

胈（bá）：腿、臂上比汗毛更细的毛。例如：骂人的话——你是个胈！意思是你太微不足道了，太渺小了看不起你。而不是别的意思。

伧（chèn、cāng）：粗俗的意思；方言音 cēng，指不和颜悦色，就是脾气不好。关中人至今常说脾气不好的人是个"老伧（lào cēng）"。把脾气不好的人叫伧人，把固执的人叫倔，"生、棱、伧、倔"，"棱"在性格上比喻直来直去，刚直不阿。

爨（cuàn）：方言音 quan；烧火做饭的意思。爨，炊也。——《广雅》；取其进火谓之爨，取其气上谓之炊。——《说文系传》。口头常说：爨灶火。

跐（cī）：意为脚下滑动。例如：把脚上泥在砖台上跐一下。

踟蹰（chī wēi）踟踟蹰蹰

谄（chàn）：例如，喝了点小酒，谄得很。

搋（chuāi）：用力揉；藏物于怀。例如：搋到袄里快点溜。

绰（chāo）：意为抓取。例如：顺手绰起棍子。

踔（chuō）：例如，踔了风，生病了。

啜（chuò）：例如，啜泣的哭。

挏（dòng）：例如，胡挏，挏下乱子了。

撴（dūn）：例如，中午吃的撴面，不是拉面。

碓（duī）：例如，两车碓了！

掇（duō）：例如，双手掇碗慢慢走。

挏（dié）：例如，把某某挏了一顿。

偾（fèn）：例如，今天偾的很，出门手机丢了。

槁（gào），是草草、简单的意思。槁的吃一点。

日昳（jué）：狠批、骂的意思。

剋（kèi）：例如，地主不好，经常剋长工。

狎㞞（xiá sōng）：方言音，hà sōng，就是既坏又懒的样子。

爦（lán）：例如：爦点臊子，下面！

敹（liáo）：例如，衣服破了个洞，敹上几针。

挘（liè）：扭转的意思。把胳膊、腿挘了；拗拗挘挘。

縻（mí）：例如，把两个绳头縻起来。

㥃（mǎ，kà），舒心的神情、神态。

冇（mǎo）：没有的意思。

苶（niē）：例如，娃感冒了，有点苶。

搱（nái）打

nou 脸鬼：嘴。

㣕（náng）：日子㣕得很。

紕（pī）：把一团麻紕开。

圮（pǐ）：墙倒圮了。

翍（pō）麦子。

颇（pō）烦

礭（quē）：方言音 quo，某某做事礭得很。

荃（quān）：关中把凡是好闻的味道都叫"荃"。

繎（rán）：丝麻繎在一起。

呥（rán）：说话呥得很。

挼（ruá）：这儿张纸脏了，挼地撒了。

臊，sa，这个字是老汤的意思。

颡（sāng）方言音，sá：额头、脑门子的意思。颡让门夹了。

畬（shé）：本意为原始耕作的一种方式，引申为粗鲁、不文明：畬货。

愬（suǒ）：方言音，suō 疑问词。你弄愬哩？（你干啥哩的意思）

酘（tóu）：把有肥皂的衣服在清水里酘一下。

庹（tuō）：它和米、尺一样，是个度量单位；双臂伸开，中指尖之间的距离称为一庹；胳膊长短不一，所以庹小不一。俗语：涝池泡馍，事庹了！

砘（wèi）：砘面，砘扇。

枵（xiāo）：做门的木板有点薄，枵的很。

囟（xīn）：小娃头顶有个囟门，如果发育不良，就容易得脑病而智力不全——囟了。

迿（xùn）：那两个人为点小事弄迿了。

醯醢（xī hǎi）方言音，xī hāi；松松垮垮、不成形的样子。

徉（yàng）关中方言表示停和慢。如"徉啥呢"，指磨蹭什么。

衠（zhūn）：口语中常说"这娃衠人爱"，是指大家都喜欢他。

奘（zàng）：粗鲁的意思；他正在发脾气，奘的难说。

冑（zhòu）：身穿的盔甲行动不便，当然冑的很。

斫（zhuó）：用刀斫柴。

以上仅仅是关中方言中极小的一部分常用字，而且是能用键盘敲上去，还有部分无法用键盘来完成。其实好多字大家都会说，就是不知道怎么写，误认为是土话；其实古汉语文学有大量印证，每个字老先人们都已造好且已应用，只要大家平时多留意，多翻字典多揣摩，大多数都能和生活相对应，就看有没有那个兴趣。西北方言与民俗研究中心主任邢向东教授说："方言里有大量的语言现象是普通话里所不存在的，全面研究汉语，需要研究方言。因为方言可以与现代汉语相印证，可以补充书面语的不足。"我个人认为更重要的是老先人留下宝贵遗产在我们这一代不能失传！

从网上搜索：关中方言，是中国最古老的语言。西周时期，关中方言被称为"雅言"，《诗谱》记载："商王不风不雅，而雅者放自周。"关中方言曾经是周秦汉唐四大朝代的官方语言。汉代的大一统格局和民族大融合更促使了西安话影响全国各地的方言，唐代达到鼎盛。

二、农村即将消失的那点事

随着经济的高速发展，大量机械的使用把人们从繁重的田地劳作中解放了出来，几千年的农耕文明使用的劳动工具陆续地进入了民俗博物馆供人们参观和念旧；当然人类的朋友——牲口也逐渐地消退于人们的劳动视野。当年坐在皮辘辘辕上赶车或者手捉耩子犁铧的大爷、大伯吼着秦腔,叼空喊着短促的口令,再拿着皮鞭在空中潇洒地一甩"啪"的一声脆响,牲口规规矩矩卖力的前行⋯⋯那种人与自然和谐相处的情景已经成为远去的美好记忆! 现在五十岁左右的人能够完整准确的表达过去那种原始的生产生活场面的人也不多了。

(一)把式

农村对把式的称呼,相当于师傅的称谓,是对有一技之长的人才的一种尊重;是对善于观察总结、熟能生巧、尊重客观规律的劳动者的一种尊称。农村人公认的有五种把式:摇耧耙耱攞麦秸,吆车使得回头鞭,扬场使的左右锨。摇耧,下种的多少决定了来年的收成,要根据地的肥薄墒情综合判定:种子下多了,少了,均匀都要靠经验感觉,纯手工活路。耙耱,是对地里的草、土疙瘩的一种整理:耙地,大小草要及时拉起并卸载以利于再次前行;耱地,是对地势高低不平的一种略微改造,把高出的土拥到低处,全靠脚踩来掌握。攞麦秸,是用铡刀切草比较危险的农活,向刀口喂草的人和压铡刀的人要配合默契,达到快速安全顺利的目的。回头鞭,则是指利用快速甩出的鞭子末梢在空气回旋中的脆响来催促骡马前行,而不是真正打在骡马身上发出的击打声,巧妙地达到吆喝的目的。扬场,一般人都是以右手为主;为了抓住时机充分利用风源,干活且互不干扰,左右手都能随时出手。

(二)吆牲口的口令

吆牲口是一门技术活,过去能成为"把式"的可不多,其中吆牲口的把式绝对是令人尊重的师傅级人物;骡子牛驴马很温顺的听把式们的使唤干活,不仅能干出活计而且不伤牲口的内力。关键是把式们在长期的生产生活中掌握了牲口的脾性和与其交流的语言,达到了"人车合一"的境界。下面就将有关使唤牲口的口令探讨一下。

嘚(dei)起:是指挥牲口开始走的意思,也就是开步、前进。

驾:也是前进的意思,但是根据发音的长短,意思是有区别的。连续不断的发短声,是催促牲口用力迈步;发长音则是指挥牲口快走、快跑的意思。

吁:是让牲口慢走、停下的意思,也有长短音之分。如果是下坡路,要用连续不断的断音发口令让牲口慢走;发长音,则是要牲口站住、停下的意思。

咿(yi 平声,低沉):是拐弯的意思,是命令牲口向左拐;据老人讲,应该是"里"的转音。

喔(wo 扬声,wai):则是向右拐的意思;这个应该是"外"的转音。

搔(sao 去声):实在想不出是一个什么字,且用它来代替吧。是倒退、往后倒着走的意思。也有直接喊"dao""shao"的口令,总之都是往后退的意思。

跷(qiao 轻声、平声):是抬抬腿、蹄子的意思;遇到障碍物,或者在劳作的过程中有所绊羁,在人的帮助下摆脱约束的绳索等。

(三)打土坯

土坯,也叫胡基,是过去基建盖房屋等的常用材料。因为它比砖便宜可以就地取材——黄土,将净土稍微弄湿,铲上几锨倒入专用木质模具中(倒土之前先撒一点草木灰,以利于土和底下础石不粘连),然后用双脚初步踩踏实在,然后用圆形的石础头前后左右狠狠地捶上多下,但不能砸到模具上;然后打开模具,端端正正搬起把它摆放到边上,等待晾晒干方可使用。人们在长期的实践中把打胡基总结为:三锨六脚十二个础窝;行家里手基本上都是铲三锨土,跳上去踏六脚,拿上础子捶十二下,一气呵成绝不拖泥带水。就像好厨子一把盐味道就到位,绝对不放第二次盐。其实摆放胡基也是同等的一种技术活,地基没处理好,上下十几层摆放不工整,一倒塌就前功尽弃;尤其是摆放过程中一不小心形成多米诺骨牌效应倒塌(农村人常说的狗撵兔)更是让人惋惜不已,气得直捶胸跺脚。

农村常说的几种好菜:针金木耳粉条子,外加一把蒜苗子;几大重活:打墙拉锯叫了不去,提起和泥不如死去。还有好多已经总结出的脍炙人口、朗朗上口的谚语,与生产生活息息相关等待着大家去整理、传播。本文希望起到抛砖引玉的作用,不正之处也供大家探讨。

参考文献

网络文章,《尊重关中方言就是尊重中华文化》

地方文史研究

秦东隐蔽战线上革命文化的传播

白赵峰

(渭南师范学院 马克思主义学院,陕西 渭南 714099)

摘 要:秦东国统区革命文化的传播主要采取隐蔽的方式进行,以革命的视角揭露国民党反动统治下官员贪污腐化、社会的不公和人民的悲惨生活,激发人们对国民党统治的不满和对新生活的向往,为解放战争的胜利奠定了良好的社会基础。

关键词:秦东;隐蔽战线;革命文化

作者简介:白赵峰(1964—),陕西澄城人。硕士,渭南师范学院马克思主义学院教授,研究方向为地方文化和中共党史。

解放战争时期秦东革命斗争战线分为公开斗争和隐蔽斗争两种形式进行,革命文化在隐蔽斗争中发挥了重要的作用。隐蔽斗争中首先是通过传播革命的思想文化来巩固党的队伍,引导进步青年学生和向往革命的有识之士走上革命道路,发展党的力量。

一、"内方外圆"巧周旋

进入解放战争时期,秦东中共地下党由"睡眠"状态被"唤醒",开始积极活动,与国民党开展新的斗争。秦东各级党组织重视党的思想建设,加强对"唤醒"党员的思想教育、气节教育和工作方式教育。

1. 党内教育

"向党员进行党的基本知识、时事政策、保密、纪律、武装工作和工作方法教育。教育党员提高警惕,分清人鬼,区别对待,'见人说人话,见鬼说鬼话,要把人当人,谨防鬼捣鬼',防止上当受骗。要求有条件的党员打入敌人内部要'钻得深,爬得高,站得稳',表面上沿袭敌占区官场政客们惯用'巴、拉、压'处事手段,实行'少巴、多拉、假压'的方法伪装自己,做到'内方外圆',像莲花处于污泥而不染那样纯洁。"①秦东地下党组织党员用"传递式"的方式学习《论政党》《党员须知》《怎样做保密工作》《新民主主义论》《论联合政府》等党内书刊,对党员进行思想教育,提高党员的政治觉悟。这种党内教育是党在白区地下工作的新理念、新方式、新手段的教育,这种新式的革命教育活动,有利于秦东地下党组织的建设和党员队伍的发展。

2. 工作方式

秦东地下党要求党员坚持做到"三勤"(勤业、勤学、勤交友),实现"三化"(即职业化、社会化和群众化),以广泛联系、广交朋友的方式在社会中牢牢生根,在人民群众中做到坚强有力。到1948年10月,秦东地区恢复和发展党员2600多名,比抗战时期翻了一番(1944年,秦东地区党员数为

---

① 刘云岳:《刘邦显》,西安,陕西人民出版社,2008。第430页。

1301人),形成了坚强的战斗堡垒。

地下党员广泛活动于农村和城镇,活动于敌人的党政机关,发展了革命力量。敌人大多数的武装力量和乡、保政权被我掌控或影响。1946年10月,中共东府工委创建"两面"政权,把韩城、郃阳(今合阳)、澄城北部沿山一带建成保卫陕甘宁边区的"暗边区"。

解放战争时期秦东著名的白水起义和朝邑起义,都是配合西北野战军战略意图的重要起义,两次起义都是不费一枪一弹取得成功的典型战例,得到了西野司令员彭德怀和2纵司令员王震的通报表彰。两次起义成功的主要原因是我地下党成功掌控了敌人的武装力量为我所用,取得了不战而屈人之兵的效果。同样,解放战争时期渭南县、华县(今华州区)、华阴县(今华阴市)等地的和平解放,与我地下党组织长期艰苦细致的工作,掌握或影响敌人的武装力量有着密切关系。秦东地下党组织和革命力量的发展,是执行党的地下工作新理念、新方式、新手段的成果。

二、革命思想巧宣传

1. 利用报刊揭露敌人的罪恶

地下党组织领导党员通过革命文化的传播揭露国民党反动派腐朽没落、鱼肉人民的反动本质,教育人民群众认清楚蒋介石国民党的反动本质,与国民党反动派作斗争。

1946年元月,敌特分子在华阴县县城发现一张《新华日报》和一些进步书籍,在全县抓捕无辜群众20多人,华阴地下党负责人刘邦显同志以读者来信的名义向当时比较进步的报纸《工商日报》写文章,揭露国民党顽固派滥抓无辜,破坏和平的恶劣行径,以有理、有据、合法的方式与敌人进行文化斗争,起到了揭露敌人,振奋民心的作用。

2. 利用神意传言进行宣传

华阴的地下党组织还运用群众熟悉的方式进行革命宣传:"借口传言,甚至利用反动人物的口进行宣传,宣传'打倒蒋介石,解放全中国',使人民树立起战胜美蒋的信心。有些宣传方法还带有迷信色彩,如把几句话写在黄表纸上压在神庙的香炉下进行宣传。在黄表上有这样几句话:'世事颠倒颠,黑背把身翻(黑背指老百姓)。草将气数尽(指蒋介石),群雄会手翻(各路英雄会见毛主席)'"①。压在香炉底下,借示神意,让群众发现自动传播,扩大影响。这样的宣传,起到了揭露国民党反动统治,激发群众革命热情的作用。

3. 交朋友,"拜把子"

秦东地下党组织的统战对象主要是当地的爱国民主人士,这些人是在当地具有一定社会地位和文化修养的乡绅。地下党通过亲朋、师生、僚属等关系与统战对象交朋友、"拜把子",建立相互信任,在此基础上宣传党的统战政策,介绍革命书籍,激发统战对象的爱国热情,进而建立合作关系。

郃阳简师校长、地下党员李齐夷和郃阳著名民主人士党晴梵、白坡平都是郃阳教育界名流。李齐夷曾多次走访党晴梵、白坡平两位先生,和他们深入交谈,交换对时局的看法,介绍党的统一战线主张。"对党晴梵先生,我除单独到他居住的灵泉村交谈外,还同个别党员和进步教师一起去拜访过,并带领简师的全体同学借春游路过灵泉村,请他讲话。"②与地方文化名流之间的交流和沟通,是建立信任关系,开展统战工作的前提和基础。通过拜访,党晴梵和白坡平先生都很支持党的工作。1948年党晴梵先生在王震将军的帮助下奔赴延安,1949年任陕甘宁边区政府参议,与杨明轩、李敷仁等民盟西北总支部的负责人筹备召开了西北解放区第一次盟员大会,当选为民盟西北总支部委员兼文化委员会主任委员。

"拜把子"的传统交友方式也被用于统战工作。渭南县地下党员惠春霖等人同三民主义青年

---

① 刘云岳:《刘邦显》,西安,陕西人民出版社,2008。第189页。
② 中国人民政治协商会议合阳县委员会文史资料研究委员会:《合阳文史资料第2辑纪念合阳解放40周年专辑》,1988。第92页。

团干事长宋雪天结拜"36弟兄",地下党员冯兆荣等同教育局局长陈永瑞结拜"24弟兄"。歃血为盟,推杯换盏,称兄道弟这种交往方式虽然具有封建文化色彩,但却是白区统战工作的特色所在。

建立隐蔽的革命统一战线,对于党组织的保护、发展和壮大革命力量发挥着重要作用。统战工作使得地下党组织"耳目众多,消息灵通"。有一次,华阴敌特密谋逮捕共产党人,没有能抓住一个共产党员,只抓了一些赌徒和地痞流氓分子。有一些统战对象为党的地下活动资助财物,提供方便,有的还直接承担艰巨任务。例如华县爱国民主人士杜寿山,将其开设的少华医院作为地下党的活动据点,还受党的委托,多方奔走联络,努力促成华县和平解放的谈判。

三、教育阵地巧运用

秦东文化教育阵地是地下党隐蔽工作,传播革命文化的重要阵地,许多地下党员和负责同志常常以教师或者学校校长的合法身份开展革命工作,传播革命文化。学校的青年学生和教师既是传播革命文化的主要受众,也是传播革命文化的重要力量。例如郃阳简易师范学校(郃阳简师)校长是地下党员李齐夷,他把郃阳简师建成了党的联络点,为党组织的工作提供落脚点和工作保障。陕西省委交通员周云曾因工作在简师住过数次,郃阳地下党领导人何邦奎也曾在简师落脚,保证了其人身、枪支、材料一切安全。李齐夷利用工作之便,为郃阳游击队收集郃阳的社情、特情、敌人驻军、动态等情报。更为重要的是,李齐夷在学校对学生进行民主思想教育,灌输革命思想,使得学校师生的多数人在思想方面倾向革命。1948年5月,郃阳简师50余名学生在部分进步教师带领下,寄读于延大洛川分校,为革命培养了新生力量。像郃阳简易师范学校这样成为革命文化传播阵地和革命堡垒的学校,在秦东各县具有普遍性。例如韩城县"全县三分之二的完小校长都是共产党员或进步人士所担任"。革命文化的传播主要采取隐蔽的方式进行,以革命的视角揭露国民党反动统治下官员贪污腐化、社会的不公和人民的悲惨生活,激发人们对国民党统治的不满和对新生活的向往,为解放战争的胜利奠定了良好的社会基础。

陕甘革命根据地"硕果仅存"的历史功绩

丁德科

（西北工业大学，西安 710129）

摘 要：陕甘革命根据地"硕果仅存"的历史功绩，主要是：共产党人的信仰崇高而坚定，党的领导坚强有力；红军队伍日趋扩大、强大，保卫根据地创建、巩固和发展；苏维埃政权建设奠定群众基础，发挥对党和军队的重要基础支撑作用；艰辛探索工农武装割据道路，根据地成为"硕果仅存"。

关键词：陕甘根据地；"硕果仅存"；历史功绩

作者简介：丁德科（1962—），陕西铜川人。历史学博士，西北工业大学马克思主义学院教授、军民融合发展战略研究中心学术委员会主任委员，主要从事中国思想史、国防科技经济研究。

提起陕北，毛泽东说："没有陕北那就不得下地。我说陕北两点：一个落脚点，一个出发点。"[1]12 这里说的陕北，指的是陕甘革命根据地，亦称西北革命根据地。陕甘边革命根据地是由陕甘边革命根据地和陕北革命根据地合并组成的，由于具有日益坚强有力的党的领导、强大的革命武装力量、广泛深厚群众基础的苏维埃政权，成为中国共产党土地革命时期"硕果仅存"的革命根据地，成为中国工农红军长征的"落脚点"、改编八路军奔赴抗战前沿阵地的"出发点"。其历史功绩，值得研究与珍视。

一、共产党人的信仰崇高而坚定，英勇斗争，党的领导坚强有力

陕甘革命根据地"硕果仅存"的重大历史功绩，首先在于接受了马克思主义和共产主义的崇高信仰，信念坚定的共产党人，创建发展党的组织，形成坚强有力的领导集体，具有非凡的历史作为。

20世纪初期，陕西关中、陕北的一批学校，早先成为马克思主义的传播阵地，如关中的渭南赤水职业学校（赤职）、华县咸林中学、渭南渭阳中学、富平立诚学校、三原省立第三师范学校（三原师范）等，陕北的榆林中学、绥德省立第四师范学校（绥德师范）等。后来成为革命领导者的魏野畴、李子洲、王尚德和刘志丹、谢子长、高岗、习仲勋、汪锋、马文瑞、张秀山等，不少人曾在这些学校工作、学习，接受、传播马克思主义、共产主义思想。

王尚德1924年6月在赤职建立社会主义青年团赤水支部，1925年12月建立中共赤水特支。1924年冬，田伯英、李子洲等在绥德师范创建中共党支部。王懋廷1925年2月在绥德师范建立社会主义青年团陕北特别支部。更多区域党团组织纷纷建立，广泛开展农运学运兵运。

1927年7月上旬，中共陕西省委成立。省委1927年9月26—28日的第一次扩大会议，史称"九二六"会议，贯彻中央"八七"会议精神，指出"中国革命现在已经到了无产阶级与资产阶级短兵相接作殊死战，以争中国革命领导权的时候"，"在西北上培植新的军事基础，是中国共产党目前的重要任务之一，更是党在西北的特要任务"，"我们一方应积极的培养我们的军队，一方更应积极的用各种方式武装农民"，"保存农民的武装……于必要时亦可上山"[2]137-138。这次会议在陕西党史特别是党的军事史上，具有奠基作用。

党的领导是第一位的。这是中共陕西省委及

各级党组织的共识。1928年4月1日,中共陕西省委为了加强对渭华地区党团工作和革命运动的领导,成立中共陕东区特派委员会。中共陕东区特委担当领导起义重任,领导成立苏维埃政府,建立陕东赤卫队,发起暴动起义,成立西北工农革命军,进行武装斗争。渭华起义是陕西规模最大、影响最深远的一次武装起义。同年4月中旬中共陕北特委正式成立,统一领导陕北各地党组织,共青团陕北特委随即成立。1931年12月7日的中共陕西省委常务会做出《关于目前陕西党的中心工作的决议》,提出扩大游击区域,游击队与农民斗争汇合起来等目标要求。中共中央1932年4月20日做出决议,向中共陕西省委以及红军中共陕甘游击队委员会提出战略任务:创建陕甘革命根据地和红二十六军。[3]297-298 6月26日,中共临时中央《关于开展游击运动与创造北方苏区的决议》强调,"北方党的基本任务与工作"是"创造巩固与发展陕甘边新的苏区",要求把红二十六军"锻炼成强有力的红军,巩固与发展陕甘边苏区"[3]343-344。

为了加强党对军队的领导,1932年8月25日省委扩大会议进一步强调党组织的中心地位:"发展和巩固党的组织,是执行以上任务的最主要的中心。"随即决定成立陕甘边特委。[3]355-360 中共陕甘边特委领导壮大红二十六军,创建和巩固发展陕甘革命根据地,历经寺村塬红色苏区和先后以照金、南梁为中心的陕甘边革命根据地。中共陕甘边特委、中共陕北特委于1935年2月5日的周家硷会议及有关会议决策,统一领导指挥红二十六军和红二十七军,统一发展壮大陕甘边和陕北两块革命根据地,成立中共西北工作委员会和西北军事委员会,1935年5月成立中国工农红军西北军事委员会前敌总指挥部,组成西北红军主力兵团。革命武装力量与苏维埃政权相伴相生,根据地不断扩大和巩固发展,使陕甘革命根据地成为土地革命时期"硕果仅存"的革命根据地。

二、红军队伍日趋扩大强大,保卫根据地创建、巩固和发展

中共陕北特委在榆林红石峡召开第二次扩大会议后,派刘志丹、谢子长从事兵运工作。刘志丹回到家乡保安县民团建立党支部,想把民团改造成党所掌握的革命武装,但因革命活动引起敌人震惊、敌视和围攻,被迫离开,交由其他同志秘密坚守。之后,他到宁夏与谢子长在苏雨生骑兵四师筹划兵变,党组织又派张东皎、王世泰、贺晋年、高岗、张秀山、马云泽、高鹏飞等50多名党团员进入,并帮助秘密成立党的军委,但因苏部败退流窜而失利放弃。1930年春,趁被苏部调回陕北扩大兵力之机,刘志丹拉起队伍,但因叛乱受挫,机智脱险;再回保安,在党组织帮助下再组武装,两三个月快速发展,却又受挫退至宜君县子午岭山区;按省委指示打入宁夏败北后驻彬县的苏雨生部,筹划起义中受骗被捕,虽已判决但得杜斌丞保释获救;出狱后到平凉陈珪璋部,掌握兵力,未曾想遭袭遇险,被迫携部进入南梁;1931年9月中旬收编三股武装,建成南梁游击队——一支由共产党人独立领导的革命武装。

1931年9月,中共山西特委领导的中国工农红军晋西游击队西渡黄河来到陕北,中共陕北特委积极接收整编为陕北游击队,调派南梁与刘志丹领导的南梁游击队会师。中共陕西省委重视加强对两支队伍的领导,派谢子长、高岗来到部队,按照省委指示确定在陕甘边并向关中发展,成立中共队委会,两支队伍于1932年1月初合并成立西北反帝同盟军,中共西北反帝同盟军委员会同时成立。为了进一步整肃武装力量,中共陕西省委指示西北反帝同盟军于2月12日正式改编为中国工农红军陕甘游击队。同时成立的中共队委会,作为游击队的最高领导机构,从组织上确立了党对军队的领导。中共陕西省委重视红军队伍的建设与宣传,1932年2月28日发出《为拥护中国工农红军陕甘游击队告工农兵及一切劳苦民众书》,号召工农兵及一切劳苦民众"团结起来,为自己切实利益而斗争,拥护红军陕甘游击队,反对'围剿'陕甘游击队"[3]260。在宣传革命的同时,也表达了中共陕西省委对全社会拥护红军、保卫红军的诉求与呼吁。

中共陕西省委落实中央决定，积极组建中国工农红军第二十六军和陕甘边特委。在红军陕甘游击队基础上，1932年12月24日成立中国工农红军第二十六军第二团。下辖骑兵连、步兵连和少年先锋队。红二十六军明确政委作为党组织领导居于负责岗位。这是西北地区最早由中共中央授予正式番号的一支正规的红军队伍。

在以南梁为中心的陕甘边根据地开辟过程中，红二十六军取得了更大发展。1933年11月初在甘肃合水县包家寨子召开的红军临时总指挥部联席会议，史称包家寨子会议。会议认真研究解决了红军发展的战略方针和方向问题，明确了陕甘边革命武装斗争的新格局。会议决定成立红二十六军第四十二师，师长王泰吉，政委高岗，参谋长刘志丹，政治部主任黄子文。11月8日，中国工农红军第二十六军第四十二师在合水县莲花寺正式组建，下辖第三团、骑兵团和警卫连。红军主力的壮大发展，促进了群众武装力量的发展。1934年5月28日红四十二师党委召开南梁寨子湾会议，根据军事和根据地发展形势，决定成立陕甘边区革命军事委员会。

1930年，中共陕北特委已在国民党军队中建立十多个中共支部。1930年12月后，中共陕北特委支持在横山、绥德、清涧、米脂、吴堡、安定、延川等县建立了18个秘密联络点和10个秘密农民协会。1932年3月12日，中共延川特别区委领导发动淮宁起义，起义队伍组建中国工农红军延川游击队。4月18日改名为中国工农红军西北先锋队。马文瑞同志在《陕北革命根据地》的序言中讲："这是中共陕北特委直接领导下的第一支武装力量。"[4]3 1932年10月中旬改编为中国工农红军陕甘游击队第九支队，在安定、清涧、绥德一带打土豪、袭民团，壮大队伍，建立革命根据地。[5]93 1933年4月下旬，再改编为中国工农红军陕北游击队第一支队，并于5月10日南下与红二十六军会合，5月29日重返陕北；9月再次南下陕甘苏区，配合红二十六军攻打旬邑县张洪镇和甘肃合水县城，之后北返安定，不久被敌打散，开展隐蔽斗争。1934年1月22日，中共中央驻北方代表派驻西北军事特派员谢子长返回陕北，于1934年3月8日在安定县恢复重建红一支队。

中共陕北特委根据1933年7月的高起家坬扩大会议决策，加快建立和扩大红军游击队、创建革命根据地。1933年8月5日，中共陕北特委在清涧县东区宣布中国工农红军陕北游击队第二支队正式成立。1933年11月7日，中共陕北特委将神木特务队改编为中国工农红军陕甘游击队第三支队。1933年12月，中共陕北特委组织葭县（今佳县）民团起义，并领导成立抗日游击队。1934年2月15日改为中国工农红军第四支队。1934年4月下旬，中共陕北特委在绥德县王家沟游击队基础上组建中国工农红军陕北游击队第六至十五支队，以及第二十一、二十二支队。中共陕北特委高度重视对红军游击队的领导，并明确了支队队委与地方党组织的横向联系。在每个支队都建有党支部、队委会，支队队委直属特委领导。迅猛发展的陕北红军游击队和革命政权相伴相生，红色割据局势迅速发展，引起国民党陕西当局乃至蒋介石的惊恐和"围剿"。反"围剿"使红军将士更为清醒，中共陕北特委加强对游击队的统一领导和指挥，1934年7月8日在安定县杨道峁成立中国工农红军陕北游击队总指挥部。并把握良机乘势而上，通过《关于冲破"围剿"决议案》，提出"二、三支队于最短期间，立即各完成一团红军的任务"，并且强调红军充实起来要"帮助葭县、横山游击队，扩大葭横游击战争"。[5]198 不足两个月时间，中共陕北特委领导组建了3个红军正规团。1935年1月30日，中国工农红军第二十七军八十四师在赤源县（即安定县）白庙岔村正式成立。

为了统一领导指挥和壮大红军武装力量，彻底粉碎国民党军的第二次"围剿"，中共陕北特委、陕甘边特委于1935年2月5日在赤源县周家硷召开联席会议，史称周家硷会议，这是西北革命斗争史上一次具有转折意义的重要会议。决定成立中共西北工作委员会和西北军事委员会，统一领导两块根据地和红二十六、红二十七军及游击队。

选举惠子俊为西北工委书记,刘志丹、谢子长、高岗、习仲勋、张秀山、惠子俊、马明方、崔田夫、郭洪涛等组成西北工委。选举刘志丹为西北军委主席(一说谢子长),高岗为副主席。2月7日,刘志丹在赤源县冯家稍塬村主持召开军事会议,正式成立西北军委,统一指挥两军。5月1日,两军主力会师于赤源县白庙岔,5月4日成立前敌总指挥部,组成了西北红军主力兵团。刘志丹兼任总指挥,高岗兼任政治委员。这一时期,陕甘根据地共有40多支约3000人的游击队力量,农民赤卫军遍及区县。红军主力与经过西北军委整编的地方武装浴血奋战,于1935年7月彻底粉碎了国民党军对陕甘根据地的第二次"围剿",显示出两支红军统一领导指挥的强大力量。

三、苏维埃政权建设奠定群众基础,发挥对党和军队的重要基础支撑作用

中国共产党历史上有着重大转折意义的"八七"会议,确定了实行土地革命和武装起义的总方针,并明确党的最主要任务是领导农民进行秋收起义。会议所讲的"秋收起义",发生在湘、赣边界。中共中央组织实施武装起义,重点在湘赣及鄂粤等省。但中共陕西省委"九二六"会议,坚决切实、更具创造性地贯彻中央"八七"会议精神,制定了开展武装斗争和进行土地革命的方针,有力地推动了陕西武装革命斗争。与会者比较一致地认识到"陕西主要的革命力量是农民","确信农民在此种加重的剥削之下,其革命的情绪,必于最近爆发起来","确信'在斗争中组织农民',并以'大无畏的精神'去坚决的领导农民斗争,为农运要着"。并在《宣传问题决议案》中明确纠正过去不重视农村阶级斗争,认为领导农民斗争运动"幼稚""过火"的错误,"今后我们要勇敢地改正以前的错误,并从这些错误中取得新经验","使每个同志都受到相当的军事训练,学习相当的军事知识,作武装民众暴动指挥者"[2]。

为了发动和组织群众,中共陕西省委"九二六"会议《组织工作决议案》强调"党到农村中去!""党到军队中去!""一切同志归支部!""一切工作归支部!"[2]128 这表明陕西共产党人组织路线的正确。为了加强省委领导力量,"九二六"会议改选调整省委领导班子,明确负责农运的省委委员,并由省委委员担任团省委书记。明确省委下辖县(市)委8个、区委10个、支部153个、特支32个。

清涧起义是在党的活动频繁、群众基础好的清涧、绥德和延川、延长、宜川开展的。渭华起义的发动,是由于大力发展党团和农协等组织,成立的中共陕东区特派委员会一定范围、一定程度地发动组织群众,开展农民运动、学生运动,与"兵运""起义"相结合,实现了"由陕东各县民众的部分暴动汇合成陕东的民众大暴动,造成陕东民众割据局面,建立陕东苏维埃政权"[2]226-228,进而发展为起义大行动。后来的多次起义和兵变,也大都失败了,但挫折与失败使共产党人反思,找出原因主要是缺乏群众基础。正如习仲勋讲的:"没有与农民运动相结合,没有创造根据地进行游击战争。"[6]205

寺村塬红色政权是陕甘游击队建立根据地的初步尝试。陕甘游击队1932年3月中旬攻打正宁县城不克,撤驻正宁县寺村塬。刚刚立足的队委会随即向中共陕西省委报告,提出比较充分彻底地动员和依靠群众的计划。1932年4月20日,中共中央做出《关于陕甘边游击队的工作及创建陕甘边新苏区的决议》。这其中,还有省委给中央的报告。当时年代条件下,不足一月,游击队向省、省向中央报告,中央转省、省转游击队批复决议。这说明,中央、省委与游击队委关于动员和组织群众的认识一致。由于年轻的陕甘游击队力量一时难以足够强大,寺村塬红色苏区存在了20多天被迫解体。虽然只是短暂存在,但表明共产党人发动和组织群众的明确认识,更有革命武装是革命政权条件保障的经验教训。

照金苏区的开辟,掀开共产党人发动和组织群众创建革命根据地的新篇章。新成立的红二团随即横扫照金及周围的反动势力,在照金的芋园、高山槐一带发动和组织群众,组建起一批农民联

合会和农民游击队。红二团的成立,保卫、促进了苏维埃政权发展,加速了中共陕甘边区特别委员会、陕甘边游击队总指挥部的建立,以及陕甘边革命委员会的重新建立。1933年3月8日,中共陕甘边区特别委员会在照金兔儿梁正式成立,特委书记金里科(后由秦武山接任),特委军委书记习仲勋。同时成立青年团陕甘边特委,习仲勋兼任书记。4月5日,陕甘边工农兵大会在照金召开,选举产生了陕甘边革命委员会,农民代表周冬至任主席,习仲勋任副主席兼革委会党团书记。照金、香山、芋园、七界石、老爷岭、桃渠原、马栏川等区、乡、村革命委员会先后成立。陕甘边区党政军的建立与发展是充分动员和组织群众工作取得重大成就的标志。

陕甘边革命根据地政权,切实开展土地革命,实施发动和组织群众的切实有效举措。陕甘边革命根据地苏维埃政权贯彻中华苏维埃中央政府《土地法》,开展土地革命。废除反动政府苛捐杂税,没收地主、反动富农和祠堂寺庙的土地,按照《土地法》政策和各村实际明确标准与办法,分地给没地少地的贫苦农民,芋园乡分配土地2000余亩,金盆乡分配土地5000余亩,十多个乡村贫苦农民都分得了土地,地界用插木橛的方法区分。

以南梁为中心的陕甘边革命根据地,进一步建立、健全苏维埃政权组织,开展土地革命。担任陕甘边区苏维埃政府主席的习仲勋,副主席贾生秀、牛永清等,领导苏维埃政府各级单位,汲取以往经验教训,抓紧进行土地分配工作,并且在后来解决了土地所有制和所有权问题。在周边乡村,最初执行打土豪分财物的政策。在陕甘边南区,先试点后展开。

陕甘边根据地积极开展经济、教育、文化等建设,加强统一战线工作和廉政建设,大力发展苏区经济、社会事业,使根据地建设与拥军优属工作比较切实深入地进行。经济、文化工作使群众明显受益,深得群众好评。当时,积极开展商贸活动,促进集市贸易,设立苏维埃政府银行、造币厂,手工印制苏币,打通苏区与商人往来贸易渠道。创办列宁小学。广泛开展移风易俗活动,成立禁毒、禁赌、放足委员会,颁布实施反对包办婚姻、反对封建迷信等条例。积极拥军优属,扩大红军队伍,促进红军战斗力提升。红二十六军四十二师兵力发展到2000多人,游击队发展到3000多人,赤卫队发展到5000多人,革命军事力量不断强大。

与陕甘边区革命根据地不同的是,由于地理与社会状况差异,陕北革命根据地苏维埃政权,先建立县级政权,再建立全根据地政权,是一个由下而上、由点向面的进程。中共陕北特委最早帮助清涧县革命委员会颁布组织条例,要求根据地各县参照执行。条例要求先在县委领导下成立筹备委员会,确定党、团、游击队、群众组织代表在工农兵代表大会中的人数,再由各县工农兵代表大会民主选举成立工农民主政府。各县在乡村普遍建立了贫农会组织、共青团和妇女组织等群众组织。清涧县建有总工会。土地革命集中在1934年底到1935年初普遍展开,规定"红军战士有分得土地的优先权","城市工人的家(属)同样有分得土地的权利",给富农分坏地但"以让他自己耕种为条件"[5]196-197,"反对因白匪'围剿'而放弃或推迟分配土地的执行"[5]232等政策。

在陕甘边、陕北以至陕甘革命根据地开展土地革命,进行土地分配运动,以及陕甘边根据地建设工作,充分彻底地调动了贫苦农民投身革命的积极性,切实地密切了党和红军、革命政权与人民群众的关系。

四、艰辛探索工农武装割据道路,根据地成为"硕果仅存"

"九二六"会议,把坚决切实贯彻中央决策、领导群众创建政权提到了政治高度。会议强调要准备武装暴动夺取政权,"领导农民群众,作一切公开与秘密的斗争,创造乡村与农协政权"[2]121-122。并明确提出了"乡村一切权力归农民协会""武装农民"等口号。[2]133-136

中共陕西省委领导各级党组织积极推动农村革命斗争掀起高潮。1927年10月至1928年夏天,发展党团组织,建立农协组织,开展"兵运"策划发动"兵变"和起义，改造民团和土匪武装。特别在陕北组织发动清涧起义，在陕东渭华地区组织发动渭华起义、在渭北发动旬邑起义等多次起义斗争。起义失败、流血牺牲使刘志丹、谢子长等共产党人认识到根据地对革命成功至关重要，认识到走工农武装割据道路至关重要，在有了党领导的武装力量的基础上，在艰辛探索中选择了国民党当局统治比较薄弱的陕甘边和陕北地区，创建革命根据地，陕甘边、陕北革命根据地日趋扩大发展，最终统一为陕甘革命根据地。

培养军队、培植军事基础是党在西北的特要任务。中共陕西省委清醒地认识到这点，并且勇敢做起。如前所述，刘志丹创建南梁游击队，成为由共产党人独立领导的革命武装。这支武装不断发展，1932年1月成立西北反帝同盟军；1932年2月成立中国工农红军陕甘游击队，举起中国工农红军的旗帜。1932年12月成立中国工农红军第二十六军，是西北地区建立红军的开端。1933年11月成立红二十六军第四十二师，逐步壮大。陕北特委领导创建陕北游击队，成为西北反帝同盟军的重要部分。1932年3月中共延川特别区委发动淮宁起义，组建中国工农红军延川游击队，后改编为中国工农红军西北先锋队，1932年10月再次改编为中国工农红军陕甘游击队第九支队，1933年4月继续改编为中国工农红军陕北游击队第一支队。历经挫折，红一支队1934年1月恢复。1933年7月后，中共陕北特委着力建立和扩大红军游击队，接连建立十多支游击队，到1934年7月成立中国工农红军陕北游击队总指挥部，1935年1月底成立中国工农红军第二十七军。两军的统一领导指挥，显示出军事力量更为强大的战斗力和发展力。

陕甘游击队探索创建苏维埃政权，形成红色苏区。陕甘游击队1932年3月下旬在给中共陕西省委的工作报告中提出：在中心区域的寺村塬一带成立苏维埃政府，创立陕甘边区革命委员会，建立自己的根据地；建立赤卫队，游击打豪绅，围攻夺取正宁县城等。并且尽快、主动、努力地加快成立陕甘边区革命委员会，建立苏维埃政府，改编和成立赤卫军，建立贫农团、农民联合团、少先队等，很快形成寺村塬红色区域。

在以照金为中心的陕甘边根据地时期，创建苏维埃政权问题得到进一步实践探索。4月20日中共中央做出《关于陕甘边游击队的工作及创建陕甘边新苏区的决议》；6月26日中共临时中央在上海召开的北方六省委代表联席会议通过《关于开展游击运动和创建北方苏区的决议》，强调"创造巩固与发展陕甘边新的苏区"是"北方党的基本任务与工作"[3]297-298，要求把红二十六军"锻炼成强有力的红军，巩固和发展陕甘边苏区"[3]333-334。中共中央8月1日发出的《指示信》，重申创立正式红军和陕甘边新苏区的决定。[3]248 8月30日省委派谢子长再次返任总指挥。1932年12月24日，陕甘游击队在宜君县转角镇正式改编为中国工农红军第二十六军第二团。进而，成立中共陕甘边区特别委员会、选举产生陕甘边区革命委员会；加强根据地武装力量建设，包括陕甘游击队、农民赤卫队和少年先锋队。具有党、政、军组织的苏维埃政权，切实开展工作，得到壮大发展。

苏维埃政权对党和红军、根据地建设发展发挥重要作用，不仅体现在根据地对党和红军发展的基础作用，也表现在危急关头发挥紧要重大作用。当红二团南下、根据地武装力量虚弱时刻，经过苏维埃政权和根据地武装力量领导者的努力，王泰吉提早发动耀县（今耀州区）起义，成立西北民众抗日义勇军，来到照金；中国工农红军耀县第三支队转移照金；渭北游击队撤到照金。照金游击队与到来的三支游击队共同组成新的武装力量，给根据地以保卫支持，给群众带来希望。当时，也出现了悲观"埋枪"撤离的分散游击、隐蔽斗争的观点，与组成红军主力的统一指挥、形成有力拳头的观点相互之间严重分歧。在著名的陈家坡会议——1933年8月14日中共陕甘边特委在照金薛家寨东的陈家坡召开的陕甘边党政军联席扩大会议上，来自省委的高岗与根据地的习仲勋等，与黄子祥等展开了激烈的争论，"会议从当日下午一直开到第二天太阳大照才结束"[7]44,会议形成的意见是:"成立指挥部,统一行动,坚决扩大和创造陕甘边新苏区。""这时的方针是:不打大仗,打小仗,集小胜为大胜,集中主力,深入陕甘边积极活动。""陈家坡会议是一次关键性的会议。"[7]43

以南梁为中心的陕甘边、陕北革命根据地以至陕甘革命根据地,根据地政权组织进一步健全坚实、体制机制更为协调统一、执政方略举措更加切实有效,根据地对主力红军生存发展的基础支撑作用更显必要重大。陕甘边革命根据地1933年10月底进入以南梁为中心时期,党的武装斗争重点转向南梁,进一步开创扩大革命根据地;成立了红二十六军四十二师;成立新的陕甘边区革命委员会,恢复中共陕甘边区特委;成立陕甘边区革命军事委员会、赤卫军总指挥部。中共陕甘边区特委进一步发展根据地党组织,成立中共陕甘边区南区委员会,下辖耀县、淳耀县、永红、赤水和甘肃新正县,以及富县、中部等县的党组织。中共陕甘边区特委落实"七月会议"决策,陕甘边革命根据地以华池为中心,向周边发展创建中心苏区,恢复扩大苏区,打通与陕北根据地的联系。

创造性地开展统一战线工作,是陕甘边、陕北以至陕甘革命根据地的创举。面对国民党政府和军队等,面对民团、绿林武装和土匪,面对哥老会及扇子会、硬肚、软扇等会道门,根据地政权采取了争取和改造并行的政策。1934年10月率部参加红军的郭宝珊,曾是黄龙山"山大王";与同情共产党的哥老会,建立了统战关系。刘志丹力主"革命要建立统一战线",他给大家说:"敌人越少越好,朋友越多越好。我们增加一份力量,敌人就减少一份力量。"[8]19-20 习仲勋回忆说:"我们党在十七路军活动的历史一直没有间断过。我在陕甘边工作的时候,同我联系的同志大都是在这个部队,并且通过十七路军搞来了枪支、经费和人员。"[9]12 陕甘边革命根据地统战工作经验,为我党在西北建立抗日民族统一战线提供了经验借鉴。

陕甘边、陕北以至陕甘根据地注重廉政建设。苏维埃党政军领导集体认识到,为了充分彻底动员和依靠群众,陕甘边党政军单位及其干部和工作人员,首先要做到廉政廉洁。刘志丹、习仲勋等边区党政军领导强调:"群众最痛恨反动政权的不廉洁,无官不贪。我们一开始就要注意这个问题,穷要有骨气,要讲贞操,受冻受饿也不能聚不义之财。"[10] 陕甘边苏维埃政府法令规定,凡一切党政干部,从穿衣吃饭到笔墨纸张等用品,均按最低需要发给,倡导艰苦节俭风尚。规定犯了错误都要给予相应处分。特别规定,如有贪污十元钱以上者执行枪毙,予以严厉警示。

贯穿陕甘革命历史的根本的一条,是坚持党的群众路线,具有良好的群众基础。正如习近平总书记在2015年2月14日视察照金革命根据地时讲的:"当时老一辈无产阶级革命家能够在照金落脚,就是因为群众基础好,他们能够密切联系群众,这里的群众能够支持革命。现在我们党要依靠群众,要把照金精神传承好、发扬好。如果能做到这些的话,我们的事业就固若金汤了。"[11]

参考文献:

[1] 中共中央文献研究室.毛泽东在七大的报告和讲话集[M].北京:中央文献出版社,1995.

[2] 中共陕西省委党史研究室.土地革命战争时期的中共陕西省委[M]//陕西党史资料丛书:十八.西安:陕西人民出版社,1991.

[3] 姚文琦.西北革命根据地文献资料精编:一[M].西安:陕西人民出版社,2014.

[4] 中共陕西省委党史研究室,中共榆林地委党史研究室.陕北革命根据地[M].北京:中共党史出版社,1995.

[5] 姚文琦.西北革命根据地文献资料精编:二[M].西安:陕西人民出版社,2014.

[6] 姚文琦.西北革命根据地回忆录精编:一[M].西安:陕西人民出版社,2014.

[7] 戴茂林,赵晓光.高岗传[M].西安:陕西人民出版社,2011.

[8] 习仲勋革命生涯编辑组.习仲勋革命生涯[M].北京:中共党史出版社,2002.

[9] 习仲勋冯文彬谈原十七路军[J].党史通讯,

1984(1):12.

[10] 习仲勋.难忘的教诲——纪念刘志丹同志九十诞辰[N].人民日报,1993-10-24(5).

[11] 迎"七一"盘点习近平谈到过的那些革命精神[EB/OL].(2017-06-29)[2019-09-10].http://www.dangjian.cn/djw2016sy/djw2016syyw/201706/t20170629_4318055.shtml.

渭南地区教育系统女性宗教信仰状况调查报告

韩 艳 秋

(渭南师范学院 陕西 渭南,714099)

摘　要：本调查报告是以渭南地区教育系统女性为对象,调研这一群体的宗教信仰状况,通过本次调研,对渭南地区教育系统女性宗教信仰状况有较为系统的把握和深入的了解。

关键词：渭南地区 教育系统女性 宗教信仰

作者简介：韩艳秋(1973—),女,陕西西安人。哲学博士,渭南师范学院副教授。主要研究方向为宗教学,近现代思想文化。本调研报告为陕西省妇联 2018 妇女/性别研究课题《渭南地区教育系统女性宗教信仰研究》的研究成果。

本次调查,是以渭南地区教育系统女性从业者为对象;调研内容为这一群体的宗教信仰状况;采取的方式是调查问卷的定点和随机发放,以及针对某些特定对象所进行的一对一访谈。希望通过本课题的调查研究,能够对渭南地区教育系统女性宗教信仰概况有总体把握和较为深入的了解。经过具体调查,现形成调研报告如下：

一、基本状况

作为本次调研对象的是渭南地区教育系统女性从业者,受调研群体年龄覆盖 20 - 59 岁的各年龄段,其中以 30 - 49 岁中青年女性骨干教师为主,具体年龄分布情况为：年龄为 20 - 29 岁者占比 4.1%,年龄为 30 - 39 岁者占比 50.8%,年龄为 40 - 49 岁者占比 33.5%,年龄为 50 - 59 岁者占比 11.5%。这一群体具有的显著特征是：学历和学位层次普遍较高,在工作上有专业所长,经济独立,具备一定思考能力,有较为丰富的知识积累,具备一定的文化素养；作为女性,在社会中相对而言能够得到较多的尊重。通过调查问卷统计,受调研人员全部达到大专以上学历,属于高学历女性较为集中的群体。其学历和知识优势,即使放置到全社会的大背景下,混同男性就业者比较,仍然较为突出。她们之中,具有硕士学位者的数量最多,占比 48.95%；其余为：大学专科占比 1.7%；大学本科占比 42.65%；另外有占比 6.75% 的博士。相应地,这一女性群体的文化素养较高,观察社会问题的视野较为开阔,具备一定的分析能力,思维更理性、客观,思考的方式和高度都达到一定水平。选取这一群体作为调研对象,考察她们的宗教信仰状况,以及对相关社会问题的看法,具备较强的说明性,也具有一定的典型性意义。

通过调研统计,这一群体基本的宗教信仰状况为：无宗教信仰者占比 93.5%,有宗教信仰者占比 6.5%,接受调研者大多数没有宗教信仰,少部分人有宗教信仰选择。在有宗教信仰者中,信仰佛教者占比 62.5%,信仰道教者占比 12.5%,信仰基督教占比 12.5%,信仰其他宗教者占比 12.5%,宗教信仰选择以中国传统宗教佛教、道教等为主。

就她们所从事的专业方向进行的调研显示,她们的专业覆盖了文科类(中文、历史和哲学等),外语类、理工类等门类,其中专业方向文科类(文学历史或哲学)的女性占 37.5%,外语类的占 33.5%,另外还有 29.1% 的人为理工类专业。总体来看,她们的专业方向具体分布状况较为均衡。调研中试图考察她们所从事的专业,对她们的宗教信仰选择有无影响等问题,从主观来看,回答

"无影响"的占 66.1%,回答"有一定影响"的占 16.9%,确定"有直接影响"的占 1.7%,回答"说不清楚"的占 15.3%。调研问卷的客观统计结果显示,所有理工类专业方向者,在信仰状况中都选择"无宗教信仰";但有宗教信仰者在回答专业与信仰之间的关系时,也有选择"无影响"者。专业选择与宗教信仰之间有一定关系,但并不呈现直接的、明确的或单向因果的简单化关系。特定的专业知识内容、结构,对专业从事者的心理、认知结构会产生一定影响,本次调研意图初步探讨不同专业知识结构的人对宗教信仰的认知状况,以及在信仰上的选择状况的影响、讨论专业方向与信仰选择的关系,是为社会心理结构的深层次探讨和后续更专题化的调研做出准备。除此之外,还希望通过观察由特定专业人员形成的特定社会微群体,其群体性心理和认知的共同特性,及由专业选择所区划出的"圈子"之间的人际交往关系,以及和外围可能接触到的其他同类别、异类别群体之间的交互影响等,由此延伸从这一角度观察宗教文化在社会上的传播样态和传播途径等信息。

二、认知与宽容

调研结果显示,这一女性群体,体现出与较高学历和文化知识相对应的较高素养,在对于宗教的认知、判断上体现出与文化知识相匹配的认识水准,具有较强的现代平等意识,她们大多都能尊重她者的不同选择,无论有无宗教信仰,有何种宗教信仰,相互之间的看法、态度,都显示出较强的理解度和宽容性。

如从无宗教信仰者的角度,调研和考察她们对宗教的思想和宗教信仰选择等的看法,设计有如下相关联的一组调研问题:

"您对宗教信仰的理解是?"

A. 一种重要的精神支柱。

B. 一种社会风气、思想潮流。

C. 纯属个人选择。

D. 不够强大的人的一种心理寄托。

E. 迷信。

F. 不太了解,不关心。

48.6%的人选择 C 选项:"纯属个人选择";37.5%的人选择 A 选项"一种重要的精神支柱";呈现出无宗教信仰者对于宗教作为一种社会文化现象的认知度和宽容度。只有不到 1%的人选择带有负面评判性的 E 选项"迷信"。显示出她们虽然自身并无宗教信仰,但许多人能够较为准确地把握住宗教在人的精神和心灵中的作用,即使不完全理解或认同信仰活动,也能够尊重不同个体的不同选择。在相关联的后续问题的回答中,这种认知的客观和态度宽容性表现得更为突出:

在生活中,您接触到宗教信仰方面的信息,主要是由于:

A. 电视、广播、网络等媒体。B. 书籍、报刊。C. 身边有信教的亲朋好友,和他们的交流。D. 其他。

这一问题为多项选题,主要考察无宗教信仰者接触和接收到宗教信仰方面信息的社会路径。从回答情况来看,39.4%的人选择"电视、广播、网络等媒体",35.6%的人选择"书籍、报刊",35.6%的人选择"身边有信教的亲朋好友,和他们的交流",另有 14.8%的人选择"其他"途径,如旅游等。从这一问题的回答结果看,该群体接收宗教类信息的途径呈现多样化、交叉性的特点,并延伸表现出该群体对接收到的信息进行整合思考的取向,这种整合和思考,以自身的生活体验为基础,以理性化为特征,这在后续问题的回答统计中更突出地表现出来:

通过各种(电视、网络等媒体,以及书籍、报刊,和身边信教的亲朋好友交流以及各种其他途径,接触到的宗教信仰方面的)信息,您对宗教形成的印象是?

A. 宗教信仰是引起社会冲突和不安定的一种因素。

B. 宗教信仰会对人的思想和生活产生负面的影响。

C. 宗教信仰是封建迷信,应该取缔。

D. 宗教信仰的主张具有一定的理论和现实说服力。

E.宗教信仰是一种文化传统,个人有选择的权力。

对于该问题,86.4%的人选择 E 选项:"宗教信仰是一种文化传统,个人有选择的权力",另有9.2%的人选择 D 选项:"宗教信仰的主张具有一定的理论和现实说服力"。选择带有负面评价性质的 A 选项、B 选项和 C 选项的人数比例分别是0.8%、1.8%、1.8%。回答结果显示,这一群体的大多数人,能够根据生活经历和接触,自身体验等进行思考,做出较为客观判断;不轻易接受某些媒体为追求社会关注效应,而对宗教和信仰者形象进行的消极化、负面性角色构建。当然,也从这一角度说明,我国贯彻宗教信仰自由政策所形成的相对宽容的社会大环境下,主流媒体在宗教信仰方面正面宣传引导的社会效应。这里特别要指出的是,我们选取了一些特定问卷,进行有针对性的专门考察,考察结果显示,一些人对于上述互相关联的问题组的回答,更突出地表现出理性和宽容的态度。如在上一问题中,有占比近10%的人回答其对宗教信仰的理解是"不够强大的人的一种心理寄托",跟踪她们对于后续问题"您对宗教形成的印象是?"的回答,同样是这些人,她们的回答都选择了 E 选项:"宗教信仰是一种文化传统,个人有选择的权力",突出表现出理性认知和宽容、平等的意识。

综汇统计结果显示出,虽然无宗教信仰者占接受调研者的大多数,但她们普遍能够认识到宗教是一种重要的社会历史文化现象,对社会生活文化具有一定影响;且大多人认为社会在一定程度上仍然需要宗教信仰,认为"宗教信仰是一种文化传统,个人有选择权力";她们多数能够从宗教作为个体的"一种重要精神支柱",以及作为"一种社会风气、思潮"的角度,去理解宗教信仰,能将正当的信仰选择与迷信相区分开,对于宗教信仰较少负面看法和评价,认知较为清楚,态度宽容、意识平等。

其次,从有宗教信仰者的角度开展的考察,显示出她们和无宗教信仰者,以及选择不同宗教的信仰者之间,在认知和态度上,也都呈现出相互的宽容性。问卷针对有宗教信仰者设计的问题系列中,在被问及她们"对无宗教信仰者的看法"时,87.5%的人认为"觉得他们有自己选择的权利",当然,12.5%的人认为,"觉得他们缺少精神的支撑",这当然是站在有宗教信仰者的立场上做出的表达,但相应于无宗教信仰者对宗教信仰对理解,如前所述,对于问题"您对宗教信仰的理解"有占比37.5%的人选择选项"一种重要的精神支柱",体现出双方在宗教信仰特点和功用认识上的一定的互通性。不同信仰者之间的相互看法和态度,通过问卷问题:"您对其他宗教和信教者的看法"加以考察,从回答情况来看,62.5%的人选择"每个人有选择自己所信仰宗教的自由,不应干预",12.5%的人选择"都是有利于社会向善和好的方向发展,可以多元共存",另外有25%的人选择"不太关心,不了解"。该问题的其他两个选项:"认为他们都不是真信,但可以包容"及"认为他们都不是真信,需要改变",选择率均为0。

综上所述,这一群体在对宗教信仰的思想认知上,价值判断上都表现出较强的理性和宽容特点,具体表现在无宗教信仰者对宗教信仰的认知、对有宗教信仰者的态度,以及反向而言,有宗教信仰者对无信仰者选择的理解,及信仰不同宗教的信仰者之间的相互看法上,都显示出这一群体具有的平等意识和宽容态度。

从宏观层面考察,这一群体能够较好地理解和把握国家的宗教信仰自由政策,认为该政策"有利于国家统一,团结少数民族和宗教信仰者"占比74.4%。能够认识到宗教信仰对我们社会生活和文化有一定的影响。对我国宗教发展的未来持有积极的或审慎的态度,有所思考:占比32.9%的人认为未来宗教文化与现代化文化建设同步,共同推进文化发展的;占比30%的人认为在新的历史条件下,宗教文化通过不断调整更新,会得到一定发展的,也有11.1%的认为未来发展态势复杂,要审慎对待。这些都体现出这一群体作为较高层次知识分子,对现实文化问题能够有所关注和思考。

三、宗教信仰的发生学和宗教信息传播状况考察

宗教信仰的发生学考察，主要针对的是有宗教信仰者。相对应地，对于无宗教信仰者，调查问卷也设计有相关问题，辅助和拓展这一方面的调研。

对于有宗教信仰者，从宗教发生学考察，专门设定问题："您的宗教信仰产生和选择的原因是什么"，对这一问题的回答，62.5%的人选择"自己生活中的思考和选择"，25%的人是因为"面对人生重大事件，如生死等问题时，寻找到的精神支持"，而选择信仰宗教；另有12.5%的人是因为有家族信仰传统，或受到某些家庭成员的影响；而对于选项"接触到宗教人士的宣传引导"，选择率为0。这一调研结果，显现出该群体中宗教信仰者的信仰选择，多是由现实生活问题所触发、所引生的，具有自发性特点，其宗教信仰的产生，以及存在的状态，都呈现出较为明显的个体化、内在化趋向。相应地，对于后续的同系列延伸性问题："您认为您的宗教信仰对您最大的作用是什么?"，其回答情况呈现出与上述特点相呼应的态势：有55.6%的人选择"生活中的挫折和低谷时，给予了精神和心灵支持"；有11.1%的人选择"帮助自己更好地处理应对社会生活和社会关系中遇到的各种问题"；这些都呈现出信仰者因为应对现实社会生活问题，从宗教思想、文化中寻找和获得支持，以解答现实人生之疑问，应对人生困惑的特点。另外对于这道问题，还有33.3%的人选择了"没有思考过，不清楚"，这一回答在一定程度上显示出，信仰群体中一部分人的信仰层次和阶段始终停留在较为初级的、始发性的状态。而选项"和现实生活基本没有太大关联，纯属内心信仰"的选择率为0，也佐证了从现实生活问题引生宗教信仰的状况。

由宗教信仰的发生学进行拓展，延伸考察宗教信仰者的信仰存续状态，以及相关性的宗教信息、信仰的在信仰者乃至无信仰者之间的传播状况。针对信仰者的调研问题"您是否参与宗教活动"，问题答案的设计，以主体对宗教活动参与度的频繁与否、对宗教群体的归向度，以及特定宗教群体的组织意识和组织性强弱等为标准，答案以强度依次递减的向度排列为：

A. 是，定期、定点参与宗教活动，有较为固定的教友团体。

B. 有时参与参与，和教友团体联系较为松散。

C. 偶尔会参与宗教活动，偶尔联系一下教友。

D. 基本不参与，没有教友团体。

对这一问题的回答状况，佐证了渭南地区教育系统女性宗教信仰者在宗教信仰方面更多呈现为个体化、内在性的特点：选择"基本不参与宗教活动，没有教友团体"的占比77.8%；选择"偶尔参与宗教活动，偶尔联系一下教友的"占比11.1%；选择"定期、定点参与宗教活动，又较为固定的教友团体"的占比11.1%，选择"有时参与参与，和教友团体的联系较为松散"，选择率为0。对特定问卷进行跟踪分析，选择"定期、定点参与宗教活动，又较为固定的教友团体"的为基督教信仰者，这也是由于基督教本身高组织性的历史特点所决定的。总体而论，这一群体的信仰状况更加个人化，没有或很少参与宗教组织和宗教活动，多是信仰者内心的一种选择。

相对应地，对于无宗教信仰者，设计问题"您没有宗教信仰原因，您觉得是什么?"这个问题在一定程度上关联于宗教发生学的考察，而对于该问题的回答情况，在相当程度上呈现出一种思想上的不明确性，是社会文化生活中值得关注的现象点。对这一问题的回答，49.2%的人选择"对宗教没有太多的了解，无所谓信仰不信仰"；20.8%的人选择"觉得宗教思想内容离现实生活太远，很难对自己产生影响"。上述回答，呈现出向现实生活敞开，所做思考选择的一种模糊性和不确定感。这种不确定，同时发散指向未来宗教选择的是或者否。这种状态，由于现实生活内容本身的复杂性和动态性，以及宗教作为一种积淀深厚的社会文化，在未来的生活中某些契机推动下，尤其是人生作为历程多少都会遇到的各种变动、疑问、挑战乃至根本性的危机（如生死问题），会有可能建立

起个体——宗教二者的或紧密或松散的某种联结。从回答情况来看，当也许由于对宗教思想具体内容了解得不够深入和充分，或者也许是现实生活中没有试图去从宗教文化中寻求答案的特定驱动，使得宗教文化没有进入个体生活和视野，但个体在未来是否会产生宗教信仰，也因此呈现出一种模糊性的不确定性。另外有22.4%的人选择"唯物主义世界观，无宗教信仰"；4.3%的人选择"不认同或反对宗教信仰的思想内容，选择不信教"，呈现出一种思考和选择的明确性。而无宗教信仰人士在被问到"您去参加过宗教活动吗？"有约35%的人回答"偶然去过"或"陪别人或其他原因，去过几次"，其中1.6%的人乃至"主动参加过几次，觉得很有意思"，也体现出这种思想和选择的不确定性特点。

宗教在这一群体中的传播途径、传播状况，以及这一群体中人对与宗教信仰的了解程度，都在本次调研通过问卷的系列性问题组进行了专题考察。从宗教的传播而论，问卷问题"在生活中，您接触到宗教信仰方面的信息，主要是通过什么途径？"本题设计为多项选择题，意图考察在宗教信仰方面的信息传播各种并行途径中，被利用较多的、较为突出的是哪些。其中42.9%的人选择通过书籍、报刊；32.1%的人选择通过电视、广播、网络等媒体；有41.1%的人选择"身边有信教的亲朋好友，和她们交流"，另外还有17.9%是通过其他途径，如外出旅游时接触等。结合问卷问题"您身边是否有信仰宗教的亲人和朋友"，通过对两个问题的回答情况进行统计和联系比对，可以看出，在渭南地区这一特定区域和教育系统女性这一特定群体中，宗教信息的传播更多以散化的、非定向、非专题、无目标或目标不明确的普泛传播态，以及以亲人朋友之间情感和信息交流的伴同方式、内容出现，而不是或较少是以宗教人士有目的、有目标的宣教的专门性、专业化样态传播的。同系列相关联的问题回答情况，于此形成印证。如针对无信仰者的问题，"是否有人向您宣传过宗教信仰？"，只有3.3%的人选择"有，经常有人向我宣传宗教思想"，21.1%的人选择"有时会遇到"，49.3%的人选择"偶尔会遇到"，26.4%的人选择"没有"。相应地，针对有信仰者的两个问题，"面对不信仰宗教的人，您一般会？"有信仰者中62.5%的人选择"信仰选择是个人的事，不干涉，不宣传"，25%的人"偶尔会说，但很少宣传"，12.5%的人"有宣传的想法，但没有做过"，而对于选项"积极宣传，有向他们传教的意向"选择率为0。对于有宗教信仰者的另一个延伸性问题"是否有人因为您，由无宗教信仰者改变为有宗教信仰者；或信仰其他宗教的人改信您所信仰的宗教？"100%选择"基本没有。"这一系列问题构成的问题组，较为清楚地显示出渭南地区教育系统女性群体中宗教信仰方面信息的传播途径和传播状况的基本情况。

四、世俗主义和宗教公共化在区域性特定人群之反映和思考

中世纪到近代以来，世界范围内的"世俗主义（secularism）"趋向中，去宗教化一度成为趋势。宗教或者在一些国家中以一种温和的形态和政治分离，如英国、芬兰等欧洲国家；或者在一些激进的国家被看作阻碍社会进步的消极因素而边缘化，如法国、苏联、中国等国家。宗教的存在一度呈现出更多的个体化、内在化的特点。其后的宗教公共化的回潮中，世界范围内都出现宗教自身积极主动谋求更多参与社会生活，和力图对公共事务重新发生影响的努力，并取得一定实际效应，在这一过程中，不同国家对待宗教可能有或者温或者激进的态度和举措，但宗教在社会伦理领域的重要影响和功能，被普遍认识和认可，在现代化的社会生活中，由于现代性倾向所带来的对人类大部分历史中经历过的"必然明确性"的损害，如传统伦理道德规范受到的冲击和颠覆，现代人社会生活中的自由和迷茫、文化传统的断裂感等，都使得宗教的思想主张的价值被再次不同程度地凸显，其社会伦理作用尤其呈现出一种很难被替代的重要性。

我们的调研虽然是属于区域性的、且针对特定人群的调研活动，其调研结果仍然在一定程度上印证了这一大的社会现象。可以通过对调研结果的分析看出,即使是局部区域,有限人群,其文化现象的理解,也应放置到世界文化的宏观视野下,在历史发展的大背景下进行考察,也正因为如此,许多社会现象才能得到更明晰的解读。本次调研的调查问卷中,有针对无宗教信仰者的如下问题:"如果您接触过有宗教信仰者,您对他们的看法是",答案选项为"A. 能从他们身上发现更多的爱和宽容。B. 和他们的一些谈话会引起我的思考,有一定启发。C. 没有什么不同。D. 举止和思想怪异,与常人不同不可理解。E. 过于热情于宗教的宣传,让人不可接受。"

该题目为多项选择题,从回答结果来看,有46%的人选择了A选项,"能从他们身上发现更多的爱和宽容",26%的人选择了B选项"和他们的一些谈话会引起我的思考,有一定启发。"而在本次调研的的访谈环节中,有接受访谈者特别谈到,其所接触到的有宗教信仰者,在具体的社会生活、工作和交往等的表现,呈现出比没有信仰者更高的自我要求和伦理、道德水准。

而作为有宗教信仰者,在对调研问卷相关问题的回答,则体现出在伦理道德的自我要求、自我认知,以及相当强的自觉意识。宗教信仰者被问道:
您觉得作为一个宗教信仰者,您和周围人比较:(　　)

A. 在社会道德规范上更高、更严格地要求自我,但能对他人宽容以待。

B. 和别人在一些主张和行为上有不同的选择,但没有冲突感。

C. 没有什么感觉。

D. 和别人主张和行为不同,有点与人格格不入。

E. 和无信仰者比较,觉得许多方面还是比他们强些。

50%的人选择A选项"在社会道德规范上更高、更严格地要求自我,但能对他人宽容以待",16.7%的人选择"和别人在一些主张和行为上有不同的选择,但没有冲突感",16.7%的人选择E选项"和无信仰者比较,觉得许多方面还是比他们强些",体现出宗教信仰者对这一方面具有的一定程度的自觉意识,并与前面无宗教信仰者的相应评价形成呼应,也显示出宗教文化在社会伦理和个人道德方面不能忽视的重要作用和影响性。调查结果也显示出,在渭南地区这一局部区域,教育系统女性这一特定群体中,从无宗教信仰者和有宗教信仰者两个向度进入,研究了她们的社会生活状态,文化选择,她们相互的看法、对待、互相的交流和交往状况等,无论是作为主流的世俗主义无宗教信仰者,还是作为宗教信仰者,她们的存在状态、文化主张、发生和发声方式,社会关系的建立、维系和关系处理等,双方都没有极端化的趋向和表现,宗教极端主义现象和世俗主义极端主义现象都不存在于这一群体中,无论是世俗主义,还是宗教信仰者,都能以一种理性平等、宽容尊重的态度和行为方式对待对方。

如果从全球"世俗化"(secularism)大趋势和宗教试图重新进入公共领域的互相博弈大背景来看,在西方有较强宗教传统的国家,虽然经历了很长一段时期的"世俗化"历程,但宗教重新开始力图进入公共领域发挥影响。尤其是很多国家重新重视宗教在社会伦理、个体道德方面所发挥的重要作用,宗教承担起了重要的维系社会伦理和道德的职能,如芬兰、英国等国家的教育中,宗教类课程的功能和伦理学课程的功能对等。当然,宗教作为一种文化,在一定程度上深入人类的本性,触及深层次的哲学和人生问题,而非仅强调其社会功能,更好地体现出宗教作为一种社会文化和人类智慧库藏的特色。应和于世界范围内的"世俗主义"大趋向,中国在近代民主革命一个重要变革就是将宗教更多作为阻碍社会近代化进程的消极因素而边缘化。但宗教在传统社会,乃至当代仍然发挥出一定的社会伦理和道德方面的影响力。我们面对宗教这一传统文化重要组成部分时,应当更深入和广泛地进行思考和选择,以面对传统文化,更好地取其精华,去其糟粕,合理充分地利用传统文化资源,更好地推进文化在未来的发展。

惨烈悲壮的陕军抗战

仝梅菊 何新国

(渭南师范学院 人文学院,陕西 渭南 714099)

摘 要:自1937年7月"卢沟桥事变"爆发,到1945年8月日本宣布投降,整整8年的全面抗战期间,源于杨虎城十七路军的陕军部队,为了捍卫民族尊严,为了保卫家乡、保卫大西北、保卫西南总后方,他们以"陕西冷娃"的勇猛豪壮奔向一线战场,舍生忘死、前赴后继,以数万人的鲜血和生命,创下惊天地泣鬼神的不朽功绩。然而由于"西安事变"的原因,他们却备受歧视、屡遭打压,最后被分化肢解,消失在茫茫历史烟尘当中。这是一段惨烈悲壮的史实,值得我们永久铭记。

关键词:十七路军;第四集团军;惨烈抗战;悲壮历史

作者简介:仝梅菊(1960—),女,陕西大荔人。渭南师范学院人文学院副教授,主要从事现代汉语教研和《史记》研究。何新国(1960—),陕西蒲城人。渭南广播电视台主任记者,父亲、叔父均为陕军177师抗战老兵。

八十一年前的1938年7月,以国民革命军第31军团后续部队东渡黄河为标志,我陕军所有部队全部投身到抗击日寇的最前线,并由此全面开启了三秦儿女保卫家乡,保卫大西北,保卫西南总后方的悲壮历史。而先此一年,"卢沟桥事变"刚刚爆发,我英勇的陕军将士就已经在华北前线赴汤蹈火,与极其凶残的日本强盗展开拼死搏杀。正是这支装备低劣,又备受歧视、屡遭打压的"杂牌"部队,让不可一世的日本强盗丢盔弃甲,令那些装备精良却遇敌一触即溃、望风而逃的国民党"中央军"颜面尽失。在中华民族全面抗击外寇入侵的十四年艰难历程中,陕军所遭受的种种不公天地可鉴,他们用热血和生命铸成的不朽功绩应该彪炳青史!

屡遭打压,忍辱负重求生存

陕军是指由陕西蒲城民团(最先是"刀客")发展而来的杨虎城将军所部十七路军,原有第三十八(军长孙蔚如)、第七(军长冯钦哉)两个军,辖17(师长孙蔚如兼)和42(师长冯钦哉兼)两个师、一个独立旅、三个警备旅,以及直属部队,总计28个团,6万余人。"西安事变"后,杨虎城被迫下野,所部在蒋介石分化收买之下发生大分裂,冯钦哉第七军17师之49旅旅长王劲哉(拉走两个团),以及警备2旅沈玺亭4团、唐得楹5团先后投蒋,全军仅余3万多人。自此,这支部队走上了一条不断被打压,不断被削弱肢解的道路。

"西安事变"发生后不到半年,1937年5月,十七路军总指挥部被撤销,原部队改编为新的三十八军,军长孙蔚如,下辖赵寿山17师、李兴中177师(由许权中独立旅与未随王劲哉叛变的49旅97团以及部分直属部队改编)、王竣陕西警备1旅、孔从洲独立46旅(陕西警备2旅改编)、王镇华独立47旅(陕西警备3旅改编)和两个直属团——李振西教导团、孟庆鹏骑兵团。

1938年6月,国民政府将第三十八军改编为第三十一军团,任命孙蔚如为军团长(免去省主席职务),领第三十八、九十六两个军。三十八军军长赵寿山,辖17师(师长耿景惠)和独46旅;九十六军军长李兴中,辖177师(师长陈硕儒)和独47旅。将陕西警备1旅转归西安行营主任蒋鼎文指挥。利用这次改编,实际削去一个整旅,使孙蔚如部只剩2.5万余人。

1938年11月,三十一军团扩编为第四集团军,蒋鼎文任总司令,三个月后蒋鼎文就任第十战区司令长官,孙蔚如接任总司令。第四集团军下辖三十八军、九十六军,以及川军第四十七军(军长李家钰,一年后该部脱离,另行组建第三十六集团军)。1940年10月,蒋介石为割断陕军与"八路"的联系,防止"赤化",下令第四集团军撤离中条山,移防洛阳至郑州一线,执行保卫黄河任务,实则置于蒋介石的嫡系监视之下。不久,38军46旅改编为新编35师,师长戚文平(后孔从洲接任师长)。1942年,九十六军独立47旅扩编为新编14师,师长陈子坚。这些改编实际是在为进一步肢解削弱这支部队作铺垫。

蒋介石一直将这支曾参与"兵谏"的部队视若芒刺,在迫害杨虎城将军的同时,处心积虑地要搞垮、拆散这个部队。他先是派遣大批特务进入38军,结果被赵寿山渐次排挤出去。一招不行,另换一招,当探知赵寿山一贯政治立场偏左,又是部队中进步力量的核心,便决定由此入手。1943年冬,下令赵寿山到国民党中训团受训,1944年4月以假提升的方式,调赵寿山为第三集团军空头总司令,使其脱离原部队。1945年7月又以同样方式调孙蔚如为第六战区司令长官(实权由陈诚嫡系郭忏掌握),把96军并入38军,辖17、55(原新编35师)、177(师长李振西)三个师,撤销九十六军及新编14师番号,将14个团的部队压缩至9个团。兼任九十六军军长的第四集团军副总司令李兴中名义上擢升总司令,实则被完全架空,军权由后调任的副总司令兼第三十八军军长张耀明(西安临潼人,蒋介石嫡系)掌控。经过长期不断的割裂打压,原十七路军的基本力量在抗战胜利前夕最终被肢解殆尽。

华北前线,英雄流血又流泪

1937年7月7日"卢沟桥事变"爆发,日寇发动全面侵华战争。陕西热血男儿迅速做出反应,7月8日正在庐山受训的17师师长赵寿山第一个向蒋介石请缨抗战。7月下旬,我17师官兵即由渭南乘火车开赴保定,是全国首批抵达河北最前线的部队之一,被誉为"抗战第一功"。陕军另两支部队177师所属529旅和军部教导团在38军副军长段象武将军率领下,也紧随其后杀向华北战场。

这几支参战部队是陕军的精华,睚眦必报的蒋委员长为解"西安事变"之恨,采取"分割使用、战场消灭"的策略,将缺枪少炮的这支"杂牌军"置于其装备精良的嫡系部队最前端。令赵寿山17师布防于保定以北新安镇一线,派许权中529旅开往阜平,李振西教导团开往石家庄,不问伤亡,也不予补充人员给养,任其拼尽耗干。

九月中旬,日军精锐第六、第十四、第二十,3个师团八九万兵力沿平汉铁路两侧向南进犯,部署在保定以北平汉线上的孙殿英部一触即溃。担任国民党军左地区兵团指挥官、第二集团军总司令、蒋介石嫡系刘峙,见日寇来势凶猛,畏敌如鼠,早已放弃保定仓皇南逃,直遁河南,时人讥之为"长腿将军"。[1]109 前线指挥无人,蒋介石命"中央军"第五十二军军长关麟征(陕西户县即今西安市鄠邑区人,黄埔一期)为临时指挥。赵寿山17师主力布防于保定以北之漕河防线,但一部分兵力被分割给友邻部队使用。日军首先向我17师发起猛攻,激战中阵地反复易手。敌前进不得,遂兵分两路攻击17师的左翼友邻部队,阵地被突破后,中央嫡系五十二军未作通报便先行南撤,保定随即失守。17师与关麟征失去联系,孤军难支,被迫撤至阜河一线继续阻击,与敌展开白刃格斗,场面极其惨烈。

1937年10月,号称"钢军"的日寇精锐板垣第五师团逼近忻口,企图直取太原,进而向晋中平原推进。危急关头,许权中529旅奉命于10月18日驰援忻口守军。令人费解的是该旅两个团竟被分割配属给晋军的两个旅,受陈长捷指挥。529旅1058团在向阵地开进途中,即与由南怀化出击之敌遭遇。敌优势火力使我军一交火便饱尝苦头,尚未进入阵地,团附和三个营长均已负伤。在异常艰难的苦战中,团长韩子芳(蒲城人)舍生忘死,不顾日军猛烈炮火，亲自率部反复冲杀，收复失守山头，中路前敌总指挥陈长捷在阵地传令嘉奖，奖励大洋5000元。

529旅1057团火速赶到指定位置时，守军阵地已行将崩溃。该团二营配属的晋军梁春薄旅某团连日苦战，损失过大，阵地很快被突破，日军直冲到我一营阵地侧后，形势异常严峻。敌军一旦从这里打开缺口，整个忻口正面防线将被撕开、冲垮。紧要关头，该营周益三营长（中共党员）带领一连人马截住开始向后退缩的晋军，用机枪监督促使其拼力抵抗，同时令一连冯子云（中共党员）排长率部在前面带头冲锋，晋军退兵转而紧随其后奋力厮杀，终于击退日军，保住了防线。而冯排几乎全部阵亡，冯子云身负重伤。晋军梁春薄旅长接到战斗报告，当即来电：529旅一营主动援助友军作战，行动可嘉。并赏周益三营长2000元，冯子云排长1000元。

日军依凭装备优势，以猛烈的炮火加上燃烧弹、瓦斯弹轰击我方阵地。弹雨中的1057团阵地上一片火海，在许权中（西安临潼人，中共党员）旅长和阎揆要（中共党员）团长的指挥下，全团浴血坚守，与冲上来的敌人数次肉搏，终于击退日军，并一举夺回晋军丢失的阵地。我英勇的529旅将士与敌"钢军"血战14昼夜，打死打伤鬼子3000余人，自身也付出巨大代价，全旅由3000多人锐减到1000余人。负责指挥忻口战役的第二战区前敌总指挥（后任第二战区副司令长官）卫立煌，先后五次嘉奖529旅，他感叹说："529旅增援上去，使忻口阵地转危为安！"[2]27

10月中旬，沿平汉线南犯之敌以一部兵力西进，企图夺取娘子关，与由晋北南下之敌会攻太原。我17师奉调担任防守娘子关外围任务，这里无法修筑防御工事，雪花山、乏驴岭均为石山，只能用麻袋装土垒成简易掩体。面对武器精良、极具攻击力的鬼子兵，装备简陋的"杂牌"17师防御任务异常艰巨。激战中，雪花山数次易手，敌受挫于我阵地前寸步难行，遂改向旧关突进，同时以千余兵力攻我左翼阵地。赵师长抽调一个团的兵力，亲自率领发动夜袭，经过白刃肉搏，敌军尸横遍野向东逃窜。我军勇猛追击，一度攻下井陉南关车站，缴获包括数十门大炮在内的大量战利品。敌华北方面军司令部无可奈何地承认"井陉附近之敌顽强抵抗，战斗没进展"。

17师奉命由娘子关正面转移到北面的驴桥岭时，旧关阵地已被敌攻占，突破口正在不断扩大。我38军教导团奉黄绍竑命令，星夜兼程由河北转进到山西境内娘子关东南旧关，并立即投入战斗。在李振西团长率领下，教导团与敌短兵相接，展开拼刺肉搏。凶顽的日军不断发起猛攻，大炮狂轰继以飞机低空投弹扫射，掩护步兵爬山仰攻。教导团的勇士们居高临下展开激烈争夺，打退敌人多次冲锋。全团坚守阵地3昼夜，击毙日军77联队长竹田进一郎以下约2000多人。紧接着在守卫娘子关战斗中，又与日军铃木旅团激战两昼夜。以吃苦耐劳、身先士卒闻名的李振西团长手持大刀，赤膊率领全团官兵与冲入阵地的鬼子展开殊死拼杀，终于击退日军，夺回丢失的五个阵地，并取得杀敌近千人的重大战果。而经过数次轮番大战，此时的教导团已经损失殆尽，李团长本人两处负伤，全团2000余官兵，伤亡达到1800多人。第二战区副司令长官黄绍竑赞扬说："杨虎城部队训练有素，虽武器低劣，但战斗力强，士气旺盛，为保卫战略要地娘子关起了很大作用。"[2]66还特意派第二战区参谋长续范亭给教导团幸存战士每人奖赏五块银圆以资鼓励。

在井陉雪花山、乏驴岭面对日寇精锐部队的我17师将士，浴血奋战九昼夜，虽重创了敌军，自身也付出极大代价。经过连续激烈战斗，全师旅以下主要军官仅剩旅长一人、团长二人，营长以下军官不及三分之一，士兵更是伤亡惨重，已到无力再战的地步。赵寿山师长接连五次向蒋介石发电请求补充，最终只等来一句电令："听候阎、黄正副司令长官指示办理。"阎锡山不仅未给一枪一弹，反而借机欲将师属炮兵营占据归他所有。后经赵师长据理力争，阎锡山才放弃了扣留炮营的打算。赵寿山率部于数月前的7月21日由渭南出发时，

17 师满编 1.3 万多人，娘子关战役后，仅剩 2700 余人，赵将军本人也负了伤。第二战区副司令长官黄绍竑来电称："十七师此次攻守很尽力，损失奇重，殊堪嘉奖"，并赏银 3000 元以慰勉[3]。

其后第 17 师向阳泉、太原撤退，一路仅靠捡拾战场遗弃的零散武器弹药来补充自己。11 月 4 日，奉命在太原东郊设防，掩护外围部队撤退。次日，与猖狂西进之敌展开激战后，跨过汾河，撤至离石县（今改区）以西碛口镇收容整训。此时，全师仅收容到 1200 余人。1938 年元月，17 师余部由碛口西渡黄河到达陕北绥德地区休整补充。仅两个月后，又再次东渡黄河，深入山西东南部晋城、阳城、垣曲一带山区开展游击战争。

太原失陷以后，我教导团撤回陕西泾阳整训。529 旅在撤退途中，留下少数精干人员坚持敌后打游击，在八路军 120 师帮助下，收拢离散伤兵七八百人，赶赴离石县与原部队会合，使全旅参加整训的官兵达到 1700 多人。到年底，为期两个多月的整训结束，部队又转入晋东南配合八路军打游击。

在民族危难之际，我三秦大地的优秀子孙挺身而出，义无反顾地冲向炮火连天的抗日最前线，他们舍生忘死，用血肉之躯抵挡了侵略者的疯狂进攻，用刺刀和拳头击碎了日寇三个月灭我华夏的罪恶图谋，有力地捍卫了民族尊严，谱写了一曲激荡人心的豪迈壮歌。短短几个月间，就有数以万计的热血男儿献出了宝贵生命。然而他们的壮举却始终没有得到最高当局的重视与认可，相反地，仅仅因为他们不是"嫡系"而备受歧视，横遭打压，致使绝大部分国人至今仍不清楚陕军官兵这段惊天地泣鬼神的悲壮历史。腰肢健全时，他们舍生忘死勇赴国难；躯体严重受损，却得不到半点温暖，只能蜷缩起来，自己舔舐遍体创伤——这就是当年我三秦子弟在华北前线的真实遭遇。

晋南战场，"冷娃"成为铁柱子

中条山，位于山西省南部，因其屏蔽着洛阳、潼关，拱卫着西安和大西北而备受兵家关注。1937 年 11 月，随着忻口、太原的相继失守，中国军队渐次向晋南退却，中条山的战略地位愈加突显。

1938 年 5 月 5 日，李兴中将军率 177 师主力东渡黄河，主动向不可一世的侵略者发起攻击。当时，日军第二十师团一个联队驻扎在永济县（今改市）张营镇。5 月 6 日，530 旅（旅长任云章）的 1059、1060 两个团和师直属补充团（团长孙子坤）包围了张营。7 日凌晨战斗打响，敢死队首先挺身而出，被敌火力压制于悬崖之下的大部队随着冲锋号声，从四面杀入敌阵。经三昼夜激战，日军在增援坦克的掩护下，向东逃窜。我军乘胜追击，先后攻取猗氏、安邑、闻喜，收复晋南三角地带的 13 个县。这是陕军在中条山打的第一场胜仗，为后续部队东进扫清了障碍。日军惊呼 177 师"骁勇善战，不可轻敌"[4]。

7 月初，孙蔚如将军率第三十一军团部 6000 人，由平民县大庆关东渡黄河对日作战。至此，陕军全部开进具有黄河天然防线性质的中条山区。防地横跨三百余里，纵深三四十里，为华北地区守卫黄河、阻敌南犯西侵的重要战场。由于兵力严重不足，孙蔚如急电蒋介石，请求增兵。扼守河防的王竣旅长奉命派遣其 1 团团长张剑平率一部六七百人过河，守备永济县城。

紧靠风陵渡的晋西南名城永济，因其独特的位置而成为兵家必争之地。1938 年 8 月，驻运城的日寇二十师团新任师团长牛岛实常为策应武汉作战，乘我三十一军团入晋立足未稳之际，挥兵发起疯狂进攻，在永济县境与我军展开激战，时称"血战永济"。

8 月 15 日，敌集中步兵、骑兵、炮兵 1200 多人分 3 路进犯上、下高市。其中一路 500 余人，携炮 5 门，由青池屯攻击正面阵地；另一路 200 多人，附炮两门，由栲栳镇攻我左侧；还有一路 500 余人，由白堡头攻我右侧。我 17 师补充团中校团附杨法震督率张镜白第二营官兵奋起反击，他身先士卒英勇杀敌，多处负伤仍坚持指挥作战。敌集中火力朝我军指挥官疯狂射击，杨法震连中数弹，不幸以身殉职，时年 33 岁。

日军攻占上、下高市后，以 30 多辆坦克为先导，猛攻孟盟桥、峨眉原，企图实施中央突破，攻占永济县城。日军数十门大炮向我前沿阵地猛轰,多架飞机轮番扫射、投弹。我守军独立46旅在孔从洲将军指挥下,奋勇抗击,孟盟桥数易其手,战况极其惨烈。8月16日凌晨4时,日寇二十师团77联队3000多人,附炮20余门,装甲车10余辆,飞机6架,向我右翼尧王台发起猛攻。尧王台是作战地域制高点,我军凭借坚固阵地,以机枪、步枪、手榴弹向敌猛烈地还击,打退鬼子一次又一次狂攻,阵地多次易手。无奈我军兵分力单,装备悬殊,日寇最终由尧王台打开缺口,向西南窜进。为了击退突破我右翼阵地的日军,教导团奉命派兵驰援。团附张希文(渭南临渭区人)亲率3营官兵以大刀、手榴弹奋勇杀敌,于当日黄昏收复万古寺。鬼子又增兵千余人投入战斗,我军展开殊死拼杀!张希文率余部突围中,不幸身中数弹,壮烈殉国,年仅28岁。全营官兵绝大部分英勇牺牲,仅有少数得以突围生还。

8月17日,2000多日寇在飞机、坦克、大炮掩护下向永济城发起猛攻。我600余守城官兵奋力还击,给敌以重大杀伤。2营少校营长邓刚(字祥云,蒲城人)奉命督率本营冯民安4连和3营丁文英9连,与日寇展开极其惨烈的战斗。哪里最吃紧,他便立即冲向哪里。下午7时,永济东北城墙被敌炮击毁数处,北城墙亦被敌机炸塌数丈。日军看到已打开缺口,立刻投射烟幕弹,掩护步兵攻城。邓营长带领勤务兵冲向缺口,准备消灭登上城墙的日军时遭敌机枪扫射,不幸身中数弹英勇牺牲,时年36岁。永济保卫战壮烈殉国的还有少校团附刘耀堂,上尉连长冯民安、王继纯以下共308位烈士,其中包括邓祥云家族邓继忠、邓正保和邓进元4人。

永济失陷后,保卫风陵渡的重担落到教导团身上,3营在驰援西姚温时损失殆尽,全团只剩下两个营。为配合正面阵地战斗,由团部直属连队组成便衣大队,中校团附魏鸿纪(富平人)亲自带领,利用夜晚不断发动偷袭,给日军以重大杀伤。在一次完成奇袭撤退途中,魏团附不幸遇难,时年26岁,是此役我军牺牲的最年轻校级军官。教导团连日血战不退,李振西团长电话命令各连长赶制草人数百竖立于外壕边沿,引诱敌人飞机、大炮狂轰滥炸,为我军赢得宝贵的喘息机会。苦战无果的日军调来重炮20余门,并增加上千兵力,以步兵、骑兵、炮兵和空军联合发起总攻。战至8月23日,教导团陷入3面包围,官兵伤亡超过三分之二,弹药已经用尽。李团长毅然决定,在敌机、敌炮轰炸时乘其不备,攻击山上之敌,以便杀出一条血路。教导团官兵挥泪离开坚守了7个昼夜的辛店阵地,在团长带领下,以仅有的大刀、手榴弹奋力冲杀,一举突破重围。

西姚温与辛店两战,教导团毙敌千余其中包括敌两个大队长和几个中队长。教导团自身也损失惨重,总计伤亡官兵940余名,另有七八十人生死不明。其后,统帅部以李团长忠勇杀敌,颁发华胄荣誉奖章以资鼓励,给营长殷义盛、李成德各记功1次,并传令嘉奖教导团全体官兵。

"永济血战"是第三十一军团入晋后第一场大规模作战,我热血男儿以惨重代价重创敌寇,阻断了日军的南下西侵野心。并从此在中条山站稳脚跟,建立起牢固的抗日根据地,相继粉碎了日寇多次大规模扫荡。敌人将这里视为华北战场上的"盲肠炎"。日军后顾有忧,终未敢渡河西进,陕西乃至西北才免遭日寇蹂躏,西南大后方才得以平安无虞。

为了消除中条山这段"盲肠炎",日军于1939年6月6日集中两个师团3万多兵力,配属野战炮80余门、战车30辆、飞机38架,分9路向我军阵地实施全线进攻。其目的是一举歼灭我三十八、九十六军,同时炸毁陇海路灵宝铁桥,彻底破坏陇海线运输。

我第四集团军主力在东、西各线终日苦战,形势不断恶化。7日拂晓,东部侵入太臣一带的日军3000余人占领坂头,我独立46旅被迫转移阵地。在西部,177师各部转移时因通讯联络不畅均未按时到达指定位置,日军乘隙突进,向独立46旅发起攻势。接着,日军又从东西北三面向平陆县城郊进逼,把九十六军和独立47旅包围在平陆县城、太阳渡、大涧北、赵家坡等黄河北岸一个东西不到10里的低洼区域。第38军独立46旅处境尤为恶劣，面临着全军覆灭的危险。

万分危急时刻，独46旅旅长孔从洲将军断然决定组织部队星夜突围。他指派一个连作突围前锋，为该连队配备十几挺机枪，每人携带了大量手榴弹，以期向北打开通道。我先锋部队像一把尖刀，突然插入敌人后方，一举歼灭了敌两个炮兵中队和后方医院，缴获山炮12门，迫击炮4门，并收缴了一个伪军连的枪。天色微明时，46旅进入夏县境内的东吴和南吴村山区埋伏下来。两天之后，他们回到平陆县与第三十八军军部会合。

独立46旅出敌不意向北突围，打乱了日军部署，使第九十六军绝路逢生。被逼到黄河岸边的177师师长陈硕儒将军率领身边不到三个团的兵力，猛向西边敌阵扑去，经短暂混战，插向敌后陌南镇。九十六军军长李兴中将军也率部队向北面突围，于10日到达张茅大道东与38军会合。

大部队突围后，在敌人包围圈坚持战斗的独立46旅738团张子馥营与日军在平陆县城北高地进行反复肉搏，因伤亡惨重，撤到城内，后弹尽粮绝城破，大部官兵壮烈牺牲。离师部较远的177师新兵团和531团部分官兵1000多人来不及突围，被敌压到黄河岸边，经过血战，在弹尽粮绝，孤立无援的情况下，所剩800多陕西"冷娃"宁死不降，呐喊着跳进滚滚黄河，壮烈殉国。在相距十余里的马家崖，177师工兵营的200多官兵，也集体扑进了黄河[5]。

1939年的"六·六血战"，是第四集团军在中条山进行的规模最大、也是最惨烈的一次战役，我方伤亡及失踪官兵达8800余人，敌方被打死打伤5000多人。6月18日，我军展开绝地反击，把中条山阵地恢复到战前状态。此役成功粉碎了日军对我中条山根据地的大规模进攻，第四集团军受到统帅部通令嘉奖，时任第一战区司令长官卫立煌（仍兼任第二战区副司令长官、前敌总司令）到中条山巡视，称陕军部队是"中条山的铁柱子"[2]178。

1940年4月，日军第二十师团在牛岛实常指挥下再次向中条山心脏地带望原发动大规模进攻。卫立煌将军为保存第四集团军实力，原计划让部队突围到敌后，以避其锋芒。我前线指挥赵寿山将军立军令状坚守阵地。此役，我军作了严密部署，参战将士斗志高昂。4月17日，我军边打边退，一步步将日军主力诱至平陆县三门镇的望原村一带深沟主战场。19日，中条山区突然雨雪交加，狂风怒吼，赵寿山趁风雪之夜调动前线各部，兵分四路发起猛攻，将望原周围的鬼子打得狼狈逃窜，一举收复大部分被敌占领的村落。21日，日军从望原以北的张店据点扑向教导团防守的望原高地，李振西团长将经过伪装的炮营摆在半山腰，将步兵排列在炮兵两侧，每隔三五步架设一挺重机枪，形成一道钢铁防线，三日之内连续打退敌人几十次进攻。战至危急关头，李振西令一营营长殷义盛（共产党员）率百名精壮战士，每人携带一箱手榴弹，在炮火掩护下冲入敌阵，一排排手榴弹炸起漫天烟雾，日军全线溃退，我敢死队员也多半阵亡。这场"望原会战"先后持续半个多月，第四集团军官兵共歼敌4000多人。牛岛师团被打得溃不成军，不得不返回其本土休整补充[6]。

自1938年5月至1940年10月，前后两年半时间，数万名陕西"冷娃"鏖战中条山区，游击战、运动战和阵地战交互运用，先后粉碎日寇11次大规模扫荡，与敌大小血战百余次，以伤亡2.1万多人的惨重代价，牵制日寇3个师团，毙伤敌军2万余人。这些"冷娃"不愧为中条山的"铁柱子"，他们用鲜血和生命保住了有中国"马其诺"之誉的中条山防线，他们所创下的众多战例，在整个抗战中都堪称经典。然而，我三秦健儿在中条山战场谱写的气壮山河的英雄篇章，在此后的七八十年里却一直鲜为人知。究其主要原因，一方面由于参战部队是西安事变杨虎城旧部，在"中央军"节节失利、大好河山拱手让人的尴尬处境中，国民政府不愿看到这支"杂牌"部队引起国人关注；另一方面，世人更多关切的是那些交战双方动辄数十万、上百万军队参加的大规模会战，而较小规模的厮杀即便有惊天动地之举，也会在无意中被逐渐淡忘。于是,3万关中子弟在晋南战场令敌寇肝胆俱裂的怒吼,就这样销声在漫漫历史尘烟之中。

豫中河防,戴着镣铐也要舞

1940年秋,第四集团军调防河南,守备巩县(今巩义市)、汜水、荥阳、广武百余里防线,以保证陇海铁路畅通并防止日军南下、西进。这支被蒋介石视若芒刺的"杂牌"部队在抗战最前线不但未被日军消灭,反而与八路军建立起密切关系,于是以换防休整为名,将其调离中条山区,而到新的战场担任河防任务。这里依然处于抗敌最前沿:北有黄河天险与日军直接对峙,东、南、西三面皆受蒋介石嫡系汤恩伯部队的监视包围。

太平洋战争爆发前,日军为了逼迫国民党政府屈服,继1941年5月在中条山大败"中央军"之后,10月初,又以第三十五师团主力、第一一〇师团和骑兵第四旅团一部2万余人南渡黄河,向河南发起进攻。第一战区"中央军"各部消极防御,孙桐萱的第三集团军未做认真抵抗,就退出郑州,向密县方向后撤。处在二线的汤恩伯第三十一集团军漠然置之,任由敌寇轻而易举攻占郑州。我第四集团军虽倍受压迫欺凌,仍一面急派38军主力驰援郑州,一面固守巩县、汜水主阵地,堵截偷渡之敌,在荥阳、广武地区和日寇展开激烈的争夺战。

自10月2日至17日,半个月的作战中,我陕军部队就伤亡官兵1586名,毙伤敌军约千人,击碎了日军西进企图,敌我暂呈对峙状态。21日拂晓,敌军出动1000多人,在强大炮火掩护下,进犯广武。我17师102团守备的马砦、南城之线被敌突破,激战至当日8时,敌攻占广武西南4公里的定觉寺阵地,102团被日军包围,我101团两个营火速前往救援,掩护102团突围。敌攻下广武后,组织兵力西进6公里,在孟寨附近与我防守高村的部队对战。我17师发起反击,23日14时,101团向广武推进,16时30分攻入西关,经过激战完全收复广武县城。

日军为了长期盘踞邙山桥头阵地,在撤出郑州的同时,纠集兵力西犯广武。我第四集团军总部命令177师529旅向汜水急进,归17师指挥,11月2日又令177师归第三十八军指挥,参加肃清黄河南岸之敌作战。由于日寇构筑坚固工事重兵防守,火力凶猛又施放毒气,并残酷屠杀居民制造"无人区",我军遂由强攻逐渐转入监视围堵作战。为期3个月的广武战役,我第四集团军仅担任主要作战任务的17师就伤亡官兵2280余名。其中102团损失了1个营,有些连队仅余二三十人,但部队士气依然如故。1943年,统帅部将第四集团军从邙山一带调离,调来汤恩伯部队在邙山坚守。

进入1944年,在太平洋战场连遭惨败的日本帝国为作垂死挣扎,东京大本营决定从满洲关东军抽集部分精锐南下,配合华北驻军孤注一掷发动"1号作战",目的是打通中国南北铁路交通,摧毁西南地区的中、美空军基地,消灭重庆军队(特别是蒋介石中央嫡系部队)主力,以中国大陆为立足点,作为最后求存的条件[7]441。从2月起,侵华日军调整部署,首先对河南进行作战准备。

4月19日夜,日军突破邙山阵地,汤恩伯的中央军一路溃败。日军接着向第四集团军阵地实施攻击,我第九十六军坚守左翼阵地,177师配属军炮兵二连,奉命守备巩县以东褚岭与金沟间的主阵地,由530团副团长王汝昭(渭南市临渭区人,中共党员)指挥路云亭营占领虎牢关前进阵地,阻击西犯之敌。日军前锋部队连续攻击7天7夜,援兵增至两个联队,依然无法攻破虎牢关天堑。日军被迫采用迂回战术,占领西十里铺,截断了虎牢关与大本营的联系。虎牢关守军弹尽粮绝,在打死近千名鬼子后趁夜色撤离了阵地。

日寇在陕军坚守的阵地前吃了大亏,于是改变部署,一部分兵力牵制陕军,主力向汤恩伯所部发起进攻。汤恩伯的"中央军"阵地如同豆腐渣工程,被日军轻而易举攻破,日军连续攻陷密县、襄城、许昌、临汝、宜阳等地,直逼龙门。

龙门失陷后,"中央军"各部一片混乱,最高统帅部急令我第四集团军向洛阳以北的邙山挺进。第四集团军向邙山行进一天,统帅部又命反攻汜水;向着汜水行走一天,统帅部又命向偃师进攻;长途奔袭来到偃师,刚与日军交火,统帅部的命令又来了,这次是要求部队赶往新安西南地区。我第四集团军在战报中无可奈何地写道:"数万大军进退如此轻忽,统帅部之企图令人无测。"[2]275 正是因为有这样的最高统帅部,有蒋鼎文、汤恩伯那样的庸碌之辈作战场指挥,40 多万国军被 9.6 万日寇打得一败涂地,仅汤恩伯部就损兵 20 余万。

此次豫西大战,我第四集团军各部拼尽全力坚守阵地,给骄狂的日军以重大杀伤,自己也付出了巨大代价,共伤亡官兵 4660 余人,失踪和被俘 2900 余人。虽未能挽回大的局面,却有力地掩护了陕东,阻止了敌军大举西侵,对确保抗战策源地关中安全起到了至关重要的作用。第四集团军守备官道口、卢氏、长水一带,为陕东正面。函谷关、黄河岸至南山底一段约 56 华里,由胡宗南所部"中央军"四五个师防守,6 月 12 日经敌一个联队冲击,立刻溃不成军。日军前锋一度进至虢略镇、朱阳镇,已临陕西东大门,华阴、渭南等地形势紧张,西安疏散市民,一片风声鹤唳,草木皆兵。如果没有我第四集团军对敌侧背形成严重威胁,没有同样也是"杂牌"的马法五第四十军在阌乡县进行坚决抵抗,位于灵宝、函谷关险要地带的防线则很难保住,那样的话,关中大地就真的非常危险了。

1945 年夏初,垂死挣扎的日寇再次打起关中的主意。5 月 13 日驻陕州之敌铃木师团两个联队 6000 余人兵分两路,一路牵制潼关守军,另一路主力则企图经寺河,突破石大山后直取陕西东邻卢氏。15 日,日军向驻防寺河街的第九十六军新编 14 师发起疯狂进攻。为避其锋芒,该师奉命后撤设防阻击。17 日,固守卢氏县城的 177 师开赴前线,531 团沿公路向官道口公开挺进,集结于陈家岭,给敌人造成防守假象。李振西师长亲率 530 团由杜关十字路进沟,借将军山掩护,抄小路向东绕行 30 公里,连夜向火山关急进。当晚,一营占领火山关附近高地,2 营控制石火山东部山头,3 营抢占火山关北部山头,531 团主力也占领了石大山南部山头,对敌形成北、东、南三面合围之势。19 日拂晓,战斗骤然打响,我军如天兵突降,枪炮轰鸣,杀声震天,日军仓皇之中被打得人仰马翻,节节败退。佐藤联队 3000 多人被围困于石大山南部沟内。同一时间,新 14 师也从官道口正面出击,进攻老虎头山另一日军联队。当日临近黄昏时,我空军飞机前来助战,向敌人大量投掷燃烧弹,新 14 师官兵奋勇出击,一举拿下老虎山头,歼敌千余人。20 日晨,日军以一部牵制新 14 师,主力向火山关反扑,铃木师团又派一联队向火山关增援。我 177 师腹背受敌,时值麦熟季节,山上滴水难觅,后方供给不上,重机枪水箱干涸,战士以尿代水,顽强搏杀。午后,西安民众捐献的物资运到,上有飞机空投物资,下有县内民众支前,参战部队士气倍增,乘势发起猛攻。至黄昏,日军死伤过半,全线崩溃。当夜,其残部沿石大山南沟潜逃。此役共打死鬼子 2000 多人,日军一个联队长负伤,两个大队长被击毙。这是我陕军抗击日寇的最后一战,有力地捍卫了关中乃至大西北的安全,也为八年生死拼杀画上了一个圆满的句号。

自 1937 年"七七事变"爆发,至 1945 年日本投降,由爱国志士杨虎城将军一手打造的这支部队,始终坚守在民族危难之际最为需要的地方——从保定前线到忻州战场,从晋南中条山区到豫中百里河防,孙蔚如将军指挥的我陕军数万热血男儿,屡屡现身在数以十万计、装备精良的国民党嫡系部队畏敌如鼠、望风而逃的混乱战局中,一帜独树,连战连捷。他们手握最低劣的武器,对抗最残暴的敌人,以血肉之躯阻挡侵略者铁蹄,有力遏止了日本强盗猖狂的攻势。他们不愧于"铁柱子"称号,堪称挺立不倒的民族脊梁。

在此,我们也不应忘记同为十七路军血脉的第九十八军("西安事变"后投奔蒋介石的原冯钦哉第七军)、新编 27 师(原陕西警备 1 旅),还有 128 师(由王劲哉拉走的原 17 师 49 旅两个团扩充为新编 35 师,后改番号)。这些部队继承了陕军英勇作战、不怕牺牲的传统,在抗日前线同样谱写了气壮山河的历史篇章:1941 年 5 月中条山会战,新编27师师长王竣(蒲城人)壮烈殉国,副师长梁希贤率残部渡河南撤后自恨无颜面对家乡父老,投河自尽。第九十八军在中条山坚守阵地,会战失败后,拒绝撤退,转战敌后;1941年9月,在与日寇激战中,军长武士敏壮烈殉国。王劲哉128师,先后参与豫东会战和徐州会战,后占据鄂中六县独立开展抗日活动,多次重创日军;1943年2月,遭敌寇三路围攻,王劲哉(渭南市临渭区人)受伤被俘,坚贞不屈。

  有关资料显示,全面抗战时期陕西总人口937万,征兵115.6万人,平均不到9人就有1人入伍参战。八年间,为抗击外寇侵略,保护家乡父老不受强敌凌辱而英勇牺牲的陕籍抗战英烈达数十万人。在关中一部县志中,仅抗战烈士名录就记载了满满十余页[4]。

参考文献:

[1] 龚古今,唐培吉. 中国抗日战争史稿 [M]. 武汉:湖北人民出版社,1983.

[2] 李幺傻. 十万男儿血 中条山保卫战 [M]. 北京:西苑出版社,2012.

[3] 张宏伟. 传奇将军赵寿山 [N]. 华商报,2013-2-17.

[4] 三秦子弟多壮士 保家卫国慨而慷 [N]. 陕西日报,2015-7-7.

[5] 陕西抗战 冷娃怎一个"冷"字了得 [N]. 合肥晚报,2010-11-24.

[6] 张红中,张松. 望原 陕军抗日的骄傲 [N]. 西安晚报,2015-8-31.

[7] 孙挺信. 中日大决战 [M]. 北京:远方出版社,2002.

陕西文化传播力提升路径研究

王 萍

(渭南师范学院 报刊社,陕西 渭南 714099)

摘　要:要走具有陕西特色的发展之路,就必须发挥陕西文化辐射力和影响力,发挥文化的先行作用。陕西文化的塑造,要通过文化内容和传播形式两方面来进行,通过充分挖掘传统文化资源中的陕西元素、建设先进的文化传播平台、加强红色文化的传播、推进旅游品牌建设、加强"一带一路"沿线教育文化交流、发挥中心城市辐射作用等方面,着力塑造和提升陕西文化新形象。

关键词:陕西;文化;传播力;路径

基金项目:陕西省教育厅科研项目:"一带一路"背景下提升陕西文化对外传播力路径研究(17JK0261);陕西省军民融合研究项目:军民融合纵深发展中文化融合的先导作用与路径研究(18JMR14)

作者简介:王萍(1980—),女,陕西蒲城人。文学硕士,渭南师范学院副教授,主要从事文化传播研究。

　　文化及辐射力是一个国家或地区影响力的重要体现。陕西省第十三次党代会报告提出:要决胜全面小康、奋力追赶超越,就必须把培育新动能、构筑新高地、激发新活力、共建新生活、彰显新形象作为战略任务,要走出一条贯彻中央要求、遵循客观规律、具有陕西特色的发展之路。[1]

　　走具有陕西特色的发展之路,还需发挥文化的先行作用,从陕西文化的挖掘和传播入手,彰显陕西地域新形象,通过充分挖掘传统文化资源中的陕西元素、建设先进的文化传播平台、加强红色文化的传播、加强"一带一路"沿线教育文化交流等方面,着力塑造和提升陕西文化新形象。

　　有关陕西区域文化传播的研究,笔者在知网上做了检索,发现研究及其成果不是很丰富。究其原因应该是文化传播是一个高屋建瓴的系统工程,需要方方面面的设计和实施,现有的研究和成果切入点比较单一,如张羽的《陕西历史文化题材纪录片与区域文化传播》[2]主要从陕西历史文化题材纪录片入手,探讨了《望长安》《法门寺》《大明宫》等历史纪录片对陕西的历史之美、自然之美、人文之美的记录和展示,并对陕西历史文化题材纪录片的传播路径进行了概括,提出了官方烙印、品牌形象、引领作用的特点。该研究借纪录片的探讨对传播路径进行总结,有一定的借鉴参考作用。刘宗元和吉平的《陕派电视剧对陕西文化形象的传播》[3]总体上概括了陕派电视剧的特点以及陕派电视剧对陕西地域自然风情、陕西人物性格刻画和陕西民俗风情的展示,体现了陕西地域文化特征和陕西地域性格特征以及民俗等,对陕西文化形象的塑造和展示有一定作用。丁丽的《陕西文化在丝绸之路经济带中的传播研究》[4]把研究方向集中到丝绸之路经济带中的陕西文化传播,具有一定的理论和现实意义。研究分析了陕西文化的特点以及文化传播中存在的问题并总结出陕西文化的传播策略,如打造品牌、精细传播等,具有一定的参考价值。另外还有孙斐的《基于"新丝绸之路"理念的陕西文化旅游产品开发及应用研究》[5]从陕西旅游文化资源和产品开发的角度出发,提出"丝路"文化传播的创新点。

以上研究基于陕西文化及其传播路径的某一个方面,如纪录片、电视剧、旅游等,具有一定的理论和实践价值,但总体说来,还缺乏高屋建瓴的理论深度和高度,缺乏陕西地域文化传播的总体布局和架构。文化与社会政治、经济发展密切相关,在文化产业化发展的过程中,文化及其产业已经逐渐成为推动社会经济发展的重要推手,所以,文化的展示和传播就显得更加重要。在此基础上,本文尝试以挖掘历史文化资源的陕西元素为依托,在陕西文化产业发展和提升对外传播力的视角中,对陕西文化元素的挖掘、开发及提升其对外传播力路径进行概括研究,希望能以微薄之力抛砖引玉。

一、挖掘传统文化中的陕西元素

陕西有着丰富的传统文化资源,文物古迹、戏曲、书籍、绘画、皮影、雕塑、话剧等不胜枚举,然而,如何让传统文化元素在当下时代发展中呈现出新的气象和魅力,如何让传统文化和当下社会生活发生共鸣,如何让传统文化展现出陕西文化的新形象,就需要我们进行广泛搜集和系统深入的挖掘。

2018年3月,陕西歌舞大剧院举行开业20周年庆典。陕西歌舞大剧院以唐乐舞为核心产品,以陕西风味的唐宫宴、饺子宴、小吃宴和火锅宴等特色餐饮为辅助,以宣传展示盛唐歌舞表演和餐饮文化为使命,如今已经成为古都西安面向世界各地游客的文化旅游展示窗口。剧院以唐乐舞为核心,为了打造《唐乐舞》系列,陕西歌舞大剧院邀请目前国内顶级的唐代文史专家、学者、艺术家等,经过悉心研究、考证和挖掘,最终形成了按照唐代音乐表演形式进行编排的盛唐朝代歌舞表演,注重挖掘盛唐时期就有的舞蹈音乐,以保持原汁原味的唐代歌舞。在多方努力和悉心挖掘的基础上,《唐乐舞》系列凭借雄厚的表演实力和无与伦比的民族艺术魅力,成为陕西重要的"文化使者",在国际艺术中享有盛誉。与此同时,陕西歌舞大剧院的舞台设计也一贯秉承中国传统文化灿烂辉煌的一面,是目前西北地区唯一专业的演出剧场。舞台设计标准、专业,整个舞台布景由人工绘制并以画幕搭建,且不同的节目都有与之匹配的不同的画幕。以中国画和唐代壁画为表现手法的画幕极大地丰富了舞蹈内容,舞蹈与幕布相得益彰,使得整个舞台呈现出华丽、典雅、古朴、优美的氛围,生动贴切地再现盛唐灿烂辉煌的艺术之美。

2013年以来,陕西围绕传承弘扬中华优秀传统文化,精心打造"国风·秦韵"系列对外文化交流品牌,先后在澳大利亚、丹麦、新加坡、德国、奥地利、意大利等20多个国家和地区组织了一系列"国风·秦韵——陕西传统文化周"活动,将陕西皮影、陕西秦腔、陕西剪纸、西安鼓乐、安塞腰鼓等一批优秀非遗精品项目在海外进行宣传推广,传承和弘扬陕西文化。

综上所述,要彰显传统文化的魅力,展现新元素、新气象,首先要在框架上进行资源的系统整合和挖掘,包括历史、文化、社会等多方面的因素;在此基础上,还要专业,做到"人无我有,人有我精";其中最重要的一点是要把着力点放在"文化内涵"的继承和挖掘上,"唐乐舞"系列正是将舞蹈的考证、研究,舞台的设计以及服装、配乐等着力点放在"唐文化"的挖掘和展示上,才使得舞蹈以现代方式展现出新的魅力,这正是一个文化资源挖掘重塑过程中重要的几个方面。陕北民间剪纸的现代整合也是一样,不仅重视剪纸形式的奇巧,更重要的是呈现西北民间典型的文化特征,在民间的风俗习惯中蕴含周汉礼制文化的深厚底蕴,遵循了一种本土传承与异地传播相交叉、地理风貌与人文特色相结合的文化建构原则,呈现出古朴、大方、率真的主调和粗犷奔放、精巧细致、奇特怪诞的差异特征,并成为陕西文化的代表之一,引起全国乃至世界的瞩目。还有如全国非物质文化遗产华阴老腔,当这支粗犷豪迈的老腔和现代音乐结合时,这个中国大地上"最古老摇滚乐"也在历史的传承和现代的融合中彰显出了新的魅力,向全国和世界展示了陕西文化的新形象。

陕西电视台节目制片人白玉奇在谈到塑造陕西形象时说："塑造一个地域的文化形象，比较简单的方式就是我家有什么，我拿这个作为支点，我把什么说出去。但是'开坛'不能这么做，它做的是我家有什么，我拿这个作为支点，看能撬动多大的地球，就是静态的历史文化资源，需要鲜活的元素注入，然后一石激起千层浪，从而把历史文化资源整合成现实的文化传播力量。"[6]

二、打造先进的文化传播平台

传媒是地域形象传播的首要方式。如上所言，充分挖掘和建设具有文化内涵的陕西元素之后，就需要建立和扩大文化传播平台，更重要的是建立一系列知名的传媒品牌，文化内容为"内功"，传播形式为"外力"，二者缺一不可。

传播内容的选择对传媒品牌的形成有决定性的影响。陕西电视台大型人文类谈话节目《开坛》创办伊始就一直秉承"传统话语当下化，人文话语传媒化，精英话语平民化"的理念，坚持"大众话题、精英解读"，从问题和探索入手，寻找现代人的精神家园。《开坛》栏目的系列活动如"华山论剑""中华大祭祖""风追司马"等在静态的历史文化资源中加入了现代启迪，形成了既切合时代又自成一格的风格，以深深的人文底蕴解读人文陕西、人文中国，别具一格。

传播平台的定位对传媒品牌的形成十分重要。在谈到陕西形象的塑造和媒介传播时，《开坛》制片人白玉奇也指出媒体平台的定位，"媒体是平台，我们媒体人就是搭台子唱戏的人。搭起这个台子不是我们自己唱戏，而是让最有影响力的人来唱戏。而且有一个重要的事情，就是我们这个活动不是来吸引观众的眼球，我们首先做的是拿这个活动来吸引媒体的眼球。这是一个无限敞开的平台，这个平台给各个媒体都留了对接口，这是又一个媒体的核裂变。第一个是资源的核裂变，第二个是传播的核裂变。"[6]

当下，微信、微博等新媒体传播平台日趋多样，但无论媒体形式如何创新，传播的内容和形式都非常重要，甚至在某种意义上来说"内容为王"。文化作为人类的一种精神活动，其传播更应该注重内容，"内外结合"，做到文化资源和传播形式的核裂变相结合，这就要求我们在传播内容上不能哗众取宠，也不能在传播渠道上墨守成规、故步自封。如是，建立一批既符合新媒体传播特点、又具备陕西文化新形象内容的传播平台就变得十分重要。[7]

三、传播陕西红色革命文化

红色文化作为人类宝贵的精神财富，有着十分重要的传承文明、启迪未来的作用，是我国多元文化的一个重要组成部分。陕西拥有十分丰富的红色文化资源，延安作为中国革命圣地，革命遗址445处，是国务院首批命名的中国历史文化名城、优秀旅游城市。[8]

红色文化的传播要注意传播形式的多样性，随着科学技术的发展，传播手段应不断创新。当下，广大党员干部在进行"两学一做"的过程中，应该结合红色资源，重走革命路，接受革命再教育；高校应该把人才教育和红色革命教育相结合，让大学生走进革命实践教育基地，走进革命遗址，接受红色文化传统教育，坚定大学生的理想信念。同时，根据当前社会发展的特点，可以在传播手段、传播模式等方面进行新的探索，尝试将革命遗址参观学习与绿色旅游进行融合，延安在发展红色旅游的同时，就提出推动延安旅游业由"景点旅游"向"全域旅游"转变，打造延安中心城区红色旅游板块、黄帝历史文化旅游板块、黄河自然遗产旅游板块、黄土风情文化旅游板块和自然绿色生态旅游板块[9]；随着科学技术的发展，利用互联网和新媒体，尝试打造和建立线上与线下相结合的红色文化资源的开发与宣传，打造全新的媒介体验平台；尝试进行红色文化资源的再开发，以图片、戏剧、雕塑、话剧等形式进行红色资源的后续开发等。借助举办陕西红色文化博览会、陕西红色文化旅游节等方式，推动红色文化成为一种稳定的社会意识，从而实现文化价值和经济价值的统一，让红色文化为陕西文化新形象的塑造和传播创造良好的条件。

四、推进旅游平台和品牌建设

旅游业是一个高能级的开放平台，担当着文化传播、文明互鉴的重要使命，国际化水平是旅游业发展程度的重要标志。陕西自古就是中国对外开放的门户和枢纽，应积极建设推进陕西旅游国际合作，突出起点优势，展现旅游担当，注重示范引领，充分发挥旅游综合性产业的带动作用。

要依托陕西丰富的历史文化资源，积极搭建国际旅游合作交流平台。担当文化使命，以"文化陕西"和"了解中国从陕西开始"整体形象为统领，深耕国际旅游市场，精准营销、专业营销，积极拓宽旅游营销宣传渠道；借助"中美旅游年""中澳旅游年""中加旅游年""中欧旅游年"等旅游外交、国际展会和省上对外经贸活动开展旅游宣传营销，让陕西优质旅游产品和服务走出去，形象树起来，为提升陕西文化对外传播发挥积极作用。

五、加强"一带一路"教育文化交流

"一带一路"为推动构建"人类命运共同体"提供了中国方案，陕西作为丝绸之路经济带的重要节点和核心区域，要着力创新思想、拓展思路，发挥区域优势和资源优势，积极做好沿线艺术、旅游、教育、考古等对外文化交流工作，为传递中国声音、建设文化陕西作出贡献。

着力搭建"一带一路"国际交流合作平台。2018年10月8日，第五届丝绸之路国际电影节在西安召开。第五届丝绸之路国际电影节由国家新闻出版社广电总局指导，陕西省人民政府、福建省人民政府主办，西安市人民政府、陕西省新闻出版广电局、西部电影集团有限公司承办，主题是"新时代·新丝路·新视界"，以"丝绸之路影视桥工程"和"丝绸之路经济带"建设为契机，促进丝路沿线各国文化交流与合作，传承丝路文化，弘扬丝路精神，提高中国电影的国际影响力。

着力构建"一带一路"人文交流合作机制。2013年11月17日，"从长安到罗马——丝绸之路民族音乐会"在意大利成功举办；2016年9月，舞剧《丝绸之路》应邀赴澳门演出；2017年1至2月，陕西与浙江两省联袂的《富春山居—丝路长安》民族音乐会在欧洲七国巡演引起轰动；2017年4至5月，杂技剧《丝路彩虹》在欧洲多国巡演；2017年12月，文化和旅游部在沙特成功承办了近年来沙特举办规模最大的文化交流活动——"中国文化周"大型文化交流活动；2018年2月，《大汉苏武》在新加坡滨海艺术中心成功进行交流演出；2018年2月，陕西省文化厅与西安建筑科技大学艺术学院共建"丝绸之路国际美术研究中心"。这一系列活动的举办为促进"一带一路"沿线及关联国家文化交融、思想交流、民心相通发挥了积极作用。

着力强化"部省合作"模式。为弘扬优秀传统文化，陕西省与文化和旅游部以"部省合作"模式开展对外文化传播。2017、2018年先后与丹麦哥本哈根中国文化中心、巴基斯坦中国文化中心开展全年文化交流合作，在当地多个城市的文化艺术机构开展交流演出和非遗展览展示等活动，将陕西秦腔、木偶、皮影、剪纸、马勺脸谱等国家级非遗项目与中国书画展示和体验活动结合，为当地群众送去丰盛的文化艺术大餐，受到当地政府和群众的广泛欢迎和好评，有效提升了陕西文化影响力。

着力加强国际教育交流合作。充分发挥陕西省科教资源优势，围绕丝绸之路经济带沿线国家进行基地建设，目前已成立如中亚学院、丝绸之路研究院、西安当代国际问题研究中心、丝绸之路经济带教育文化交流研究中心等多个教育研究和培训机构。2017年，国内首个联合国教科文组织国际工程科技知识中心丝路培训基地落户西安交通大学，目前已为"一带一路"105个国家培养了2 682名专业技术人才。

在"一带一路"开发中，陕西一定要抓住机遇，通过多元合作机制，多层次合作平台，推动各类文明互学互鉴，让这条展示陕西文化和陕西形象的文明之路越走越宽广。

六、发挥中心城市的牵引和辐射作用

国际友好城市是各国地方政府间开展各领域友好交流合作的重要平台。塑造"大西安"，建设

美丽西安,把西安打造成国家中心城市、国际化大都市,坚持"以人为本、以山为屏、以水为脉、以塬为靠、以绿为基、以文为魂",大力优化超大城市发展空间格局,实施"北跨、南控、西进、东拓、中优"战略,在此基础上形成大西安"三轴三带三廊一通道多中心多组团"的城市发展格局,为国家中心城市和国际化大都市打下坚实城市本底,发挥西安作为中心城市的辐射作用,增强中心城市的核心竞争力和辐射引领作用,展示陕西文化魅力、扩大文化影响。

努力构建西安的城市精神品质。紧扣"一带一路"建设需要,努力践行"国之交在于民相亲,民相亲在于心相通"的精神理念,着重塑造开放、包容、发展的城市现代文化,聚集全民力量,共同追求美好和谐的精神品质。[10]

积极创建友好交流城市。紧紧抓住国家双向开放发展机遇,重点发展中亚、东南亚、非洲、拉美等地区友好关系,优化提升友好城市数量和布局。

努力提升城市软实力。建立区域文化、政府公信力、公共服务、军民素质、区域创造力、文化感召力等于一体的城市软实力,展示陕西形象,以综合软实力提升陕西政治、经济、文化等发展品味,塑造良好的陕西新形象,提高区域竞争力。[11]

加强多方合作与交流。积极协调地方政府高层互访,通过论坛、会展等形式推动开展系列务实交流合作。努力提升会展经济,着力引进一批具有世界影响的国际会议、高端论坛项目,争取举办更多的国际学术会议。加快推进大型会展场馆建设,打造会展经济新引擎。

总之,全方位挖掘陕西文化新元素,提升陕西文化传播力,提高陕西文化软实力,是陕西文化传播和文化发展的重要战略任务。当下,在丝绸之路经济带发展的历史机遇面前,以文化交流为契机,进一步加大同沿线省份和国家的合作发展,大力弘扬陕西文化新形象,必将不断增强陕西文化的影响力和辐射力,为陕西经济和社会发展发挥文化先行和引领作用。

参考文献:

[1] 王长寿.陕西文化产业发展的契机与路径[J].长安大学学报(社会科学版),2017(4):9-16.

[2] 张羽.陕西历史文化题材纪录片与区域文化传播[J].新闻知识,2018(7):60-62.

[3] 刘宗元,吉平.陕派电视剧对陕西文化形象的传播[J].电影文学,2009(7):80-83.

[4] 丁丽.陕西文化在丝绸之路经济带中的传播作用[J].今传媒,2015(8):115-118.

[5] 孙斐.基于"新丝绸之路"理念的陕西文化旅游产品开发及应用研究[J].艺海,2016(5):140-142.

[6] 郑萍,许莹.把历史文化资源整合为现实传播力——与陕西电视台"开坛"制片人白玉奇谈传媒对陕西形象的塑造[J].今传媒,2008(5):6-8.

[7] 张居兰.走出自我本位:新媒体背景下地域文化传播的破解[J].出版广角,2018(9):81-83.

[8] 李楠.陕西地域文化的现代设计新模式研究[J].渭南师范学院学报,2017(15):85-89.

[9] 文侠.全力推进延安5A创建 加快实施全域旅游战略[N].中国旅游报,2017-08-01(1).

[10] 李建军.提升新疆文化对外传播力的路径选择[J].当代传媒,2012(2):76-78.

[11] 赵永勃.大连市软实力的建设与提升[J].辽宁师范大学学报(自然科学版),2011(2):107-111.

阎敬铭与"丁戊奇荒"
——兼论晚清社会防灾救荒体系与机制

党 旺 旺

(渭南师范学院 教育科学学院,陕西 渭南 714099)

摘　要：以晚清名臣阎敬铭在"丁戊奇荒"中的赈灾活动及其与传统防灾救荒体系机制的互动为视角,钩沉、梳理了阎敬铭在山陕地区赈灾济民的种种努力与口碑,揭示了中国传统社会防灾救荒体系的作用、局限,分析说明了官绅联动、乡里互助、粮食仓储、粮田面积稳定、交通畅达、政府统筹担当和加强吏治建设对于防灾救荒的重要性。

关键词：阎敬铭；丁戊奇荒；山陕；赈灾；防灾救荒

基金项目：陕西省教育厅专项科研计划项目："救时宰相"阎敬铭与晚清乡村社会建设研究(13JK0051)

作者简介：党旺旺(1963—),陕西富平人。渭南师范学院教育科学学院副教授,主要从事中国近代史、秦东历史文化的教学与研究。

19世纪70年代中后期,即清朝光绪初年的1876年至1879年,我国北方发生了二百年不遇的旱荒,涉及地域之广、持续时间之久、灾情之惨重,为历史所罕见。其中光绪三年(1877)、光绪四年(1878),也就是农历丁丑、戊寅两年,旱荒最为严重,故称"丁戊奇荒"。整个灾区包括了山西、河南、陕西、山东、直隶、苏北、川北、皖北和甘肃东部地区,山西、河南、陕西3省灾患最重。灾荒期间因饥饿、疾疫死亡人数达千万以上[1]410,两千多万人流徙他乡,很多地方人口减损过半。清政府、灾区绅民和传统农业社会的荒政措施都经受了一次漫长而严酷的考验。

本文以陕西朝邑县人、晚清名臣阎敬铭当时在晋、陕两地的救灾活动及其与传统社会防灾救荒机制的互动为视角进行梳理、探讨,以期对我国的防灾救荒及乡村社会建设提供历史资鉴。

一、阎敬铭在"丁戊奇荒"期间的救灾活动

阎敬铭(1817—1892),字丹初,陕西省同州府朝邑县(今属陕西省大荔县)赵渡村人。同治六年(1867)他因病从已履职4年的山东巡抚任上辞官回籍,长期乡居于朝邑及毗邻的山西省蒲州府属临晋、永济县(今永济市)和解州等地。灾情发生后,阎敬铭先在朝邑县组织救灾,随后奉旨稽查山西省赈务。当时"晋灾蒲绛(按：蒲州府和绛州,在晋西南)为重,陕灾同州(按：同州府,包括今渭南市除临渭区、富平之外各县市)为重"[2]206,这里正是"丁戊奇荒"的重灾区。整个灾荒期间,阎敬铭就是在此地度过的。

（一）情系桑梓,救荒济贫

光绪二年(1876),陕西省出现旱情,次年夏秋,旱荒迅速蔓延,"同州府属之大荔、朝邑、郃阳、澄城、韩城、白水各县因旱歉收,麦田不过十之一二；华阴、华州、潼关等属秋苗尽为田鼠、蝗虫所害,粮价骤增"[1]378,蒲城、大荔、韩城等处抢粮伤人案迭出,户少炊烟,人情汹汹。面对旱魔肆虐,乡居教读、务农的阎敬铭不可能置身事外,他即与地方官联手,出面组织乡绅积极筹办本县赈务。

1. 派人赴外地购粮,劝捐助赈

在赈济活动中,阎敬铭首先联络乡绅配合地方政府调查、核实各处灾情,对灾民按极贫、次贫分类施救。因灾情不断升级,饥民愈来愈多,原本有限的仓储粮食不敷散放,他即与时任陕西省巡抚谭钟麟函商,派人携款赴南方省份"买湖米十万石"以应急需。[2]206但南粮北运颇费周折,因持续干旱,"丹江久涸"[3]489,水路不通,不得不"改由樊城(按:属湖北省)陆运潼关"[2]206,然后以工代赈,组织人挑、畜驮、车载,将粮食运回同州。随后不久,朝廷旨令阎敬铭赶赴山西省稽查赈务。到山西后,他仍牵挂朝邑的事情,考虑到南粮北运艰难,他写信建议朝邑县以后可派人前往宁夏、甘肃方向购粮。他还以自己特殊的身份、影响,设法联络、动员在山西运城、四川等地做生意的朝邑籍人士捐赈桑梓,施救乡里。随着灾情持续恶化,那些曾经同阎敬铭一道救灾的朝邑乡绅们感到十分沮丧、惶恐、绝望,阎敬铭即写信劝勉他们提振精神,要尽力而为,绝不可轻言放弃。并叮咛他们所有经手账目不可含糊,要防微杜渐。因有阎敬铭的倡导和支持,朝邑县的赈济活动启动早、有实效,在数百里内都颇有口碑。[2]449

2. 恤民疾苦,设法减轻百姓差徭压力

阎敬铭辞官回籍乡居,发现差徭已成为当地百姓不堪承受的弊政和生存压力。所谓差徭,就是清政府强加给农民的田赋以外的负担,按农民承担田赋的多少摊派钱数,用来解决官方往来各种差事人畜途经当地所需的各种费用。阎敬铭了解到,北方各省差徭问题异常突出,"山陕尤重"。咸丰、同治年间,各族人民反清斗争此起彼伏,陕西地处川、楚、晋、豫、甘交通要道,"兵差"等徭役非常繁重,"粮银(田赋)一两派差银数倍不等"。到灾荒前,十数年的战乱已趋稳定,"兵差"明显减少,即便如此,农民的差徭负担仍超过了田赋本身。在朝邑县,"粮银一两,摊差费千数百文",农民被迫将勉强糊口的粮食"尽行粜卖以应追呼",怨声载道。阎敬铭与民同苦,不忍坐视,于是他与陕甘总督左宗棠等函商,启动了朝邑县的差徭改革。其办法是将差徭费按每粮银(田赋)1两摊派300文收取,"交县(即县府)自行办差","官用己钱,诸从节省",并"严查账目",杜绝滥支、冒领、中饱现象。这一改革在"丁戊奇荒"期间,得到切实落实并显现成效,朝邑县实际差务支出数锐减,且"岁有余钱",光绪四年(1878),就是用前两年差务所剩余额办理了差徭,当年全县对农民"未派一钱"[2]211-212。

阎敬铭稽查山西赈务期间,同时亦"奉命查陕西同州赈事",时有同州府属华州(今华县)多人向他呈诉,说每年过境华州的官差酒席、车马、银钱、杂项"俱归民办",差徭"摊派至万余串",灾民不堪其苦。阎敬铭当即受理,"函告"同州知府饶应祺,要求其设法"裁减"。在他支持下,饶应祺将朝邑县减差徭的做法在包括华州在内的同州府属各州县普遍推广。经此番整顿、改革,同州地区百姓的差徭负担大为减轻。[2]210

(二)奉旨稽查山西省赈务,倾力赈济荒灾

光绪三年(1877)九月,阎敬铭接到稽查山西省赈务的谕旨,他时年已过六旬,严冬常患咳喘,需"扶杖而走"[2]205,虽然自感病躯难膺重任,但目睹非常灾情与百姓饥寒惨状,他毅然领命赴任。

1. 周历各地,体察灾情,安抚百姓

阎敬铭在将朝邑赈事做了交代、安顿之后,于光绪三年(1877)十月初四日启程前往山西,由蒲州一路北上,先后视察了山西永济、临晋、猗氏、夏县、闻喜、曲沃、太平、临汾、洪洞、赵城、霍州、灵石、介休、平遥、祁县、徐沟、太原、阳曲各州县,看到沿途冬小麦皆因干旱未能下种,"粮乏价昂","饥民哀号"[2]206。十六日他抵达省城太原,同山西巡抚曾国荃面商赈荒各事。十月二十五日离开省城,前赴山西省东路各州县巡查灾情,历经武乡、沁州、沁源,看到"秋禾无收"。又南行至潞安府属之襄垣、屯留、长治,发现小麦未能入种,麦面"较平时加价三四倍"。黎城、潞城、长子三处"民间异常困苦"。高平、凤台、阳城、沁水、翼城等地灾情更重,"道殣相望"[2]208-209。每至市镇人多处所,阎敬铭便宣布朝廷"颁发库帑,拨给漕粮……现多法赶转,陆续即到",安抚人心;同时访查各地赈灾官吏有无贪腐现象,力求"弊窦悉除"[2]205-206,民得实惠。十一月十一日他行抵设在晋南运城的"行馆"[2]209(按:旧时官员出行在外的临时居所),不顾劳顿,即刻开始"办理(自南方)采买粮石各事"[2]207。

2. 多方求告,为民请命,筹措救济钱粮

饥民嗷嗷待哺,阎敬铭一面派人前往湖北、安徽等地采购米粮;一面通过信函四处求告,筹借钱粮。他曾任户部主事、湖北藩臬、山东巡抚,同僚故属不少,"每日写信各处不下八九封"。光绪三年(1877)冬两月之内,他单"与山东往来文函不下数十件",该省也是被灾之区,勉强"求得库款五万"。当时他深感"求人之难"[2]450。处于极端灾荒困境,他不得不向朝廷"屡乞恩施"。光绪三年年底,山西巡抚曾国荃奏请将江苏、湖北未提之漕粮6万石拨归山西应急,结果被户部否决,谓京仓是朝廷根本,也急需漕粮补充。得此消息,阎敬铭即以"钦差"身份与曾国荃联衔再奏,"为民请命"。他满怀悲悯之情奏陈道,"晋省成灾州县已有八十余邑之多,待赈饥民计逾五六百万之众","臣敬铭奉命周历灾区,往来二三千里,目之所见,皆系鹄面鸠形,耳之所闻,无非男号女哭……每日饿毙何止千人"。"乞特降谕旨,俯允将江鄂未提之漕米六万石全数拨给山西,以救残黎而维人心"。朝廷接到此疏后,只得改变主意,将这批漕米全数转拨山西。[4]514-515光绪四年(1878)三月,在阎敬铭等一再请求下,朝廷又旨令苏、皖、赣、浙、闽、鄂、湘、川、鲁、粤10省各筹拨银6万两,共60万两,限期解往山西,以应救荒急需。[5]7484

3. 严查贪腐,整肃吏治,力保灾民得济

阎敬铭奉旨巡查灾区期间,辗转数千里,一路食宿异常俭素,敝车布服,行李萧然,他还力请将山西省依旨拨给他的一千两差旅费,留在永济县作赈灾之用。他说当此"群苦筹措无术"之际,自己若"先领公款,寝馈万分难安"[2]205。同时,他严查各地官吏发放救济钱粮是否及时、合理,是否张贴告示公开相关内容,以便绅民监督。他要求各地对灾情勤加"核实",严防"滥放""冒领"钱粮现象。对于克扣、挪用、截留赈济款粮者,一经发现,无不立予参撤。时有稷山县知县王懋庚,刚到任数月,"即行私派捐输,修理衙署",对"于应散麦种银两,并不照章散给"灾民,阎敬铭与曾国荃即将该知县参革查办。[4]677特别是吉州知州段鼎耀,丧尽天良,竟然将省拨"赈银四千两并不散放,将前任知州李徵枋买补还仓谷石私自粜卖,所禀捐银买谷垫发籽种及垫买赈粮仓谷各情,均系虚捏"[4]700,阎敬铭对其彻查严参,得旨将其正法。段鼎耀案的查处,震动山西官场,吏治为之肃然。阎敬铭清正不阿,严查贪腐,有人便诋毁他做事过于"刻削"[6]96,诬蔑他是"阎王",但在老百姓口里,则把他比作"包孝肃"[7]1188。就维护赈灾活动的公正、秩序及人们的信心而言,他无疑起了重要作用。

4. 推动四省差徭改革,纾解百姓负担,促进灾后社会复苏

"丁戊奇荒"是罕见天灾,也伴有人祸因素,其中之一就是北方各省差徭"累民"情况严重。按照当时的规制和做法,重灾区的田赋可缓征或蠲免,但繁重的差徭负担是推不掉的。阎敬铭说,这对百姓来说,是"阳无加赋之名,阴有加赋之累"。他坐镇运城主持晋南地区救灾,即把减免差徭看作是救助灾民的紧要措施。他首先与曾国荃函商,决定将陕西朝邑减差徭的做法在晋西南的荣河、夏县、虞乡三县加以推行,将每两田赋(银)的摊派差费由"八九百一串余不等"降至"百余文"。此法实施后,三县农民感激不迭,"群谓(差徭)大减"。光绪五年(1879)五月,旱荒已近尾声,年馑之后残破不堪的农村社会经济渴望得到培植、复苏,但除了陕西同州府和晋西南少数州县外,在广大灾区,差徭仍犹如一块重石压在农民身上,使其难得喘息。于是阎敬铭上奏朝廷,吁请在差徭最重的山西、陕西、河南、四川四省全面推行差徭改革与整顿。他奏陈说:近些年来"流差为害滋甚","臣为陕西土人,又熟闻山西老吏老民,确知二十年以前实不如此"[2]211。他所说的"流差",包括了官吏、国外贡使、藩属及改流地方所属喇嘛土司贡差以

及各衙门丁役公干等等过境事项，其费用全都摊在当地百姓身上。

阎敬铭在深入调研和总结历史经验的基础上提出了8条改革措施，包括裁减"例差""借差"，官差由各省发给"印票"以加强管理节制，规定喇嘛来往人员数额班次，严禁办事大臣所带家丁书役等沿途"滥索"车马"差费"，严惩衙蠹地痞利用办差"中饱"自肥等等，立意正大，办法具体，朝廷旨令四省参照执行。由阎敬铭发起的这场差徭改革使长期以来官吏借差扰民、累民，以差牟利的乱象逐步得到遏制，四省"民困大苏"[8]665，促进了灾后社会经济的恢复。

二、阎敬铭赈灾中的苦恼、无奈与传统社会防灾救荒体系机制的作用及局限

我国自古灾荒频发，人们对荒政历来重视，到了清代，传统社会的防灾救荒体系、机制都已比较成熟。这其中既有灾前的防备，又有灾中的救急和灾后的恢复举措，既有朝廷和地方政府的惯常做法，又有民间的乡里救助机制，还有市场调节作用的发挥等等。具体措施包括建仓储粮、开仓救济、蠲免或缓征田赋、向灾区拨调库帑、截拨漕粮、省际协济、鼓励商人向灾区贩粮、劝民捐输、设立粥厂、组织饥民兴修工程以工代赈等等。

按理说，既有上述荒政措施与机制，阎敬铭又作为同治、光绪年间精明强干的能员，他在赈灾方面可选择的应对办法很多，但实际情况远非这么简单。他当时巡察的地方越广，看到的灾情越严峻，而旱魔的持久肆虐也完全出乎其预料，眼看着"河东（按：山西省的西南境）人（饿）死已足有五成"，人相食的惨剧不时发生，灾民辗转逃亡，哀鸿遍野，他痛感束手无策，赈济无术，"日则绕屋彷徨，夜则通夕长叹"[2]449，内心备受煎熬。他面对的难题很多，最主要的有以下数端。

（一）粮食仓储兴废对救灾活动的制约、影响

积储粮食是预防饥荒的主要手段，我国自古就有"耕三余一"、储粮备荒的思想和做法。到清代，这类备荒设施已更为完备，各"省、州、县皆设常平仓"，并"以社仓、义仓辅常平之不及"[9]714。常平仓是清政府在各地设置的官仓，当谷贱时以平价籴粮，谷贵时以平价出粜，以此来调节粮价、备荒救灾；义仓和社仓属民办粮仓，其创办和维持费来自民间劝捐或募捐，在管理模式上，"定例由绅经理"，官府负责稽查，它一般设在村镇。[9]725常平仓、义仓和社仓一体构成了地方粮食安全保障体系。但在事实上，它又往往随时势变迁而兴废，也常因管理不善形成弊端。就陕西省而论，乾隆年间仓储最盛。嘉庆年间白莲教起义，部分仓储在战乱中损毁。同时，"官绅之侵蚀"与仓粮借出不能完全收回等情弊也逐渐暴露。但总体而言，其保障潜能还是不容忽视的。道光二十六年（1846），陕西遭遇严重旱荒，时任巡抚林则徐组织赈灾，"开仓平粜不下百十余万石"，这些仓储粮食发挥了巨大作用。[3]482到同治年间，陕西发生回民、西捻军等反清战争，战火波及地区粮食仓储系统被焚毁，"各属向年间有社仓、廒舍"悉被"燔毁无存"[9]727，此后十数年仍未得到恢复。"丁戊奇荒"期间，陕西省共用赈"粮一百一十万石"[3]482，"多购诸外省"[9]727。因本地存粮无多，人口大量饿毙。

需要指出的是，阎敬铭对此事早有预警。同治十一年（1872），他为朝邑县令"作示数十条，劝人积谷"，但他的意见竟不被人理解，甚至"无一不笑"。后来幸得陕西巡抚谭钟麟支持，才建仓储谷，"始略有备"，不料"天灾骤至"[2]449。阎敬铭在朝邑办赈半年，城乡仓储粮食很快就分发已尽，不得不另"图别策"，派人远购"湖米"以救急。[2]206但远水难解近渴，人们吃尽了苦头。灾后，在阎敬铭倡导下，朝邑修建了著名的"丰图义仓"。

（二）官府劝赈与宗族、乡里救助作用的发挥及其后续乏力

我国古代农业社会是宗法社会，有官绅共治的传统。在"丁戊奇荒"面前，乡村社会不乏济贫扶困的古风。在宗族自救方面，一般来说相对自觉。以阎敬铭为例，他在朝邑县原籍，"置义田，赡族人，凡男女老疾之稍贫者，皆按年给费，不使或绌。遇年荒，必自筹数千金以赈恤之，不使一人食

官粮"[10]。自己出钱救助族人，不给政府添负担。当时他让侄子阎乃玕在家乡赵渡村专理此事。至于各县救各县，各村救各村，一般是官为倡导，切实"劝捐"，对富绅讲清要"保富"，必须"济贫"的道理，鼓励他们"顾桑梓而乐输将"，对本地和左邻右舍的饥民"毋得视同秦越"[11]2-3。对于服从大义，捐粮捐钱者予以表彰。这种乡里社会的帮扶救济有不可替代的作用，尤其是在较富裕的州县，比如山西的祁县、平遥、太谷，陕西的三原、泾阳等县，效果更为明显。光绪三年（1877），在山西某县，政府曾发放赈款6000两，地方士绅则"捐助了一万三两"[12]343。在陕西省的赈济款中，也"以本地捐输为大宗"[2]200。大荔县知县周铭旗"创为保赈法"，全县42保，"就地筹粮"，动员"富户"捐赈家乡，"各赈各保"[8]556，当时"大荔富绅捐麦一万数千石"[3]520，省赈局所拨救济粮才4000石。光绪四年（1878）十二月，陕西省巡抚谭钟麟向朝廷奏报：本省"计自去秋九月初一日起至今年六月底停赈赈止，统计各属赈过极、次贫民男妇大小三百一十四万口有奇，共用银二百二十余万两，用粮一百十余万石，其中官项捐款约略各半"[3]493。民间捐输款项占到半数（宗族、邻里接济以及对路人一粥一饭之施舍救急尚不在内）。

显然，地方政府、绅士富户在救灾中是基本力量。但因晚清统治腐朽，战火屡兴，差徭繁重，普通人家鲜有积粮。旱魔持久为虐，一般富户也耗成了贫户，次贫变成了极贫。在大多数州县，"或百里而无一富室，或数十里而无一小康之家"[4]515。阎敬铭等人的劝捐资源着实有限，地方自救难以为继，只能期望朝廷发挥更大的作用。

（三）人地矛盾、烟争粮田与交通严重滞后

"丁戊奇荒"漫长，本地存粮很快罗掘一空，必须设法获得外地粮源接济，而这正是阎敬铭颇感焦虑而又万般无奈的事情。

1. 鸦片挤占粮田，灾情雪上加霜

山西、陕西光绪初年的年馑异常严重，还有一个重要因素，就是人地矛盾、烟争粮田的问题突出。据阎敬铭掌握的情况，道光二十六（1846）、道光二十七（1847）年山西、陕西两省虽然也发生了比较严重的旱荒，但那时本地市场并不缺粮，"肆市粮贩各处堆存"。而这次则大不同，"粮价较道光时加贵四五倍，几至无粮可买"[13]849。晋、陕两省粮食匮乏，从区域内来看，人多地少、罂粟种植泛滥是直接原因。在清代，我国人口有了空前增长，人多地少的矛盾凸显，到鸦片战争时期，"人均耕地仅有2亩多一点"[14]192。特别是国门被打开以后，本已紧张的粮田又被鸦片种植大量挤占。当时在北方各省，山西、陕西两省鸦片种植最广。山西罂粟"最盛者二十余厅、州、县，其余多少不等，几于无县无之"[15]4555，而且"往往以膏腴上田种罂粟，而五谷反置诸硗瘠之区"[15]4549。在陕西，"渭南地尤肥饶，近亦遍地罂粟"[15]4551。粮田面积和粮食产量锐减。要防饥荒，必须禁烟种粮。

光绪四年（1878），阎敬铭在山西"出示晓谕，所有栽种罂粟者，责成族长、甲长压令拔除，改种五谷"，如有不遵，"禀官究治"，"州县官吏私征罂粟亩税，立予参撤"[1]386。但事实上，因社会腐败和利益驱动，铲除烟毒并非易事。无论如何，"丁戊奇荒"已向人们发出警告，在人地矛盾突出的中国，稳定的粮田面积和粮食生产必须得到保障。

2. "远水难解近渴"，交通落后成为大规模异地购粮的瓶颈

运粮远比购粮难，这是阎敬铭感到最棘手的问题。他在给朝廷的奏报中说，晋南地区的粮食"平时仅恃陕、豫商贩接济"，"今则陕、豫面面皆灾，来源已早竭矣"[4]514；晋中的粮食"无不以口外（按：内蒙古和河北北部一部分地区）为粮之来源"，而现在"口外收成连年歉薄，仰给无从"。当时南方没有旱荒，粮食采购较易。若采购南粮，需从湖北樊城经河南周口地区转运到山西南部。若自天津商埠购粮或截留漕粮，则须经由直隶西向辗转运入山西中部。这两方面转运都异常艰难，距离遥远，山路崎岖，平原道路久旱尘土飞扬，牲畜难觅，又怕沿途饥民劫掠，因之粮价高昂，运费一涨再涨，至3倍于粮价。[2]209灾区不仅赈银短缺，而且自外地购粮到运回本地，往往旷日持久。光

绪三年（1877）秋，阎敬铭派人到南方购粮，直到次年，"费尽十分心力，始到千二三百石"。更令他无奈的是，商人把向灾区贩运粮食视为畏途，裹足不前，即使政府沿途免收厘金等关税，仍然很难招到商贩，市场的重要作用得不到发挥。救荒急如救火，阎敬铭感到"万无长策"[2]450，颇伤脑筋。此后很长时间他都忘不了这个事情。

光绪八年（1882），他进京出任户部尚书，途经太原，与时任山西巡抚张之洞又谈了预防灾荒的事情。他根据山西地理交通特点，建议晋中、晋北地区以后应重点从口外之包头镇采粮，经黄河水运到碛口镇（按：该镇属山西汾州府，为黄河岸边水陆交通枢纽），在此就地取材，多建石仓储粮以备缓急。张之洞谓此诚属"老成更事"[15]4618之见。无疑，"丁戊奇荒"也昭示了发展近代交通特别是修建铁路的紧迫性。

（四）政府赈灾机能的钝化与脆弱

"丁戊奇荒"期间，清政府对整个赈灾工作缺乏系统的考虑与筹划，其举措多属应急和因袭古法，并伴有其自身存在的难以克服的矛盾与缺陷。

根据阎敬铭、曾国荃等人的灾情报告和请求，朝廷曾多次直接转调漕粮、拨发帑银、催促各省筹措协饷送往灾区，但其数量与实际需求相差悬殊。当时正值西北边疆危机，左宗棠出兵新疆为收复国土而战，陕西绅民眼见大宗粮饷西运，而灾民忍饥残喘，于是讦告陕西巡抚谭钟麟救灾不力，并恳请"截留解甘军饷，以苏涸鲋"[3]493。这自然未能如愿。同时，朝廷也不允许受灾省份举借外债来拯救饥民。灾区山穷水尽，清政府缺乏应有的底气与担当。

阎敬铭查赈期间，既目睹和接触到部分地方官员在竭忠尽智、赈灾济荒，甚至有"焦劳过甚，一病不起者"[2]209。同时他又深感官场"少诚心尽心之人"，多"作弊生事之辈"[2]449。他派候补知府赵怀芳到安徽采办赈粮，其人不以民命为急，竟用时达半年之久，且所报采粮价格等情况与当地"各行店底簿"记录相差"悬殊"，多有浮冒不实之处。赵怀芳因此被查办，阎敬铭也因委人不慎被议处。[4]698

当时，清政府在一些城乡、村镇为饥民开设了不少"粥厂"，勉强维系其生命。西安有"粥厂七处"，就食者3万余人。[3]489在"太原府的一个地方，每天有两万人前去领一碗小米粥"[16]117。但各地粥厂管理者良莠不齐，有侵盗赈粮者，有玩忽职守者。光绪三年（1877）十二月初四日，天津东门外粥厂失火，竟"烧毙饥民达两千余人"[5]7472。光绪四年（1878），朝廷派礼部尚书恩承、吏部侍郎童华前往四川办案，途经晋、陕两省，他们一行在"山西境内，每处门包、酒席、各项支应，一日之费，官供民派，需银千数百两……行至陕西汉中诸更加厉"[9]693。大灾之年，他们如此做派，毫无体国忧民之心。这些现象既折射出晚清政府的深度腐败与其内忧外患的交织，也暴露了传统救荒机制的局限及其功效的严重弱化。阎敬铭为之痛心而又无可奈何。

不过，当时在传统救灾体制机制之外，也有李提摩太等少数外国传教士现身灾区施救和海外华人为灾区募捐的活动。但总体而言，清政府和包括阎敬铭在内的绝大多数官员尚缺乏开放心态和世界市场意识。

三、结语

光绪五年（1879）五月，这场灾荒已届尾声，阎敬铭稽查山西赈务的差使也告结束，朝廷嘉许他在为期3年的赈灾中"办事实心，任劳任怨"，准其在解州就地医病，"安心调理"[17]4469。

通过"丁戊奇荒"中阎敬铭的救灾活动及其与传统防灾救荒体系机制的互动，我们一方面感受到了他的清正风骨、恤农情怀和为赈灾济民所付出的艰辛努力，他疾患未瘳，身处灾荒中心地带和救灾一线，面对的惨景、挑战和承受的精神煎熬超乎想象，其所作所为堪称此次官绅救灾中的表率与标杆。而其任职经历、所受传统教育的知识背景，特别是社会生产的落后，又使他对近代新事物有一定隔膜。另一方面，我们也看到了晚清政府主导下的传统防灾救荒体系机制的作用及其在空前严峻灾荒面前的脆弱与局限。

这种传统的防灾赈灾和社会保障机制虽经千百年的发展、运行而已成规,但又因社会制度的因循不前、腐败而硬化,已难以承受特大灾荒的考验。这段历史表明:在乡村社会建设和防灾救荒体系机制的构建、运行方面,中央与地方、官府和民间的协调、联动非常重要,特别是政府的统筹与主导、民间济贫扶困古风的传承、粮食仓储制度的完善与维护、粮田面积的稳定和扩大、交通运输的畅达便利以及大市场意识的建立都需要得到强力推进和升级,而心系民生、廉洁勤勉、干练有为的官吏群体更是乡村社会建设和防灾救荒中所期待的关键因素。

参考文献:

[1] 上海社会科学院经济研究所.晚清经济史事编年[M].上海:上海古籍出版社,2000.

[2] 宋伯鲁.民国续修陕西通志稿:五[M]//中国地方志集成·省志辑·陕西.南京:凤凰出版社,2011.

[3] 宋伯鲁.民国续修陕西通志稿:三[M]//中国地方志集成·省志辑·陕西.南京:凤凰出版社,2011.

[4] 朱寿朋.光绪朝东华录[M].北京:中华书局,1958.

[5] 戴逸,李文海.清通鉴[M].太原:山西人民出版社,1999.

[6] 费行简.近代名人小传·官吏[M].北京:中国书店,1988.

[7] 辜鸿铭,孟森.清代野史[M].成都:巴蜀书社,1998.

[8] 宋伯鲁.民国续修陕西通志稿:二[M]//中国地方志集成·省志辑·陕西.南京:凤凰出版社,2011.

[9] 宋伯鲁.民国续修陕西通志稿:一[M]//中国地方志集成·省志辑·陕西.南京:凤凰出版社,2011.

[10] 朝邑县乡土志:卷二十八·耆旧录[M].燕京大学图书馆.

[11] 中国社会科学院近代史研究所.近代史资料(总)130号[M].北京:中国社会科学出版社,2014.

[12] 马士.中华帝国对外关系史:第二卷[M].上海:上海书店出版社,2000.

[13] 葛士浚.皇朝经世文续编:卷三十二·户政九·赋役下[M].上海久敬斋铸印,光绪辛丑年.

[14] 李文海.中外历史问题八人谈·中国近代灾荒与社会稳定[M].北京:中共中央党校出版社,1998.

[15] 盛康.皇朝经世文续编:卷四十二至四十三(总第十一册)[M].武进盛氏思补楼刊版,光绪二十三年.

[16] 亲历晚清四十五年——李提摩太在华回忆录[M].北京:人民出版社,2011.

[17] 清史列传[M].北京:中华书局,1987.

网络视频节目《秦东印象》的文化传播研究

祝培茜

（渭南师范学院人文学院，陕西渭南 714099）

摘　要：《秦东印象》作为一档文化类网络视频电视节目有着很高的传播价值，该节目的上线将秦东地区的美食文化、风景名胜文化、传统工艺品文化、传统艺术表演文化、非遗文化、传统故事文化都得到了很好的展现，并且传递了一定的人文精神和历史底蕴，但是节目内容却依旧不够精简和缺乏趣味，使得传播效果无法达到最佳。只有深耕节目内容，建立多样化传播平台才能让节目的效益发挥到最大化。

关键词：《秦东印象》；文化传播；文化传播意义

作者简介：祝培茜（1995—），女，陕西汉中人。硕士研究生，渭南师范学院人文学院教师。

一、节目基本概况

2015年渭南市首个网络视频新媒体渭南网络电视台上线，该平台的上线使得传统媒体与新媒体的融合度不断地推进，真正意义上实现了随时随地进行视频的观看。而《秦东印象》则是渭南网络电视台旗下的一个固定视频节目，该节目从2014年11月开始播出第一期节目，到目前已上线共159个小视频，节目的主要内容涉及秦东特色美食、秦东著名风光、秦东传统非遗文化等等，视频时长适中、内容丰富有特点，是一档极具文化特色的网络视频节目。

二、节目内容分析

《秦东印象》作为一个文化类的微视频节目，其节目内容涉及秦东文化的方方面面，对于秦东地区的文化宣传与展示起到了一定的作用。经过对于该节目视频的观看，作者将用表格形式概括出该节目的主要分类及主要内容，由此探究出该节目对于秦东文化传播的贡献。

（一）节目内容的具体分类整理

分类	节目内容概述	节目名称
美食文化	主要涉及秦东当地的各种特色小吃，讲述传统美食的魅力，例如：潼关肉夹馍	《临渭豆腐泡》《大荔十三花》《合阳䬠面》《蒲城小吃》《潼关万盛源酱菜》《白水豆腐》《潼关梁喜娃肉夹馍》《黑池羊肉胡饽》《渭南北杨手工豆腐》《渭南时辰包子》《渭南石灰窑水晶饼》《蒲城水盆羊肉》《蒲城椽头蒸馍》《富平太后饼》《富平柿饼》《富平流曲琼锅糖》《大荔带把肘子》《〈大荔说〉第3集　麦情面趣》《〈大荔说〉第4集　荔人炊香》《〈大荔说〉第5集　沃土甜心》
风景名胜文化	主要介绍秦东地区的风景名胜，展示优美风光，例如：华山	《华山宣传片》《华山传奇》《天下第一庙——西岳庙》《〈大荔说〉第6集古城寻韵》《红色地下交通线》《宜居宜游　富美临渭》《大荔形象宣传片——美丽大荔》

分类	节目内容概述	节目名称
非遗文化	主要涉及了秦东地区的非遗文化的风采,展示了中华传统文化的魅力,例如:华阴老腔	《非遗系列片·同州梆子》《非遗系列片·蒲城土布》《非遗系列片·华阴迷胡》《非遗系列片·华阴老腔》《非遗系列片·华县皮影》《非遗系列片·合阳跳戏》《非遗系列片·富平石刻》《非遗系列片·合阳提线木偶》《非遗系列片·富平阿宫腔》《非遗系列片·白水杜康酒》
传统工艺品文化	主要介绍秦东地区传统手工艺的制作,展现手工艺的精美,例如:白水陶艺	《洽川面花》《千年窑火》《陶园结艺》《皮影春秋》《合阳面花》《渭北刺绣》《纸塑窗花》《桥南草编》《富平老鼓》《白水陶艺》《植根热土的葫芦梦想——洽川葫》《1221文化渭南王鼎上》《朝邑剪纸》《澄城面花》《华州面花》《澄城刺绣》《华县皮影雕刻》《秦源影雕黑陶》《澄城尧头陶瓷》《澄城尧头砂器》《白水九龙木雕》《富平柳编》《洽川葫芦灯》《蒲城杨氏漆画》《蒲城麦秆画》《临渭剪纸》《富平剪纸》《韩城印花袄子》《大荔夹板门帘》《白水西固烙画》《韩城古门楣题字》《临渭草编》《蒲城民俗画》《蒲城秦埙》《大荔阿寿面花》《合阳雷氏木雕》
传统故事文化	主要介绍秦东地区的传统历史故事,挖掘其中的精神文明,例如:司马迁故事传说	《司马迁故事传说》《劈山救母传说》《朱氏正骨术》《仓颉造字传说》《黄帝铸鼎传说》《烹饪始祖 一代贤相 伊尹》
传统艺术表演文化	主要介绍艺术表演者的传统表演文化,展现出传统艺术的魅力,例如:华山魂	《皮影春秋》《华山魂》《东雷上锣鼓》《最后的跳戏》《爷爷的线戏》《文化渭南合阳线戏》《【文化渭南】渭曲社:说唱本土》《富平老鼓》《澄城上刀山》《渭北跑骡车》《朱王秧歌剧》《蒲城走马戏》《大荔碗碗腔》《合阳民间唢呐》《同朝皮影》《白水曲子坐唱》

通过上述表格对节目的整理,我们可以清楚看到,《秦东印象》节目对于传统文化的传播主要集中在美食文化、风景名胜文化、非遗文化、工艺文化、故事文化、艺术表演6个方面,其分别占比为21.05%、7.37%、10.53%、37.89%、6.32%、16.84%,通过占比分析可知《秦东印象》节目对于美食文化、传统工艺文化以及艺术表演文化的重视度更高,宣传及传播的次数也更多。

(二)节目内容的传播视角分析

分类	传播视角
美食文化	该部分大多美食的拍摄与介绍都是以食物为主角进行详细的介绍,侧面通过相关人物来引出美食,讲出美食背后的人文色彩、精神文明以及穿插的历史文化意蕴。
风景名胜文化	将秦东地区的华山、西岳庙等著名风光展示出来,与此同时也将与之相联系的文化故事讲述出来,为景物增添了浓厚的人文色彩和历史底蕴。
非遗文化	讲述的非遗文化不仅包含着传统艺术文化,也有传统手工艺文化,无论哪种非遗文化都是始终围绕人展开,将人与物相融合,讲出物也讲出人。

分类	传播视角
传统工艺品文化	主要通过人物制作工艺品过程以及人物讲述手工艺品的由来的视角来完美展现传统工艺品的深厚文化底蕴,使得器物不仅是器物,更是包含着人物精神和时代精神的载体。
传统故事文化	主要通过介绍传统的神话故事或者古代人物故事向观众传递秦东地区独特的历史文化,传递出中华文化的博大精深。
传统艺术表演文化	秦东地区的传统艺术表演是极具特色的,而此部分将其淋漓尽致地展现出来,让受众体味到秦东传统艺术表演的独特韵味,同时也普及了传统艺术的相关知识。

从上述表格的整理我们可以看到,每一个阐释的文化部分都有其独特的韵味,有其不同的文化底蕴,但是每一个文化却也都与人紧密相联,使得物质与意识形态相互交融着,让我们从其传播内容中感受到浓厚的人文气息。

三、节目文化传播意义

(一)有利于传承中华文化

党的十九大报告指出,"文化是一个国家、一个民族的灵魂。没有高度的文化自信,没有文化的繁荣兴盛,就没有中华民族伟大复兴"[1]。所以,对于文化的保留和传承是当下主流媒体必须担负起的责任。而《秦东印象》节目的播出正是对于中华文化的一部分传承,是将中华文化进行保留的最好方式。当一个个秦东传统美食文化、艺术表演文化等等的各色文化在网络电视台上播出,我们的受众便能够成为文化的被熏陶者,变为下一个对于秦东特色文化的普及者,变成真正的秦东特色文化的传承者。

(二)有利于加强受众的身份认同感

社会心理学家泰弗尔等人提出了"社会认同"相关理论,他们认为社会认同可以视为是"单独个体意识到自己属于某个特定的群体组织,同时也会产生作为群体成员所需具备的情感认知和价值意义。"[2]社会认同的出现让我们明白了情感的力量,而这份社会认同就是我们自身对于自己身份的认同。大多观看《秦东印象》节目的受众都是秦东地区的人民,他们在观看此档节目的时候能够产生更强的情感共鸣,当他们发现秦东文化的独特魅力时会产生由衷的自豪感、归属感,会更加认同自己作为秦东地区子民的身份,也会更加的热爱自己脚下的净土。由此,《秦东印象》节目的播出可以说是增强了受众的使用满足感,达到了一定的凝聚效果。

(三)有利于秦东文化"走出去"

当下世界的一个热门议题说道"让文化走出去",中国更是为了能将文化输出国门做出了不懈努力,因而让文化走出去已经迫在眉睫。《秦东印象》节目的播出虽然还无法让其输出的文化内容走出"国门",但至少可以做到走出"秦东地区"。《秦东印象》多种多样的文化内容足以能够吸引其他地区受众的目光,能够让其他地区的受众真正了解秦东地区的文化、习俗、风土人情,让其他地区的人从了解开始去主动认识它,甚至爱上它。因而,《秦东印象》的对外输出让"秦东文化"走出去的意义变得更加重大。

四、节目传播存在的不足及建议

(一)存在的不足

1.传播时长较长

互联网浪潮席卷的现今时代,无论是信息的更迭还是内容的传播都讲究一个"快"字,而受众阅读信息和观看视频的速度也越来越快,所以"短小精悍"是当下互联网内容传播应该注重的。《秦东印象》作为一档网络视频节目,每期节目的时长虽然控制在了30分钟左右,但是对于当下受众的快速阅读习惯来说节目仍然是冗长的,时间长度也导致了受众在观看到一定时间的时候逐渐失去对于节目内容的兴趣。

2.传播内容缺乏趣味和规律

《秦东印象》在选择内容上是很具有当地文化特色的,但是在内容上却缺乏一定的趣味性,依旧和在传统电视上的播出内容一样,保持着严肃性与官方性,却显得过分呆板和生硬。节目没有迎合上互联网时代的创新感就无法吸引广大受众的眼球,更无法使得年轻一辈去深入了解节目的传播内容,最终会导致传播度不高、传播力度不大。除此之外,传播内容也缺乏规律性,整个节目播出的安排毫无章法,显得凌乱不堪,没有形成一个系列节目的整体性。

3.传播技术亟待提高

《秦东印象》虽然做到了在网络电视平台上传播,但是在技术方面依旧存在着很多不足。首先,传播平台系统存在问题。在观看视频时经常会有播放到一半就黑屏的情况,甚至有一些时间较远的节目点击后却无法播放,这就严重影响了受众的使用满足感,甚至会导致受众对节目本身失去兴趣。其次,传播平台缺乏多样化。目前大多数用户都是手机用户,所以对于这些用户来说APP、微信公众号、微博的使用度显然更高,而《秦东印象》节目仅仅放在网页平台上进行播放显然是不能够满足受众需求的。

(二)建议

1.深耕节目内容,做到精简有趣

深耕节目内容就要在导向上坚持人民性,把人民作为文艺审美的鉴赏家和评判者,反映中国人审美追求,要将文化作品的思想性、艺术性、观赏性有机统一,创造出服务人民群众、属于人民群众的思想精深、艺术精湛、制作精良的精品力作[3]。只有真正满足人民群众的内心才能真正发现节目内容本身的趣味性,将节目内容做活、做精,让节目在更短的时间内达到更好的效果。例如微纪录片《如果国宝会说话》就采用新鲜的视角,用每集5分钟的时长去介绍一件国宝,不仅有趣还短小,引起了受众的广泛关注。其次,要让节目内容系统化、规律化,例如将美食类的节目放在一个小框架下方便受众查阅,或者一周七天固定在某一天进行美食类内容的播出。

2.革新传播技术,激发文化活力

融媒时代,跨屏传受成为媒介新生态的重要标志之一,其实质是传受关系的一次重构[4]。原始的电视媒介对于受众来说其优势已经在不断递减了,它的大屏传播已经不能够再满足受众想要的"移动式"观看了,因而技术革新是无法避免的。融媒体时代,电视节目传统的"大屏+线性+接收"模式被改变,呈现出"时空多维+传受一体"的新特征[5]。顺应这样的新特征,传统媒体更应该不断加强技术革新,不断开发平台,让节目能够在多样化平台上传播,改变单一渠道的缺陷性。同时,要加强技术把控,随时查看视频播放的流畅性和完整性,及时进行问题修复,防止因为简单技术问题造成的传播力下降。

五、结语

《秦东印象》节目虽然有着很好的传播价值,但是因其技术以及内容的不完美使得传播效果无法达到,因此深耕其文化产品内容将成为该节目的首要任务,在此基础上再利用好互联网这样的便捷工具才能够真正让秦东文化通过其节目得到良好传播。

参考文献

[1]施秀萍.网络时代文化传播"三部曲"[J],《中国报业》,2019年,第104页

[2]张莹瑞,左斌.社会认同理论及其发展[J],《社会科学进展》,2006年,第476页

[3][4][5]袁莉.以文化人:融媒体时代的文化传播之旅[J],《电影评介》,2019年,第78—80页

消失的华州名胜——西溪

徐颖瑛

(渭南师范学院 中文系,陕西 渭南 714099)

摘　要：西溪是渭南市华州区一处历史名胜。唐代诗人杜甫的《题郑县亭子》首次写到西溪及游春亭,境界开阔而感伤孤独,影响深远。李商隐《夜出西溪》中的西溪,水面宽广平静,松柳环绕。唐末唐昭宗幸华州,曾与臣僚们在西溪宴饮,同观竞渡。北宋的西溪成为大众游赏、文人官员宴饮之地,并出现了佛寺。明代的西溪主要景点有游春亭,张潜的西溪草堂和古松。清代西溪水量渐小,诗歌中主要写水乡田园风光。1949年后西溪彻底干涸。

关键词：华州;西溪;诗歌;地方志

作者简介：徐颖瑛(1969—),女,陕西华州区人。文学硕士,渭南师范学院中文系讲师,从事中国古代文学的教学与研究。

渭南市华州区,位于关中平原东部。出县城向西约五千米,石堤河从南向北朝渭河流去。在县城与石堤河之间,分布着多个村落和平坦的农田,似乎并没有什么特别。但在地方志及相关诗文中,这里曾经是一个让文人士大夫们流连忘返、题诗吟咏的名胜所在。这就是西溪。

一

华州西溪之得名应该是因其位于县城以西。这种以方位词加属类名词来命名河流的方式缺乏独创性和地方特色,因而很难具有唯一性。有关西溪的古代诗歌数量众多,除华州外,地点分布在杭州、梓州、衡阳、洛阳、山阴等地。本文中涉及的诗歌篇目,都可以明确判定写的是华州西溪,无法判定其西溪属地的篇目都存而不论。

华州西溪形成于何时已难以考证。北魏郦道元《水经注》卷十九载:"西石桥水南出马岭山,积石据其东,丽山距其西,源泉上通,悬流数十。"[1]"西石桥水"即今石堤河,并没有提到西溪。华州区历史悠久。在新石器时代,今柳枝镇元君庙、泉护村、杏林镇老官台等地,就已经出现氏族村落。周宣王二十二年(前806),周宣王封其弟姬友(郑桓公)于郑地,建立郑国。春秋时,秦武公十一年(前687),因郑邑为郑国故都之故,秦国在此设郑县,这是华州区设县之始。华州地处中原进入关中的必经之路上,地理位置十分重要。但是,在唐代之前,几乎找不到涉及华州的诗文,西溪即使此时已存在,也不会被关注。

西溪第一次出现,是在盛唐诗人杜甫(712—770)所著《题郑县亭子》一诗中。郑县即今华州区。有唐一代,华州大部分时间辖郑县、华阴(今华阴市并含今潼关县地)、下邽(在今渭南市临渭区北部)三县。诗前自注云:"郑县游春亭,在西溪上,一名西溪亭。"诗云:"郑县亭子涧之滨,户牖凭高发兴新。云断岳莲临大路,天晴宫柳暗长春。巢边野雀群欺燕,花底山蜂远趁人。更欲题诗满青竹,晚来幽独恐伤神。"首联写亭子的位置在涧滨,可以凭高。颔联写西溪所处的大环境,向东可见华山及官道,向北可见位于渭河以北朝邑境内的长春宫的柳树,境界开阔雄浑。颈联写近景动景,鸟雀嬉戏,山蜂怕人,富有生机和童趣。尾联感怀,照应首联中的"兴新",面对美景灵感激发,但却感伤孤独。乾元元年(758)六月,杜甫因上疏营救房琯而由左拾遗贬为华州司功参军,次年七月即弃官离开华州赴秦州。在华州期间,杜甫的心情颇为压抑郁闷,在这首诗中也有表现。但当时的西溪本身是什么样子,诗中并没有详细描绘。

有关今华州区风景名胜的诗作,从唐代开始不断出现。杜甫之前,王昌龄有《小敷谷龙潭祠作》中,描写少华山下小敷峪口的水石激荡的景象。杜甫之后的诗人,如王建、李端、张乔、杜牧等都写过少华山,王建、司空图写过小敷水,刘禹锡写过伏毒寺,唐昭宗李晔写过栖云楼。杜甫的《忆郑南玼》,写的也是伏毒寺。在这些诗作中,杜甫的《题郑县亭子》可以说是影响最大的一首。北宋司马光《寄郑县史令千之其二》中说:"怜君比比得佳县,胜概闲情双有余。为看西溪日沉后,如可南浦月生安。""长春宫柳远扶疏,新树应多旧已枯。蠹柱苔墙遍寻历,古亭犹有杜诗无。"诗前有序曰:"前君为白马尉,廨舍前即南浦,今西溪,封内胜地也。"史千之以前做白马县尉时,县衙门口有南浦河。后来做了郑县县令,附近有西溪,司马光称之为"封内胜地",封即关,封内即关中,可见当时西溪风光在整个关中地区也是排在前面的。司马光在第一首诗里问:你看西溪上日落之后的风景和南浦月亮初升的风景相比,哪个更好?在第二首诗里,作者又问:长春宫的柳树是不是枯了很多,又栽了很多新树?你去西溪边亭子的旧址上到处找找,看杜甫的题诗还在不在?可见司马光心里的西溪是以杜甫的诗为基础想象的。可惜我们没有找到史千之的答诗,无法确定隔了大约三百年后,西溪是不是还和杜甫看到的一样。

南宋诗人陆游在《老学庵笔记》中说:"先君入蜀时,至华之郑县,过西溪。唐昭宗避兵尝幸之,其地在官道旁七八十步,澄深可爱;亭曰西溪亭,盖杜工部诗所谓'郑县亭子涧之滨者'。亭旁古松间,支径入小寺,外弗见也,有楠木板揭梁间甚大,书杜诗,笔亦雄劲,体杂颜、柳,不知何人书,墨挺然出板上甚异。"[2]。可见此时杜甫的题诗仍在,但是不是当年杜甫亲笔所题无法肯定。这是陆游的父亲入蜀时路过郑县时所见的西溪,陆游自己并未亲见。南宋时华州已在金人统治之下,陆游已无法亲游西溪。他在《书事》诗写道:"关中父老望王师,想见壶浆满路时。寂寞西溪衰草里,断碑犹有少陵诗。"当宋军从金人统治下收复华州时,西溪刻有杜甫诗的石碑已经残破,以此来说明金人对北宋故地社会文化的破坏。诗中述人写景颇为真切,但"想见"一词说明一切皆出于想象。此诗说杜甫诗是刻于石碑上,与《老学庵笔记》中说杜甫诗书于楠木板上相矛盾,可能是一时误记,或者为了表达效果而有意虚构。

南宋和元朝时期,华州处于异族统治之下,诗文不兴,有关西溪的记述少有发现,至明清两代渐多。在明清诗人笔下,杜甫游西溪已经成为一件值得回味的名人轶事,几乎凡写西溪就必有杜甫。明代《华州志》称西溪为"万壑风烟,眺游胜绝之所也。古今人慕杜司功子美之风,遂名之为小曲江云。"[3]明代状元高陵人吕柟(1479—1542)《题西溪草堂》里说自己是"仲春十月到西溪",看到"水绕山环鸟乱啼"的美景,就想到"当年杜子游无厌"。成化二十二年(1486)前后任华州知州的伍性与华州训导的钮莹中合作的《华州八景》诗中的"西溪夜月"云:"采石无人清弄影,杜陵有客漫留题。"则这时西溪边确有石碑上题杜诗了。天启二年(1622)进士华州人张必大有《郑涧野望诗》:"客去杜陵怀往事,于今能不共分题。"杜甫提到的游春亭也颇引人注意。华州人王维桢(1507—1556)《题西溪游春亭》尾联"少陵何处问,徙倚白云亭。""白云亭"即杜甫所游的"郑县亭子",此时仍然存在。清代杨维谦《西溪怀古》有"荷香数里扑人裳,曾记司功客异乡。郑县峰岚空翠霭,曲江亭榭半荒凉。"此时游春亭已经比较荒凉了。王士祯《寄显应侯祠》有"杜老昔游处,西溪蘋叶生",似乎此亭已经不存了。王士祯曾于康熙十一年(1672)因公赴四川,路过华州时作此诗。

杜甫对华州的影响还延伸到了诗外。清康熙年间《续华州志》卷一《辩伪考》在考证老官台村名的由来时说:"杜少陵游西溪曾登台,后人思之,名其地并传其像。"[4]当地人传说,老官台又叫"老观台",因杜甫于此观景而得名。另说杜甫居官与民为善,当地人尊称他"杜老官",把他游赏之处称"老官台"。西溪附近还有杜基。《华州志》载,西溪"北二里许,土人称杜基,盖杜子美游春亭旧基址也。"[3]《续华州志》则说:"杜基为唐杜少陵去后而祠之"[4],是因为"杜公之居官也,民爱之,去则思之,思则祠之"[4]。但具体修建时间已无考。《题郑县亭子》在杜诗中思想和艺术水平都不算突出,但影响如此之大,恐怕还是和杜甫身上体现的忧国爱民精神密不可分。

二

杜甫之后,西溪再一次得到诗人青睐是遇上李商隐。大和七年(833),二十刚出头的李商隐第一次赴京应举不中,投奔华州刺史表叔崔戎,担任幕僚。大和八年(834)三月,崔调任兖海观察使,李商隐又随至兖州。会昌元年(841),李商隐再一次来到华州,成为刺史周墀的幕僚。李商隐诗集中有两首同题《西溪》诗:"近郭西溪好,谁堪共酒壶。苦吟防柳恽,多泪怯杨朱。野鹤随君子,寒松揖大夫。天涯常病意,岑寂胜欢娱。"诗中"苦吟""多泪"的凄苦也不像是二三十岁的年轻人所能有,以华州西溪距离长安之近,也不当言"天涯"。一般注家认为这首诗是作者居梓州幕府时所作,清代学者冯浩编于大中九年(855)。另一首《西溪》云:"怅望西溪水,潺湲奈尔何?不惊春物少,只觉夕阳多。色染妖韶柳,光含窈窕萝。人间从到海,天上莫为河。凤女弹瑶瑟,龙孙撼玉珂。京华他夜梦,好好寄云波。"李商隐《谢河东公和诗启》云:"商隐启:某前因假日,出次西溪。既惜斜阳,聊裁短什。盖以徘徊胜境,顾慕佳辰,为芳草以怨王孙,借美人以喻君子。"[5]对诗意的概括完全符合第二首《西溪》诗,可以认定这是梓州所作。

李商隐另有一首《夜出西溪》:"东府忧春尽,西溪许日曛。月澄新涨水,星见欲销云。柳好休伤别,松高莫出群。军书虽倚马,犹未当能文。"从"东府"一词即可确定此西溪为华州之西溪。东府,本是同州(今大荔县)的古称,史载西汉武帝太初元年(前104),始置关中为京兆尹、左冯翊、右扶风三郡,因属京畿,故又称之"三辅"。京兆尹专辖长安诸县,左冯翊专辖关中东部诸县,右扶风专辖关中西部诸县。由此关中东、西两府称谓初具雏形,后世变化不大。尾联中,倚马,典出《世说新语》,晋人袁虎曾任大司马桓温记室,一次奉命草拟布告,倚战马立时写成。尾联是说自己军书虽然写得快又好,但却不能当成真正的文章,其实是说不能为自己带来更好的仕途。这表明作者此时的身份为幕僚,且仕途不顺。这些均符合李商隐第一、二次投奔华州刺史的情形。但"松高莫出群"是认为自己仕途不顺是由于才能出众而遭到有意打压,一般第一次科举失败不会出此言。能说此话,应该确有所指。开成三年(838)春,已登进士第的李商隐应博学宏词科,先为考官周墀、李回所录取,复审时被某"中书长者"无故除名。"松高莫出群"应是由此而引发。开成四年(839),李商隐应吏部试书判拔萃科及格,得任为秘书省校书郎(官阶九品)。不久,调为弘农县尉,到任不久,因触忤上司而辞职回到长安。会昌元年(841),李商隐随刺史周墀赴华州任幕僚。这时的李商隐已经有了好几年的做官经验,又是第二次入幕,所以才有"军书倚马"的熟练自信。故此诗应作于会昌元年(841)春末。诗中说"新涨水",说明他来到华州的时间更早,来时西溪水尚未春涨。此诗中的西溪,水面宽广平静,可以看到倒映在水中的星月云,周围栽有柳树和高大的松树,是一个很清幽雅静的休闲场所。初登仕途,连遇不顺,对李商隐打击不小,而他清高而易伤感的性格也已初露端倪。

三

乾宁二年(895),陇西郡王李茂贞再次率兵攻打长安。唐昭宗李晔在华州刺史韩建的胁迫下,于乾宁三年(896)七月十七抵达华州。乾宁五年八月,唐昭宗回到长安。史书记载,唐昭宗与韩建曾经在西溪一起宴饮:"考异曰:编遗录:上引兵逼华州,韩建轻骑出墙归投。上于西溪亭子与建饮膳毕,却归赤水营。"[6]但这次宴饮的时间、事由、参加人员等详细情况却不可考。天复元年(901)

十一月，朱全忠进攻华州韩建时，大军驻扎在赤水，亲兵驻扎在西溪，用亲兵突袭州城，取得了胜利。华州和西溪，因为见证了这些重大历史事件而真正广为人知。

唐昭宗在西溪的宴饮活动应该不止一次。吴融有一首《和集贤相公西溪侍宴观竞渡》："片水耸层桥，祥烟霭庆霄。昼花铺广宴，晴电闪飞桡。浪叠摇仙仗，风微定彩标。都人同盛观，不觉在行朝。"集贤相公是指曾经做过宰相后任职集贤殿书院的官员，其所侍之宴，就是皇帝举行的宴会。吴融在唐昭宗朝任礼部郎中，后入充翰林学士，官至中书舍人，应该也参与了这次宴会。这首诗中只"昼花铺广宴"一句写及宴会情形，重点描述的是宴会之前的竞渡。首句就可以看出，西溪水面之上耸立着一座大桥。中间两联写竞渡，从"仙仗""彩标"看，参与的船只色彩华丽。从"昼花铺广宴""浪叠摇仙仗"看，参与的人数和船只众多。从"晴电闪飞桡"看，选手经过了充分的训练。尾联所说的"都人"，指从首都长安随驾而来的官员，"不觉在行朝"是说不觉得搬来临时的行在，而是和在京城一样欢乐。这话在作者是衷心的歌颂，但在后人读来，却如"直把杭州作汴州"一样充满了讽刺。

殷文圭记录了另一场西溪宴会。《行朝早春侍师门宴西溪席上作》："西溪水色净于苔，画鹢横风绛帐开。弦管旋飘蓬岛去，公卿皆是蕊宫来。金鳞掷浪钱翻荇，玉爵粘香雪泛梅。三榜生徒逾七十，岂期龙坂纳非才。"殷文圭是乾宁五年礼部侍郎裴贽下进士，考试地点就在华州。七十多名高中者在西溪上举办谢师宴，规格相当高。地点是"画鹢"，就是在一条豪华游船上，能容纳至少七十人的船，体量应该相当大了。宴会有管弦乐队伴奏，来的都是公卿官员。作者最后说，真没想到我竟然还能考中，表面的谦虚掩盖不住内心的骄傲得意。诗中的西溪水色纯净，鱼儿跳跃，水草漂浮，显示出良好的生态环境。

郑谷于乾宁四年（897）到达华州，迁都官郎中。其集中有多首诗与华州有关，如《少华甘露寺》《奔问三峰寓止近墅》《华山》等。其中一首《驻跸华下同年司封员外从翁许共游西溪久违前契戏成寄赠》与西溪有关："北渚牵吟兴，西溪爽共游。指期乘禁马，无暇狎沙鸥。纵目怀青岛，澄心想碧流。明公非不爱，应待泛龙舟。"司封员外从翁原本答应一起游西溪，但过了很久都没有实现承诺，作者就开玩笑地猜测他是不想骑马而想要"乘龙舟"游西溪。此诗中并没有对西溪的直接描写，但从二人约好游西溪，对方爽约后作者还专门写诗提醒催促来看，西溪是一个不错的游玩胜地。

四

北宋时期，首都东迁至汴梁。华州距政治经济文化中心比唐代更远，但西溪在诗歌中出现的频次却反而增加了。这一时期诗歌中的西溪，出现了一些新变化。

诗歌中对西溪美景的描述更加详细生动。宋祁《华州西溪》："山近重岚逼，溪长匹练分。霁波平撼日，寒嶂侧藏云。弄荇鱼差尾，投汀鹭列群。"西溪南距源头所在的马岭山（当地人称五龙山）不过数里，所以首句即从山写起。次句将上游溪水比为"匹练"，可见其水路弯弯曲曲之外，水势亦相当大。分，是说上游的溪水是分开的，包括石堤峪水和马峪水。"霁波平撼日"，说晴日里西溪的波浪平推过去会撼动太阳，语虽带夸张，亦可见其水面之广及浪涛之大。"寒嶂侧藏云"回头再写山，又暗示倒映在西溪水面的山影白云相衬，格外清丽。"弄荇鱼差尾，投汀鹭列群"，湖中鱼儿在水草中嬉戏，成群的白鹭鸟落下来，让西溪的美丽中又增添了生机。虽然尾联"如何去寻丈，尘路已纷纷"指出离西溪不远的官道上尘土飞扬，破坏了西溪的整体环境，但不得不说宋祁这位"红杏尚书"的确功力不凡，为我们留下了最好的西溪诗境。此外，李及《之西溪诗》"凫冷蒲光乱，蝶昏花气淳"，韩琦《上巳西溪同日清明》"红芳雨过妆新拂，绿柳含风带尽斜"，司马光《西溪公宴二首》（其二）"鱼惊避落叶，鸟倦立浮查。古柏依冈远，垂杨带岸斜"，都从不同角度展现了西溪之美。

西溪成为大众的游赏胜地。李及《之西溪诗》

说:"多来忘归鸟,无过不游人",鸟儿来了都忘了回去,人们经过这里没有不游玩的。该诗首句为"漾漾一溪春",可见此游是在春天。春天是最好的游赏季节。长安人李复《西溪酬孙倚李珪二同年依韵》里说自己与"水部张员外,中书白舍人。曾闻三绝句,同赏曲江春",《和李夷行游西溪醉归》里有"风回惊怨落红飞,把酒临溪倚花树",都是春天游西溪。尤其是上巳、清明等特殊节日,原本民间就有踏青游玩的风俗,西溪便成为众多人的出游选择。韩琦《乙未寒食西溪》说:"三月秋千节,西郊菡萏洲。塞寒春尚浅,俗乐政同优。赏慳杯忘算,歌妍饵失钩。黄昏垂柳岸,人意共迟留。"寒食节原本为纪念被晋文公烧死的介子推而设,并没有游玩的风俗,可是人们把它改造成了秋千节,出外赏景听歌,直到黄昏都不愿意离去。韩琦另一首《上巳西溪同日清明》里写道:"拍堤春水展轻纱,元巳清明景共嘉。人乐一时看开禊,饮随节日发桐花。"可以看出,在西溪上还会举行修禊活动,并且会共同饮酒。西溪的游玩盛况有时会非常惊人。李复《上巳成季召会于西溪会上赋诗须多韵仍用故事或旧诗十事已上未终席而成违者浮以三大白罚者四人予与成季免焉》说:"著处袚除务是日,西关千人万人出。"徐积的《三月三日作》描述更为详细:"今朝乃是三月三,三分春色二分去。一分春色能几多,吟翁老病无如何。却思翁在秦中时,年少爱游山与溪。其时人物如神仙,手携酒榼擎花枝。人不惜钱似痴呆,乞者与之见者买。人人俱著好衣裳,处处纷纷成五采。山上山前闹如市,人半归时城欲闭。西溪最是柏坡头,人家占却无闲地。更有几处入城早,清明上巳踏芳草。若无疾病与死亡,人家大抵无烦恼。"徐积是楚州山阳(今江苏淮安)人,三岁父殁,随母远依华州外祖父家,十五岁才回归故里。他在诗里回忆华州人上巳出外游玩时,人人都携带酒壶,手举花枝,如果没有就花钱买,有人讨要就给,大方得像智力障碍者一样。人人都穿上最好的衣服,山上山前简直像闹市一样,到了晚上要关城门的时候,还有一半人没有回来。西溪最热闹的是柏坡头,人们挤得简直都没有插脚的地方。可以看出华州人的生活富裕而闲适。难怪徐积会说华州"人家大抵无烦恼"。

西溪还成为官员文人公宴聚饮的佳地。司马光有《西溪公宴二首》:"五马非从乐,西城念劝功。翠帷低映水,红旆不胜风。叶脱青山静,云归碧落空。淹留尽佳兴,新月渐朦胧。""谢守爱山水,军城况不赊。鱼惊避落叶,鸟倦立浮查。古柏依岗远,垂杨带岸斜。秋风吹急管,一曲度荷花。"司马光有两次在陕为官的经历。第一次是宝元元年(1038),司马光二十岁,参加会试一举高中进士甲科,初任华州判官。第二次是熙宁三年(1070)春以端明殿学士知永兴军(现陕西省西安市),次年四月即辞官退居洛阳。诗中既自称"五马""谢守",应该是熙宁三年秋所作。公宴一直持续到深夜"新月渐朦胧",诗人感觉到非常尽兴,一方面是因为演奏了音乐,另一方面也和西溪清雅静幽的环境有关。在这种情况下,诗人还说参加公宴是为了"劝农功",同时也不忘"军城",可见诗人恭谨敬业。上文提到的李复《和李夷行游西溪醉归》《上巳成季召会于西溪会上赋诗须多韵仍用故事或旧诗十事已上未终席而成违者浮以三大白罚者四人予与成季免焉》则是文人的私人聚饮。诗中写饮酒之后还"茧纸墨妙龙凤飞,远近家鸡皆敛翼",就是展纸写诗,很有文人的雅趣。只是由于材料缺乏,不知道这时的西溪附近是不是已经有了饭馆食肆,还是参加者自带食物和酒。

这时的西溪出现了佛寺。中唐诗人李远《与碧溪上人别》首联为"欲入凤城游,西溪别惠休"。凤城是京城的美称,华州处在中原去长安的必经之路上,西距长安不过百余里,完全符合此句诗意。汤惠休,南朝宋诗人,早年为僧,人称"惠休上人",诗中用以代指碧溪上人。这位碧溪上人只在这首诗中出现过一次,无法考证其详细身世。从诗意推测,应该是西溪本地僧人,但也不能完全排除其为游方僧人的可能性。所以只能说这首诗表明西溪在中唐时期疑似已有佛寺。宋代张方平有《华州西溪》:"西溪殊近郭,少华更当轩。竹径通华表,松庭接绀园。"绀园,既可称佛寺,又可代指道教宫观。沈佺期《游少林寺》诗:"绀园澄夕霁,碧殿下秋阴。"明代高启《与王徵士访李炼师遂同过师林寻因公》诗:"玄馆启贞境,绀园阒清香。"绀园所指前佛后道,十分明确。文彦博《和梅公仪待制宿西溪寺》:"地占莲华麓,溪环鹭岭巅。密林含细籁,巍刹照清涟。独赏宁妨醉,幽吟定废眠。支郎谙雅尚,扫榻就潺湲。"题中称"寺",诗中又称"刹""支郎"(泛称僧人),则必是佛寺无疑。"巍刹照清涟",可见此寺紧挨西溪。"密林含细籁",周围密林环绕,十分静幽。韩琦《题镇潼西溪》:"芳林环掩密相搀,仙府天成似隐潜。峰面槎牙屏簇画,溪心平澈鉴开奁。秾妆照槛秋莲合,碎玉敲篷夜雨添。暂枙客轩醒病目,日斜无意驭彤襜。""仙府"应该就是指西溪寺。"芳林环掩密相搀"的环境也与文彦博诗中描写一致。"溪心平澈鉴开奁"可见西溪水面之开阔平静。皇祐五年(1053)改镇国军为镇潼军。治平四年(1067),韩琦判永兴军(今陕西西安),经略陕西。韩琦到达陕西后,积极调整战略部署,采取多种措施,很快安定了边境。熙宁元年(1068)秋,韩琦因为感觉行事处处掣肘,无法实现执政理想,以疾求罢,诏复知相州,赴阙朝觐。此诗应作于这次回京路过华州时。这位与范仲淹齐名的名将、被欧阳修赞为"临大事,决大议,垂绅正笏,不动声色,措天下于泰山之安"[7]的三朝贤相,这时已年满六十,疾病缠身,志不得申,所以在西溪的秋雨黄昏中表现出强烈的消沉自伤,和前面三十多岁任陕西安抚使时所写的春游西溪的闲适优雅全然不同了。

那么这座寺庙叫什么名字?文彦博所说的"西溪寺"显然只是以地命名,不是正式名字。著名的"云破月来花弄影郎中"词人张先的《题西溪无相院》提供了答案:无相院。"积水涵虚上下清,几家门静岸痕平。浮萍破处见山影,小艇归时闻棹声。入郭僧寻尘里去,过桥人似鉴中行。已凭暂雨添秋色,莫放修林碍月生。"诗中的西溪水面广阔,近处有山,溪上有桥,寺院附近有树林,和前文各诗中写到的西溪完全一致。只是溪中能划船这一点,前面无人写及,让人不太确定此西溪是否为华州西溪。但我们在《续华州志》中找到了华州西溪的确有无相禅院的证据。卷一《建置志·古迹考》有"西溪无相禅院钟"条:"州治二门之外,东西相望,并建鼓钟","考其鼓上之钲,钲上之舞印着籀迹,则为西溪无相禅院铸也","相传在宋时堑岸湮谷,移自西溪"[4],上面还铸有僧人及华州主要官员名字,但"年号模糊不可读"[4]。州志作者认为,无相禅院最晚在唐代中叶已经建成:"以官职详之,不越唐代中叶时,云无相禅院废已久。"经"讯故老",其地址"传闻在州西南三里许,即今杜基之西坡也"[4]。这样看来,华州西溪宋时确有无相禅院。西溪水面广阔,张先又明确说船是"小艇",则西溪上可以划船没有问题。因此可以推断,《题西溪无相院》写于华州西溪确定无疑。此诗苏轼《题张子野诗集后》作《华州西溪》,《宋文鉴》作《题华下无相院西溪》,也可作为旁证。而胡仔《渔隐丛话》作《湖州西溪》就是错误的了。有此诗作为证据,李远《与碧溪上人别》作于华州西溪的可能性就大大增加。

北宋之后,南宋时期,华州处于金人统治之下,诗文创作几无所闻。元代情况类似。只张翥有一首《渔家傲·舟行自西溪至秦川荷花一望百里云锦中》:"红白芙蕖千万朵,水仙恰试新梳裹。缟袂霞衣争婀娜。香霭堕,凌波忽载行云过。

正好玩芳停画舸,尊前自唱无人和。惟有沙鸥三两个。飞近我,夜凉同向花间卧。"可见从西溪向西,水域面积以及莲藕的种植面积极为广大,已经是现在的我们无法想象的了。

五

明万历九年(1581),经华州知州李可久裁正,华州故县里(今杏林镇故县村及其附近一带)人张光孝编撰的《华州志》付梓刻印。这是流传至今的第一部《华州志》,为陕西名志之一。卷二《山川考》中有"西溪水"条:"水受诸峪而成泓漾。溪初分流,灌田至故县沙涧诸村。则万壑风烟,眺游胜绝之所也。古今人慕杜司功子美之风,遂名之为小曲江云。"[3]"余以西溪之水,地气渐下,今止于一溪之细流耳,非古之溪水可以竞渡,可以驻大军也。"[3]可见西溪此时虽然在故县沙涧附近仍然存在较为宽广的水面,但整体水量水势已大减,不复能与前代相比。已经失传的明成化二十二年(1486)编成的旧《华州志》中载有时任华州知州的伍性与任华州训导的钮莹中合作的《华州八景》诗,其二为"西溪夜月":"帘澈晴空月色低,蟾光流影映西溪。波涵玉魄天香寂,鱼怯金钩醉眼迷。采石无人清弄影,杜陵有客漫留题。游观日夕归途晚,犹有余晖投马蹄。"写的恐怕也只是故县沙涧附近的西溪。

这一时期进入诗歌中的西溪,主要景观一是游春亭。文人游西溪必游游春亭,必怀杜甫,前文已多列其诗文。王维桢,明朝华州平定里(约在今下庙乡东部)人。累任翰林院修撰、署南京翰林院事、南京国子监祭酒。不幸在回家省亲时死于嘉靖三十四年(1556)的华州大地震中。他的《题西溪游春亭》包括两道五律一首七律:"曲水围青带,回岗抱翠屏。冠裳仍废榭,鸥鹭自寒汀。霞覆千里树,风翻十月萍。少陵何处问,徙倚白云亭。""暮倚溪山曲,悠然见晚屏。水风醒酒面,野火辨鱼汀。坐下忘机鸟,行吟浪迹萍。良游天亦许,明月故亭亭。""溪光寒凌千峰影,霞气霄蒸五色文。上客有怀惟对酒,孤亭无主但流云。沙鸥野鹜看还下,水管风箫听正纷。不用登临深慷慨,胜游天地几回群。"诗中的西溪远山叠映,绿树环绕,鸥鹭时下,黄昏云蒸霞蔚,夜晚明月皎洁,令人迷醉。三首诗景象开阔,笔力清俊中时见雄奇,艺术功力非同一般。王维桢主张诗法杜甫,但从这几首诗看,同杜甫相比,寄托还远远不够深厚。

二是西溪草堂。张潜(1472—1526)字用昭,号东谷,晚号西溪,今甘肃省秦安县人。弘治九年(1496)登进士第,后累迁任山东布政使司右参政。因事遭诬罢。晚年家于华州,于西溪旁筑草堂而居。张潜《题西溪别业词》:"芒鞋竹杖小乌巾,万壑风烟老逐臣。百口初寻耕织地,群鸥莫怪往来频。危亭带日分冈尾,古树连云占水滨。徙倚溪边随意坐,万蝉声里晚凉新。"穿着随意闲适,与群鸥为伴,在溪边的蝉声里乘凉,这是多么惬意的隐士生活!比起陶渊明的清高自守,张潜则多了种平民味道。最与陶渊明不同的是,张潜的朋友多,且常在一起饮酒作诗挥翰,纵谈今古。《华州志》的作者张光孝,正是张潜的孙子。

康海,武功人,弘治十五年(1502)状元及第,官至翰林院修撰。正德五年(1510)八月,兴平人太监刘瑾事发被凌迟处死,康海以同乡受株连被削职为民,从此绝意仕进,整日与友朋咏歌于泉石间,以山水声伎自娱。康海有多首诗写到与张潜的交往,如《华州张子梅花小酌》《答用昭德光》等。有关他们在西溪的活动的有三首。《同用昭自华南郭往西溪作》直接表白:"爱尔草堂静,驱车同讨寻。"《西溪醉歌》:"西溪草堂春水深,西溪主人溪上吟。割鸡把酒劝客醉,少小几时衰老侵。朱颜白日休自负,请君试看芳春林。我闻此语倍感激,世上几人如此心。明朝何不出美酒,更与东眺华山岑。"两人在喝酒的同时有过深入的思想交流,所以才交情深厚。《过张子西溪作》:"自予抱幽戚,三载鲜游眺。春日忽言征,津底沧洲妙。柳色参差生,芳意远近耀。张宴临溪波,弹琴递清调。惠风当襟怀,游赏恣舒啸。匪效苏门狂,将追虎溪笑。少日牵王役,结绶事廊庙。粗直虽见称,龌龊果成诮。馌稼浒西曲,探奇历幽徼。叹君本素心,晤言希久要。"在春天的西溪边张宴作乐,游赏长啸,很有些六朝文人的恣狂豪纵。"粗直虽见称,龌龊果成诮",反思自己的仕途挫折。"叹君本素心,晤言希久要。"说明自己和张潜都有共同的"素心",所以希望能更长久地交往。

明代教育家吕柟有《题西溪草堂》三首。一云:"仲春(疑应为秋)十月到西溪,水绕山环鸟乱啼。若到春来风荡荡,怎禁行处草凄凄。当年杜子游无厌,此日张卿兴岂暌。我亦有怀频入梦,不知何日手相携?"又:"少华峰阴一草堂,醉眠仙客如日长。稻塍水面回鸥鹭,竹屋云深落凤凰。东谷为人避世早,西溪隐处看山详。独惭白首为尘土,欲效樊鞿学尔狂。"又:"西溪风月美无边,记得优游便是仙。但使杯中余浊酒,何须方外觅长年。"诗中表现出对西溪田园风光的赞赏迷恋,以及对主人闲适恬淡的隐士生活的欣羡。值得注意的是,"稻塍"一词显示西溪已开始大面积种植水稻,和种藕一样,也是对西溪优质水源的充分利用。"槭林八景"之八"盈塍秔稻"诗有"玉秔长亩金风润""极目绿涛多万亿"之句,可以互为印证。

三是古松。前文提到的宋代张方平《华州西溪》中的"松庭",张潜《题西溪别业》中的"古树"即指此树。张必大《郑涧野望诗》:"留连涧畔青松古",华州知州的陈应麟《西溪夜月》:"杜子游春处,南岗松鹤奇",说明此松的位置在游春亭南边的山涧边。宜元熙《古松》诗:"插涧长松拂碧霄,虬枝错落护溪桥。龙鳞日吐晴虹气,马鬣风生海月潮。盖偃经年阅代谢,阴浓逐雨感飘摇。孤根久托幽岩地,休说秦封爵浪邀。"可见此松高大年久,靠近溪桥,孤生无依。《续华州志》的作者刘遇奇,号东厓山人,华州人,于康熙十一年(1672)完成初稿。卷一《建置志·古迹考》中载有他的《古松赋》,对古松的描述更加详细:"州治甫十里许,地名西溪。……有松焉,蓊葱葳蕤,其阴竟亩。顶摩偃盖,有骈幪覆笠之形。磊砢蟠根,有虬螭蜿蜒之势。黛色苍翠,参天老干,错落亘地。获大寿则身数十围,深阅历则长盈百尺。"[4] 这棵松树的树冠面积竟然达到一亩,树身数十围,树枝长达百尺,简直难以置信。

六

进入清代,西溪已盛况不再。《续华州志》卷一《地理志》中解释"西溪"的里名时只说其来自杜甫的诗,未介绍其现状。书中所列举的华州八景中已无西溪。清光绪八年(1882)刊印的《三续华州志》中有"西溪水"条:"详前志。一支北流经小桥(俗名踏泥桥),至兴德宫南为北溪水,东北行八里至罗家村北与东支会。一支东北行经郑桓公墓西,出西关之小石桥(亦名晋公桥),至罗家村北受西支水,东北至双河口投太平渠。"[8] 可见这时西溪已不再有宽阔水面。清光绪三十一年(1905)刊印的《华州乡土志》则说:"西溪水,州西六里,其源为石堤河浸水,分流溉田,至故县西沙涧东。则万壑风烟雅堪游眺,前人慕杜子美之风,遂名之曰小曲江。北流经踏泥桥二郎庙,至太平村东北入渭。"[9] 所谓"万壑风烟"只是对前人描述地追叙,并非西溪现状。此时西溪的源头不再是前代地方志书中所说的来自马领山诸峪,而是来自"石堤河浸水",只能用来"溉田",不可能再形成"万壑风烟"的壮观水面。

这时诗歌中的西溪,呈现出清丽的江南水乡风光,并常以杜甫引发思古之幽情。如潼关人杨维谦《西溪怀古》:"荷香数里扑人裳,曾记司功客异乡。郑县峰岚空翠霭,曲江亭榭半荒凉。野鬼有意浮流水,紫燕犹疑绕书堂。我亦题诗满青竹,故园宛隔水中央。"王志湉《夏日游西溪》:"观莲何必问花红,一片横塘染翠中。粳稻润粘芒履露,荻芦偃透葛衣风。沃田村叟矜逢岁,破庙骚人尚守穷。今古吟情衣钵远,催诗忽送雨濛濛。"王志瀜《深秋归途迂道西溪即景有作》:"行潦纵横阻道周,车回路僻得新游。荒原荆棘频惊兔,秋水芦花定有鸥。西子何能终浣女,苏秦底事敝征裘。行行杜老祠堂近,一瓣心香剩得愁。"王志湉和王志瀜为同胞兄弟,华州人,分别著有《璚琈山房诗稿》《澹粹轩诗草》,诗歌数量颇为巨大,内容多涉及华州风物。朝邑人进士张佑在《王氏松健楼记》中,称王志湉、王志瀜兄弟"俱以诗名鹊起二华间"[7]。

特别值得一提的是王志湉《西溪古庙歌》。有小序云:"华州西溪有庙祀二郎关侯,而皆呼为杜畿庙,不知其故。余考记以诗。"诗为:"西溪有古庙,其名常疑猜。州乘云杜基,穿凿意未谐。或云曾关鸡,俗自五陵来。我披史传得其故,俗儒纷纷何谓哉?杜畿于郑为循吏,伟绩华岳同崔巍。其时累囚系数百,囹圄怨气深沉埋。畿至一一为省释,清风顿洗毒雾开。其他善政多类此,编氓欢颂声如雷。立祠配祀古有例,明德为神理亦该。想见庙貌方盛时,鸡豚箫鼓日相挨。天地降佳祥,贤人国珍宝。官兮民兮心相孚,台观差参辉树杪。魏时事过二千年,庙圮荒榛锁寒烟。循吏遗爱久莫传,丰碑亦共苍苔湮。我来祠中瞻古像,二郎关侯临座上。欲询此庙何以祀,此神殿角塾师痴。

相向廉吏惠民民,已忘灵神擅福福。可禳幸使杜畿在,人口天也不欲负循良。君不见,东郭东头有台殿,民以郭令易韩建。画栋雕梁及佩环,皆可因之仍旧贯。官作塞修堪破笑,奸邪可以为龟鉴。可知公道在人间,寄语贤良莫心倦。"明代《华州志》里就说杜基是游春亭旧址,后世一直沿袭不疑。但杜甫彼时只不过是一小小司功参军,不可能做出显著实绩而为普通民众所敬仰以至立祠。到清代,庙中竟然莫名其妙供奉起了二郎神和关羽。王志沔查阅史书,考证杜基实应为杜畿。杜畿在《三国志·魏书》中有传:"杜畿字伯侯,京兆杜陵人也。……少孤,继母苦之,以孝闻。年二十,为郡功曹,守郑县令。县囚系数百人,畿亲临狱,裁其轻重,尽决遣之,虽未悉当,郡中奇其年少而有大意也。"[10]作为郑县令,尽快判决众多积案,处理系囚,显然民间影响力要超过杜甫,"立祠配祀"理所当然。由此也可以看出王志沔渊博的学识和独立思考的治学精神。

与袁枚、赵翼合称清代"性灵派三大家"的蜀中诗人张问陶于乾隆五十四年(1789)路过华州时写下《华州西溪》。其题注曰:"子美为功曹日游此,称为小曲江。又郭允伯宗昌有松谈阁在溪上。"诗曰:"功曹游宴处,风景亦无双。鱼鸟犹天宝,烟波小曲江。丛祠环水木,少华满轩窗。更访松谈阁,新苔绣石矼。"郭宗昌(?—1652),字胤伯,华州甘泉里(今华州区三民巷附近)人,明末清初著名学者,著有《松谈阁印史》《松谈阁诗稿》等。《续华州志》载郭宗昌在白崖湖(今柳枝镇张桥村西)侧建汫园,居住其中以著书自娱,却并未提及松谈阁。张问陶说松谈阁在西溪上,很是可疑。张桥村西距华州城区7公里,西溪东距华州城区3公里,两地相距有10公里之遥,依常理郭宗昌不可能在汫园之外再在西溪建松谈阁。《续华州志》中记载西溪边建有隐玉园、新兴园等园林。作为游客的张问陶很可能把这些园子误以为是郭宗昌的松谈阁。

从20世纪50年代始,华县政府对西溪进行过多次修整。此后由于上游南山中森林资源破坏日渐严重,上游农业用水量渐增,城市地下水超采等原因,西溪水量逐年下降。今天的西溪已彻底干涸,河道湮没在连片的荷塘农田之中。只是在其曾经流过的西潼高速路下和老官台村东仍留有桥洞和桥。这里周围的村庄中生活着众多的农人,每天有无数人走过曾经的西溪故地,穿梭于城市与田园之间。如果他们知道这里曾经过大湖到水田的变化,惊讶过后,应该会有强烈的遗憾吧!

参考文献:

[1]〔北魏〕郦道元著,陈桥驿校证. 水经注校证[M]. 北京:中华书局. 2007:464.

[2]〔宋〕陆游. 老学庵笔记[M]. 北京:中华书局. 1979:73.

[3]〔明〕张光孝. 华州志[M]. 光绪本. 卷二.

[4]〔清〕刘遇奇. 续华州志[M]. 光绪本. 卷一.

[5]叶葱奇. 李商隐诗集疏注[M]. 北京:人民文学出版社,1998:105.

[6]〔宋〕司马光撰,胡三省注. 资治通鉴[M]. 钦定四库全书. 卷二百六十二

[7]〔宋〕欧阳修. 欧阳文忠公文集[M]. 四部丛刊. 卷四十.

[8]〔清〕刘域. 三续华州志[M]. 光绪本. 卷一,卷十二.

[9]〔清〕褚成昌. 华州乡土志[M]. 燕京大学图书馆排印本,1937:114.

[10]〔晋〕陈寿. 三国志[M]. 汲古阁顺治本. 魏书十六.

简论文明与华夏

——以秦东河洛地带为例

孙 樵

(渭南师范学院马克思主义学院,陕西渭南 714099)

摘 要:该文从古圣贤典籍对华与夏的解释程度,结合河洛地带实地考察并运用科学观、自然观释读华夏文明起源及华与夏文字诞生原理,探析华与夏表述的原理及本质的论证。华夏是整体对中国农耕古文明的表达,华与夏是同一事物不同角度表达,"夏"古文象形是一男子拿一工具劳动,有规则运动形象,是事物运动角度。"华"字是创造文明劳动人的静态画像,古文字华是对称美表意。北方黄土地河洛地带黄帝陵流域诞生夏文明,河洛地带南端秦岭山系是华字之源地,形成北夏之根南华之源的历史结论。秦东是承载华夏农耕文明之宝地,传承传统文化与文明是秦东人民的荣誉与责任。

关键词:河洛文化;"华"与"夏";物质与运动;北夏南华

作者简介:孙樵(1961—),陕西蒲城人。陕西师大历史专业本科,现为渭南师范学院马克思主义学院政治理论课教师,负责渭南师院河洛历史博物馆工作,长期来研究渭南黄土地河洛历史文化。

引言

华夏文明亦称中华文明,是世界上最古老的文明之一,也是世界上唯一连绵不断持续时间最长的文明。一般认为,中华文明的直接源头地有三个,即黄河文明、长江文明和北方草原文明,中华文明是三种区域文明交流、融合、升华的果实。在这三个文明区域,唯独黄河水系文明最为典型,黄河称为母亲河,南北三大区域中黄河水系文明它的中心地带在于河洛流域之间,黄土地繁衍了农耕文明,本文就华与夏及农耕文明作一讨论。

一、河洛文化与文明

(一)秦东河洛文化

中国古代文明是由三大区域组成,即黄河文明、长江文明和北方草原文明,中华文明是三种区域文明交流、融合、升华的果实。在这三个文明区域,唯独黄河水系文明最为典型,黄河称为母亲河。南北三大区域中黄河水系文明它的中心地带在于秦东之黄河、渭河、洛河之河洛流域之间,河洛之间的黄土地繁衍了农耕文明。我们称之为河洛文化。河洛文化其狭义范畴为,第一,区域:以黄河流域和北洛河流域之间的黄土地范畴。南至渭河秦岭为界、以秦岭的华山为标志;东部:沿黄河主干流,由北向南至潼关;北部:黄河几字形内圈及北洛河源头;西部:北洛河源头至渭河入口,洛河两岸的区域;中部:河洛之间广大的黄土地。第二,文化之时间概念:从生命的发生、生命演绎的文明史到现代。第三,黄土地概念:地球上黄土地改变水系系统、因黄土地塑造了"黄"河,黄河水系孕育了生命、黄帝及文明。黄土地是大自然的恩典,是植物生命的最佳选择,农耕文明产生的温床。黄土地与河流水域是文明产生必备的独特条件,生命承载黄土地的基因,因而中华文明主体是"黄色文明"。

秦东地处河洛文明中心及腹地带,很有必要再现河洛地带人民的文化及传承劳动人民的创造历史文明之智慧。

(二)文与明、文与化

1. 文之说

(1) 文之释读

文,wen,从玄从爻。天地万物的信息产生出来的现象、纹路、轨迹,描绘出了阴阳二气在事物中的运行轨迹和原理。故文即为符。上古之时,符文一体。古者伏羲氏之王天下也,始画八卦,造书契,以代结绳(爻)之政,由是文籍生焉。——《尚书序》。依类象形,故谓之文。其后形声相益,即谓之字。——《说文》序。仓颉造书,形立谓之文,声具谓之字。——《古今通论》象形。甲骨文此字像纹理纵横交错形。"文"是汉字的一个部首。本义:花纹;纹理。文我们认为就是表达事物之运行规律、人之行为之运动规则。

(2) 字之释读

字是对文的载体,中华民族的字为字形藏理,每个字都承载着规则规律即文。所以中国字唯独称为文的字。

(3) 文能化

古人的对大自然的探索之规律及劳动规律行为规律即文,通过字记录进行传播教育使之其他人认同消化,而这种文被后人及其他族类接受。这样的文及字就成了文化。

(4) 物载文称为文物

先民总结规律规则建造及造物或制作各种物件,其物含有大量文之信息,这种物才能称为文物。也可叫人文之物。

2. 明之说

(1) 明字释读

明,会意字。在字形上,早期甲骨文中的"明"字由"日""夕(月)"组成,表示日月交辉而大放光明之意。后期甲骨文中的"明"字将"日"改写为类似"囧"的窗格子形状。"明"字的本义是日月交辉而大放光明,由此引申指照亮、点燃、公开的等。《周易·系辞下》:日往则月来,月往则日来,日月相推,而明生焉。指日月的光亮,也用来指代太阳。《礼记·大学篇》曰:"大学之道,在明明德。"郑云:"明明德,谓显明其至德也。"《史记·历书》:日月成,故明也。明者,孟也。《易·乾卦》:大明终始。疏:大明,晓乎万物终始。天下文明。疏:有文章而光明。《书·尧典》:钦明文思安安。疏:照临四方谓之明。《广韵》:昭也,通也。照临四方曰明。——《左传·昭公二十八年》。明经义谙雅故(了解经书的意义,通晓过去的文章典故。谙:熟悉);明中(通晓星象历法);明悟(明白领悟);明理(明白道理)。——唐柳宗元《柳河东集》。文者以明道。关于明字表达之意广泛,第一、日月所照之地;第二、广宁、四通、空间;第三、时空岁月通达;第四、通晓明白。

(2) 文达明为文明

地球上所有生命体都有求生存及进化发展的本能,人类之所以从众多生命体演化成为人,就在于此生命体而能面对天地自然界创造、创新文。文即正确的生产规律、人之运动行为规则规律或标准。我们中国而言文之载体从古至今,可以承载在汉字里也承载在物质里,即厚重的文物。原始一部分少数人生产或行为达到成功,就可以广为传播至四面八方或日月所照之地,这种生产及行为其他人认同明白,就会学习效仿,这种文就达到了明的程度,我们就称行为或载文之物为文明。文明传播是同时代横向传为动态时,文能化的内容称为文化,静态及传承相传称为文明。

（3）陕西秦东黄土地文明

秦东大地秦岭以北所有水系皆为黄河水系,黄河是中华儿女的母亲河,黄土塬是孕育生命的载体,黄河之水系是生命之源。上下亿万年演绎着万物生命的奏响曲,时在岁月间的激荡,等来了人类生命的起源。陕西境内秦岭至陕北黄土塬黄河主干流域,人类进化有七十万年的蓝田猿人足迹,有三十万年前洛河流域的大荔猿人生活场景。漫长的岁月渐进的升华迎来了有组织有社会渭河流域的半坡氏族公社,半坡氏族公社的人类已走到夏文明的门槛。人类已看到了夏的曙光。

人类的思想与智慧从而产生文,文之广播与认可消化进而模仿而达至明,因而文明远高于文化。我们对于黄河水系及黄土地文明的追索与探源就是对陕西秦东最高历史文化资源的寻求与思考。夏文明是农耕文明,华文明就是河洛地带劳动人民的精神及行为文明。

二、秦东是农耕文明的发祥地：夏之根、华之源

中华文明亦称华夏文明,华夏文明即农耕文明。黄河称为母亲河,黄河水系文明它的中心地带在于河洛流域之间,黄土地繁衍了农耕文明,在黄河与北方草原游牧文化圈边缘地带,圈与圈的交叉点迸出文明之花,由北向南推演而产生"夏"。从甲骨文至周文,夏字是描绘一个男子用工具劳动,其动作是表明河洛地带的人们有秩序有规则地运动而作,这种规则性即文明,即农耕文明衍生,文明的王朝从夏开端。农耕文明的人们沿黄河水系洛河等诸流域南移,至秦岭附近遇阻东迁,有文化者入山间修养参悟,形成道学,对于夏文明之人们称颂总结,以对称美誉之为华人。因之渭南之地可谓"夏之根、华之源"。

（一）华与夏探源

中国文明探源即对华夏文明的考证及思考,而对待其文明探究我们不能以静态观而应以运动观念看待。华与夏我们现在解释：华也等于夏,夏也等于华,或称华人、夏人。这就是一个事物从两个角度的表述。华夏一词由周王朝创造。最初指代周王朝,现被用作中国和汉族的古称。

华夏称谓源于黄帝,华夏之祖即黄帝。《中国大百科全书·中国历史》释黄帝："中国古史传说时期最早的宗祖神,华夏族形成后被公认为全族的始祖。"华夏一词的来历,考古学家认为"华"即花,原为我国仰韶文化的玫瑰花的"一种标志",有"华山玫瑰燕山龙"演变发展之说。"夏"即历史上夏朝的先人之称。王钟翰《"华夏"一词来源》谈到周的兴起,认为其祖先起源与兴起的地域有关。周人又称其兴起的西土为"区夏"。（黄土地西边）《尚书·康诰》说："惟乃丕显文王,克明德慎罚……用肇造我区夏,越我一二邦,以修我西土。"是说文王以修德爱民,团结了周围一二邦,开拓了西土"区夏"。这区夏,是古今语法词序的倒置,即为夏区。又可称为"有夏"或"时夏"。"有"为语助词,"时"即"是",即"这个"。这些地域称谓都是指保持夏文化的地方。周人以夏文化继承者自居,并以此为号召以区别于东土之商……以上西周所封同姓与异姓诸侯,同称为夏,号为诸夏,并以原商朝统治中心地区称为东夏,诸夏又号为中国,以与夷狄相对称。这样,便构成了民族的雏形……"中国"的称谓,最早见于周初武王、成王时,不仅见于《尚书》,又有出土《何尊》铭文的实证。其义初与商朝称都城为"中商"同,以与四土相对,是指京师;扩而大之指诸夏分布之区。《说文》云,"夏,中国之人也",是指认同为夏人和继承夏文化的人,以与边疆各族相对而言,称为"夏夷""中国与夷狄"。这样,"夏"由地名而为部落名、朝代名,到西周已发展为民族名称。诸夏各支来源与祖先传说实际上是不尽相同的,但到西周已认同为夏,生活在禹绩与夏区,都是黄帝和炎帝的裔胄……夏、商、周三族到西周时已有了共同的族称（夏、中国）,共同的地域观念（禹绩、夏区）,共同的祖先观念（黄帝为共同始祖）这些内容表明夏源于黄土地河洛之区域。

华与夏字词语的解释,古圣贤在一些典籍里都有表达,"华夏"一词最早见于周朝《尚书·周书·武成》,"华夏蛮貊,罔不率俾"。《左传·定公十年》(孔子曰):"裔不谋夏,夷不乱华"。孔颖达为《春秋左传正义》作疏:"中国有礼仪之大,故称夏;有服章之美,谓之华。"梅颐《伪孔传》:"冕服采装曰华,大国曰夏"。《尚书正义》:"冕服华章曰华,大国曰夏"。《说文》:华,荣也。夏,中国之人也。现中原之人。《辞海》华夏条为:"中国古称华夏。"

在这些注解中可见,古人是以服饰华彩之美为华,以广阔的疆界与和雅的礼仪为夏。从字义上来讲,"华"字有服饰纹章美丽的含义,"夏"字有疆域广阔的意义,连起来的确是个美好的词。实际上,"美"字本义就有"疆域广阔"的意思。"美"从羊从大。"大"指国土辽阔,"羊"指生活在这片辽阔国土上的人民,称赞他们驯顺如羊。"美"的字典义为"味甘",这是转义,因为古代帝王视治大国为烹小鲜,故有此转义。文献有"诸夏"之称,乃"诸多夏国""华夏列国"之义,非为"华夏"之别称。

夏、华,或华夏和蛮夷戎狄的称呼,是民族中的统治者尊己卑人命名的通例。近人章太炎以为古代汉族称夏或华乃由夏水华山而来。可见,古人是以服饰华彩之美为华;以疆界广阔与文化繁荣、文明道德兴盛为夏。从字义上来讲,"华"字有美丽的含义,"夏"字有盛大的意义,"华夏"本义即有文明的含义。

华夏族的祖先是生活在黄河流域的黄帝和炎帝,后由于合并融合,蛮、夷、戎、狄等民族相继融入华夏族,构成后来汉族的主体,汉族由汉王朝而得名,此前称华夏族,所以汉族本身就是由不同民族融合而成的,其主体是华夏族,这就是中国之所以称为华夏的缘由。华与夏的探析我们古人主要解释及分析了以下内容:第一,华与夏表达的内容;第二,表达的是进入文明程度而称华夏;第三,华与夏产生的大致区域。但是核心及本质没有表达也不可能表达清楚。比如:第一,华与夏为什么周朝把早期文明称谓此;第二,华与夏从自然属性上实质要表达的核心内容是什么?第三,华与夏初期文明源于哪个地理区域等。这些问题应从自然观及科学观去审视。

(二)依马克思主义及现代科学的认识观释读,华与夏均表达秦东河洛地带先民的农耕文明

马克思主义三大学说中,核心是其哲学观,其认识是建立在十九世纪中期自然科学的人类三大发现基础上,在自然属性上产生了哲学观,哲学即对世界物质的看法。马克思主义哲学试图解决了物质与运动的认识,即:物质表现只能是运动的物质,运动表现只表现物质的运动,视物质与运动是一捆绑的整体性,而非形而上学;是表达一个事物的两个属性,那么华与夏也在于是其表达一个事物的两个属性,华表达外形的客观存在,夏表达运动。哲学家、科学家爱因斯坦曾言:"方程对我而言更重要些,因为政治是为当前,而一个方程却是一种永恒的东西。"他一生更专注科学思考及哲学思索,他的哲学观试图解决了空间认识观(超越地球本身空间)即:物质与运动在不同的空间里表现形式不同,如速度问题,因之对地球人而言称之为"相对认识论"。他的哲学观强调了马克思主义哲学观的运动,不同空间运动系统是不同的,或一种物质或事物进入另外空间会改变运动系统。如人类脱离进入太空及微生物进入其运动系统会发生变化(太空改变基因运动)。就是同一大空间物质或事物移位也存在此现象。这就会得出一个结论:中国四五千年三大文明区域,它是三个相对稳定、平衡的运动系统,一旦三个运动系统相互渗透,必然会改变原有的运动系统而产生质变。或从另外角度讲文明起源于三大区域空间的边缘,正如近现代我国农耕文明与工业文明相遇改变我们的运动系统在于沿海。时代的限制爱因斯坦没有解决好时与间认识观,导致他终生遗憾是他的"有限无边"宇宙论及引进"宇宙常数"。霍金的哲学认识观试图解决时与间的关联观,其认识在其《时间简史》著作里,即:"时间"本质是物质属性,"时"的运动在"间"里,"间"的存在只能有"时"的运动。此认识观使其表述认识宇宙形成的"宇宙大爆炸"理论为世界许多顶尖级有科学思想的人

认可。霍金的哲学观的精华是脱离地球空间而对物质或事物的深层表达，即"时间"就是物质。那么对于"华夏"这一物质或事物表述就会这样，华是客观存在的"间"或物质；夏是"时"或表达运动。即时或岁月是原始人进化为人而升为华人。间指河洛地带人与事物。中国文化先哲的科学认识观集中于《易经》与《道德经》里，主体内容在于对物质世界运动的认识，而非对于物质本形的认识，这种缺陷在于没有自然科学手段论证，未表达"形"（客观物质）只表达"易"（运动）。《易经》是中华民族文化的根，他揭示了对宇宙所有"物"运动的规则及周期律的觉悟。这一认识现象也是中国人把文明起源称谓"夏"（运动）的缘由。而第一文明王朝不称"华"而只能称"夏"。《道德经》的科学认识观贡献在于释"道"参"德"，并直接服务于人类主体及个体，因之以第三十八章为界，前为道经后为德经。其"道"是表万物含人类运动规律，其规律表述无穷尽。"道可道，非常道"。"德"是人类自我运动所拥有规则量的多少，不断在于'修'。《道德经》给予我们科学方法是：人类须不断"悟道修德"才可为正果境界。

近代自然科学的实证性发展使西方认识观趋于对"物质"的体面认识。宏观对"物"的认识是哥白尼天文学的突破，微观空间"物"的认识是19世纪人类自然科学的三大重大发现。这使得马克思对"物质"认识建立在即唯物"有形"又是辩证"有易"，原对物质事物运行辩证法是吸纳黑格尔的，后恩格斯总结自然科学成果《自然辩证法》名著，为马克思主义的"辩证法"锦上添花使其反映自然物的有力佐证。"时间"我们不可从"时间"名或二维空间理解，更不能从使用时间去释读。绝妙方法应从马克思主义认识观及英国科学家斯蒂芬·霍金的认识观解读。关于"时间"概念的审视，我们一般人是在二维空间，爱因斯坦是在三维空间，霍金上升四维空间看待。那么"时间"就成为"物质"了。也许一些人难以理解并接受，这正如一些人不易理解"反物质""暗物质"概念。而"黑洞"已被自然科学证明了。正像《时间简史》原文言：

"长期以来人们关于时间性质的观点是如何变化的。直到21世纪初，人们还相信绝对时间。也就是说，每一事件可由一个称为'时间'的数以唯一的方式来标记，所有好的钟在测量两个事件之间的时间间隔上都是一致的。然而，对于任何正在运动的观察者光速总是一样的这一发现，导致了相对论；而在相对论中，人们必须抛弃存在一个唯一的绝对时间的观念。代之以每个观察者携带的钟所记录的他自己的时间测量——不同观察者携带的钟不必要读数一样。这样，对于进行测量的观察者而言，时间变成一个更主观的概念。"其他不多言之，我尝试用科学的四维空间的内容使二维空间释读"时间"。《时间简史》介绍"将一个事件的四坐标作为在所谓的空间——时间的四维空间中指定其位置的手段经常是有助的。对我来说，摹想三维空间已经足够困难！然而很容易画出二维空间图，例如地球的表面。（地球的表面是两维的，因为它上面的点的位置可以用两个坐标，例如 纬度和经度来确定）通常我将使用二维图，向上增加的方向是时间，水平方向是其中的一个空间坐标。"

我们用二维空间建立坐标系，纵轴为时间、横轴标为空间，或抛开"时间"名的绝对概念，这样试想，"时"表达时间，间表达为"空间"，那么"时"为纵坐标、"间"为横坐标，当"时"在运动（或称岁月）必然拉动"间"向上运动。假若此成立，结论为：一、"时"与"间"是一整体，如同太极图"黑白鱼"现象"你中有我、我中有你"，"时"的运动存在只能在"间"里，"间"的存在始终以"时"拖动。其认识观是"无形纯动"。二、"时间"的物质属性。我们从马克思主义认识观出发，哲学意义所谈"物质"的属性核心是"运动"，而时间具备这一属性。其次爱因斯坦革命性思想是："空间——时间是由于在它中间的质量和能量的分布而变弯曲或'翘曲'。"这里"时间弯曲"及弹性证实了其时间的物质性。三、"时间冻结"概念。自然科学家认为巨大黑洞延缓时间 环绕黑洞可回到未来，说明了宇宙中不同时空的运动系统，出现"时间"这一物质运动快慢的不尽相同，其原因是存在大量"暗物质"对时间的引力拉动、吸收而变量少就慢或短。如认为四百万吨的金字塔周围时间比其他区域慢。还如中国文学故事表达"天上一日、地上一年"。若时间物质运动有快慢不一致性，从一种相对性而言，可引申一种概念叫"时间冻结"。这种概念的形成我们便可释清许多事物现象了。

(三)关于华与夏文字的认识及释读

华字是物质属性静态表述、华丽、美……把人的物化表述，表达秦岭山、水系的俊秀、挺拔、伟岸、有力等。夏字是表达事物运动、内容、实质、成果，是人类"通天礼地"达到的最高境域。

"夏"古文象形表达是一男子拿一工具劳动，有规则运动形象，是事物运动角度。黄土地繁衍了农耕文明。黄帝时代从黄土塬向西向南发展过程中，古民及神农氏发明农耕生产，劳动创造了人创造了财富，人类对劳动形态进行描绘以赞扬，甲骨文及最早的文字就是夏。

夏即运动或劳动，马克思主义、毛泽东思想至习近平总书记也深刻总结：劳动创造了人，劳动创造了历史文明。那么夏文明的范畴内容就是表达黄河水系黄土地劳动人民的劳动过程形象，专指农耕文明的一切生产活动内容。包括第一，黄土地上耕地，播种培育施肥，收获等；第二，起居饮食文化内容；第三，手工业生产活动；第四，农时规律文化文明，如总结二十四节气、这个规律形成陕西关中秦东黄土地，是天、时、地、人等因素的综合巧妙组合。今天中国空间用的时是建立在黄土地的经纬度坐标上，中国时间的授时中心就在陕西蒲城与富平相邻之地。这是一个必然性。第五，水利灌溉设施。如郑国渠、龙首渠设施。

关于夏时代。夏，中国真正农耕文明的起端，马克思主义讲人的进化是劳动创造了真正的人类。毛泽东讲人民，只有人民才是创造历史的动力。夏创造了财富、创造了华人、创造人民美好生活。习主席继承夏文明传统，立言人民对美好生活的向往就是我们追求的宗旨目标。

中国夏的创造是秦东河洛地带劳动人民的创造，夏是一个伟大的时代，是农耕的创新时代，并非一个真正的王朝，集权都城国家机器并不是那么明显。因而夏时代有一些城池也许不会有真正的都城。

夏：表达运动或劳动。我们从自然属性上可以认识到，大地的万物生长运动现象，因快慢变化的不同，分别用"春、夏、秋、冬"来表述运动快慢及生命规律。而"夏"则是气候、温度、植物生长等的运动加快以达到成果收获。这是太阳、大地(黄土地)对先民的"恩典"。"夏"的表现为万事万物激扬而飞速运动(温度及热本质是运动反映)。人类的运动及活动，当遇到天、地、时运动一定条件下或人类由刀耕火种转向农耕这一运动质变情况下，或由游牧转向农耕这一相融及交流条件下，运动会激烈而飞速，会导致人类运动史质变。人类的活动必然表现运动的激扬及运动的加快，并变为有规则有目的运动状态。这种有秩序有规则劳动，必然导致各种文明的诞生，如农耕、文字、天然玉雕、石雕向精细化发展，不断迸发文明火花。这样的时代或朝代，先民自然而然尊奉为"夏"。文明某种程度产生于运动相撞及交流相融，是两者运动相遇不平衡走向相对平衡的一个结果。现代时间观去理解文明诞生边缘向内地发展。夏源于黄土地边、游牧与农耕相会区，交流相撞迸发文明火花。如神木石峁城的文明存在。石峁位于黄河几字湾内、河洛流域之间，黄土高原最北端，北方草原与黄河流域文明相交处，陕西神木境内。石峁之石古城考古发现被誉为2013年世界十大考古发现，距现时间约4300年前，遗址面积425万平方米。其规模分为外城、内城及皇城台，也有瓮城，对于已发掘的文明程度如：玉器的技艺超过任何地方，纺织品已达很高文明，对于埋葬规格风俗、生产者也出现精细分工,已出现"弄瓦""弄玉"的分工、青铜器也有出现,壁画已出现起稿线等等文明程度。研究员杨鸿勋(中国社科院)认为已有国君。北大资深教授严文明认为:石峁文明认为必然社会已经分层了,最高层就是贵族。中国社会科学院学部委员王巍及考古研究所所长赵辉、北大考古文博学院院长等中国顶级学者研讨石峁作为中华文明起源问题,断定为中华文明起源,石峁区域已进入奴隶社会初期,向夏王朝过渡。中央科教台纪录片对这一更改历史的发现也是命名《石破天惊》。从"时"与"间"关系上,这种运动系统变化或文明产生成为一种必然。以后这种现象从时与间关系中也会产生,如西周青铜文明的发生源自于东迁;秦人的东迁导致中华文明的升华。

华:孔颖达为《春秋左传正义》作疏:"中国有礼仪之大,故称夏;有服章之美,谓之华。"考古学家认为"华"即花,原为我国仰韶文化的玫瑰花的"一种标志",有"华山玫瑰燕山龙"演变发展之说。古人是以服饰华彩之美为华。陕西渭南北部河洛地带夏人从西北向东南发展过程中,迁移至今渭南两华之地秦岭阻挡了他们的南移而转向东迁,走向了中原,夏人一部分有知识之人进入秦岭修养总结,他们对夏人形象整体描绘总结为华。华字表达了一个思想,什么思想?我们从字形表意看,华字笔画中寓意为:第一,第一画是个草字头,表达植物或农耕庄稼即后来称五谷杂粮。第二,三个十字是静态表达夏人,一个十字表达一个人或十人,中国人思维是三为众即表达整个夏人。第三,三个十字中间两大横笔,意为等号或平行。含有众夏人平等之义。这一思想就是植物或农耕孕育培养了一群他们和睦平等而美丽的夏人,统称为华族。地因华而得名,所在山岭称华山、所在地为华阴、华县、少华山等。从这种解释不难看出是对黄土地人类静态的一种表达,劳动使人达到华人称谓。那么华是从自然界那种事物进一步物化喻人的,它也是伴随文明而生。我国南北以秦岭为界(我国地理及气候、地质等的分界线),作为夏文明沿黄土地北端南移过程中,黄土地诞生了黄帝部落,西端黄土地边诞生炎帝部落,黄土地抚育了先进的由游牧向农耕转化的炎黄部落联盟。在河洛文明区域先民农业文明达到升腾,如仓颉造字。随后步入中原演绎了中华文明的完美。秦岭复杂的地质地貌及山势之俊美,先民以崇拜心理待之,依山之灵气、势之俊美,物化人之而用"华"字表述。寄托了我们先民对自己的理想境域的实现。水的包容、山岭的俊、山峰的伟岸及险表达整体风貌。其山其水其岭、天地人相融,命名为"华人",华人的思想及神话故事及道文化皆源于秦岭山系。乃至后来地域名也为华州、华阴、华县等,在河洛地带也有许多以"夏"命名的地名也就成为必然。华民族文化心理形成以后在形容人过程中多以山、岭、峰形容。

华文明及文化所表达的内容范畴。华文明指华人行为标准及礼仪及社会关系行为等,人为两种人即生理行为的人和精神行为的人。所以华文明大致分为三类,第一,精神或个体内修之内容;第二,生理及外在行为或人与人关系等文明;第三,社会及公益性行为规范内容。华文明详细释读可分为:A.夏人每个个体的内修行为德。秦岭山脉修行之知者,他们参天悟地,为华人悟出道文化,而每个个体需修道养德,进而形成道经与德经。整个陕西秦岭山脉是道文化源地、从精神心理方面塑造了华人精神。秦岭地质地貌状况并不能诞生农耕文明,但它确塑造了华人内在内容,秦岭山水间是古先民圣哲休养、静思、悟道的好境域,产生先民生命周期及价值归宿,人之最高境界为自由自在之"仙"。"道"文化从此诞生。天、地、山、水、人五者运行相辅相成,产生"道"文化,这一大总结是黄河、洛水、黄土地、秦岭山势、天文地理、人,共生共容相融之结晶,构成了中国天下独有的"华"文明及文化。"道"的大总结,是对华人质的总结。在秦岭小溪山间先民参天悟地、顺天礼地与天地融,人之运动必符合"道"便会有正果,其中道是根本是究天地之理,是大自然、生态平衡之规则。人之尊天礼地,循道而行便为德,德经规范了人之行为,合天意而为德,符合于道之人才可称为"华人"。道文化最终塑造了我们个体华人。天是永恒的大道,德源于道。秦岭山系是产生道文化的根底,也是华人形象。B.人与人及社会关系的礼与乐、人类的生理行为是外在重要内容,人类命运共同体而要达到和就必须在行为上讲礼,在集体活动中讲礼仪。秦岭西部黄土地周代诞生了周礼并乐,形成了华文明的主导。周礼是系列化规范人与人关系行为及等级礼节行为,圣贤孔子提出恢复周礼,并把周礼总结为人们要遵循五个方面的常规,即做人要做到仁、义、礼、智、信。C.国家及社会的文明方面等等皆为华文明范畴。

黄河三河之水系及黄土地是"夏"(运动)旳天然条件,为农耕文明提供了独特之条件。中国文明早期产生于黄河水系河洛之间,华夏源于早期文明,形成独特的北夏南华,与周边文明相互交流共同提高,使中华民族及文明源远流长经久不息。而夏之根华之源产生于秦东三河之河洛地带是不可否定的一个历史的必然。

参考文献:

[1]〔英〕史蒂芬·霍金. 许明贤,吴忠超,译.《时间简史》[M].长沙:湖南科技出版,2008.

[2]〔德〕恩格斯.《自然辩证法》

[3]《中国大百科全书·中国历史》

[4]王钟翰.《"华夏"一词来源》

[5]《说文》

[6]《尚书·康诰》

[7]《左传·定公十年》

[8]〔唐〕孔颖达.《春秋左传正义》

[9]〔东晋〕梅颐.《伪孔传》

古汉语教材《史记·韩信破赵之战》注释商榷

朱 成 华

(渭南师范学院 人文学院,陕西 渭南 714099)

摘 要:当前《古代汉语》教材一般都会选用《史记》中一定数量篇目的原文作为古汉语语料,因为《史记》是反映秦汉时期汉语语言的重要古籍文献。作为古代汉语学习的重要语料文选,《史记》词语注释尤显重要。现就所拜读郭锡良先生等主编的《古代汉语》文选《史记》之《韩信破赵之战》中的几处注释疑问,稍做探讨,以向专家学者学习。

关键词:郭锡良;古代汉语;《史记》;《韩信破赵之战》;注释

基本项目:省社科项目(13K104,2015S001);省教育厅项目(15JZ023);校级项目(JG201710)。

作者简介:朱成华(1974—),江西抚州人。文学硕士,渭南师范学院人文学院副教授,主要从事《史记》与汉语史研究。

当前,高校中国语言文学学科必修课程《古代汉语》所使用的教材颇多,其中郭锡良、唐作藩、何九盈、蒋绍愚、田瑞娟等编著的教材《古代汉语》[1],被不少高校选作讲授教材。作为古代汉语教学使用的最权威教材之一,郭锡良等编的教材继承了王力先生主编的《古代汉语》教材的诸多优点,荣获诸多奖项,其在全国高校影响较大,以致被广泛地采纳使用。在郭先生等主编的《古代汉语》教材中,《史记》中的韩信破赵的战争历史事件被选用为文选之一,选材时主要选录了有关韩信破赵之战的事件,该教材对该文给予新标题,即为《韩信破赵之战》。众所周知,郭先生的《古代汉语》教材虽已经多次修订,今已几近完善。然而在学习和使用郭先生《古代汉语》教材之《韩信破赵之战》该篇文选时,发现其中有些注释存在不足,如注释不当或注释不足等微瑕,故对其中不当微瑕之处稍做讨论,以和方家商榷。

1. 信与张耳以兵数万,欲东下井陉击赵。[1]206

上文中的"井陉",郭锡良《古代汉语》教材注释为:"井陉:汉县名,即今河北井陉县之井陉口。"[1]206

按:文中"欲东下井陉击赵"之"井陉"注解,似乎不够准确、不够全面。王利器先生《史记注译》认为:"井陉:即井陉口。在今河北省井陉县东北的井陉山上,称井陉关,又叫土门关。"[2]2043而韩兆琦先生的《史记笺证》却注曰:"井陉:即井陉口,太行山的险隘之一,是山西与河北之间的交通要道,在今河北省井陉县西北。崔金亮曰:'在获鹿县(即今鹿泉市)西五里,左海螺、右抱犊两山间,现井获公路路北有一村庄,即古代的土门村(现分两个村,即东土门、西土门),这就是小有名气的土门关,也就是古代的井陉口,即井陉东口。土门关,自古为东西必经之道,遗留到现在三座门楼上仍保留有"三省通衢""晋陕通衢""土门关"等字样,史称"土门重地"也,东扼滹水燕赵疆焉。其西南万峰插天,羊肠一线,而远通秦晋,诚东西之咽喉,而往来之冲要也。土门关,实际是井陉关,又名土门关。而井陉关实有狭义和广义之分,广义的井陉关是指地域而言,指的是井陉全境,它包括东土门关,即井陉的东口,和西故关、娘子关,即西口。而在井陉境内的古道,即史载的"井陉之道,车不得方轨,骑不能成列"的羊肠一线之通道。韩信破赵之战,就基本发生在以土门关为中心,以西到今井陉微水,东到获鹿县城,其间约三十华里的范围之内。'"[3]4832-4833 由上可知,郭锡良《古代汉语》教材注释文中"井陉"时,混同了"井陉"之狭义与广义,文中之"井陉"义当取狭义。

2. 闻汉将韩信涉西河,虏魏王,禽夏说,新喋血阏与,今乃辅以张耳,议欲下赵,此乘胜而去国远斗,其锋不可当。[1]206

文中"闻汉将韩信涉西河"中的"西河",郭锡良《古代汉语》注释为:"西河:这里指陕西东部与山西交界的一段黄河。"[1]206

按:文中"西河"一地注释似乎不够具体,王利器先生《史记注译》对此注解较为具体,其注云:"西河:指夏阳北面的龙门河。在今陕西省大荔县东。"[2]2043

又,上文中"新喋血阏与"之"喋血",郭锡良《古代汉语》注为:"喋血:踩着血行走。这里指血战。"[1]207

按:韩兆琦先生《史记笺证》注曰:"喋血——践血,言杀人流血之多,处处皆践血而行。《汉书·文帝纪》师古注:'喋,本字当作"蹀",谓履涉之耳。'"[3]4833 王利器先生注解也谈及"喋"的本字,如其《史记注译》对此注云:"喋血:踩着血行走。形容杀人很多。喋,通'蹀',践踏。"[2]2043 由此可见,教材忽视了"喋血"之"喋"在文中是个假借字,从而遗漏了该做出相应的注释,即破假借,指出本字。

3. 臣闻千里馈粮,士有饥色;樵苏后爨,师不宿饱。[1]206

文中"师不宿饱"之"宿"在郭锡良《古代汉语》教材中注释为:"宿:常,久。"[1]207

按:"宿"有"安"义,如《左传·昭公二十九年》:"夫物,物有其官,官修其方,朝夕思之。一日失职,则死及之。失官不食。官宿其业,其物乃至。"杜预注:"宿,犹安也。"孔颖达疏:"夜宿所以安身,故云宿犹安也。谓安心思其职业。"王利器先生的《史记注译》注译为:"樵苏后爨,师不宿饱:意思是说,靠临时打柴割草来点火做饭,部队就不可能安饱。宿,安,如意。"[2]2043 王先生注释似乎更可从。

4. 今井陉之道,车不得方轨,骑不得成列,行数百里,其势粮食必在其后。[1]206

文中"车不得方轨"之"方轨",郭锡良《古代汉语》注释为:"方轨:两车并行。方:并。轨:车辙。《战国策·齐策一》:'径亢父之险,车不得方轨,马不得并行。'井陉为太行八陉之一,多险阻,故战车不能并排行进,骑兵也不能排成行列。"[1]207

按:《说文·方部》:"方,并船也,象两舟省总头形。"即"方"指"相并的两船"。"轨"有"车子两轮间的距离"之义,如《周礼·考工记·匠人》:"经涂九轨。"郑玄注:"轨谓辙广,乘车六尺六寸,旁加七寸,凡八尺。"又如《吕氏春秋·勿躬》:"平原广城,车不结轨。"高诱注:"车两轮间曰轨。"王利器先生的《史记注译》注为:"方轨:两车并行。方,并列;轨,车子两轮间的距离。"[2]2043 韩兆琦先生《史记笺证》注云:"车不得方轨,骑不得成列——言其道路之窄,不能容两辆车并行。方轨:两车并行。方:双舟并行,引申为'并'的意思。"[3]4833 由上可见,郭锡良《古代汉语》教材注释"方轨"基本正确,就是解说"轨"为"车辙"可商榷。

5. 夜半传发,选轻骑二千人,人持一赤帜,从间道萆山而望赵军,诫曰:"赵见我走,必空壁逐我,若疾入赵壁,拔赵帜,立汉赤帜。"[1]207

文中"从间道萆山而望赵军"中的"萆山",郭锡良《古代汉语》是这样注释的:"萆山:在山上隐蔽。萆:隐蔽。"[1]208

按:文中"萆山"注释基本正确,但并没有指出"萆"在文中是个假借字,即未加以"读破",其实,"萆"的本字是"蔽"。如王利器先生的《史记注译》对其注释为:"萆山:在山上隐蔽。萆,通'蔽'。"[2]2044 韩兆琦先生《史记笺证》注云:"萆:同蔽。方苞曰:'用草木自蔽。'"[3]4835 二者皆指出了"萆"为假借字,并指出了本字。而作为教材注释,理应指出通假现象。

6. 令其裨将传飧,曰:"今日破赵会食!"[1]207

文中"令其裨将传飧"中的"飧",郭锡良《古代汉语》注为:"飧(cān):通'湌'(餐)。《史记·淮阴侯列传》注引如淳曰:'小饭曰湌。'意谓非正餐,只进点小吃。"[1]208

按:此处之"飧"注音错误,应该为"sūn"。王利器先生的《史记注译》"斋戒"注所言:"传飧(sūn):分发食品,非正式吃饭。飧:简单的饭食。"[2]2044而韩兆琦先生的《史记笺证》"传飧"则注云:"传飧(sūn)——传令用一些早点。飧:小食。《集解》引如淳曰:'小饭曰飧,言破赵后乃当共饱食也。'"[3]4835

7. 且信非得素拊循士大夫也,此所谓"驱市人而战之",其势非置之死地,使人人自为战。[1]209

文中"驱市人而战之"之"市人",郭锡良《古代汉语》注释为:"市人:集市上的人。意谓乌合之众。"[1]210

按:"市人"本指"集市或城中街道上的人",如《左传·文公十八年》:"夫人姜氏归于齐,大归也。将行,哭而过市曰:'天乎!仲为不道,杀适立庶。'市人皆哭。"又《后汉书·王霸传》:"光武令霸至市中募人,将以击郎。市人皆大笑。"在文中借指集市中彼此不相识之人。正如韩兆琦先生的《史记笺证》注所云:"市人——集市上的人,以喻彼此间素不相知,毫无关系。"[2]4837

8. 然而众劳卒罢,其实难用。[1]221

文中"然而众劳卒罢"之"罢",郭锡良《古代汉语》未对此词做相关注释。

按:文中之"罢"是个通假字,教材需要做相关注解,要指出其是个通假字,并说出其本字。即"罢,通'疲',疲劳,疲惫。"

9. 今将军欲举倦尚獘之兵,顿之燕坚城之下,欲战恐久,力不能拔,情见势屈,旷日粮竭,而弱燕不服,齐必距境以自疆也。[1]211

文中"顿之燕坚城之下"之"顿",郭锡良《古代汉语》注释为:"顿之:使之(军队)困顿。顿:用作使动。"[1]212

按:文中"顿"之释义似乎不准确。韩兆琦先生《史记笺证》注云:"顿之燕坚城之下——顿:置,投放。泷川有所谓'顿,读为'钝',敝也'之说,'顿'字确有'钝'之一义,但用于此处不合适。"[3]4389可见,韩先生之注可从。

10. 方今为将军计,莫如案甲休兵,镇赵,抚其孤,百里之内,牛酒日至,以飨士大夫醳兵,北首燕路,而后遣辩士奉咫尺之书,暴其所长于燕,燕必不敢不听从。[1]211

郭锡良《古代汉语》对"以飨士大夫醳兵"之"醳兵"注释为:"醳兵:给士卒饮酒,即犒赏士卒的意思。醳:醇酒。名词用作使动,醉酒的意思。"[1]219

按:文中"以飨士大夫醳兵"之"醳兵"似为衍文。韩兆琦先生的《史记笺证》注云:"以飨士大夫(醳兵)——按:'飨士大夫'即'醳兵',皆谓以酒食犒赏全营将士。二语连用,似嫌重复。醳兵:《索隐》曰:'谓以酒食养兵士也。'亦有人将'醳兵'读如'释兵',然则与上文之'按甲休兵'重复。中井曰:'醳兵二字,竟不可通,或衍文。《汉书》删之。'按:《通鉴》亦无此二字。"[3]4840因此,教材注释应该明确"醳兵"或为衍文,否则前后文重复累赘。

总之,作为高校古代汉语教学使用的教材《古代汉语》,其文选对词语的注释应当经得起推敲,尽量合乎古籍原文之意。而当前各大高校仍采用的最主要教材之一——郭锡良先生主编的《古代汉语》,自其初版以来,经过多次修订,不断地吸取最新的科学合理的注释,使得该教材与时俱进,渐趋完善。这对于使用该教材的师生来说,无疑是最受欢迎的。正如史佩信先生所言:"笔者在高校从事古汉语教学20多年,使用过不少《古代汉语》教材,比较下来,还是觉得郭本《古代汉语》相对精到,更适用于教学。正因为如此,我们殷切地希望郭本《古代汉语》编者能在广泛听取使用者意见的基础上进一步进行修订,力求精益求精。"[4]99而我辈后学者也应该在认真学习郭本《古代汉语》教材之余,为该教材的与时俱进贡献一分力量,使其后出转精,这或许就是郭先生所期望的,更是师生们所渴求的。

参考文献：

[1] 郭锡良 唐作藩 何九盈 蒋绍愚 田瑞娟.古代汉语(修订本)[M].北京:商务印书馆,1999.

[2] 王利器.史记注译[M].西安:三秦出版社,1988.

[3] 韩兆琦.史记笺证[M].南昌:江西人民出版社,2004.

[4] 史佩信.大醇小疵:读郭锡良《古代汉语》札记[J].上海师范大学学报(哲学社会科学版),2008(1).

"国际汉语教师志愿者计划"的管理蠡探
——以对秦东高校汉语国际教育专业毕业生调研为例

延 慧

(渭南师范学院人文学院,陕西渭南 714099)

摘 要:针对世界上出现的对中国汉语教师的大量需求,鉴于我国现有的对外汉语教师的数量又非常有限,经过周密计划和充分论证,国家汉办特制定了"国际汉语教师中国志愿者计划"。这是中国第一个全国范围内的大规模派遣志愿者到世界各国从事汉语教学工作的计划。对"国际汉语教师中国志愿者计划"的意义与发展展望的探究有一定的现实意义。

关键词:国际汉语教师志愿者;汉语国际推广;课程建设

作者简介:延慧(1984—),女,陕西绥德人。文学硕士,副教授,主要从事汉语国际教育与跨文化交际研究。

一、汉语教师志愿者的管理

1. 实施情况

2003 年,作为试点,国家汉办在派遣志愿者工作方面做了一些有益的尝试。已分别向泰国、菲律宾派遣了 40 余名志愿者,在当地产生了积极而强烈的反响,为今后全面实施该计划积累了经验。志愿者以其出色的表现,给两国人民留下了美好的印象,被当地老师和学生称为"来自中国的天使""最可爱的人"。2004 年经教育部批准,汉语教师志愿者项目正式实施。志愿者的工作极大地促进了任教国的汉语教学,许多国家提出继续接受更多志愿者的申请。几年的实践证明,志愿者项目对帮助各国开展汉语教学、促进中国与世界各国的教育文化交流、增进中国人民与世界各国人民之间的了解和友谊发挥了积极作用。随着此计划的进一步开展,中国国家汉办将根据需要向世界上更多的国家派遣志愿者,逐步扩大志愿者派遣的规模。为使该项计划得到有效的实施,国家汉办愿意与各国的政府教育部门、教育机构、社团组织、汉语教师团体等建立合作关系。

2. 组织管理机制

志愿者项目由国家汉办负责统筹规划和组织协调。根据国外对志愿者的需求情况,志愿者中心直接或委托有关省(市、自治区)教育厅或高校具体负责落实志愿者的招募、遴选、培训、派出等相关工作。志愿者抵达任教国后,主要由驻外使领馆和接收志愿者的机构负责管理。

志愿者中心通常在派出人数较多的地区派驻管理教师,协助当地接收机构对志愿者进行业务指导和管理。志愿者志愿服务到期后,志愿者中心委托有关机构或管理教师对其履职情况进行全面评估。志愿者中心在派出志愿者前,将委托有关大学对志愿者进行培训。培训时将提供由国家汉办组织编写的相关对外汉语教材,这些教材也可供志愿者以后教学时参考。志愿者出国服务时,志愿者中心会根据派往国教学的具体情况为志愿者推荐教材、提供样书,并赠送少量教材供推广用。志愿者中心提供的业务培训,培训时间不少于 2 周、60 课时。目的是培养志愿者到国外工作的自信心,加强对派往国的了解,熟悉汉语知识和对外汉语教学技能,提高志愿者的综合素质。

主要培训内容为:对外汉语教学的性质和特点;对外汉语教师的基本素质;汉语作为外语教学的基本知识(语音、词汇、语法);汉语作为外语教学的基本方法(备课、课堂组织、练习、测试);对外汉语教学中现代技术和材料的应用(网络、多媒体、声像);外事礼仪、相关政策及注意事项;派往国国情简介及健康保健知识等。

3. 志愿者的基本义务

志愿者应主动接受所在国的我驻外使(领)馆的领导;按协议努力完成志愿服务工作;遵守派往国的法律法规以及所在学校的规定;尊重派往国的风俗习惯,与当地民众友好交往;不从事与志愿者身份不符的其他活动。

志愿者中心会不定期派人到志愿者派往国巡查志愿者的工作情况,帮助志愿者提高教学效果,协助解决其在工作、生活中遇到的问题。

志愿者服务期满回国后须及时向志愿者中心报到,并于回国后于一个月内将个人工作总结报送志愿者中心,由志愿者中心对其在国外的志愿服务工作做出鉴定。对按要求圆满完成志愿服务工作的志愿者,由国家汉办为其颁发《国际汉语教师中国志愿者荣誉证书》。对在志愿服务工作中受到国外好评、作出突出贡献者,由国家汉办为其颁发《优秀国际汉语教师中国志愿者荣誉证书》。但是对未履行协议规定或在志愿服务工作中出现重大失误者,志愿者中心会根据协议追究其必要的责任。

志愿者回国后,国家汉办与志愿者的协议关系终止,志愿者中心不负责志愿者回国后的工作和生活安排。

二、汉语教师海外志愿者的管理

1. 选拔宗旨

为加强本土师资队伍建设,根据外方需求,除从国内选派汉语教师志愿者出国任教之外,孔子学院总部/国家汉办实施了汉语教师海外志愿者项目,主要从中国留学生、海外华侨中招募志愿者就地上岗。海外志愿者只享受生活津贴,不享受其他待遇。海外志愿者项目的宗旨是通过在海外招募符合条件的华人华侨、留学人员等从事汉语教学志愿服务,增加各国人民对中国语言文化的了解,增进中国与各国人民之间的相互交流和友谊。

海外志愿者项目由国家汉办统筹规划与管理,中国驻外使领馆教育(文化)处(组)受国家汉办委托指导受理机构负责海外志愿者的招募、遴选、培训、录用、签约、咨询、经费支付及日常管理等事务。

2. 实施办法

(1)总则

为进一步适应世界各国对汉语教师的迫切需求,在中国教育部2004年颁布的《"国际汉语教师中国志愿者计划"实施办法》基础上,制定本办法。国家汉办是汉语教师海外志愿者工作的最高管理机构,统一负责"国际汉语教师海外志愿者计划"(以下简称"海外志愿者计划")的实施。国家汉办委托驻外使领馆教育(文化)处(组)负责驻在国"海外志愿者计划"实施的统筹规划和组织协调。凡符合申请条件的外国公民、华人华侨、留学人员等均可申请成为国际汉语教师海外志愿者(以下简称"海外志愿者")。

(2)申请条件。海外志愿者需具备以下基本条件:

①具有中国国籍和所在国合法居留身份;②志愿从事汉语国际教育工作,具有奉献精神和团队协作精神;③具有学士及以上学位,普通话标准;④年龄原则上为22至50岁,身心健康,无犯罪记录;⑤具有良好的所在国语言 沟通能力和跨文化交际能力;⑥具有汉语教学经验和中华才艺特长者优先。

三、"国际汉语教师中国志愿者计划"的意义与发展展望

1. 重大意义

中国经济的飞速发展、综合国力和国际地位的不断提升,与国外的政治、经济、文化交流日益频繁,国际社会对汉语学习的需求正在迅猛增长。中国政府面对新的形势和机遇,加强了与世界各

国在语言文化教育领域的交流与合作,采取了各项积极措施,向国外提供各种优质的语言文化教学资源,以回应中国经济腾飞所带来的越来越强烈的汉语学习的需求,并借此增进中华文化与世界各民族文化的相互理解,为世界变得更加和谐美好而积极努力。据有关国际统计机构提供的资料,目前在国外使用和学习汉语的人数已近一亿人,有约100个国家在各级各类的教学机构内教授中文课程。相对于国外汉语教学的快速发展和学习汉语人数的急剧增加,各国汉语教师严重匮乏,许多国家纷纷向我国提出了派遣汉语教师的强烈要求。

孔子学院总部/国家汉办每年派出的志愿者数量逐年增加,2018年孔子学院总部/国家汉办下半年新选志愿者岗位2536个。优先面向孔子学院中方合作院校招募1672名孔子学院志愿者;面向全国各类学校招募864名普通项目志愿者;另需补选2018年上半年志愿者606名。一方面,从宏观层面来说,汉语国际推广是关系到中华民族振兴、和平崛起和祖国统一的伟大事业。当前,志愿者们以饱满的热情、进取的精神和友善无私的行动,诠释了改革开放以来中国的巨变。另一方面,从微观层面上来说,通过志愿者项目的锤炼,一大批青年学生成为意志坚强,勇担重任,具有国际竞争力的人才。

2."国际汉语教师中国志愿者"的发展展望

当前志愿者们提出来急需解决的问题主要集中在三方面:一是教材问题,教材和教师是汉语走向世界的瓶颈;二是回国后就业方面并没有给予相应的优惠政策,志愿者教师任期结束回国后应该继续保留应届毕业生的身份进入国内就业市场;志愿者教师在外工作年限,应该计入国内工龄等;三是在国外的生活中管理工作需要不断地加强和完善。对此,不少学者也提出了如下发展建议:

(1)培训、选拔工作常态化

在培训环节,在各志愿者培训基地将培训工作常态化。即利用平时的时间开设小语种、中华才艺、中华文化方面的培训,确保培训质量。到派出前从前期培训合格的人员中选拔优秀者,集中进行外事纪律、素质拓展、前往国汉语教学等方面的强化培训。这样有利于提高志愿者培训的针对性和质量。在选拔工作方面,应不拘一格降人才。对有特长的同学,如精通武术、舞蹈、书法、剪纸等中国传统文化技艺的人,应适当放宽英文水平的限制。此外,建议完善留任政策,应允许很多已经适应了派出国环境和文化的期满志愿者教师续任,并对于留任者给予相应的鼓励政策。这样既可以节省选拔培训经费,又可以发挥志愿者从事汉语教学的热情,也可以更好地提高志愿者的教学水平。

(2)加强汉语国际推广项目的管理工作

从性质上讲,志愿者赴国外任教属于毕业后的一种就业行为,学校完成了选派任务后,并不能与他们在工作中保持一种管理上的关系,时间一长,也就失去了联系。因此还应由专人统一管理汉语教学志愿者项目的所有事务,按照地区分期组织聚会和教学上的交流活动,不仅要重视派出前的心理辅导,还要加强派出后的跟踪辅导。建议国家汉办加快建立"志愿者之家"的网站和论坛。孔子学院总部/国家汉办已经建立了《孔子学院总部/国家汉办汉语教师志愿者项目在线管理平台》,在平台上及时发布各项有关汉语教师志愿者的通知。2017年12月孔子学院总部/国家汉办发布《关于汉语教师志愿者报考硕士研究生加分的通知》。根据教育部《关于做好普通高等学校毕业生赴国外担任汉语教师志愿者服务期满相关工作的通知》(教学厅【2012】3号)规定,本科毕业生到海外志愿服务2年以上,服务期满考核合格的,服务期满后3年内报考硕士研究生,初试总分加10分,同等条件下优先录取。这一政策极大调动他们从事汉语国际推广的积极性和主动性,鼓舞了汉语教师志愿者的报考热情。此外,孔子学院总部/国家汉办还可以向政府有关部门争取关于志愿者回国后身份、就业等方面的优惠政策。例如,汉语教师志愿者回国后还应属应届毕业生,同时很多志愿者回来的善后工作要尤其关注,如考研、公务员、事业单位等方面应给予一定的照顾,把赴国外支援教学也算在工龄之内,这样可以减少志愿者教师的后顾之忧,更好地促进中华文化的传播。

参考文献：

[1] 梅寒雪.汉语教师志愿者跨文化适应研究综述[J].现代语文(语言研究版),2017,09.

[2] 王阿夫.不同阶段国际汉语教师志愿者行为能力的对比分析[J].云南师范大学学报(对外汉语教学与研究版),2014,11.

[3] 吴聪.赴美英语专业志愿者老师国际汉语推广工作发展现状及问题研究[J].海外英语,2016,03.

[4] 曾倩兰,周晓萍,刘振芳等.跨文化视阈下慕课字幕翻译之归化与异化策略研究[J].校园英语,2015,36.

[5] 赵忺.对赴泰汉语志愿者教师岗中培训的调查与思考——以2016年泰国曼谷岗中培训为例[J].现代语文(学术综合版),2017,09.

[6] 周群英.沉浸式教学模式下国际汉语教师发展研究[J].云南师范大学学报(对外汉语教学与研究版),2018,05.

师范院校语言类课程"整合"的研究和实践

王麦巧　程　敏

(渭南师范学院人文学院,陕西渭南 714099)

摘　要:语言类课程是师范院校汉语言文学专业的专业基础课。这几年,语言类课程遭遇课时减少、某些课程被停开的尴尬,其直接结果就是学生语言能力降低、就业困难。情势所迫,语言类课程的"整合"势在必行。语言类课程"整合"包括课程结构的整合、课程内容的整合、课程资源的整合。

关键词:语言类课程;整合;语言能力;课程资源

作者简介:王麦巧(1965—),女,陕西大荔人。文学硕士,渭南师范学院人文学院教授,研究方向为渭南方言民俗。程敏,女,渭南师范学院人文学院汉本141学生。

基金项目:渭南师范学院2017年大学生创新创业训练计划项目(卓越教师培养类,项目编号2017ZYJS028);

语言类课程是中文系的专业基础课程,它包括《现代汉语》《语言学概论》《现代汉语专题》《中国汉字学》《修辞学》《古代汉语》《汉语史》等等。随着信息时代的到来,在校大学生需要掌握更多的非专业知识,例如中文专业的学生必须学习计算机知识,适应办公自动化的需要;学习艺术课程,满足学生个体发展需要;学习公共关系学,增强交际能力;参加就业技能培训,以提高竞聘能力……各种能力培养的需要,占去了不少学习时间,语言类课程的学习时间相对减少。如何在有限的时间内学好语言类课程,值得大家深思。很多学者根据自己的体会提出了各种各样的教改方案,或改变教学手段,或改变教学方法,或改变教学模式……本文认为,对语言类课程进行"整合"不失为一种事半功倍的好方法。

一、语言类课程结构的整合

语言类课程的"整合"并不是说把多种语言学科经过整合变成一门综合性的学科,而是通过多种学科的知识互动,加强学科之间的联系,促进师生合作,提高学生的语言能力。语言类课程的"整合"涉及三方面:课程结构的整合,课程内容的整合,课程资源的整合。

课程结构包括课程目标、课程设置、课程评价、课程实施等,课程结构的整合即从这几个方面入手。师范院校汉语言文学专业的课程目标是"培养具有汉语言文学基本理论、基本知识和基本技能,能够在中等学校进行汉语言文学教学和研究的合格教师。"学生毕业后主要当老师,少部分成为文员。这几年大学生多了,开设汉语言文学专业的学校多了,就业竞争更激烈了。师范院校毕业的学生只有一少部分当老师,大部分选择了其他行业,如文员、行政助理、记者、编辑、服务员等。根据这一变化,语言类课程的目标也做了调整。旧的语言课程目标是讲一口流利的普通话,规范使用汉字,提高语言表达能力。新的语言课程目标在原来的基础上添加了"增强语言文字的应用能力"。所谓语言应用能力包括汉字的信息处理能力、写作能力。这两种能力的培养适应了时下社会的需要,也增加了学生的就业机会。

根据课程目标的变化,语言类课程设置也发生了变化。《现代汉语》《古代汉语》《语言学概论》压缩了课时,分别由原来的Ⅰ3/Ⅱ3(第一学期

3课时,第二学期3课时)、Ⅰ4/Ⅱ2(第一学期4课时,第二学期2课时)、Ⅰ3(一学期3课时)变成了Ⅰ2/Ⅱ2、Ⅰ3/Ⅱ2、Ⅰ2。增设了《普通话与教师口语》《演讲学》《计算机办公自动化》等,其中《普通话与教师口语》安排在第一学年第一学期,课时为1,学分为1;《演讲学》安排在第三学年第一学期,课时为2,学分为1.5;《计算机办公自动化》安排在第一学年第二学期,学分为2。

课程实施是检查课程方案中所设计内容的落实情况。检查的标准依据课程的性质、内容、特点来定。对课程内容极为复杂、困难且不容易掌握的课程,如《语言学概论》《古代汉语》《汉语史》,以"忠实取向"为标准,即课程实施尽可能按照教学计划。教学手段、方式、顺序等可事先向学生公布,以便学生更好地配合教学,完成教学任务。对课程内容相对简单、容易掌握的课程,如《现代汉语》《修辞学》《普通话与教师口语》等,以"相互调适取向"为标准。一方面,由于《现代汉语》《普通话与教师口语》开设在第一学年,开学时间晚,教学时间短,再加上两门课程内容重复多,往往不能"忠实"地执行教学方案,这时候就要调整课程方案,与教学实际相适应。另一方面,教师应尽量调整教学实施,使之向教学方案靠拢。"相互调适取向"重视教师和学生在教学过程中的主动性。课程实施首先是教师教的过程,教师要根据内容的安排、学生的情况去考虑,怎样安排最有利于学生,什么样的教学手段效果最好,什么样的教学方法能有效地调动学生的积极性,而不是一味地唯课程方案是从。其次,课程实施是学生学的过程。学生在学习中提倡"自主、合作、探索","通过自主学习,凸显学习的主动性、独立性、自控性,弘扬人的主体性和自主精神;通过合作学习凸显学习的交往性、互动性、分享性,培养学生合作的精神、团队的意识和集体的观念;通过探究学习强调学习的问题性、过程性、开放性,形成学生内在的学习动机、批判的思维品质和思考问题的习惯。"[1]60因此,自主、合作、探究能力的培养是课程实施的风向标,它作用于课程方案,使之与教学实践相适应。

课程评价是检查语言类课程教学过程及效果的价值判断活动。评价的目的是为了加强课程建设,提高课程教学质量和课程建设管理水平,以满足培养高质量人才的需要。课程评价包括学生自我评价、学校督导评价、校外专家评价、用人单位评价等。对一般学校而言,课程评价以学生自我评价、学校督导评价为主,针对某一门课进行质量评估。语言类课程的"整合"涉及多门学科,不能割裂学科之间的联系,更不能单独就某一课程而分上、中、下等级。语言类课程的终极目标是实践能力的培养,效果评价更适合用人单位和校外专家评价,特别是用人单位。学生、学校督导都是"自己人","自己人"说好,不一定是真好。是骡子是马,拉出来遛遛,只有"用过"才最有发言权,让"外人"评说更有说服力。这几年,每到寒暑假,我们学院都鼓励学生参加语言实践,活动结束,实践单位要写出书面评价,作为综合素质教育课程的一部分,计入学分。

二、语言类课程内容的整合

语言类课程内容的整合,包括整合的基本原则、整合的教学策略、课程内容的调整等。

1. 语言类课程内容整合的基本原则

语言类课程内容的整合,首先要注重语言素质的培养。语言素质是指"以语言文学为载体的,人的认知、情感和操作等几种因素的学习、交际、创造与自身发展中的综合体现"。[2]16概括地讲,即语言知识、语言能力、语言人格。语言知识是语言素质的基础和核心,是语言素养的内在表现,它是长期积累的结果。语言能力是语言素质的外在表现,包括理解、分析、运用语言的能力。语言人格是指运用语言知识、语言能力加深对自然、人生的理解,激发美的情感,塑造高尚的人格,摄取丰富的精神食粮,熏陶出良好的语感。[3]84通过语言素质的培养,开发学生的语言潜能,使其全面发展。其次,注重语言知识的联系与融合。学科之间总是有着千丝万缕的联系,特别是同类的语言课程之间。它们有着相同的研究对象,有着相同的研究目的等,因此,在内容整合时要注重不同学科之间的渗透、交融。为此我们应该及时调整自己的教学思路和教学方法,尽可能地提供一个平台给学生,让他们有机会把语言各学科知识有机地联系起来,综合应用各科专业知识,解决实际问题,为社会培养具有很强的综合知识的人才。最后,加强语言表达能力,提高学生就业竞争力。当前的语言教学中存在着注重专业知识教学,忽视语言能力的培养,教学模式单一,缺乏吸引力等问题,致使学生沟通能力差,文字表达能力不畅,这势必影响学生求职的面试效果,降低竞争能力。课程整合以学生为本,一切都是为了满足学生的需要。语言类课程的内容整合围绕加强语言表达能力,提高学生就业竞争能力也就在情理当中。[4]85

2. 语言类课程内容整合的策略

课程内容整合的策略是指为了达到一定的目标而采取的行为,包含为完成目标和适应学生认知的需要而制定的实施措施以及为解决实际问题而采用的教学方法。为了完成语言类课程整合的目标,我们拟采取以下策略:一是化抽象为具体。众所周知,语言类课程是社会科学中的自然科学,抽象,理论性强,需要严密的逻辑思维能力,学生理解接受慢。如果把它具体化,则会激发学生学习的兴趣,加深对理论的理解。例如讲解语言符号的系统性时,把看不见摸不着的语言符号的层级装置比作工厂的两道流水线,第一道流水线负责把音位组装起来,为符号提供读音;第二道流水线负责把音与义结合起来,其成品就是音义结合的符号。这样讲解既形象又具体,很受学生欢迎。二是化复杂为简单。语言类课程中,最复杂难学的莫过于语法。一提起句子、短语、词的结构分析,学生总是头疼。课程内容整合时,我们尽量把复杂的语法分析简单化。句子、短语、词虽然属于不同的语法单位,但是却具有结构构造的一致性,因此,只要抓住其一,就可以一箭三雕。我们以短语分析为突破点,课堂耐心讲述,课后反复练习。短语分析掌握后,句子、词的分析可谓手到擒来。

三是理论联系实践。语言理论学习的终极目的是指导实践,通过实践"获得精神的滋养和形成新的理论,十分重要的是要形成一种透视生动实践、形成理论结构框架的能力,还要学会一种生成性的思维方式"。[5]4也就是说,在语言实践中,一方面用语言理论指导实践,把语言知识化为个人的素质和能力,真正提高语言表达能力;另一方面完善或者建构切合实际的语言理论。

3. 语言类课程的内容调整

语言类课程研究语言的性质、功能、结构、演变规律以及语言与文字的关系。如果各门课各讲各的,忽视课程之间的联系,势必导致内容的重复、教学资源浪费。因此,汉语教研室就《现代汉语》《语言学概论》《现代汉语专题》《修辞学》《中国汉字学》等进行了内容的整合。结果如下:第一,《现代汉语》精讲语音、词汇、语法,文字粗讲,修辞知识不讲,合并到《修辞学》里。第二,《现代汉语专题》是《现代汉语》知识的加深和拓展,专题不再讲基础,专注于拓展部分。第三,《语言学概论》,语音、语汇、语法、文字四章内容要有所选择。语音部分,语音学可以不讲,音系学精讲;词汇部分,语义粗讲,语用精讲;语法部分语法单位、组合规则粗讲,聚合规则、语言的结构类型精讲。文字部分,只介绍跟语言关系密切的部分,其他合并到《中国汉字学》里。第四,汉语言文学专业的《普通话与教师口语》课,不讲发音理论,只进行语音训练。经过这一调整,减少了知识的重复,突出了新知识,提高了课堂教学效率。

三、语言类课程资源的整合

语言类课程资源包括课内课程资源和课外课程资源。课内资源包括教师、学生、教材、教案、教学方式、教学策略、教学媒体等,课外资源包括图书馆、网络、校园、宿舍、家庭等。语言类课程属于师范院校的传统课程,课内资源开发时间久远,课外资源相对薄弱。课程资源的整合应该从两方面入手:提高课内资源的利用率,开发新的课外资源。

1. 提高课内资源的利用率

课内资源中,教师、学生属于人力资源,教材、教案、教学方式、教学策略等属于物质资源。对于人力资源的整合表现为加强合作。所谓合作,一是指教师与教师的合作。同一课头的老师知识结构、思维方式、认识水平等都不一样,通过合作,交流教学进度、教学方法、教学内容等,取长补短,实现思维、智慧的碰撞,从而产生新的思想,使原有的观念更加科学和完善,有利于达成教学目的。[6]69合作也是教师与学生的合作。教学是师生的互动活动,在活动中,教师要善于创造民主、平等、尊重的学习氛围,采取相应的教学方式把学生组织起来,尽量发挥学生的主体性,激发学生探究的欲望,从而把学习当作一件乐事。合作还包括学生与学生之间的合作。合作就是交往,通过交往,学生学会了尊重别人,为别人着想,获得比书本知识更多的人际交往技能,养成了宽容大度的人格,具备了团队精神。

课内物质资源如教案、教材、试题等要加强资源共享,避免资源浪费。在一些院校,有些老师观念封闭、互相封锁资源,导致教育资源不能充分利用,扭曲了教育的本意。"在一个市场驱动的世界里,资源共享似乎不符合崇尚物质的价值观,而在教育领域发扬共享精神,恰恰是授业传道本身应有之意。"[7]16本着传道授业之需要,我们集众人之力制作了《现代汉语》《古代汉语》等课件,编写了《古代汉语》《现代汉语》《语言学概论》《现代汉语专题》教学大纲,做到了教案、习题、参考文献目录等共享。由于我们始终坚持把课程与教学资源建设作为提高教学质量的一项基础工程来建设,取得了一定成效:《古代汉语》课程被评为省级精品课程,2012年经过改造升级,再次获批为省级精品课程,同时被列入省级精品共享资源课程;《现代汉语》被评为省级精品课程,《语言学纲要》被评为院级主干课程目前。

课内资源还包括网络资源。在网络时代,建立网络平台,开发网络课程资源,实现课程资源共享已成为共识。为落实《国家中长期教育改革和发展规划纲要》(2010-2020)的精神,结合语言课程建设实际,我们加大了网络课程资源开发的力度,开辟课程建设网络平台,将《古代汉语》《现代汉语》《语言学纲要》等课程制作成视频课程,供校园网内学生免费点击观看学习。此外,进一步完善网络课程资源与试题库建设,促进优质教学资源共享。学生和教师可以利用网络平台,互相交流,老师在线解答学生的疑惑,为学生营造了一个全方位的自主学习环境。

2. 开拓新的课外资源

目前高校普遍存在"重理论,轻实践"的倾向,语言类课程也不例外。这种局面直接导致学生语言文字基本功不如人意,就业竞争能力降低。为了帮助学生及早适应社会和工作的需要,各个学校可谓是八仙过海,各显神通,其中开发新的课外资源不失为一种良好的选择。课外资源是课内资源的延伸,与课内资源对比,语言类课程的课外资源具有实践性、多样性、趣味性,更能激发学生的参与兴趣,更有利于教学目标的实现。具体来说,语言类课外资源的开发就是强化语言实践活动。语言实践活动包括三方面:一是提高口语表达能力,如开展"古诗文朗诵",参加演讲比赛、校园辩论赛等活动。二是规范汉字的使用,提高汉字的信息处理能力。如开展"啄木鸟"活动,进行汉字信息处理技术培训,完成"我身边的不规范字"的调查。三是强化语言文字综合能力的训练。通过多方努力,我们与电视台、报社、中学等多家单位建立了实践基地,要求学生利用课余时间或寒暑假时间赴实践基地见习,旨在锻炼学生的语言综合能力。通过一系列活动,收获颇丰。2007年,在"第三届中国古典诗词吟唱会"上取得一、二、三等奖的优异成绩;2008年,在"全国高等院校学生语言文字基本功大赛"中荣获一等奖3项,二等奖3项,三等奖7项的骄人成绩。2009年,在"首届全国大中小学生规范汉字书写大赛"中荣获三等奖2项。2011年、2012年,在第五届、第六届"全国语文教师读书竞赛"中6人荣获一等奖,7人荣获二等奖,10人荣获三等奖。

语言类课程的"整合"节省了课程资源,解决了语言课程课时不足的问题,拓展了学习空间,强化了语言实践环节,提高了学生的语言素质。有鉴于此,我们希望以语言类课程的"整合"为切入点,全面推动语言课程的改革。

参考文献:

[1]余文森.论自主、合作、探索学习[J].教育研究,2004,(11).

[2]陶本一.语文教育和语文素质[J].语文建设,1996,(4).

[3]胡培安.语言素质的内隐与外显因素[J].社会科学家,2001,(4).

[4]杨凯.论语言表达能力在大学生就业中的重要性[J].学校党建与思想教育,2009,(23).

[5]叶澜.思维在断裂处穿行:教育理论与实践关系的再寻找[J].中国教育学刊,2001,(4).

[6]王坦.论合作学习的基本理念[J].教育研究,2002,(2).

[7]王铁军.共享精神的示范效应[J].中国远程教育,2004,(4).

《史记》与司马迁研究

十岁之差　千年疑案
——司马迁生年公元前145年的观点应属妥当

丁德科

（西北工业大学，西安 710129）

摘　要：司马迁生年问题，司马贞《史记索隐》与张守节《史记正义》相差10年。初唐师出同门两人存疑，近现代争辩不辍未了。中外学者大多主张司马迁生年公元前145年应属妥当。

关键词：司马迁；生年；千年疑案；公元前145年

作者简介：丁德科（1962—），陕西铜川人。西北工业大学军民融合发展研究中心学术委员会主任委员、马克思主义学院二级教授，历史学博士，主要从事先秦儒学史和国防科技经济研究。

"史圣"司马迁故里韩城市连续多年举办司马迁诞辰祭典活动，2019年3月举办了司马迁诞辰2164周年祭典。祭典基于司马迁诞生年公元前145年。但在学术界，关于司马迁生年有公元前145年（中元五年）、或公元前135年（建元六年）两个观点，相差10岁，自初唐存疑1300多年，百年来屡有争论。可以说是10岁之差、"千年疑案""百年论争"。总体来看，主张司马迁生年公元前145年之说者为主流。

一、存疑与争辩

司马迁生年问题，按初唐司马贞的《史记索隐》应为公元前135年，按初唐张守节《史记正义》应为公元前145年。自1917年以来，中外学者研究论争百年，如王国维及桑原骘藏①、李长之②、郭沫若[1]，又如汪荣祖、张大可等。汪荣祖论述简约[2]55-57，张大可近年来撰著撰文[3-4]多次论及并主张司马迁生年公元前145年观点。所以，学界有必要甄别论争要点，确定司马迁生年。

司马迁在《太史公自序》中讲到，"五年而当太初元年"[5]4245，司马迁担任太史令的第五年为太初元年（前104）。这年的"十一月甲子朔旦冬至，天历始改"[5]4245，"元封"年号改为"太初"年号，前10个月为"元封"第七年，后两个月为"太初"元年。太初元年（前104），司马迁多大年纪呢？张守节于开元二十四年（736）写成的《史记正义》中讲到："迁年四十二年。"[6]4002由此可推其生年为汉景帝中元五年（前145），任太史令时38岁（前108）。

司马贞《史记索隐》，大约开元二十年（732）写成，约早于张守节《史记正义》4年写成。《史记索隐》所引《博物志》语："太史令茂陵显武里大夫司马迁，年二十八，三年六月乙卯除，六百石。"[6]4001这一段话，却让不少人认为：在公元前108年，司马

---

①　桑原骘藏《关于司马迁生年之一新说》，1922年刊于日本《东洋文明史论丛》。1929年重发于《史学研究》（日本）第一卷第一号，收入《桑原骘藏全集》第二卷。

②　李长之《太史公生年为建元六年辨》最早收录于1944年5月出刊的《中国文学》第一卷二期，后收入其专著《司马迁之人格与风格》，三联书店1944年版。

迁年龄 28 岁。如此说来，司马迁生年为公元前 135 年。

于是，关于司马迁生年，有司马贞《史记索隐》和张守节《史记正义》的两个观点：公元前 135 年，或公元前 145 年。近代学者王国维认真考证司马迁生平，得出司马迁生年为公元前 145 年的观点。他在《太史公行年考》中说："疑今本索隐所引《博物志》年二十八，张守节所见本作三十八；三讹为二，乃事之常，三讹为四，则于理为远。以此观之，则史公生年，当为孝景中元五年（公元前 145 年），而非孝武建元六年（公元前 135 年）矣。"[7]483 王国维推测：张守节《史记正义》中，更正了司马贞《史记索隐》引《博物志》存在的司马迁生年误差晚十年的错误。即《博物志》的司马迁在公元前 108 年为"年二十八"，应为"年三十八"，把"三"误为"二"了。

王国维关于司马迁生年公元前 145 年的观点，得到当时和以后众多学者认可。但又得到学者李长之、郭沫若等的质疑，并认为司马迁生年应为公元前 135 年。李长之《司马迁之人格与风格》中认为：司马迁撰写于太初四年（前 93）的《报任安书》有"仆赖先人绪业，得待罪辇毂下，二十余年矣"这样的话，这与司马迁生年"孝武建元六年"（前 135）适当；如果要与司马迁生年"孝景中元五年"（前 145）适当，写为"待罪辇毂下，三十余年矣"才对。[8]20 郭沫若还以汉简实例批评王国维"失察"误定司马迁生年。

二、司马迁生年公元前 145 年的观点应属妥当

究竟孰是孰非？我们与众多学者看法一致：司马迁生年孝景中元五年（前 145）为是，司马迁生年孝武建元六年（前 135）为非。

理由一，张守节关于公元前 104 年司马迁四十二岁的观点，应有根据。

张守节关于公元前 104 年司马迁 42 岁的观点，其根据是什么？尚不可考，但张守节肯定是有根据的，不会随意而为之。王国维的"数字讹误说"虽是推理，但比较合理。张守节《史记正义》比司马贞《史记索隐》成书晚约 4 年时间，两人同属老师张嘉会的学生，张守节是否与司马贞讨论过司马迁生年问题？张守节是否读过《史记索隐》？都有可能。按王国维比较系统、扎实的太史公行年考证研究基础上的推论，张守节纠正了司马贞将"三十八"误为"二十八"的差错，再得出太初元年（前 104）司马迁年龄 42 岁的结论。有一点可以肯定：作为学者和官员的张守节，他关于公元前 104 年司马迁 42 岁的观点，应有实在的根据。但今天，没有见到张守节观点的明确来源，因而司马迁生年问题成为司马迁研究疑案。对此，后来人首先应考虑到，张守节认为司马迁生年公元前 145 年，不会随意而为之，应有根据，也是比较合理的结论，可以溯本探源、细加探究，但不可断然否定。

理由二，司马迁游学出仕的丰富阅历，时间应比较长，18 年左右时间，可能可信。

司马迁《太史公自序》言："迁生龙门，耕牧河山之阳。年十岁则诵古文。二十而南游。"[5]4242 司马迁出生在龙门，童年少年在家乡龙门山南麓耕作放牧。十岁时能诵读古文，二十岁开始游历学习。去了哪些地方、去这些地方做了什么？用了几年时间？司马迁自序讲，上会稽探访大禹曾住过的洞穴，到九嶷山考察大禹勘地治水的遗迹。浮游沅水、湘水，寻踪屈原漫游的足迹。北上汶、泗，到临淄、曲阜去研习儒家学问，考察孔子教化的遗风流韵，还到邹县、峄山去学习乡射礼节。后来，任职郎中。何时游学结束任职郎中，未可考，本文在后推算最晚时间在公元前 117 年或公元前 116 年。有据可考的是，按司马迁生年公元前 145 年的观点，司马迁任职年龄应为二十八九岁时。元鼎六年（前 111）春，司马迁奉使监军西征、南略，约一年后的元封元年（前 110）春回到长安。就在这年，其父病滞洛阳未能随武帝东巡泰山封禅，遗憾愤懑逝世。《太史公自序》："卒三岁而迁为太史令。"其父逝世后第三年，即元封三年（前 108），司马迁守孝期满后继任太史令。或许有人会问，司马迁担任太史令怎么都 38 岁了？回答只能是：史官为子承父业，父亲健在，则子不能任；父亲若因

为身体健康状况不能担任、或死亡离任,儿子方能继任,而且守孝三年后才能继任。

司马迁用八九年的较长时间远道游历学习,用心地寻踪古代贤哲致世奋斗故地,悉心地考察体验古代贤哲作为成就影响,认真地学习古代贤哲的深刻思想与卓越精神,尽最大努力提升自身境界修养和能力水平,从而达到了丰富自己、武装自己、提升自己的效果。

司马迁能够专门用八九年左右的较长时间、潜心竭力游历学习,有着深刻的原因。首先,也是客观的原因,是来自司马迁父亲的原因。司马家族是史官世家,司马迁父亲司马谈是一位学养深厚、抱负远大的史官,"学天官于唐都,受《易》于杨何,习道于黄子"。司马迁父亲向汉代方士唐都学习天文,向《易》学专家杨何学习《易》理,向道家思想权威黄生学习道家学问。司马谈全面、系统地向大学问家、大政治家学习,为的是论著古今,如同家族中显赫虞夏时代的先人一样"扬名于后世"。他对于儿子司马迁,希望子承父业,"必为太史;为太史,无忘吾所欲论著矣"。一定要继承司马家族世代传续的史官职业,撰著历史佳作,光大史官事业,弘扬史官精神。因此,司马谈尽心尽力教导和支持司马迁比自己更长时间、更大心力地游历学习,游历考察富有历史文化底蕴的名胜,体会感悟贤哲的作为与影响,向学养深厚、影响重大的权威专家政治家学习知识、深悟思想、树立理想,为的是培养有大理想、有大学问、有大建树的史官接班人。

其次,是内在的原因,在于司马迁幼儿好学,志向远大,立志继承祖业,成为具有新的更大作为和成就的史官,扬名于后世,使自己的著作在现实与历史发生重大而深远的影响。在父亲的教导和支持下,他比父亲花费更长时间、去了更多地方考察名山大川胜景,体验具有历史意义的古迹,体悟贤哲的思想作为,拜师就学于鸿儒大师,也经历了艰辛厄困,担任郎中且更有奉使西征巴蜀以南、平定邛笮昆明的征战生涯。复杂的学习与职业经历,是需要较长时间的。司马迁比父亲的时间更长,应有八九年左右的较长时间。

理由三,从司马迁接触过的人来看,司马迁生年公元前145年的观点比较妥当。

为了撰写《史记》,司马迁游学天下,遍访名家,师承专家,经学大师孔安国、董仲舒等是司马迁拜访请教的重要人物。接触过可能比董仲舒还要年长的公孙季功,还有冯遂等。从司马迁与这些人的关系分析,司马迁生年公元前145年的观点比较妥当。

孔安国是西汉鲁国曲阜人,习通经学,与董仲舒齐名。司马迁曾向孔安国请教,有关尧、禹等的研究,多显孔安国的影响。《汉书·儒林传》记载:"司马迁亦从(孔)安国问故。迁书载《尧典》《禹贡》《洪范》《微子》《金滕》诸篇,多古文说。"[9]3607《史记·孔子世家》:"安国为今皇帝博士,至临淮太守,蚤卒。安国生卬,卬生驩。"[6]2356 王国维《太史公行年考》中,根据《史记·孔子世家》和《汉书·公孙弘卜式兒宽传》中记载考证,孔安国为博士,当在元光(前134—前129)、元朔(前128—前123)间,元狩年间(前122—前117)可能任临淮太守。也就是说,司马迁向孔安国请教,可能性最早的时间在公元前125年后,即司马迁游学开始的20岁之后;最晚时间在公元前117年,即司马迁28岁时。这是依司马迁生年公元前145年而言的。若依司马迁生年公元前135年之说,司马迁只能是10至18岁了,显然难以成立。

再说司马迁请教公孙季功[10]232、董仲舒。司马迁《史记·刺客列传》:"世言荆轲,其称太子丹之命'天雨粟,马生角'也,太过。又言荆轲伤秦王,皆非也。始公孙季功、董生与夏无且游,具知其事,为余道之如是。"[6]3078-3079 可见司马迁向公孙季功、董仲舒当面请教讨论过荆轲刺秦王事件。董仲舒(前179—前104)于汉武帝元光元年(前134)上书《举贤良对策》,创建了以儒学为核心的思想体系,"天人感应""大一统"学说和"独尊儒术"等主张被汉武帝赞赏采纳,声名大噪。之后,董仲舒任江都昌王刘非国相10年;元朔四年(前125)任胶西王刘端国相,4年后辞官回家,著书写作。这以后,朝廷每有大事商议,皇帝即会下令使者和廷尉前去董家问询建议。死后也得武帝眷顾,被赐葬于长安下马陵。司马迁见董仲舒,最晚也在公元前104年即董仲舒逝世之前,二三十岁的司马迁与三四十岁的司马迁,董仲舒接见的可能性孰大孰小?似乎在这方面,生年公元前135年的司马迁与生年公元前145年的司马迁差异难有,但如有差异,则生年公元前145年的司马迁占优。应该注意到的是:公孙季功虽与董仲舒大致同时代,但应比董仲舒年长,司马迁在两人并称时将公孙季功排在前边说明了这点。如此说来,司马迁见公孙季功、董仲舒的时间还应再早些。早五年、十年?或是更早?都有可能。这使得司马迁生年公元前145年之说更为可靠,而司马迁生年公元前135年之说则明显的难以成立。我们有理由可以这样思考:公孙季功帮助了董仲舒与夏无且相识、游历。董仲舒生年公元前179年,夏无且此时已经五六十岁了,董仲舒二三十岁时夏无且已经七八十岁了,年纪相对长的公孙季功是帮助董仲舒结识夏无且的合适人选。夏无且是秦王侍医,能做侍医则年岁应在三十岁以上,三十岁的中医大夫在今天也是难以成为人们信服的名医的!秦王更不会让不到三十岁的年轻中医大夫为自己侍医。夏无且的沉着、勇敢也是应在三十岁以上年龄的佐证。公元前220年发生荆轲刺秦王事件,秦王侍医夏无且在阻挡行刺秦王中表现勇敢,《史记·刺客列传》中简要记述,名载史册。侍医夏无且,目睹荆轲持匕首追逐秦王、侍卫们惶急中赤手追搏的场面,万分混乱危急!他急中生智,"是时侍医夏无且以其所奉药囊提荆轲也",将自己的药袋朝荆轲掷去,扰乱了荆轲追刺秦王过程,帮助了秦王的应对行为。事后论功褒奖,秦王赏赐夏无且黄金二百镒,表扬他说:"无且爱我,乃以药囊提荆轲也。"秦王称赞夏无且爱戴保护他,用药袋投击了荆轲。公元前220年的夏无且,即使年轻,也应三十岁或更长。如果他长寿,按八十多岁说,大约在公元前150年前后逝世。公孙季功和董仲舒与夏无且游历的时间,最晚也在这个年代。生年在公元前179年的董仲舒,以及可能比他可能还要年长的公孙季功,时年当为三四十岁,或各自年纪再小些。董仲舒长寿,于公元前104年逝世,而公孙季功逝世时间是否会还要早些?!司马迁向公孙季功、董仲舒请教了解过他们听夏无且讲荆轲刺秦王的事件,时间最晚也在公元前110年前后。司马迁生年若在公元前145年,则35岁左右见公孙季功与董仲舒;司马迁生年若在公元前135年,则最大25岁左右见公孙季功与董仲舒。但必须注意,司马迁在公元前115年至公元前110年前后,正在西征南略、父病等的忙碌中,见公孙季功与董仲舒的可能性比较小,更前些时间见的可能性比较大。那么,20岁之前的司马迁,是不可能见公孙季功与董仲舒的,因为司马迁尚未开始游历学习。二十来岁的司马迁,也不大可能到考察细究历史事件细节的时候。因此,司马迁生年公元前135年的观点难为妥当。

司马迁与冯遂[10]197-198友好。冯遂什么人?是《史记·张释之冯唐列传》中冯唐的儿子。冯遂曾与司马迁谈论战国时期赵国之兴废得失。"武帝立,求贤良,举冯唐。唐时年九十余,不能复为官,乃以唐子冯遂为郎。遂字王孙,亦奇士,与余善。"[6]3340武帝初期,于公元前134年在全国举荐贤良,汉文帝时担任过中郎署长和车骑都尉、景帝时升任楚相的冯唐,九十余岁了,但被推举在列,因年事过高不能再次任用,汉武帝就让冯唐之子冯遂作了郎官。冯遂是位奇士,与司马迁关系好。汉武帝公元前134年起举贤良时,将冯唐的年龄姑且估计到九十二三岁。其子冯遂的年纪应有五十岁上下了。司马迁说冯遂与自己友好,只能是忘年之交了。依司马迁生年公元前145年之说,两人相差约40岁。当司马迁20岁时,冯遂就应60岁了。若依司马迁生年公元前135年之说,司马迁20岁时,冯遂就应70岁了。如果在考虑司马迁出仕任职时间,也就是说再晚几年,司马迁就难以与冯遂同期共事而有交往并且相互友善了,也就难有忘年之交了。司马迁生年公元前145年的观点,显然比司马迁生年公元前135年的观点要符合情理。

理由四，司马迁生年公元前145年，与"得待罪辇毂下，二十余年矣"的说法，比较符合。

司马迁撰写《报任安书》的时间是汉太始四年（前93）①，仕为郎中的时间在随汉武帝西征的元鼎六年（前111）之前。公元前93年距公元前111年，是17年。司马迁《报任安书》中讲："仆赖先人绪业，得待罪辇毂下，二十余年矣。"[5]4325司马迁说，由于先辈传承的史官事业，得以在京师供职，已经二十多年了。司马迁在京师供职，可由仕为郎中、任职朝廷算起。"二十余年"是多少年？可能是二十一至二十五年，也可能再多。由公元前93年上推二十一、二十二、二十三、二十四、二十五年，应是公元前114年、公元前115年、公元前116年、公元前117年、公元前118年。按"二十而南游"的说法，加之司马迁担任郎中、随汉武帝西征南略等的推测，司马迁生年应是公元前145年。如若生年是公元前135年，就不大合适，因为司马迁游历学习时间就可能会小于二十岁了，也难有游历学习的时间了，"二十而南游"的话就不对了。再者，任郎中应在公元前114年至公元前118年间，或更早些。司马迁在《五帝本纪赞》中说"余尝西至空桐"。考《汉书·武帝纪》，武帝西巡至空桐，事在元鼎五年（前112）。[9]185从太始四年（前93）上推二十年是元鼎四年（前113）。司马迁在元鼎五年（前112）从巡武帝。而出仕为郎中，应在这年（前112）之前或再早些，可能在公元前113年，也可能在公元前114年、公元前115年、公元前116年、公元前117年、公元前118年，以至再早。这样距公元前93年就是二十一年、二十二年、二十三年、二十四年、二十五年或再多了。《报任安书》中"得待罪辇毂下，二十余年矣"，若按仕为郎中到公元前93年有二十三四年推算，仕为郎中最晚时间，起码在公元前117或公元前116年。按司马迁生年公元前135年说，任郎中时司马迁则十八九岁；按司马迁生年公元前145年说，任郎中司马迁则二十八九岁。如果十八九岁任郎中，就与"二十而南游"相矛盾。如果与"二十而南游""待罪辇毂下""二十余年矣"等可考时间节点合理吻合，即司马迁二十岁开始游历学习、二十八九岁游历学习结束任职郎中，任职郎中到公元前93年撰写《报任安书》时有二十三四年时间。那么，司马迁生年就是公元前145年妥当，也就不可能生年是公元前135年了，司马迁寿岁也就不止42岁了。

持司马迁生年公元前135年之说者中，不少人以司马迁《报任安书》"早失二亲"为理由之一。这个理由当然受到不少持司马迁生年公元前145年之说者的批评。这里想说的是，按司马迁生年公元前145年之说，司马迁36岁时其父病逝，比起前述还有九十余岁父亲是冯唐的冯遂，当然是"早失二亲"了。当时长寿者还有夏无且、公孙季功、董仲舒等。司马迁父亲比起冯唐，比起夏无且、公孙季功、董仲舒等，自然不是长寿了。作为儿子，司马迁感喟叹惋"早失二亲"，是可以理解的。

参考文献：

[1] 郭沫若."太史公行年考"有问题[J].历史研究,1955(6):26.

[2] 汪荣祖.史传通说——中西史学之比较[M].北京：中华书局,2003.

[3] 张大可.司马迁生年研究[M].北京：商务印书馆,2019.

[4] 张大可.司马迁生年十年之差百年论争述评[J].渭南师范学院学报,2017(1):5-17.

[5] 张大可,丁德科.史记通解：第九册[M].北京：商务印书馆,2015.

[6] 司马迁.史记（点校本）[M].北京：中华书局,2013.

[7] 王国维.观堂集林：卷十一[M].香港：香港中华书局,1973.

[8] 李长之.司马迁之人格与风格[M].北京：生

---

① 关于司马迁《报任安书》的写作时间，有太始四年（前93）与征和二年（前91）两种说法，本文认为是太始四年（前93），具体论证参见《史记通解》第九册4323-4324页。

活·读书·新知三联书店,1984.
[9] 班固.汉书[M].颜师古,注.北京:中华书局,1962.
[10] 段国超,丁德科.《史记》人物大辞典[M].北京:商务印书馆,2017.

司马迁孝道思想探源

王麦巧

（渭南师范学院 人文学院，陕西 渭南 714099）

摘 要：孝道是传统文化的根基，孝道思想深深影响着司马迁，激励着他忍辱负重，砥砺奋进，成就了非凡的人生。司马迁的孝道思想源于三个方面：先秦孝道思想的影响是司马迁孝道思想形成的道德基础，汉代"以孝治天下"的治国理念是司马迁孝道思想形成的社会基础，显赫扬名的家世影响是司马迁孝道思想形成的内在动力。

关键词：《史记》；司马迁；孝道；以孝治天下

基金项目：国家社会科学基金重大项目：中外《史记》文学资料整理与研究（13&ZD111）

作者简介：王麦巧（1965—），女，陕西大荔人。文学硕士，渭南师范学院人文学院教授，主要从事渭南方言民俗研究。

司马迁不仅是历史学家，而且是思想家。作为思想家，他认为孝道思想体现在三个方面：孝道是调整家庭关系的伦理规范，孝道是协调社会关系的原则，孝道是治理国家的政治思想。司马迁的孝道思想吸收了先秦孝道思想的精华，又受到了汉代"以孝治天下"政治思想的影响，家庭环境也潜移默化地影响着他，为其孝道思想的形成奠定了基石。

一、先秦孝道思想的影响是司马迁孝道思想形成的道德基础

先秦孝道思想的产生、发展经历了以下五个阶段：原始社会，孝意识萌芽；夏商时期，善事父母的孝观念产生，内容主要是事"死"；西周时期，孝道思想宗教伦理化，事"死"的同时，产生了事"生"的观念；春秋战国时期，事"生"成为主流，以孔子为代表对西周孝道观念重构；西汉时期，儒道思想进一步丰富、完善。

孝指善事父母，父母血缘关系的确立是孝道思想产生的前提条件。前氏族公社时期，婚姻形式为杂乱婚制，没有父母、兄弟、姊妹，当然也就没有孝道观念。母系氏族公社时期，随着生产力的发展，婚姻首先排除了祖辈和子孙之间、父母和子女之间的婚配关系，形成了血缘群婚的形式，即同一群体同一辈分的男女互为夫妻，不同辈分之间不允许存在两性关系。群婚的高级发展阶段是族外婚，族外婚排除了兄弟与姐妹之间的婚配。孩子出生后，由女方所在的氏族抚养，因此，孩子只知其母，不知其父。那么，生命到底是怎么降生的？人们开始探寻生命之源，产生了最早的生殖崇拜。相传夏的祖先是鲧，鲧"妻修己，见流星贯昴，梦接意感，又吞神珠薏苡，胸坼而生禹"（《史记·夏本纪》，《正义》引《帝王纪》）修己做梦之后又"吞神珠薏苡"而生禹，而不是和鲧婚配所生。殷商的祖先是契，其母简狄感玄鸟而生契。周的祖先弃也是一位知其母不知其父的人物。《周本纪》记载："周后稷，名弃。其母有邰氏女，曰姜原。姜原为帝喾元妃。姜原出野，见巨人迹。心忻然悦。欲践之，践之而身动如孕者。居期而生子。"[1]111孙作云考证认为"巨人迹"就是"熊迹"。夏、商、周先祖感生的神话反映了原始人的生殖崇拜意识。但是受生产水平和认识水平的限制，人们"往往把某种动、植物视为自己的亲族或祖先，

所以母系氏族公社的生殖崇拜初期往往表现为图腾崇拜"[2]11。由此看来,夏的图腾崇拜就是"神珠薏苡",殷商的图腾崇拜就是玄鸟,周的图腾崇拜就是熊。当古人了解男女交媾的奥秘后,生殖崇拜就逐渐脱离了图腾崇拜,而以生殖器崇拜为重点。母系氏族公社时期,生殖器崇拜为女阴,以"妣"字为例,郭沫若在《释祖妣》一文中考证,甲骨文中"妣"(匕)乃是"牝牡之初字",《说文解字》云:"牝,畜母也,从牛匕身。"也就是说,"妣"为女阴的象形字。

随着社会生产力的发展,男子取代了妇女在生产领域中的主导地位,他们在家庭中的经济地位随之提高,世系随父系计算,人类进入父系氏族公社。父系氏族公社,男子成为家庭和社会的主宰,财产继承制度也随之发生变化。子女不再属于母系家族,而成为父系家族的成员,是父亲财产的继承者。世系的变化带来了家庭结构的变化,女子嫁到男方家,就意味着对偶家庭向一夫一妻制家庭的转变。一夫一妻制的建立,确定了子女与父亲之间的血缘关系,从而保证了家族利益。个体家庭生产形成之后,原始初民认为男子才是创造生命的主宰,故出现了男根崇拜。在龙山文化和齐家文化的遗址里,发现了象征生殖繁衍之神的陶祖和石祖。当人类把崇拜的对象转移到男性身上时,说明人类已经认识到自身的力量,由对"物"的崇拜转移到人自身,于是,父系氏族公社的男性英雄理所当然地成为崇拜对象。这些男性英雄一般往往是氏族的首领或始祖,有着非凡的壮举,为发展部落、征服大自然、改善人类生活而作出了杰出贡献,如黄帝、炎帝。相传尧、舜、禹、皋陶等均是黄帝的后裔,因此,黄帝被奉为中华民族的共同始祖。

祖先崇拜的对象,因为时间的不同,有很多不同的类型。最早的祖先崇拜的对象是同族的死者,内容有二:一是生命的繁衍。祖先给了子孙生命,子孙有责任和义务把生命延续下去。祭祀祖先,首要的是延续生物性的生命,唯有血统关系不断,才能在祖先追念中获得不朽。所谓"不孝有三,无后最大"说的即这个意思。二是以祭祀祖先为代表的尊祖敬老意识,通过祭祖一方面加强血缘观念,提高氏族的凝聚力,保佑氏族繁荣与绵延;另一方面表达对祖辈的感恩之情,既包括氏族共同的祖先,也包括父母在内的长辈。长辈养育了我们,在种植、收获、狩猎各方面又富有经验,对养育之恩的回报、对经验的崇拜产生了敬老意识。当个体家庭出现之后,祖先崇拜的对象由氏族的长者变成了父母。

夏商时期,比较稳定的个体血缘家庭已经确立,在个体家庭中,最基本、最核心的家庭成员就是父母与子女,父母给了子女生命,并抚养子女长大,子女奉养父母。父母与子女之间权利与义务的形成表明"善事父母"的孝道思想已经萌芽,只不过此时的"孝"还是基于血缘的亲亲之情,而非后世的道德伦理观念。对祖先的祭祀是夏商时期孝道的主要内容和形式。夏商时期的祖先祭祀重点是祭拜君王的祖先,《礼记·祭法》说:"有虞氏禘黄帝而郊喾,祖颛顼而宗尧;夏后氏亦禘黄帝而郊鲧,祖颛顼而宗禹;殷人禘喾而郊冥,祖契而宗汤。周人禘喾而郊稷,祖文王而宗武王。"[3]1587这就是家天下的政治在祖先崇拜上的反映。

西周时期,孝道有两方面内容:一是孝"死",一是孝"生"。孝"死"对象是指祖先和死去的父母,祭祖是为了通过对共同祖先的"享孝""追孝"达到团结诸侯的目的,祭祀故母是为了表达"慎终追远"之情,其行为方式都是举行"享孝祖考的宗教活动"。孝"生"的对象是父母和没有血缘关系的老人,善事父母的孝道观念与西周个体家庭经济的发展有关。在一夫一妻及其子女构成的个体家庭中,人与人之间的亲属血缘关系更加明确,子女与父母的亲情和义务也就明确起来了,从西周开始,孝逐渐成为宗族内子孙对直系父祖表达亲情和履行义务的一种观念。《尚书·周书·酒诰》的"肇牵车牛远服贾,用孝养厥父母"话,反映了善事父母的孝道观念。在周代,孝"生"还包括父母之外的宗族老人,甚至包括没有血缘关系的异族老人,这种敬老、养老更多地注重其道德教化功能,具有鲜明的礼仪化倾向。

春秋战国时期,是社会深刻变革的时期,社会经济关系的变化引起宗法制的解体,周王室衰微,大国争霸,士族崛起,百家争鸣。伴随着宗法制的解体,传统孝道观念开始动摇和演变:第一,个体小家庭逐渐摆脱了宗族的束缚,成为独立的生产、生活单位。男子在家庭中有控制权、支配权、组织管理权等,是家庭的绝对主宰者。父权提高后,以"孝死"为核心的祭祀祖先的孝道观念发生变化,虽然新的贵族、列侯仍然要祭祖以增强凝聚力,但是祭祀对象已不再是周王室的祖先,多是从自身的角度出发祭祀自己的祖先,即"用孝用享,于我皇祖、文考"。因此,战国时期,不祭大宗的现象有之,但对已故的父母一定要"修宗庙,敬祀事,教民追孝也"。第二,随着理性的觉醒和人文的发扬,人们不再畏惧鬼神,并与之斗争,在这种积极向上的精神影响下,"追孝"的观念也日益淡漠。这种理性化的祭祖观念后被儒家吸收,成为儒家孝道思想的一个重要方面。第三,"孝养"的观念替代了"追孝"。战国时期,家庭形态以父母、子女为主的小型家庭为基本形式,不管是劳动生产,还是日常生活都以家庭为单位,子女在生活上照顾父母,在精神上满足父母,在志向上竭尽所能助其达成,这就是孝养。孔子把孝养解释为养、敬、以色侍亲、谏亲、子承父道等,使孝道形成了一套完整的学说体系。孔子的弟子曾参不仅继承和发展了孔子的孝道思想,而且还身体力行,把思想和践行结合起来。曾参的孝道以侍亲忠君为核心,将孝于父母、治理家庭的个人行为与治国为政联系起来,把孝道全面泛化;曾参还把忠纳入孝的范畴,使孝道与忠君融合为一体。孟子提出性善论,进一步完善了儒家孝道的哲学基础,亲亲原则的建立,使孝悌成为五伦的核心。荀子提出性恶论,其思想核心是"礼",孝源于礼,主张君恩大于父恩。孝养观念的形成跟政府的引导不无关系,战国时期,个体小家庭是国家直接控制的"编户","编户"的稳定直接关系到国家的稳定,政府为了维护社会稳定,提倡孝道,通过孝顺父母来影响社会风气,使孝成为人人遵守的行动规范。

综上可知,孝道观念起源于原始社会,夏、商时期发展成为以祭祀祖先为主要内容的孝道,西周时期孝道伦理政治化,春秋战国时期,孝道观念演变为以"善事父母"为核心的伦理道德观念,并且把孝与仁、忠、礼等结合起来,成为封建社会维系家庭关系的道德准则,为后世统治者以孝治理天下提供了思想基础,这也是司马迁孝道思想形成的道德基础。在《史记》中,司马迁以夏、商、周先祖感生的神话反映了原始人的生殖崇拜意识,通过对夏、商、周祭祀的追溯再现了祖先崇拜意识,用舜、郑庄公、聂政、孝文帝、万石君等人孝亲、敬亲的故事阐述了"善事父母"的孝道观念,如此种种,都是司马迁对先秦孝道思想继承的结果。

二、汉代"以孝治天下"的治国理念是司马迁孝道思想形成的社会基础

汉统一天下后,对孝文化推崇备至,提出"以孝治天下"的治国方针,"使原本只属于宗法伦理的孝道走进了国家政治、社会和文化生活中,成为一种泛道德观念的社会伦理和政治伦理,进而形成了颇具特色的孝治文化"[4]58。汉代的孝治文化有两方面,一是家国同构,即家庭、家族、国家在组织结构方面具有共性,家是小国,国是大家,而构成家庭、家族伦理道德的孝道被移植到国家建构中,君臣关系就好比父子关系,孝亲的最终目的就是忠君。另一方面是移孝作忠,孝是忠的基础,忠是孝的目的。由于家国同构,因而对父母的孝移于君王则为忠,忠孝一体。父母生养子女,君王是民之父母,故而孝敬父母,就必须孝敬君王,即忠君,这样就完成了由孝亲到忠君的转变。

汉代统治者为了贯彻执行以孝治天下的方针,采取了一系列措施,通过学校教育传播孝道就是其一。汉代中央官学有太学、宫邸学和鸿都门学,地方官学主要是郡国学校。《汉书·平帝纪》云:"郡国曰学,县、道、邑、侯国曰校,校、学置经师一人;乡曰庠,聚曰序,序、庠置孝经师一人。"[5]355据此可知,汉代地方官学为学、校两级,分置经师与孝经师一人,俸禄大约百石左右。太学的学生

有两类：一是太常选择年满十八岁以上的仪态端庄者，补博士弟子；二是郡国县官选择有爱好文学，敬重长辈，恪守政教，直行乡里，出入不违礼的青年补选为受业弟子。太学专立五经：《诗》《书》《易》《礼》《春秋》，同时要求兼习《论语》《孝经》，这些都说明汉代统治者对普及孝道的重视。此外，汉代还在广大乡村设置三老、孝悌等乡官进行孝道教化。三老往往是地方上德高望重的长者，其任务是掌管教化。凡有孝子贤孙，贞女义妇，舍财救难，以及学士中可以为民法式者，就在他家的门上题字加以表彰，鼓励善行。孝悌负责对百姓进行孝道教育、表彰和劝诫，两汉统治者都十分重视三老和孝悌。文帝时诏曰："孝悌，天下之大顺也。力田，为生之本也。三老，众民之师也。廉吏，民之表也。朕甚嘉此二三大夫之行。"[5]124汉代统治者还把三老、孝悌制度与奖惩结合起来，经常给予一定的物质奖励。武帝元狩元年，诏曰："朕嘉孝弟力田，哀夫老眊孤寡鳏独或匮于衣食，甚怜愍焉。其遣谒者巡行天下，存问致赐。曰：'皇帝使谒者赐县三老、孝者帛，人五匹；乡三老、弟者、力田帛，人三匹……'"[5]174

在用人制度上实行"举孝廉"，被举之人必须孝顺父母，行为清廉，二者中，主要考察的是孝。举孝廉始于汉武帝元光元年，每年一次，被举孝廉后，才能进一步进身，汉武帝以后成为常态。《后汉书·荀爽传》说："汉制使天下诵《孝经》，选吏举孝廉。"就是说，一个人只要孝，就会被举为孝廉，并可当官。《论语·学而》曰："其为人也孝弟，而好犯上者，鲜矣；不好犯上，而好作乱者，未之有也。君子务本，本立而道生。孝弟也者，其为仁之本与！"[6]28孝顺父母的人，很少冒犯上级长辈，不违背上级和长辈的人，自然不会去造反，没人造反，天下就稳定了。所以，国家是否稳定，关键在于仁，而仁的关键在于孝悌。至于"廉"主要针对官吏而言，《史记·滑稽列传》记载："念为廉吏，奉法守职，竟死不敢为非。"由此记述可知，官吏清廉正直，就不敢为非作歹，社会才能长治久安。

汉代重视尊老养老问题，把它作为"孝治天下"的一种重要形式。汉代的养老制度非常完善，刘邦在位时，尊其父为"太上皇"，下令：在仲秋之月都要安排赡养年老体衰之人，给老人们送上凭几和走路用的拐杖，送给老人们容易消化的粥食。高祖死后，惠帝"令郡诸侯王立高庙"，以追思汉高祖。汉惠帝以身作则，奉行孝道，受到后世赞誉，《汉书》赞曰："孝惠内修亲亲……可谓宽仁之主。"汉文帝诏令："老者非帛不暖，非肉不饱。今岁首，不时使人存问长老，又无布帛酒肉之赐，将何以佐天下子孙孝养其亲？今闻吏禀当受鬻者，或以陈粟，岂称养老之意哉！具为令。"[5]113"年八十已上，赐米人月一石，肉二十斤，酒五斗。其九十已上，又赐帛人二匹，絮三斤。"[5]113以上养老政策已经形成法律形式。汉宣帝时，年龄大的人赐予王杖，王杖上刻有鸠鸟作为装饰，百姓看到它，如同看到朝廷的符节。如有敢打骂持杖者，就是犯了大逆不道之罪，会被处死。汉宣帝还规定被授王杖的老人，可以持王杖出入官府，可以在"驰道旁道"上行走，在市场上做买卖可以免税，触犯刑律如不是首犯可以不起诉，可见汉代老人待遇之高。但是，并不是所有的老人都可以得到王杖，只有三老才会有如此殊荣。三老本是掌管教化的人，赐予他们王杖是对他们教化百姓、维护国家统治的酬谢。

汉代之所以选择孝作为治国纲领，有多方面的原因。在生产方式方面，以小农经济为基础的模式有利于实行孝制。小农经济以家庭为生产和生活单位，农业与手工业相结合，自给自足。在小家庭内，男子负责在田里耕作，女子负责在家里纺织，他们既要上交国库以粮食、布帛等，还要承担沉重的徭役。由于小农家庭经营规模小，缺乏足够的积累和储备的能力，往往经不起风吹浪打。因此，个体小农经济的兴衰直接关系着汉王朝的经济繁荣和政治安危。汉代统治者为了维护小农经济，选择利用孝道引导民众。通过孝道晓谕民众向孝，以培养孝子；有了孝子，才会有忠臣，有了忠臣，才会有社会的安定；最终形成"以伦理为基础，以家庭为中心，以夫妇为起点，而养成父子之亲、夫妇之爱、兄弟之情,乃至家族邻里之谊的孝道理论为治国之大策"[7]4。汉代家国同构的社会结构,是家庭道德与政治道德沟通的桥梁,国与家相通,君与父同伦,君臣关系相当于父子关系,孝亲就意味着忠君,由孝而忠,既有利于振兴小农经济,也有利于社会治理。

汉代,儒家思想的影响日益加深,儒家关于孝忠的理念成为统治者"以孝治天下"的理论保证。西汉初年,政治上实行休养生息政策,思想上主张清静无为,因而黄老思想为汉初统治者所提倡。汉高祖不喜儒学,使儒家的学术源流几乎断绝。博士制度虽承秦制依然存在,但博士人数不多,仅具官待问而已,在传授文化方面难以起多大作用。惠帝废《挟书律》,使诸子学说复苏,其中儒、道两家影响较大。文、景时期,出现了由无为到有为、由道家到儒家的嬗变趋势。武帝即位时,社会经济已得到空前的发展,国家日益强盛,为了维护大一统的局面,必须建立与之相适应的思想体系。儒家的大一统思想、三纲五常的伦理观念,恰恰适应了汉王朝当时所面临的形势,于是,在思想领域,儒家思想终于取代了道家的统治地位。大一统思想、三纲五常的观念都与孝道密切相关。父慈子孝,兄友弟恭,君礼臣忠,才能建立和谐的人际关系,维持社会的稳定,才有利于巩固大一统国家和稳定统治秩序。因此,汉代统治者把尊崇孝道上升为国家意识形态的权威,以"孝忠"作为选拔人才的标准,将"以孝治天下"落实在具体的法令中。

选择"以孝治天下"是汉代统治者汲取秦亡教训的必然结果。关于秦朝灭亡的原因,有很多种说法,"苛政""酷刑""不施仁义""以法为教"……汉代汲取秦亡的教训,改变秦朝的酷刑峻法,代之以孝治国,以孝治国的核心就是施行儒家的"仁政"。仁者爱人,爱人就需从爱双亲开始,爱双亲才能顺从长者,顺从长者才能忠君,如此父父子子,君君臣臣,社会才能长治久安。而且儒家兼用仁孝和刑法,尤其是它主张兴礼作乐,所以,汉代统治者选择以孝治国的政策。汉武帝时,罢黜百家,独尊儒术,徐彦《春秋公羊传注疏》曰:"汉家庶事草创,加四夷侵陵中国,朕不变更制度,后世无法;不出师征伐,天下不安;为此者不得不劳民。若后世又如朕所为,是袭亡秦之迹也。"这段话对我们理解汉武帝为什么要罢黜百家,独尊儒术很有帮助。

在汉代孝治天下的氛围中,司马迁耳濡目染,其思想打上了儒家思想的烙印。他师从孔安国、董仲舒两位大儒,学习儒学之六艺。孔安国是孔子之后,西汉的经学大师,著有《古文尚书》《古文孝经传》等作品。《尚书》是古代帝王治理国家的"官方哲学",为了详细了解孔孟之道,司马迁问故于孔安国,司马迁所问除了《古文尚书》,还包括《春秋》《国语》《论语》《洪范》等。通过学习,司马迁既掌握了考信历史的方法,也领略了孔孟之道的微言大义。《孝经》是儒家的伦理经典,更是汉代的治国方略。它以孝为中心,并把孝与忠结合起来,成为司马迁孝亲源泉。董仲舒主张"罢黜百家,独尊儒术",同时提出"天人感应""大一统"等理论。在两位老师的熏陶感染下,司马迁与孝道思想结下了不解之缘,为他继承父志而著史奠定了社会基础。

三、显赫扬名的家世影响是司马迁孝道思想形成的内在动力

司马迁有着显赫的家世,《史记·太史公自序》曰:"昔在颛顼,命南正重以司天,北正黎以司地。唐虞之际,绍重黎之后,使复典之,至于夏商,故重黎氏世序天地。其在周,程伯休甫其后也。当周宣王时,失其守而为司马氏。司马氏世典周史。"[1]3285从记载看,司马氏是一个历史悠久、名人辈出的家族,帝颛顼是其始祖,重黎氏、程伯休甫、蒯聩、司马卬、司马错、司马靳、司马昌、司马无泽、司马喜、司马谈等都是为司马家族增光添彩的前辈。就官职看,司马家族是史官世家,重黎氏曾执掌天官和地官,父亲司马谈为太史公。史之为用是"记功司过、彰善瘅恶、得失一朝、荣辱千载"[8]116-117的大事,假如没有史官,就会善恶不分,是非不辨,功过不清。因此,古代史官地位比较高,受人崇敬。如此显赫的

家世,使司马迁有一种自豪感和使命感,不断用先辈的辉煌业绩激励自己,成为他继承父业、扬名司马家族的内在动力。

司马迁出身名门,从小接受了良好的教育,汲取了儒家思想的精华"孝道"。他的孝道思想首先源于父亲司马谈。在父亲的启蒙下,司马迁"年十岁,则诵古文"。及壮,接触了阴阳家、儒家、道家、墨家、名家、法家的思想。对司马迁影响比较大的是道家和儒家思想,司马谈贵道,司马迁崇儒。他"考信于六艺""折中于夫子",以孔子言论作为褒贬人物的尺度。在政治上,他主张大一统,崇尚仁政、孝治。在道德观上,他维护儒家"君臣父子之礼""夫妇长幼之别"的礼仪道德。

二十岁时,在父亲的授意下,他走出书斋,开始游历考察。南到江、淮,之后"上会稽,探禹穴,窥九疑",搜集了关于五帝三代的传说,为他后来写《五帝本纪》《夏本纪》做好了准备。"浮于沅、湘",追寻屈原的足迹,为屈原的不幸遭遇扼腕叹息。"北涉汶、泗",研究齐鲁文化,观察孔子之遗风。在鄹、薛、彭城、梁、楚等地,通过调查,他掌握了关于秦汉历史人物的第一手材料,例如陈涉躬耕垄亩,心中却有鸿鹄之志;项羽不学书、剑,欲学"万人敌";张良亡下邳,学兵法于黄石公;陈平为杜宰,却欲宰天下;周勃以织薄曲为生,"常为人吹箫给丧事,材官引强";韩信贫穷无以葬母,却到处寻找高平宽敞的墓地;刘邦好酒色,曹参为狱掾,萧何为主吏,樊哙以屠狗为事等。这些逸闻趣事、历史掌故,使他开阔了视野,增长了见识,为他成为一个合格的史官打下了基础。壮游回来后数年,司马迁入仕为郎。他曾跟随汉武帝巡游各地,祭祀五帝,封禅泰山,奉命出使西南夷设置郡县……西汉王朝的博大气象,昂扬的时代精神使司马迁对以孝治国的思想确信不疑。

元封元年,司马谈病重,临终嘱命司马迁:第一,一定要继承自己著史事业,否则就是不孝。第二,自己的理想是继承《春秋》,以历史人物为中心总结历史。司马迁郑重承诺:"请悉论先人所次旧闻,弗敢阙。"元封三年,司马迁为太史令。为了完成父亲的遗命,司马迁师从董仲舒学习《公羊春秋》,跟随孔安国学习《古文尚书》,又参与修订历法。一系列准备之后,"绝宾客之知,忘室家之业,日夜思竭其不肖之材力,务壹心营职,以求亲媚于主上"[9]2192。侍亲、侍君、立名成为他著史的动力。

公元前99年,由于为李陵游说,司马迁面临生死抉择。人固有一死,或重于泰山,或轻于鸿毛。如果像一般仆妇,感于一时义愤,恣意赴死,这样的死轻于鸿毛,没有任何价值,也是司马迁所不齿的。更兼"恨私心有所不尽,鄙陋没世,而文采不表于后也",《史记》未完成,父亲的遗愿未竟,孝道未尽,他只能选择隐忍苟活。活着,就得接受腐刑。身体发肤,受之于父母,做儿女的就应当体念父母的一片爱心,爱护自己的身体,这是对父母的孝道。而腐刑是古代最残酷的刑罚之一,对受害者来说,不但肉体痛苦,而且心灵受辱。"祸莫憯于欲利,悲莫痛于伤心,行莫丑于辱先,而诟莫大于宫刑。"[9]2190因此,接受腐刑,既要忍受身体的痛苦,而且是对父母的不孝,辱没了先祖。两难选择中,他想到了孔子、屈原、左丘明等人,他们的事迹激励着司马迁,他毅然选择了腐刑。李陵之祸后,他放下个人得失,埋头致力于著史,终于成就了"史家之绝唱,无韵之离骚"的《史记》,实现了立身扬名的梦想。

综上所述,司马迁的孝道思想既受到了先秦孝道思想的浸润,又经历了汉代儒家思想的洗礼,家庭环境的影响更是为其增加了浓墨重彩的一笔。

参考文献:

[1] 司马迁.史记[M].北京:中华书局,1982.

[2] 王长坤.先秦儒家孝道研究[M].西安:西北大学出版社,2005.

[3] 十三经注疏[M].阮元,校刻.北京:中华书局,1980.

[4] 徐玲.汉代以孝治天下原因探析[J].商丘师范学院学报,2007(4):58-61.

[5] 班固.汉书[M].北京:中华书局,1962.

[6] 纪昀.家藏四库全书(精华版)[M].北京:中

国华侨出版社,2015.

[7] 徐玲.汉代孝治文化研究[M].开封:河南大学出版社,2004.

[8] 刘知幾.史通[M].长春:时代文艺出版社,2009.

[9] 张大可.史记全本新注[M].西安:三秦出版社,1990.

司马迁对韩城文化的影响

张静莉

(渭南师范学院 人文学院,陕西 渭南 714099)

摘　要:文化巨子司马迁和历史巨著《史记》对以司马迁为荣的韩城人产生了深远的影响,世世代代的韩城人以门楣家训或民俗的形式将司马迁半耕半读的生活方式、立身扬名的孝道思想、忍耐克制的性格特征、孝悌忠信的仁义思想予以传承和发扬。

关键词:司马迁;韩城;门楣家训;民俗

基金项目:陕西省社会科学基金项目:陕西家训文献整理与优秀家风研究(2018J03)

作者简介:张静莉(1978—),女,陕西韩城人。文学硕士,渭南师范学院人文学院副教授,主要从事中国传统文化和对外汉语研究。

1982年2月23日国务院批准韩城市芝川镇的司马迁祠墓为全国重点文物保护单位,韩城市又被命名为"历史文化名城"。

韩城民居的最大特点是四合院,主人为了显示家世家风,向外人展示家族浓郁的文化气息,都会将家族的家训家风或名言雕刻在门楣或者厅房歇檐两侧的山壁上,由名家书写,良工雕镂,十分考究。内容主要体现炫宗耀祖、伦理道德和理想追求,如"三槐世泽""延陵世家"等等。

生活在周风周礼深厚的梁山下的司马迁,二十岁后周游列国,挖掘各地民族风俗文化,实录在《史记·货殖列传》中。对于以司马迁为荣的韩城人,传承他的民俗观也是必然的,在今天的韩城民俗中得到了充分的展现。

对于文化的界定,英国文化学家泰勒所著的《原始文化》做了经典的定义:"(文化)乃是包括知识、信仰、艺术、道德、法律、习俗和任何人作为一名社会成员而获得的能力和习惯在内的复杂整体。"[1]2依据这一界说,本文主要探究司马迁对韩城文化之家训和民俗的影响。司马迁对韩城文化的影响主要体现在以下几个方面:

一、半耕半读的生活方式

《太史公自序》:"迁生龙门,耕牧河山之阳。年十岁则诵古文。……于是迁仕为郎中……卒三岁而迁为太史令……"从中不难看出,少年时期的司马迁在家乡过着半耕半读的生活,司马氏家族世代为官,祖上颇有产业,祖父司马喜用四千石粟买了九级爵的五大夫,有食邑,有封地,有庄园。司马家族的地位及父亲的培养和期望,决定了司马迁必然以读学为主,兼学耕地和畜牧。司马迁的这种半耕半读的生活方式对于以司马迁为荣的韩城人来说,必然造成了深远的影响,这一点在韩城的门楣家训中得到了展现。

由于历史和地域因素,韩城人民极早地过着耕者有其田、居者有其屋相对安定的生活,在这样的社会结构条件下,门楣作为农耕社会的产物在韩城产生了。战国初期,孔子的徒弟子夏来到韩城设教,"教衍西河",把孔子的教育思想推广到了西河地区。《辞源》:"西河,战国魏地。今陕西东部黄河西岸地区。"韩城当时叫作少梁,是西河的重要地域。子夏是公元前470年左右开始"教衍西河",而司马家族先于子夏150年左右择居少梁。在子夏到来之前的一百多年时间里,司马家族未出现过任何特别优秀的人才。在子夏来后，相继出现了司马错、司马靳、司马昌、司马谈、司马迁等赫赫有名的人才。也是从那个时期开始，韩城便兴起了办学之风，民重耕读，人才辈出。可以说，韩城文化的历史源头是子夏，而韩城成就最大的是司马迁。在子夏和司马迁的影响下，韩城才有了浓厚的文化底蕴。

在韩城的门楣上，许多家族雕刻有"耕读""耕读第""耕读传家""耕读世家"等。耕，意为劳动，引申为谋生；读，意为读书。"耕读第"是韩城城乡采用最广的门楣。由此可见韩城之文风昌盛，普通百姓都以读书为荣，以研习诗书为立家之本。党家祠堂牌位的两侧立柱上，就醒目地写着："四百载守祖宗一脉真传曰勤曰俭；廿三代教子孙两条正路惟读惟耕。"在村民党鉴泉的家里有这样一副楹联："继祖宗一脉真传克勤克俭，教子孙两行正路唯读唯耕。"党家村被称为中国式家庭文化的活化石，已有700年历史，村人自古崇尚读书，耕读传家，家家有家规，户户有家训。[2]

这种耕读并重的门楣家训教育方式，足以见证在"万般皆下品，唯有读书高"的时代背景下，生活在韩城的历代百姓除了受历史和文化的影响外，司马迁半耕半读的生活方式对于韩城人民教育观念的深远影响。在以科举取士的时代，韩城人才辈出，民间一直流传有"下了死牛坡，秀才比驴多"的俗语，还有"一代史圣、两朝状元、三朝宰相、四代世家，父子御史、父子知州、祖孙巡抚、兄弟侍郎、南北尚书，'一母三进士、一举一贡生'传佳话"。据不完全统计，仅明清两代韩城考取进士、举人、贡生者就达1400多人。特别是在明朝万历年间，韩城人在朝廷做官者甚多，民间盛传"朝半陕，陕半韩"之说。[3]

据明万历年间《韩城县志》记载：韩城习俗为"南敦稼穑，北尚服贾"。又据明末韩城县令左懋第《常平仓议》记载："韩城地十，七其山；人十，三其贾。"可以看出，当时的韩城人民在以农耕为主的同时，大力发展经济，这显然与农耕文化有着紧密的关系。因此可以说，明清时期耕读传家的司马遗风，孕育了一代又一代韩城人难以割舍的重文情结，造就了韩城深厚的历史人文底蕴。如今的韩城古城修复中，古街巷、四合院，包括"耕读苑"等小区的建设，处处彰显着耕读文化的气息。

二、立身扬名的孝道思想

司马迁自幼求学，游历天下，网罗旧闻，忍辱负重，历经痛苦，著成《史记》，最终光宗耀祖显天下。这种伟大精神成为以司马迁为荣的韩城人追求知识、积极进取的强大动力，他身处逆境而自强不息的坚韧人格也融入韩城人的性格之中。[4]89 受司马迁的影响，加之在"学而仕则优"的背景下，千百年来，韩城人特别重视教育和子孙后代的培养，文化才子层出不穷。学业有成，入仕为官者颇多。除汉太史司马迁外，还出现了宋代诗人张昪、明朝丞相薛国观、户部尚书张士佩、宣化巡抚刘永祚、清代状元王杰、刑部尚书张廷枢、贵州巡抚刘荫枢等。宋元明清几代韩城有进士115人，状元2人。明清两代是韩城文化教育的盛世，科举取士者达800余人，其中进士90人，举人544人，解元14人，官居五品以上者130余人，明清时期全县书院有名的10多所，民国十三年（1924）全县仅小学就有216所。因而韩城有"士风醇茂""解状盛区"之誉。[5]

韩城文人最终出路有两条：一是入仕成功者最终告老返乡，将文化带回故里；二是入仕失败者在乡村设官讲学，传播文化，他们都与韩城浓郁的文化氛围息息相关。这种重教兴学、人才辈出的文化背景为韩城门楣题字的产生与传播、盛行提供了必备条件。[4]89 因此，在韩城，一些有过功名或入仕为官的家族，为了炫耀家族的功名和辉煌，便在自家的门楣上刻着"状元""进士第""世进士""黄堂第""十马高轩""世科第""登科""科第""明经第""太史第""司马第""兄弟司马""国宾第""中宪第""思隐第""内翰第""外翰第""大郡伯""十马高轩""父子御史""九重锡命""名登天府""紫府玄机""忠勋第""皇恩第""承恩第""恩荫"等。韩城的这些家训，大体上可以分为两大类：一类是标示着家世显赫，以鼓励后代子孙；一类则是寄托着一种理想和精神的追求。在搜集到的题字中,此类题字约占总数的1/6,它们反映了韩城历史上重视文化教育,并培育了大批文化人才和具有经国济世才能的入仕者,也是韩城人追求事业与功名,渴望实现人生价值的历史见证。[4]89

在韩城党家村的厅房歇檐两侧山墙上也处处刻着教育子孙后代立身扬名以读书的家训:"志欲光前,惟以诗书为先务。""读圣贤书,立修齐志。""要门庭显,必须积德;求子孙贤,还是读书。""古今来多少世家,无非积福。天地间第一人品,还是读书。""勤俭治家之本,和顺富家之因;读书成家之本,循礼保家之根。"党家村东南小学院里坐落着高大显耀的文星阁,取名"文星高照"之意。塔的一层供奉圣人孔子及其10位弟子之牌位,二、三、四层分别供奉着颜渊、曾参、子思以及孟轲的牌位,五层供奉着文昌帝的牌位,顶层供奉的则是一手拿笔、一手执卷,正在点元的魁星爷——文曲星的塑像。党家村人建阁供奉他们,以求护佑村里文脉昌盛,子孙读书成才,为官耀祖。匾额自下而上依次题名:"文星阁""大观在上""直步青云""文光射斗""云霞仙路""笔参造化"。从其匾额内容来看,意在强调读书才有前途的儒学思想之精髓,以激励后辈之发奋。

同时,在韩城还有通过民俗教育子孙好好读书以扬名的,比如在农历七月初七(俗称"七月七")乡村各家都要给男孩蒸"砚台馍"(形似砚台,上置白面做的笔、墨、纸、镇尺等文房之物),希望男孩吃了能读书有成。另外,还有蒸形似玉璜的"北斗馍"以献北斗七星,希望北斗神保佑自家的学子文运亨通,步步登高。北斗星系民间传说中的魁星,为主宰文运之星。每年韩城会举行司马迁拜祭仪式,祭祀之时,在祠堂外面,乡民们会杀羊数只,做成各种美味佳肴,以此来款待拜谒史圣的读书人,鼓励一代代青年人读书进取。

三、忍耐克制的性格特征

"小不忍则乱大谋",忍受屈辱和灾难在对人精神磨砺和重塑的同时,能让人超越自我而成大器。司马迁从自身的遭遇和经历中体验到生命的可贵,倡导应该珍视生命,为社会做有益的建树,所以他极力赞赏忍小耻就大业的精神。

《史记》中随处可见司马迁的隐忍思想,《淮阴侯列传》中韩信忍受"胯下之辱",归汉后多次受辱之事而不计较,寻找施展抱负的机会,最终实现自己的人生价值。在《伍子胥列传》中伍子胥因楚平王杀戮而投奔吴国,历尽艰难曲折,终于干出轰轰烈烈的事业,太史公赞曰:"向令伍子胥从奢俱死,何异蝼蚁。弃小义,雪大耻,名垂于后世,悲夫!方子胥窘于江上,道乞食,志岂尝须臾忘郢邪?故隐忍就功名,非烈丈夫孰能致此哉?"《越王勾践世家》记述:"勾践之困会稽也,喟然叹曰:'吾终于此乎?'种曰:'汤系夏台,文王囚羑里,晋重耳奔翟,齐小白奔莒,其卒王霸。由是观之,何遽不为福乎?'"于是勾践发愤,回国后"苦身焦思,置胆于坐,坐卧即仰胆,饮食亦尝胆,厚遇宾客,振贫吊死,与百姓同其劳",终于一举灭吴。司马迁赞扬他:"可不贤哉,盖有禹之遗烈焉。"另外,还有如吕望、伊尹、蹇叔、百里奚、苏秦、张仪等,司马迁写他们在逆境中忍耐克制最终都建立了一定的功业。在自己身受腐刑,倍受屈辱的情况下,激励自己:"西伯拘而演《周易》,仲尼厄而作《春秋》,屈原放逐,乃赋《离骚》;左丘失明,厥有《国语》;孙子膑脚,《兵法》修列;不韦迁蜀,世传《吕览》;韩非囚秦,《说难》《孤愤》;《诗》三百篇,大底圣贤发愤之所为作也。"(《汉书·司马迁传》)司马迁正是从他们身上汲取智慧和力量,为完成《史记》"隐忍苟活,幽于粪土之中而不辞","就极刑而无愠色"。[4]88相反,对那些轻掷生命的庸碌之辈,司马迁则给以揭露和贬斥,如在《郑世家》中写郑灵公为吃肉一点小事,而互相残杀,死了好多人。在《宋微子世家》中写宋湣公与臣下南宫长万开玩笑,被南宫长万杀死,也死了不少人,成为天下的笑柄。

正是在这种精神的影响下,韩城人深刻领悟到了人生的艰辛和隐忍的重要,将"忍""百忍""安忍之""百忍堂""勤俭忍"等悬挂在门楣之上,教育后人处世忍让为先,以忍让应对人生凶险,以积极的态度战胜一切苦难,最终走向成功。党家村门楣上也雕刻着同样主旨的家训:"父母遗礼重,朝廷法度严;圣贤千万语,一字忍为先。"先人留下的礼仪很重要,后人应当重视;国家的法律很严格,百姓应该恪守;圣贤们说了千言万语,有一点很重要,就是遇事要忍耐不能急躁。四句庭训,从家庭的小家,到国家的大家,从父母的希望到圣贤的教诲,娓娓道来,感人肺腑。

四、孝悌忠信的仁义思想

儒家认为,孝悌忠信归属仁的德目范畴,仁的核心是爱人,爱亲人,爱他人。《礼记·祭统》曰:"是故孝子之事亲也,有三道焉:生则养,没则丧,丧毕则祭。养则观其顺也,丧则观其哀也,祭则观其敬而时也。"[6]220 孝指子对父母孝顺,悌指弟对兄恭顺,兄对弟友爱。忠信是与他人相处的道德准则,忠既指民族对国家的尽忠,亦指臣、子对君父的效力,亦可指与人相处必须忠诚;信即诚实守信,言行一致。

司马迁遵父志继父业,忍辱负重完成历史巨著《史记》,此乃孝顺之至。同时,他在《史记》中也记载了大量的孝顺父母的故事:舜在继母和弟欲杀他的情况下,依然孝顺父母;孝文帝侍奉母亲三年以尽孝,还因缇萦愿卖身救父为嘉奖其孝行而下旨废除肉刑;太伯遵父意,奔荆蛮,文身断发而让位季历。同时,在《史记》中还记载了舜有孝之行为感染家族和邻里,使家族、邻里和睦相处,处事厚道,民风和社会风气得到大大改善。周文王广施仁义,倡导尊老敬老,在周国境内外形成谦让和尊老敬老的社会风气。周公姬旦辅助三代帝王而忠孝之心不变,代成王摄政无篡权之心,著书劝诫成王恪守孝道。赵武以孝报恩于程婴,服丧三年,世代祭祀。

司马迁通过自身的孝及《史记》大量记载的仁义故事,反映了他对仁义思想的赞赏和推崇。因此,韩城人便将孝悌忠信等雕刻在门楣上以提倡和推广,以教育子孙后代。"笃敬""和致祥""务为仁""和为贵""忠厚""忠信""谦受益""积善居""对德第""忠敬恭""忠信第""谦益第""永吉庆""平为福""裕德第""世德想承""居仁有义""安详恭敬""诒谋燕翼"等等在世代韩城的门楣上处处可见。其影响可归纳为以下两类:

其一,以道德规范而修身。通过约束和规范行为而获得良好品行以达到修身的目的。"树德""贵德第""德裕第""邻德居"是处处可见的门楣雕刻。"福德居"是指即使富裕了也不要忘记道德律己,"聿修厥德"是指通过自修其德来怀念祖先,"渠清如许",指人的品行如此高尚,犹如渠水清流一般,"清白远长""清白世承""清安庐"把主人的坦然和自豪展现在高高的门楣之上,"诵清芬""唯吾德馨"则把祖上清白的家声、良好的品德馈赠给了后人,"德重乡评"说明乡梓邻里对该家祖先的德行给予了极大的赞誉。党家村厅壁上的"薄味养气,去怒养性,处抑养德,守清养道"则告诉人们:粗米淡饭能涵养人的身心,处事平和能涵养人的禀性,处在困境能磨炼人的品德,高洁的操守能形成正确的人生观。"动莫若敬,居莫若俭,德莫若让,事莫若咨。"举止必须讲文明礼貌,礼多人不怪;家居必须勤俭朴素,俭以养德;德性必须谦让谨慎,谦虚谨慎戒骄戒躁;遇事必须咨询请教,三人行必有我师。同时,韩城党家村家训在书体上基本都是以楷书或行楷为主,西安交通大学教授、博士生导师薛养贤这样形容:"它就相当于我们参加一个重要的活动要着正装一样,有一种礼仪的仪式感在里面,凸显出家训对后人'守正'和'规矩'意识的教化。"

其二,以仁义思想为准则。孝悌忠信作为仁义思想的关键所在,是人们信奉的具体行为准则,在韩城门楣匾额和民俗文化中也随处可见。"忠恕",对君主要忠;"忠信""履信思顺",对朋友要信;"孝悌慈",孝敬父母,友爱兄弟、慈爱后辈。另外,还有许多倡导存仁义之心、做仁义之事的门楣,如"仁厚居""安仁居""居仁由义""行仁义事"等等。这种仁义思想通过门楣的形式便润物无声地化为百姓待人接物的规矩。在韩城四合院的厅房歇檐两侧山墙上同样也雕刻着这样的名言家训:"在少壮之时要知老年人的辛酸,当旁观之境要知局内人的景况,处富贵之地要知贫贱人的苦恼,居安乐之场要知患难人的痛痒。"这四句话都是告诫家人和后代,在处于优势地位的时候,要学会关心和扶持处于劣势的人。孔子说:"仁者爱人。"处在劣势的弱者更需要关爱,能做到关爱弱者即为忠厚。"无益之话勿说,无益之事勿为,无益之人勿亲。"不说不利于团结的话,不做不利于生活的事,不交不利于友情的人,教育家人做人要友好和睦,做事要有益于国家和生活。"居仁为本务,由义乃长康。"仁厚,是做人的根本;大义,人生就会绵长安康。韩城党家村的节孝碑上刻有:"矢志靡他,克谐以孝;纶音伊迩,载锡其光。""矢志"即"发誓","靡他"即无其他想法,"克"即"能",意思就是碑主牛孺人早年丧夫,守节不二,而且对长辈孝顺,与家里、邻里和睦友好,她的孝顺也得到了皇帝的诏书,加之矗立在路边,意在方便瞻仰和教育族人、后代应当行孝。"出门莫忘见宾敬,面墙须禀不学羞",是清末桃李满韩原的樊厚甫家的处世箴言,将其刻在墙壁上,用以自勉或训诫后代。

孝忠于国家的家训在韩城的厅房歇檐两侧也处处可见。"思孝安家国,读书教子孙",心里惦记着孝顺,在实际行动中履行了孝顺,家族才能安宁,国家才能安定。"国则思忠,家则思存,民则思信,为人之根本也。"家族和国家是两相依的,有了国才会有家,天下兴亡,匹夫有责。抗战时期,仅仅100多户人家的党家村,先后就有60多人参军走上抗日前线,有父子兄弟齐上阵的,其中有16名将士精忠报国,为国献身。"存忠孝心,行仁义事",心里存着忠臣孝子之心,去做仁人义士的事情。党家村下庙的关羽雕塑神龛楹柱上悬挂着楹联:"秉烛非避嫌,此夜心中唯有汉;华容岂报德,当年眼底总无曹。"通过关羽向族人和后代弘扬忠君报国、仁侠尚义的精神。

另外,韩城人民还通过各种民俗形式行孝祖先、长辈,和睦亲朋、邻里。最典型的有司马迁的后裔祭祀司马迁的"跑台子戏",这种祭祀活动在中国大地上应该是独一无二的。清明前夜,司马迁的后裔们抬香案,备供品,在村西真骨墓旁祭祖。戏台上鼓乐方鸣,戏台下众人叩拜。突然,戏台上灯火全部熄灭,鼓乐全停下来,演员也不卸装,所有乐人带着乐器从台上跑下来,村民们立即拆卸舞台,抬着香案,跟在演员后面,向村东边九郎庙狂奔过去,鞋子丢了不准找,衣冠掉了不能拾。村边东九郎庙戏台子上的乐人也早早地做好了准备,一见演员跑进来,立即鼓乐奏鸣,大戏又接着开演。司马后裔独特的祭祀活动是和司马迁的命运息息相关的。公元前98年李陵被灭族,司马迁罪加一等,被判宫刑后,司马家族怕被诛灭九族,由族长司马厚主持商议决定改姓和迁居,改姓为"同""冯",几经周折,迁回老家,隐居徐村。汉宣帝年间,同、冯族人于清明前夕在村西真骨墓旁悄悄祭祖。突然,京城来的钦差直奔徐村的消息传到了村庄。正在祭祖的族人们惊恐万状,为了转移视线,族人们马上狂奔到村东九郎庙,焚香祭祖。待钦差到来之后,才知是司马迁的外孙杨恽。他来的主要目的,一是奉母亲之命回乡扫墓,二是回舅家报喜——汉宣帝已正式准许《史记》公之于世。徐村族人们才放下心来,转惊为喜,敲锣打鼓来庆贺。因此,在以后每年的清明节,徐村的族人们总要唱"跑台子戏",用比过年还热闹的节日气氛来祭拜先祖,纪念《史记》重见天日的这一天[7],也可以算作司马氏出逃后又返回故里的历史缩影。如今,由司马迁后裔组织的国家非物质文化遗产项目"徐村司马迁祭祀"演变而来的"司马迁祭祀大典",已经被列为继"黄帝祭祀""孔子祭祀"之后的我国三大祭祀活动品牌之一。在每年的"司马迁祭祀大典"上,"百名司马迁后裔行三跪九拜礼"[8]。这种祭祀活动,"经过几千年的历史积淀,最后形成了'风追司马'的文化内涵,也塑造了'史记韩城'的城市符号"[8]。

韩城祭祀还有其他的民俗形式,比如耍神楼、韩城行鼓、韩城围鼓、韩城"谏公"鼓吹乐等。目前传承下来的最为流行和普遍的祭祀形式便是祭祀蒸食,它是乡民们过年过节、生子、盖房时经常作为祭神的一种祭品,主要品种有"枣祃瑚",乡民俗称其为"献爷(当地方言念yá)馍"。通过对"枣祃瑚"的历史考究,其目的主要是为了维护血缘关系,增强部族凝聚力而进行的宗庙祭祀,扩大本部族的整体利益而进行的对神灵的祭祀。直到现在,"枣祃瑚"还是韩城乡村中最隆重的蒸食祭品。

韩城子女在老人60岁开始为长辈过寿诞,10年一大寿。贺寿日亲戚邻里献礼物,儿媳送衣鞋,女儿送寿盘馍、寿糕馍,邻里送鸡蛋、寿桃馍等。送寿帐、寿屏、寿匾、寿联是高雅形式。贺寿之日主家设宴招待,唱大戏、唢呐吹打,歌功颂德。同时,在韩城民间还通过各种民俗形式来和睦乡邻和朋友。比如往来蒸食、喜庆蒸食、臊子馄饨、红把小扫帚、茶俗等。往来蒸食主要表现在婚、诞、寿、丧四个方面。"馄饨"是婚嫁时最主要的往来蒸食,"圈圈子"是贺生子的主要蒸食,"寿桃"是用来祝寿的蒸食,"盘子"是丧事的主要蒸食。主家在收到蒸食后,用"卷儿馍"或油炸"轮儿"作为"回礼"给客家。逢年过节,为增添节日的欢乐气氛,乡民们会用特制的喜庆蒸食作为礼品送给主家。不管谁家过事,亲朋邻里均带上蒸食登门祝贺。还有每年春节,各家都要给前来拜年的小孩子赠送一个半月形的名叫"顾jua"的蒸食。"馄饨",含有"团圆美满"之意。臊子馄饨是韩城人过年过节、男婚女嫁、老人祝寿、孩子满月等场合招待亲朋厚友和贵宾的待客饭。羊肉臊子饸饹是几乎所有到韩城做客的人,都会受到款待的一种美食,所以也是韩城人的一个骄傲,而且是在首次宴席上招待。韩城红把扫帚是当地新婚嫁娶必备之物,亦是馈赠外地亲朋宾客的礼品。韩城的茶俗多见于婚事,男女青年由媒人介绍见双方父母,得到相互认可后,就会在献茶、回敬后改口。新婚之夜,由姑嫂引领新娘到村中本族端着茶盘、茶壶和茶杯,由姑嫂介绍给长辈献茶、改口,称作"认门"。另外,在日常生活中还有邻里间发生冲突,调解人以茶谋和解的"和事茶",谈生意的"成交茶",客人来,先让茶,宴席结束时向客人献茶的"待客茶"等等。

中国几千年的传统文化,其核心支柱是"文史"。文,不仅指母文,更指以母文为载体的传统文化,主体是孔孟学说,是四书五经,是修身齐家治国平天下,塑造了中华民族优秀的传统文化特征。素有"文史之乡"美誉的韩城,源于巨著《史记》在文学、史学上达到的高峰。出生于史官之家的司马迁,正是伴随着半耕半读的生活方式,以孝道之心周游列国,挖掘各地民俗文化,忍辱负重,隐忍苟活,承父志著成《史记》,最终光宗耀祖而显天下。在司马迁的身上和《史记》中记载和表现出来的立身扬名的孝道思想、忍耐克制的性格特征、孝悌忠信的仁义思想,对韩城的家训、民俗等传统文化一定起到了积极的影响,所以才有了今天的"历史文化名城"一说。

参考文献:

[1] 张万红,孙宏亮,王岩石. 中国传统文化概论[M]. 北京:北京师范大学出版社,2012.

[2] 杨小荷. 门楣——文化之瑰宝——陕西韩城古代门楣探究[EB/OL]. (2010-01-28)[2018-10-15]. http://html.smeshx.gov.cn/Jan_28_2010/Jan_28_2010_05_38_56_69262.shtml.

[3] 历史文化古迹——陕西渭南韩城文庙(二)[EB/OL]. (2017-01-10)[2018-10-15]. http://www.360doc.com/content/17/0110/14/178233_621530837.shtml.

[4] 杨雅丽. 司马迁故里韩城门额题字文化阐释[J]. 西北大学学报(哲学社会科学版),2002(5):87-90.

[5] 韩城市志编纂委员会. 韩城市志[M]. 西安:三秦出版社,1991.

[6] 许嘉璐. 文白对照十三经[M]. 广州:广东教育出版社,1995.

[7] 韩城司马迁民间祭祀活动[EB/OL]. [2018-10-15]. http://shop.bytravel.cn/produce4/hanchengsimaqianminjianjihuodong.html.

[8] 2017年丁酉年"祭祀史圣司马迁大典"在韩城举行[J]. 渭南师范学院学报,2017(9):62.

《史记·夏本纪》隐喻探析

王炳社

(渭南师范学院 人文学院,陕西 渭南 714099)

摘 要:司马迁在《史记》中不光述写历史,他还善于总结中华民族有史以来的传统美德,并希望能用他的《史记》将其发扬光大,《史记·夏本纪》就有这样鲜明的特点。在对夏禹身上所体现出来的德、能、勤、绩、俭等方面进行挖掘和表现时,司马迁并没有采用直抒胸臆或概括性的抽象语言进行总结,而是采用隐喻的叙述方式或铺设隐喻情境,通过最为简洁抑或是事物罗列、自然流露、转移话题等方式予以表述,从而实现了隐喻性的叙述。

关键词:《史记》;《夏本纪》;夏禹;传统美德;隐喻

基金项目:陕西省社会科学基金项目:中国音乐隐喻史研究(2015J025);渭南师范学院人文社科类重点科学研究项目:《史记》隐喻艺术思维研究(16SKZD01)

作者简介:王炳社(1960—),陕西大荔人。渭南师范学院人文学院教授、渭华学者,硕士研究生导师,渭南师范学院艺术隐喻研究中心主任,主要从事艺术隐喻研究。

夏是中国一个古老的部落,相传由包括夏在内的十多个部落发展而来,大概居于尧、舜时代,后因夏禹治水有功而登上王位。关于夏禹的身世,《史记·夏本纪》是这样记载的:"夏禹,名曰文命。禹之父曰鲧,鲧之父曰帝颛顼,颛顼之父曰昌意,昌意之父曰黄帝。禹者,黄帝之玄孙而帝颛顼之孙也。禹之曾大父昌意及父鲧皆不得在帝位,为人臣。"[1]49这是一种隐喻的叙事方式。一般而言,"历史编纂总是由四种转义——隐喻、转喻、提喻和讽喻中的一种而得到充实的"[2]10。司马迁为什么在《夏本纪》的开头要这样叙述呢?显然是有其特殊用意的。这也就是说,夏禹的祖辈虽然有过辉煌,但到他这辈,已经变成了平民百姓。而一个平民出身的人,要想登上王位,当然他身上得有诸多优点,或者应该是接近完美的人。历史叙述注重客观,要尽可能避免个人的针砭倾向,这样才能有效实现其隐喻目的。何以如此?因为"在构造知识以服务于我们的社会和政治目的方面,隐喻有着明显的效果。在我们支配把实在转变成人类目标和目的能够接受的世界方面,可以论证隐喻是我们拥有的最强有力的语言工具"[2]16。因此,为了表现夏禹的高尚品德和过人能力,司马迁在其《史记》叙事的时候,注重以隐喻的方式展示夏禹之德、能、绩、勤、俭诸方面。显然,如何将这多个方面有效传达给读者和后人,而且要让他们喜欢阅读、乐于接受,甚至付诸行动,如果采用机械僵化的方式去说理或训诫,显然是无法达到目的的,因此,采用活灵活现的、生动的事实或故事,也即亚里士多德所说的"使事物活现在眼前"[3]179,或者说"是用一类事物理解和体验另一类事物"[4]76,即"以一种特定的方式建构我们的现实"[4]76,也就是采用叙事或者讲故事的方式,便可达此目的。

一

中国人重"德",常常把"德"作为选人用人的第一标准,这从黄帝时期就已经开始了。黄帝(轩辕)当初立,是因为其"有土德之瑞"[1]6;颛顼帝(高阳)所以立,是因为其"有圣德焉"[1]10;帝喾

(高辛)所以立,是因为"其德嶷嶷"[1]13;帝尧(放勋)所以立,是因为"其仁如天"[1]15;帝舜(重华)所以立,是因为其能"行厚德"[1]38,且"天下明德自虞帝始"[1]43。也就是说,从"德"的方面来考察,虞(舜)帝是最为全面和经典的,因而成为中华传统美德的典范。由此溯源,从黄帝到尧、舜,都是同一姓,只是改了国号,以彰显各人的美德,即所谓"自黄帝至舜、禹,皆同姓而异其国号,以章明德。故黄帝为有熊,帝颛顼为高阳,帝喾为高辛,帝尧为陶唐,帝舜为有虞"[1]45。也就是说,当时的国号也就是每个人"德"的隐喻。

对于夏禹的"德",司马迁很少有直接赞扬的语言,而是采用客观叙述或讲故事的方式,在字里行间透露出夏禹道德的高尚,从而使得抽象的东西形象化、"陌生的东西熟悉化"[2]15,进而实现了"引导我们依据较熟悉的系统去看不那么熟悉的系统"[2]16,即"把陌生的东西熟悉化",以达其隐喻之目的。古人尚德,是因为唯有德高方能孚众望,才能得到众人的拥护和爱戴,这样天下才能太平,老百姓才能有好日子过,因而"德"便成为历代帝王选择接班人的首要标准。对于夏禹高尚之德,司马迁主要通过五个方面来予以叙述和印证:

第一,夏禹德高望重,深孚众望。

> 禹为人敏给克勤;其德不违,其仁可亲,其言可信;声为律,身为度,称以出;亹亹穆穆,为纲为纪。[1]51

司马迁,重点关注的是夏禹的德,而德则具体体现在夏禹的为人处世和言谈举止上。司马迁说,夏禹为人敏捷勤俭;他的为人,一切行为都符合道德规范,仁爱可亲,说话诚实可信;他的一切言谈举止都符合规范:说话快慢有度、符合律吕,进出屈伸合于法度;他的内心高尚,一切皆能宜于事理,而且勤勉敬谨,可以作为纲纪。司马迁采用客观叙述的隐喻手法,通过对夏禹非一般人能够做到、能够具备高尚品德的叙说,隐喻夏禹继承帝位的合理性。

第二,人的道德是否高尚往往体现于对祖宗长辈的尊重、孝敬和对事业的敬畏上。为此,司马迁采用了对比的隐喻手法重点记述了夏禹对己与对祖先神明、于私及于公之态度,从而实现了非直接表达的隐喻:

> 薄衣食,致孝于鬼神。卑宫室,致费于沟淢。[1]51

这里,司马迁以隐喻的方式记述,首先说夏禹对自己严苛的要求,他在饮食起居方面,对自己要求很严格,从不讲究吃喝穿戴,而对于祭祀祖先神明,他却能够尽可能地做到使祭品圣洁丰厚;其次说夏禹自己住着简陋低矮的房子,可是对于农田水利工程却愿意花大价钱尽力地去做好。这两件事情,虽然叙述简洁,但却足以说明夏禹品德的高尚与做事的公而忘私。从隐喻思维的工作机制来看,隐喻"是通过选择和突显喻体和本体的某些因素,并使喻体中的因素'映射'(mapping)到本体,从而达到认识本体的目的"[4]93-94,因此,司马迁通过对夏禹对己对神、于己于公故事的叙说,隐喻夏禹道德的高尚。

第三,夏禹在处理公务、管理百官中也表现出高尚的职业道德。

> 于是九州攸同,四奥既居,九山刊旅,九川涤原,九泽既陂,四海会同。六府甚修,众土交正,致慎财赋,咸则三壤成赋。中国赐土姓:"祇台德先,不距朕行。"[1]75

这里,从表面上看,司马迁是说帝舜安定九州,实为一种艺术隐喻(借喻)形式,这也是艺术隐喻常见的一种形式。而九州安定的前提是夏禹治水的成功,因而舜帝的诸多政绩,或者说"德"的修竟,其实主要是由于夏禹的努力辅助而实现的。也就是说,夏禹"能成美尧之事"[1]50,即所谓"东渐于海,西被于流沙,朔、南暨:声教讫于四海。于是帝锡禹玄圭,以告成功于天下。天下于是太平治"[1]77。所以,舜帝政绩的伟大,恰好是夏禹德能的隐喻,当然也是舜帝权力的隐喻。中国自舜帝而夏禹,天下基本稳定,其核心表现就是以夏禹治水为核心的天下大治之功绩。这种趋于一统的过程恰好就是一个隐喻,即以"德"为核心的融合和感化天下。"这表明隐喻作为一个过程,它的完成依赖于意识形态的引导;作为一种结果,它体现或蕴含了一定的意识形态。"[4]95这里,为了使得《史记》的记述更为简洁和具有说服力,在述说夏禹治水的专注和功绩的时候,司马迁甚至采用了《尚书》中的诸多原文,不仅增强了《夏本纪》的信度和行文的简洁性,而且增强了其简洁之下的隐喻性。

第四,夏禹高尚的道德还表现于他对道德标准的研究和制定上,也就是人的"九德"。

> 帝舜朝,禹、伯夷、皋陶相与语帝前。皋陶述其谋曰:"信其道德,谋明辅和。"禹曰:"然,如何?"皋陶曰:"於!慎其身修,思长,敦序九族,众明高翼,近可远在已。"禹拜美言,曰:"然。"皋陶曰:"於!在知人,在安民。"禹曰:"吁!皆若是,惟帝其难之。知人则智,能官人;能安民则惠,黎民怀之。能知能惠,何忧乎驩兜,何迁乎有苗,何畏乎巧言善色佞人?"皋陶曰:"然,於!亦行有九德,亦言其有德。"乃言曰:"始事事,宽而栗,柔而立,愿而共,治而敬,扰而毅,直而温,简而廉,刚而实,强而义,章其有常,吉哉。日宣三德,蚤夜翊明有家。日严振敬六德,亮采有国。翕受普施,九德咸事,俊乂在官,百吏肃谨。毋教邪淫奇谋。非其人居其官,是谓乱天事。天讨有罪,五刑五用哉。吾言厎可行乎?"禹曰:"女言致可绩行。"皋陶曰:"余未有知,思赞道哉。"[1]77-78

这是舜帝时期君臣之间一段很有趣的对话,它不是为经济、为社会,而是为人,对话的主体是夏禹和皋陶。皋陶作为舜帝时期的一个重要谋臣,他有足够的智慧和计谋,因此他与夏禹的对话便成为《史记》中关于道德体系建设的经典片段之一。此对话一方面隐喻夏禹开始为管理国家做准备,另一方面隐喻夏禹更看重用道德体系的制定来约束人、教化人的意识形态作为。皋陶认为,对人的治理,关键在道德建设,只有全社会的道德水准提高了,人才会有诚信可言,这就需要人人都去谨慎地修身,要从长远着想,要厚待周围的亲人,这样,众人拾柴火焰高,国家就好治理了。显然,这里面有歌颂舜帝面对"父顽,母嚚,弟傲"[1]21,"常欲杀舜"[1]32,而舜却仍然"能和以孝"[1]32的高尚品德,舜帝可为学习榜样、道德楷模。但显然,光靠像舜帝这样极少数的人是难以改变社会整体道德面貌的,要想改变,唯有建立起完备的道德体系,不再有"父顽,母嚚,弟傲"的现象,人与人之间才可和睦相处,社会才能够长治久安。因此,夏禹与皋陶讨论的问题,可谓是一个宏大的社会道德体系构想,是一件了不起的事情,这亦隐喻夏禹的高瞻远瞩。因此,皋陶认为,人的行为有九种道德:宽大而能敬谨,柔顺而能自立,忠诚而能供职,有治理的才能而又能敬谨,驯顺而能果毅,正直而能温和,简易而能辨别,刚健而能笃实,强勇而能好义。人能够坚持这九德,可以说就是完人了。此言既隐喻舜帝的美德,亦为暗示夏禹继承帝位以后应该做好的九个方面。因此这段对话就是一个完整的隐喻。从某种意义上来说,伦理道德既是社会问题,也是政治问题。因此,皋陶与夏禹的对话形成的"隐喻不仅简化了复杂的政治,更重要的是包装了无形的政治,给予抽象问题以生命力"[4]99。

第五,"德"作为衡量人之正与邪的首要标准,这也是虞舜和夏禹时代的首要标准。对此,司马迁并未采取直接叙述的方式,而是采用了对话的方式,这样更加切身和有对比性,进而实现隐喻说明的作用。

> 禹曰:"於,帝!慎乃在位,安尔止。辅德,天下大应。清意以昭待上帝命,天其重命用休。"帝曰:"吁,臣哉,臣哉!臣作朕股肱耳目。予欲左右有民,女辅之。余欲观古人之象。日月星辰,作文绣服色,女明之。予欲闻六律五声八音,来始滑,以出入五言,女听。予即辟,女匡拂予。女无面谀,退而谤予。敬四辅臣。诸众谗嬖臣,君德诚施皆清矣。"禹曰:"然。帝即不时,布同善恶则毋功。"[1]79-80

这是夏禹治理完九州以后和舜帝的一段对话,从对话中可以看出,舜帝和夏禹在选人用人方面都是主张道德标准第一的。随着帝舜年事渐高,寻找合适的接班人就成为摆在他面前的一件重要事情。对此,夏禹的观点是"辅德,天下大应",也就是一定要选一个道德高尚的人,这样,天下的老百姓才会顺应,社会才能进步和发展。司马迁通过夏禹将此作为一个建议给舜帝说出来,其隐喻价值在于:一是明确"德"是人的根本;二是表明夏禹用人和治理国家的基本理念;三是这与舜帝希望众臣举荐道德高尚的人管理国家的理念是一致的;四是提醒舜帝要劝诫众臣不要把像鲧、丹朱一类的人推荐到治理国家的阶层中来。

当然,关于夏禹的美德,还有谦的一面,这主要表现在他把治水立功的机会首先让给契、后稷、皋陶;舜帝驾崩后,三年守孝期满,他把帝位让于舜之子商均,在众诸侯的一致支持下,他才即天子位;他去世前,就安排益继承帝位,而非自己的儿子启,等等。这些,其实也可以看作是夏禹高尚品德的一个方面。这其中,让贤、让位之举,也都是司马迁为了突出夏禹的高尚品德而特意强调创设的隐喻情境。

正因为夏禹有无比高尚的品德,"皋陶于是敬禹之德,令民皆则禹。不如言,刑从之。舜德大明"[1]81。反言之,虞舜之德即是夏禹之德的隐喻。

二

就一个完美的人而言,高尚的道德固然重要,但要想成就一番事业,还必须有足够的能力,尤其是像治理国家这样的能力。从《夏本纪》之记述来看,夏禹就具有这样的雄才大略,这也是舜帝最后选定夏禹作为接班人继承帝位的一个重要原因。而对于夏禹的能力的记述,司马迁采用的也是隐喻的方式,也就是突出其行为和事件的客观性和"被给与"[5]22性,从而实现了对事物"认识论的还原"[5]37,即隐喻性的记述。

> 帝舜谓禹曰:"女亦昌言。"禹拜曰:"於,予何言!予思日孳孳。"皋陶难禹曰:"何谓孳孳?"禹曰:"鸿水滔天,浩浩怀山襄陵,下民皆服于水。予陆行乘车,水行乘舟,泥行乘橇,山行乘檋,行山刊木。与益予众庶稻鲜食。以决九川致四海,浚畎浍致之川。与稷予众庶难得之食。食少,调有余补不足,徙居。众民乃定,万国为治。"皋陶曰:"然,此而美也。"[1]79

司马迁通过夏禹和舜帝、皋陶的对话,以对话记述的方式,显示出夏禹的能力和美德:他治理水患,陆行乘车,水行乘船,遇到泥泞的地方就乘坐泥橇行走,遇到山路就脚穿带齿的樏登山,并以木橛作为标志;遇到饥民,他和伯益就用稻粮鸟兽救济他们;他率领众人去除九州河川内的壅塞,使之流入海中,又挖深田间的水道,使之流入川中;他还与后稷施与民众谷物;对与食物短缺的地方,他就想办法调剂,使人民安居乐业。他用自己的智慧和勤奋使天下太平。表面上看,司马迁记述的是舜帝和夏禹、皋陶的对话,实际上是为了表明夏禹工作能力的强大,这是一个隐喻。因为对话往往是人内心情境的一种表现,因而它是心灵的隐喻。表面上看,以上对话是舜帝要夏禹说些美好的事情,营造一种轻松的氛围,事实上夏禹也说得很轻松,甚至是"轻描淡写"。但人们可以想象,治理九川,让人人都有饭吃,让天下百姓安居乐业,在距今四五千年的时候是何等的不易!对话之弦外音,便给人留下了无限想象的空间,这本身就是一种隐喻。由此可以看出夏禹能力的无比强大,是其他人无法比拟的。这样的叙事非常巧妙,但他却隐在地为舜帝选择夏禹作为接班人提供了"行动的建议"[4]117。这样的隐喻性叙述,使得夏禹的形象甚为崇高和伟大[2]19,从而使得司马迁的记述亦更为真实可信。

同时,为了使得夏禹继承帝位能够顺理成章,司马迁借用舜帝之口说出了夏禹治理国家的理念:

> 左准绳,右规矩,载四时,以开九州,通九道,陂九泽,度九山。令益予众庶稻,可种卑湿。命后稷予众庶难得之食。食少,调有余相给,以均诸侯。禹乃行相地宜所有以贡,及山川之便利。[1]51

这样的叙述,看似很简单,然而它却蕴含着夏禹等人大量的工作,而且要完成得令舜帝非常满意。从隐喻的角度来看,"隐喻属于启迪思想的方法"[6]24,所以司马迁在这里描述夏禹带领益、后稷等人十三年治理九州的过程:用科学的方法测量山水的平、直、高、低、远、近,记录在案,一年四季从不休息;划分了九州,并且开通了九州的道路;在九州的陂泽兴修水利储水,以防止旱灾;按照九州所生产的物品,制定贡赋的标准;夏禹依据地形和土地特征,命令伯益教给人民在低湿的地方种植水稻,命令后稷教人民种植旱作物庄稼;有效调剂各地食物的平衡;依据各地的出产和交通情况制定贡赋标准等。这里面涉及土壤、交通、水利、种植、测绘、行政等诸多学科,但夏禹都能够处理得有条不紊、科学有据,这显然隐喻夏禹能力的强大。这里,司马迁用了"左""右""载""开""通""陂""度"等动词,增强了叙述的动感性和故事性,从而造就了隐喻语境。以快节奏的跳跃叙述方式,使得关于夏禹能力的目标语境得以淋漓尽致地显现。更为可贵的是,这样快的节奏,极其简洁,给读者留下了充分的想象空间,从而极大地增强了叙述的隐喻价值。这种方式,其实正符合"隐喻是以具体事物的特点描绘抽象性质"[6]44的事物的特点。司马迁这样的叙述,蕴含着极其丰富的内涵,而这丰富内涵的核心就是夏禹超人的能力。

为了突出夏禹的能力,司马迁还记述了夏禹对各地缴纳税赋标准的制定:

> 令天子之国以外五百里甸服:百里赋纳总,二百里纳铚,三百里纳秸服,四百里粟,五百里米。甸服外五百里侯服:百里采,二百里任国,三百里诸侯。侯服外五百里绥服:三百里揆文教,二百里奋武卫。绥服外五百里要服:三百里夷,二百里蔡。要服外五百里荒服:三百里蛮,二百里流。[1]75

这是夏禹完成治理九州、九川、九山之后发布的第一道命令。甸服(王城五百里以内的地区)之地缴纳赋税的标准为:一百里以内的百姓缴纳带秆的谷物;二百里以内的百姓缴纳带穗的谷物;三百里以内的百姓缴纳去掉秸芒的谷物;四百里以内的百姓缴纳带壳的谷物;五百里以内的百姓缴纳纯米(麦)。侯服(王城外五百里以内的地区)之地的分封管理体制为:甸服一百里以内的地区,是天子封卿大夫的采邑;二百里以内的地区,是封男爵的地域;三百里以内的地区,为封诸侯的领域。对待绥服(侯服外五百里以内的地区)之地一百至三百里的地区的百姓,主要以礼乐法度、文章教化为主;三百里以外、五百里以内地区的百姓则主要担负保卫天子的任务。要服(绥服以外五百里以内的地区)三百里以内的地区为夷人居住的地区,另外二百里则是流放违犯王法的犯人的地方。荒服(要服以外五百里以内的地区)三百里以内的地区是荒凉落后的地区,另外二百里则是流放一般犯人的地方。这五百里一个区域,便于层级管理和设防,是相当科学的。因此,在这道行政命令中,其隐喻意义在于:一是隐喻夏禹制定不同地区标准的科学能力;二是隐喻夏禹对国家的管理能力;三是隐喻夏禹的行政执行力;四是隐喻夏禹对事态的掌控能力。

为了表现夏禹的工作能力,司马迁还采用了对比(衬托)的隐喻方式,也即禹和父亲鲧的对比:

> 当帝尧之时,鸿水滔天,浩浩怀山襄陵,下民其忧。尧求能治水者,群臣四岳皆曰鲧可。尧曰:"鲧为人负命毁族,不可。"四岳曰:"等之未有贤于鲧者,愿帝试之。"于是尧听四岳,用鲧治水。九年而水不息,功用不成。于是帝尧乃求人,更得舜。舜登用,摄行天子之政,巡狩。行视鲧之治水无状,乃殛鲧于羽山以死。天下皆以舜之诛为是。于是舜举鲧子禹,而使续鲧之业。[1]50

从司马迁的记载来看,鲧已经是一个了不起的人物,在四岳眼里,天下再也没有能超过鲧之能力的人了,故而四岳请帝尧允许鲧去治水。然而,九年时间过去了,鲧却毫无建树,水患仍然很严重,因而夏禹是被选择为父亲将功赎罪而去治水的,最终夏禹取得了成功。一般而言,艺术比较更偏重于对对象隐喻价值的挖掘和发现,因而司马迁的对比记述方式更多体现的是其意向和意图,这是司马迁的独到发明,也因此更加突出了夏禹治水的能力。

三

要想全面考察一个人，除了"德"和"能"以外，还应从政绩的角度去看。对此，司马迁大书特书。在《夏本纪》中，司马迁用了几乎二分之一的篇幅来记述夏禹带领人们治理九州、九川、九山的过程。

> 禹行自冀州始。冀州：既载壶口，治梁及岐。既修太原，至于岳阳。覃怀致功，致于衡漳。其土白壤。赋上上错，田中中。常、卫既从，大陆既为。鸟夷皮服。夹右碣石，入于海。[1]52

夏禹对天下的治理，首先治理的是冀州（包括现在的北京市、天津市、河北省、山西省、河南省、辽宁省、陕西省全境及内蒙古自治区），从现在辽宁、内蒙古、北京一带南下然后到黄河的壶口，再就是梁山、岐山、太原、岳山、漳河、常水。经过治理，土地可以耕种了，黄河也发挥了它的航运和灌溉作用，人民安居乐业了，给朝廷的贡品也有了着落。虽然文字简洁，但可以想象，其中的管理、调遣，人、财、物的安排等等，运作起来当然会遇到诸多困难，但司马迁对如此繁杂的事情却用了极其简洁的语言予以叙述，在一种貌似客观的状态下隐喻夏禹的能力和魄力。从隐喻学的角度来看，隐喻式的描写或叙述，往往使得事物"从一个意义领域延伸到另一个意义领域"[6]164，这就是隐喻的奥妙所在。因而，夏禹从冀州到常水，到黄河，其治理的成功，在重结果的隐喻式叙述下，反而突出了夏禹能力之下的政绩，不得不令人信服。同样，对黄河下游的治理亦取得了决定性成功：

> 济、河维沇州：九河既道，雷夏既泽，雍、沮会同，桑土既蚕，于是民得下丘居土。其土黑坟，草繇木条。田中下，赋贞，作十有三年乃同。其贡漆丝，其篚织文。浮于济、漯，通于河。[1]54

经过十三年的努力，夏禹带领人马治理了兖州：治理了黄河下游的九条支流，湖泊湿地得到保护，使得这里土地肥沃，万物茂盛，为国家增加了税收。对这样重大而又艰巨的工程，司马迁同样采取了极其简约的叙述。简约，其实是艺术家常用的一种构造世界的隐喻形式，它类似于绘画和书法中的留白，也就是"拒绝并净化绝大部分普通事物世界中的实体和事件"[6]16，从而形成"精致的结构"[6]16，也就是隐喻的结构。司马迁这样的"简述"方式，使得夏禹的功绩得到聚焦式的表现。虽然简约的使用如果不够妥当的话，有可能伤害事件本身的表现，然而，如果使用恰到好处的话，它更能凸显作者想要表达的事物。因而，司马迁的表现是很聪明和富有成效的，而且极大地增强了夏禹的功绩，其隐喻作用是显而易见的。而后，司马迁对夏禹对青州、徐州、扬州、荆州、豫州、梁州、雍州，乃至九山、九川治理的叙述也都极其简约精致，达到了充分突出夏禹治理河山功绩的隐喻功效。

> 海岱维青州：堣夷既略，潍、淄其道。其土白坟，海滨广潟，厥田斥卤。田上下，赋中上。厥贡盐絺，海物维错，岱畎丝、枲、铅、松、怪石，莱夷为牧，其篚檿丝。浮于汶，通于济。[1]55

对于青州的治理，司马迁只用了"堣夷既略，潍、淄其道"八个字，就把一场浩大的工程"轻描淡写"地给"打发"了，但我们相信，"世界不仅仅是用其字面上所言说的东西构造出来的，而且也包括其言说的隐喻意义"[7]19。历史叙述作为一种科学，司马迁没有把叙述的着眼点放在艰难的治理工程上，而是将其放在了治理后的社会效益和经济效益上，这本身就是一种隐喻，因为"无论是字面的还是隐喻的、正确的还是错误的，陈述都可以揭示出它并没有说出来的东西"[7]19，因而司马迁要给我们展示的正是夏禹的政绩。对徐州治理的记述是"淮、沂其治，蒙、羽其艺。大野既都，东原厎平。其土赤埴坟，草木渐包"[1]56；对扬州治理的记述是"彭蠡既都，阳鸟所居。三江既入，震泽致定。竹箭既布。其草惟夭，其木惟乔，其土涂泥"[1]58；对荆州治理的记述是"江、汉朝宗于海。九江甚中，沱、涔已道，云土、梦为治。其土涂泥"[1]60-61；对豫州治理的记述是"伊、洛、瀍、涧既入于河，荥播既都，道菏泽，被明都。其土壤，下土坟垆"[1]62；对梁州治理的记述是"汶、嶓既艺，沱、涔既道，蔡、蒙旅平，和夷厎绩"[1]63；对雍州治理的记述是"弱水既西，泾属渭汭。漆、沮既从，沣水所同。荆、岐已旅，终南、敦物至于鸟鼠。原隰厎绩，至于都野。三危既度，三苗大序。……西戎即序"[1]65。对这些州的治理，突出确保生态良好、社会安定、边境安宁、百姓乐业及朝贡的丰富和满足等方面，这无形中表现出夏禹治理各州的能力和政绩。

治理完九州，夏禹的政绩已足够突出、足够大，这也是最难的治理工程。然而，夏禹并没有停歇，而是继续治理九山、九川，司马迁的记述，几乎是一系列山川名字的罗列，又像是旅行的路线图，而对治山治水的问题、困难甚至人员的伤亡等事项皆概略不记，其实这是"意在言外"，是一种策略，即一种隐喻的策略，这种陈述"可以揭示出它并没有说出来的东西，并成为关于没有被指示的性质和情感的字面或隐喻的有力例证"[7]19，因此亚里士多德说："最巧妙的话来自隐喻。"[3]183正是由于隐喻，才使得夏禹的政绩被接受者在一种看似"冷冰冰"的历史叙述中得以放大，因而，隐喻使得历史叙述的蕴涵大大加深和扩展，也使得夏禹成为下一代帝王的不二人选。

> 于是九州攸同，四奥既居，九山刊旅，九川涤原，九泽既陂，四海会同。[1]75

对于夏禹的功劳，帝舜也有充分肯定：

> 东渐于海，西被于流沙，朔、南暨：声教讫于四海。于是帝锡禹玄圭，以告成功于天下。天下于是太平治。[1]77

历经艰难险阻，夏禹才完成了对九州、九川的治理任务，其中的困难和牺牲可想而知。对此，司马迁一没有抒情，二没有铺陈，而是用了最为简洁的"九山刊旅，九川涤原，九泽既陂，四海会同"和"东渐于海，西被于流沙，朔、南暨：声教讫于四海。……天下于是太平治"予以总结，其中给人留下诸多想象和联想的空间，从而无限延伸了叙事的空间，不仅节省了文字，也大大提升了叙事的隐喻价值。

四

勤劳，是中华民族的传统美德。夏禹，也是作为中华传统美德的奠基者之一，勤劳在夏禹身上也得到充分体现。不过，在《夏本纪》中，对于夏禹的勤劳，司马迁也是以隐喻的方式表现的。

> 禹乃遂与益、后稷奉帝命，命诸侯百姓兴人徒以傅土，行山表木，定高山大川。禹伤先人父鲧功之不成受诛，乃劳身焦思，居外十三年，过家门不敢入。[1]51

在记述过程中，司马迁几乎没有用一个与"勤"有关的字眼，而是把着眼点放在了夏禹对先人鲧未能完成治水大业的感伤和焦虑上。夏禹焦思焦虑、全力以赴地去治水，甚至能够做到"居外十三年，过家门不敢入"。是焦虑，还是赎罪，抑或是对治水事业的敬畏。不管如何，总之一点，夏禹做到了常人无法做到的敬业，他"陆行乘车，水行乘船，泥行乘橇，山行乘檋。左准绳，右规矩，载四时，以开九州，通九道，陂九泽，度九山"[1]51。为了治水，夏禹和随从下属们一年四季都在奔波，十三年从不停歇。如此勤奋的他，自然会感天动地，当然最终完成"治九州""道九山""道九川"的伟大工程也是情理之中的事情，也有力印证了司马迁"禹为人敏给克勤"的判断。再看司马迁对夏禹治理"九山""九川"的记述：

> 道九山：汧及岐至于荆山，逾于河；壶口、雷首至于太岳；砥柱、析城至于王屋；太行、常山至于碣石，入于海；西倾、朱圉、鸟鼠至于太华；熊耳、外方、桐柏至于负尾；道嶓冢，至于荆山；内方至于大别；汶山之阳至衡山，过九江，至于敷浅原。[1]67

> 道九川：弱水至于合黎，余波入于流沙。道黑水，至于三危，入于南海。道河积石，至于龙门，南至华阴，东至砥柱，又东至于盟津，东过洛汭，至于大邳，北过降水，至于大陆，北播为九河，同为逆河，入于海。嶓冢道漾，东流为汉，又东为苍浪之水，过三澨，入于大别，

南入于江，东汇泽为彭蠡，东为北江，入于海。汶山道江，东别为沱，又东至于醴，过九江，至于东陵，东迆北会于汇，东为中江，入于海。道沇水，东为济，入于河，泆为荥，东出陶丘北，又东至于荷，又东北会于汶，又东北入于海。道淮自桐柏，东会于泗、沂，东入于海。道渭自鸟鼠同穴，东会于沣，又东北至于泾，东过漆、沮，入于河。道洛自熊耳，东北会于涧、瀍，又东会于伊，东北入于河。"[1]69-70

在这两段文字中，我们完全可以把它还原成夏禹治理山水的画面，然而司马迁却没有明写，而是将画面蕴藏在了一大堆名词、介词、动词之中。试想，治理"九山""九川"，那是何等浩大的工程，然而司马迁的记述却仅仅只有329个字！而这329个字里面，仅山名就有近40个，水名有近30个，更为奇特的是仅"至于"（"入于"）就有20余个。也许是受到《尚书》简洁叙事的影响，司马迁用词很"节俭"，叙述很简洁，而在节俭和简洁背后，便是其隐喻意向之所在。这些静态的、甚至有些机械罗列的记述方式，其内部却充满着动感，蕴藏着极其丰富的内涵，这极其丰富的内涵的核心就是夏禹的勤劳与智慧，也就是它是司马迁头脑中的一种内存在，一种意识对象的存在。因而，司马迁的静态表述、罗列式叙述其实就是一种隐喻的方式。他避开"道九山""道九川"过程复杂的千头万绪和常人难以想象的困难不表，而是截取结果的部分，这是典型的以局部代替全部的艺术隐喻的另外一种形式——转喻，这就更给接受者留下了无限个"空白点"或"留白"，从而使夏禹的勤劳与智慧得以最大化。因此说，"隐喻不仅仅是一种语言现象，它其实还是人类思维的一种方式"[8]28。

对于夏禹的勤劳与智慧，司马迁并未停留于治山治水上，更重要的还在于他对人民的教诲与引导。

禹曰："予（辛壬）娶涂山，〔辛壬〕癸甲，生启予不子，以故能成水土功。辅成五服，至于五千里，州十二师，外薄四海，咸建五长，各道有功。"[1]80

夏禹一心扑在舜帝交给他的光荣而又艰巨的治水任务上，他在新婚的第四天就出外治水了。他舍小家为大家，所以才最终完成了治水大业。在治水的同时，他还辅佐舜帝设立了五服制度，使家庭伦理和礼仪得到强化；在他夜以继日的勤奋工作下，国土面积达到了方圆五千里，而且给每个州设立了十二个师，九州以外达到四海，每五个国设立一个首长，所以他们都能够按照舜帝的要求完成各项任务。对此，司马迁采取了另外一种隐喻的记述策略，即通过夏禹之口说出来。这里的所谓"说出来"，并非夏禹的自我表功，司马迁采取了极其巧妙的方式，他运用的是夏禹、舜帝和皋陶等大臣讨论治理国家这个问题的时候，夏禹现身说法的一种自然流露，按照亚里士多德的话来说：这种不费劲就能使人有所领悟，富于启发性的表述方式，"对于每个人说来自然是件愉快的事情；每个字都有一定的意思，所有能使我们有所领悟的字都能给我们以极大的愉快"[3]176。所以，夏禹之言的核心是：治理国家就像做人一样，不仅道德要高尚，还要勤奋，还要公而忘私，还要有大局观念。这就实现了"目标情景与始源情景的比较"[9]6，从而造成了德、能、勤诸方面与治理国家的关联，自然形成了隐喻，当然也无形中形成了夏禹与丹朱之间的鲜明对比，这也应验了"内容与表达手段之间的距离越大，它们的对照越是出乎预料，隐喻就越明显和令人惊异"[6]164。这样就实现了表述意义的延伸，也即从夏禹的勤劳与智慧延伸到了另外一个意义领域——治理国家，从而实现了隐喻，这也是司马迁记述历史常用的一种隐喻手法。司马迁没有让夏禹去接舜帝对丹朱不满的话，而是话题一转，从自身说起，这样既不使气氛紧张，也不伤及舜帝的颜面，当然这也符合"通过一种事物来理解和说明另一种事物的过程"[4]93隐喻生成的本质。而司马迁选择这样的记述策略，实际上也符合隐喻的一般工作机制，即"通过选择和突显喻体和本体的某些因素，并使喻体中的因素'映射'（mapping）到本体，从而达到认识本体的目的"[4]93-94，当然也是因为"隐喻能使他们避免直接提及而伤及脸面"[4]99的缘故。

五

古人物质贫乏，所以人们对"俭"尤为重视。俭以养身，廉以养心，这是古人的传统美德，也是古人的自我约束机制，这一点在夏禹身上表现得尤为突出。

对于夏禹的俭朴，司马迁亦采用隐喻之简化方式予以表述。在表述过程中，司马迁没有选择过多的细节，而是采用极其简练的语言，给人们留下诸多联想和思考的空间，从而实现了隐喻式表达之目的。

> 薄衣食，致孝于鬼神。卑宫室，致费于沟淢。陆行乘车，水行乘船，泥行乘橇，山行乘檋。[1]51

夏禹自己在饮食起居方面极其简朴，而在祭祀祖先神明的时候，却能想尽办法使得祭品丰厚圣洁。夏禹自己所居住的房子极其简陋低矮，可对于农田水利建设，却愿意花大价钱尽力地去做好。而且他在工作中没有享受任何特殊待遇。通过对待"鬼神"、农田水利工程和家室、自己态度的比较，司马迁不仅给读者表现出夏禹德操的高尚，而且表现出了夏禹生活俭朴的高尚美德。同时，司马迁也给人们活画出一个清廉之官的形象。当然，夏禹的父亲鲧九年治水无成，也是夏禹尽心尽力治理九州的一个隐喻情境。因而夏禹不敢有任何怠慢，只能"薄衣食""卑宫室"，夜以继日，努力把治理九州的事情做好，这也是一个道德高尚的人、一个勤奋的人、一个纯粹的人必须要做好的。

所以斯泰宾认为："隐喻是一种不明说的比较。"[10]93比较其实就是表达者对表现对象的一种艺术性重组，而通过这种重组，表达者便实现了对对象的隐喻性表现，也即隐喻性映射。因此说："隐喻的特点是意义的转移，它从字面意义映射到某一个隐含意义。"[11]71而且，"它能以已知喻未知，以熟悉喻生疏，以简单喻复杂，以具体喻抽象，以通俗喻科学，从而形成一种抽象思维手段，发挥其思维功能"[11]78。所以司马迁在表现夏禹形象及其功绩的时候，经常采用的策略就是隐喻，或隐喻式思维。他往往并不直接表述，而是采取寻找事物之间的相似性或关联性，进而对事物进行重组式的表述，从而不仅使得所表现的人物性格鲜明，而且实现了言此意彼的隐喻效果。按照"选择从属于表达"[12]20的原则，对于要表达什么，表达者心里是明白的，因而当他要表达的时候，他会选择巧妙而合适的对象表达他所想表达的内容，这种选择和思维过程，正是隐喻形成的过程，因而司马迁以最精简而又最精确、以最充分且又最巧妙的方式表现了夏禹的德、能、勤、绩、俭，因为"整体的特征是通过选择它的细节来表达的。选择要求肯定一切与其本身有关的注意、享受、行动和目的。……它是走向与揭示历史过程中目的的统一性的那种实现冲动相统一的一个步骤"[12]110，这也许是更令人信服的一种历史表述方式。因为"隐喻总是根据别的什么事物向我们表明某种事物"[2]78-79，所以"隐喻和历史叙述都展现了这种有意图的性质"[2]79。因此说，"历史学家的任务，并不是向我们提供通过某种翻译规则与过去相联系的关于过去的反思或样式，而是形成某种可以用来理解过去的或多或少自主的手段"[2]79-80。所以司马迁对于夏禹俭朴一面的表现，并没有大书特书，而是表现在一种极其简化的叙述中，这正是一种隐喻的方式，它更加凸显了夏禹人格和形象的伟大。

因此，对于夏禹俭朴的一面，司马迁仅用了"薄衣食""卑宫室"及其他甚为简洁的文字，叙述精简扼要。这样的叙述，其蕴含却极为丰富、隐喻价值极高。而"陆行乘车，水行乘船，泥行乘橇，山行乘檋"[1]51式的叙述，不仅是一种情境的铺设，而且也可以看作是夏禹俭朴的隐喻，但和"薄衣食""卑宫室"相比，其隐喻内涵就显得更为丰富和深刻。

参考文献：

[1] 司马迁. 史记[M]. 北京：中华书局，1982.
[2] F. R. 安克施密特. 历史与转义：隐喻的兴衰[M]. 韩震，译. 北京：北京出版社出版集团，

文津出版社,2005.

[3] 亚里士多德.修辞学[M].罗念生,译.北京:生活·读书·新知三联书店,1991.

[4] 林宝珠.隐喻的意识形态力[M].厦门:厦门大学出版社,2012.

[5] 埃德蒙德·胡塞尔.现象学的观念[M].倪梁康,译.上海:上海译文出版社,1986.

[6] 保罗·利科.活的隐喻[M].汪堂家,译.上海:上海译文出版社,2004.

[7] 纳尔逊·古德曼.构造世界的多种方式[M].姬志闯,译.上海:上海译文出版社,2008.

[8] 束定芳.隐喻学研究[M].上海:上海外语教育出版社,2000.

[9] C.E.斯坦哈特.隐喻的逻辑——可能世界的类比[M].黄华新,徐慈华,译.杭州:浙江大学出版社,2009.

[10] L.S.斯泰宾.有效思维[M].吕叔湘,李广荣,译.北京:商务印书馆,1997.

[11] 王小潞.汉语隐喻认知与ERP神经成像[M].北京:高等教育出版社,2009.

[12] 怀特海.思维方式[M].刘放桐,译.北京:商务印书馆,2004.

雷蒙·道森英译《史记》的叙事特点

曹 强

(渭南师范学院 人文学院,陕西 渭南 714099)

摘 要:英国汉学家雷蒙·道森英译的《史记》是《史记》研究的重要材料。雷蒙·道森英译的《史记》的叙事特点主要有四:一是以读者为中心,注重叙事结构的完整性;二是重排《史记》文本的次序,再现秦朝兴衰的必然性;三是以秦朝历史为中心,重视叙事内容的关联性;四是以主要人物为中心,增强故事的可读性。雷蒙·道森英译的《史记》对中华经典著作外译有诸多启示。

关键词:英国;雷蒙·道森;《史记》;叙事学

基金项目:陕西省教育厅哲学社会科学重点研究基地项目:接受学视阈下的《史记》的英译研究(16JZ023)

作者简介:曹强(1977—),宁夏海原人。文学博士,渭南师范学院人文学院教授,英国诺丁汉大学访问学者,主要从事汉语史和史记学研究。

近年来,史记学研究取得了重大的成果,《史记》的译介研究受到越来越多学者的关注。在介绍《史记》的翻译学者时,偶尔会提及英国著名汉学家雷蒙·道森(Raymond Dawson)翻译的《史记》,但大多语焉不详。当前《史记》英译研究影响较大者,首推李秀英的《〈史记〉在西方:译介与研究》一文。李文仅用100余字简要介绍了雷蒙·道森的译注及其翻译《史记》的章节[1],限于篇幅,作者未讨论雷蒙·道森英译《史记》的特点及其叙事特点等。雷蒙·道森英译的《史记》是《史记》英译的重要组成部分,研究雷蒙·道森及其翻译的《史记》,对研究《史记》及中华典籍的英译具有重要意义。

一、雷蒙·道森及其翻译的《史记》

雷蒙·道森是英国著名的汉学家,英国牛津大学瓦德汉学院(Wadham College)荣退研究员,曾经出版过《中国遗产》(*The Legacy of China*,1964),《中国变色龙:欧洲观念和中国文明的比较》(*The Chinese Chameleon:An Analysis of European Conceptions of Chinese Civilization*,1967),《中华帝国》(*Imperial China*,1972),《中国经验》(*The Chinese Experience*,1978),《孔子》(*Confucius,Past Master*,1982),《文言文的新介绍》(*A New Introduction to Classical Chinese*,1984)和《论语》(*the Analects,World's Classics*,1993)[2]等多部汉学经典著作。雷蒙·道森向西方人,尤其是英国人,介绍中国及中国文化,旨在让更多的西方人了解中国,了解中华文化。

雷蒙·道森翻译的 *Sima Qian:Historical Records*(《司马迁〈史记〉》)1994年由英国牛津大学出版社出版,并被列为"世界经典丛书系列"(*World's Classics*)。雷蒙·道森英译的《史记》主要包括前言(Introduction)、文本注释(Note on the Text)、参考书目(Select Bibliography)、年表(Chronology)、地图(Map)、正文(第1~148页)、注释(explanatory notes)、索引(Index)等几个部分。

二、雷蒙·道森英译《史记》的叙事结构

雷蒙·道森英译《史记》前言(Introduction)部分,专题介绍司马迁和《史记》,指出《史记》是中国最著名的历史巨作之一,不仅在中国国内具有较

大的影响力,而且早在 8 世纪就享誉日本。雷蒙·道森以 1974 年临潼兵马俑的发现为切入点,以秦始皇为中心人物,以秦长城为重点,介绍了秦王朝建立的历史、发展的过程,以及与秦有关的历史人物和事迹。同时,介绍了司马迁的人生成长经历,司马迁创作《史记》的原因等。文本注释(Note on the Text)部分,雷蒙·道森交代了司马迁的《史记》总共 526500 字,他翻译依据的底本是中华书局 1959 年版的《史记》。翻译时,他力图最大限度地接近原文,甚至冒着译文不优雅的风险,试图尽可能让司马迁的作品听起来像是 20 世纪写就的。诚如雷蒙·道森所言:"There are many possible attitudes to translation, but my own method has been to try to get as close as possible to the original, even at the risk of inelegance. It would of course be possible to make Sima Qian sound as if he writing in the late twentieth century, but it seems to me that more might be lost than gained. The language may occasionally appear too honorific or humilific for contemporary tastes…(……这种语言有时候会显得过于尊崇或者与当代的言语风格不尽相同,但他倾向于更准确地表达原文……)。"[2]xxi 参考书目(Select Bibliography)部分,为了便于读者了解相关背景知识,雷蒙·道森介绍了美国著名汉学家华兹生(Burton Watson)英译《史记》,重点介绍了华兹生 1958 年由哥伦比亚大学出版社出版的 *Ssu-ma Ch'ien: Grand Historian of China*(《司马迁:中国伟大的历史学家》),1961 年哥伦比亚大学出版社出版的 *Records of the Grand Historian of China*(《史记》),1993 年哥伦比亚大学出版社和香港中文大学出版社联合出版的 *Records of the Grand Historan: Qin Dynasty*(《史记·秦朝》)。除了华兹生的译注外,雷蒙·道森还推介了 *The Cambridge History of Chian*(《中国剑桥的历史》)、*The First Emperor of China*(《中国的第一位皇帝》)、*Historians of China and Japan*(《中国历史和日本历史》)等著作。年表(Chronology)部分,雷蒙·道森罗列了尧舜禹、夏朝、商朝等历史年表,并列出了司马迁的生卒年及司马迁继承其父司马谈担任史官的时间。地图(Map)部分,雷蒙·道森专门绘制了一张地图,展示当时秦、齐、楚、宋、鲁、吴、越等诸侯国的地理位置和版图。

雷蒙·道森英译《史记》的正文部分总共分八节。正文第一节题目为: *The Birth of the First Emperor*(《始皇帝的出生》),该节依照《史记》第 85 卷《吕不韦列传》翻译。雷蒙·道森首先总体介绍了吕不韦,然后从"秦昭王四十年"开始,至"其吕子乎"结束,全文翻译了《吕不韦列传》。第二节题目为:*An Assassination Attempt*(《暗杀未遂》),此节依据《史记》第 86 卷《刺客列传》翻译。从"荆轲者,卫人也"开始,至"名垂后世,岂妄也哉"结束,节选《刺客列传》中的《荆轲刺秦王》翻译。第三节题目是:*The Biography of the Chief Minister of Qin*(《秦大臣传记》),依据《史记》第 87 卷《李斯列传》翻译。自"李斯者,楚上蔡人也"开始,至"斯之功且与周、召列矣"结束,全文翻译了《李斯列传》。第四节题目为:*The builder of the Great Wall*(《长城的建造者》),全文翻译了《史记》第 88 卷之《蒙恬列传》。第五节的题目是:*The Annals of Qin*(《秦朝年鉴》),依据《史记》第 6 卷《秦始皇本纪》翻译。雷蒙·道森首先介绍了《秦本纪》和《秦始皇本纪》的梗概,然后从《秦始皇本纪》中的"秦初并天下"开始翻译,至"善哉乎贾生推言之也"结束。"曰"之后的原文,雷蒙·道森没有翻译,他在第五节的文末指出:"The chapter continues with an essay on the faults of Qin, which was written, not by Sima Qian, but by the Han Confucianist JiaYi, and is therefore not translated.(这章节后是一篇关于秦朝历史的文章,这段文字不是司马迁所写,而是出自汉代著名的儒学大家贾谊所作,因此没有翻译)"[2]97 这篇文章紧接的其他材料,雷蒙·道森指出在这里不合适,因此他也没有翻译(This essay is followed by some other material which is out of place here and so is not translated either)[2]97。第六节的题目是:*The Treatises*(《论文》),节选《史记》第 28 卷《封禅书》和第 29 卷《河渠书》翻译。《封禅书》部分自"秦始皇既并天下而帝"开始,至"礼不必同"结束。《河渠书》部分自"而韩闻秦之好兴事"开始,至"因命曰郑国渠"结束。第七节的题目为:The Story of the Rebel XiangYu(《反抗者项羽的故事》),依照《史记》第7卷《项羽本纪》翻译。自"项籍者,下相人也,字羽"开始,至"项王自立为西楚霸王,王九郡,都彭城"结束,接着从"汉之二年冬"开始,至"'天亡我,非用兵之罪也',岂不谬哉"结束。《项羽本纪》中的部分文字雷蒙·道森没有翻译,他解释道:"我略去了一段主要是王侯们对项羽的支持,但以司马氏对项羽最后几年生活的叙述作为总结。汉朝以汉王朝重新确立的时间重新命名,这些上文中已经提及,但是这些页码将显示,反抗的处置不利于他(笔者注:项羽)。"[2]129第八节的题目是:The Story of the Rebel Chen Sheng(《反抗者陈胜的故事》),依照《史记》的第48卷《陈涉世家》翻译,从"陈胜者,阳城人也,字涉"开始,至"吴广围荥阳"结束,再从"陈胜王凡六月"开始,至"仁义不施,而攻守之势异也"结束,中间部分雷蒙·道森略去未译。

雷蒙·道森英译《史记》正文之后是注释(explanatory notes)部分,他对文中的 jin、pledges of support、abundant flowers 等148个词语进行了详细地注释。雷蒙·道森英译《史记》的最后是索引(Index)部分,雷蒙·道森以重要的地名、人名为索引词条,按照英文字母的次序排列,解释这些词条,并标注这次词条在文中的详细页码,例如:"Boyi, ancestor of Qin 96""chu, state XIII, XXVI, 6,12 - 13,15,25,27,50,55,65,78,89 - 90,93, 113,118,128,166,168","Cao Wushang, general of Governor of Pei 121,123,126"[2]169便于读者检索。

三、雷蒙·道森英译《史记》的叙事特点

我们知道,叙事学研究有三个重要角度:结构、时间、视角。[3]雷蒙·道森英译的《史记》非常注重结构、时间、视角的维度,其叙事特点主要体现在四个方面:

(一)以读者为中心,注重叙事结构的完整性

雷蒙·道森将译文的读者定位为普通的民众,但是英国的普通民众对中国的典籍知之甚少,而且没有了解中国文化的强烈意愿。面对非专业的普通读者,雷蒙·道森英译《史记》的正文前专门有序言部分,他用14页的篇幅介绍了秦朝及秦以前的中国历史,以及与秦朝有关的历史人物,同时还专列大事年表,绘制地图,旨在让读者直观了解秦朝及其他诸侯国的地理位置和版图,将其翻译的《史记》纳入特定的历史框架下,让读者更好地感知《史记》的时空结构。雷蒙·道森英译《史记》正文部分,共设计了八节内容,其标题与《史记》相关章节的题目不同,这八节内容,不是孤立的,而是互相关联,环环相扣,形成了一个有机的整体。正文后,雷蒙·道森又专列注释和索引两个部分,帮助读者了解并扩展相关知识,便于读者检索相关内容。雷蒙·道森构建了一个完整的叙事文本,向读者展示了秦朝的历史,以及与秦朝有关的人物历史等。

(二)重排《史记》文本的次序,再现秦朝兴衰的必然性

雷蒙·道森翻译《史记》时并没有按照《史记》原文的次序逐章翻译,而是重排了《史记》文本的次序,使译本与原文在结构上迥然相异。这种处理的叙事方式,与华兹生英译《史记》的处理方式相似。这种不同的结构特点"体现了译者在文本解读的过程中表现出来的叙事理解模式,以及在译本构建过程中体现出来的叙事文本构建模式"[3]。译文中,雷蒙·道森从秦始皇的出生起笔,叙述荆轲刺秦王、李斯谏秦王、蒙恬筑长城,叙述秦王统一天下的雄心、蚕食诸侯的谋略、谋臣良将的辅佐、攻城野战的种种不易等,接着再叙秦始皇兼并天下、统一六国的伟业,描写秦王嬴政的雄才方略,紧接着再叙述项羽、陈胜等人的反抗,秦王暴政、民怨沸腾、揭竿而起,陈胜、项羽等人举兵,最终到秦始皇的去世及秦王朝的覆灭。纵观雷蒙·道森英译的《史记》,我们发现,雷蒙·道森有意打乱了《史记》原文的次序,重新组合《史记》中跌宕起伏的历史故事,再现了秦王朝的兴衰更替。

(三)以秦朝历史为中心,重视叙事内容的关

联性

雷蒙·道森英译的《史记》没有按照《史记》原文的次序逐字逐句翻译，也没有随机选择《史记》中文学趣味浓厚、故事性强的内容进行翻译，而是非常重视叙述内容的关联性。纵观雷蒙·道森英译的《史记》，我们发现，雷蒙·道森以秦朝历史为中心，构建叙事文本模式。雷蒙·道森在正文每一节前都有一小段序言或题解，或交代背景知识，或说明翻译的缘由，体现他文本叙事结构安排的逻辑性。例如，正文第二节 An *Assassination Attempt*（《暗杀未遂》），雷蒙·道森开篇写道："In 227BC, not long before the Qin unification of China, a famous assassination attempt on the ruler of Qin and later First Emperor of China was made by Jing ke, whose story is recorded in chapter 86 of the Historical Records, which is a collective biography of assassins. It reads as follows:（公元 217 年，秦统一中国不久，有一个非常有名，试图推翻秦始皇统治的人，这个人就是荆轲，关于他的故事在《史记》的第 86 卷，具体的故事为……）"[2]11 第三节 The *Biography of the Chief Minister of Qin*（《秦大臣传记》），他指出："We now move on the biography of Li Si (chapter 87), a very important politician during the Qin Dynasty. The chapter starts with an account of his early days , and cover some of the events leading up to the establishment of the Qin Dynasty.（我们现在回到第 87 卷的《李斯列传》，李斯是一个秦朝非常重要的政治人物。这一章以他早期的一系列事件开始，并包括一些秦王朝建立的事件）"[2]25 第五节 The *Annals of Qin*（《秦朝年鉴》），他在开篇写道："Having translated four biographies which relate to the Qin Dynasty and its ruler, I now turn to the annalistic section of the Historical Records. Chapters 5 and 6 are devoted to Qin annals, the former dealing almost entirely with the history of the state before the time of King Zheng, who later became First Emperor of the Qin Dynasty, Chapter 6 stars by briefly recounting the early life of Zheng before he unified China. Here we take up the story immediately after the unification.（翻译了与秦有关的四个人物及其统治者传记，下面我转移到《史记》编年史部分。《史记》第 5 卷、第 6 卷和秦王朝的年表关联，前者几乎全部是嬴政以前的历史，嬴政后来成为秦朝的第一个皇帝。第 6 卷主要介绍了嬴政统一中国之前的早期生活。在这里，我们继续讨论统一以后的情况）"[2]63 这些小序言或题解巧妙地将各篇章衔接起来，构建成一个有机关联的叙事文本。雷蒙·道森还节选了与秦朝历史紧密关联的《封禅书》和《河渠书》的部分内容进行翻译。我们知道，华兹生英译的《史记》集中翻译了原文中文学趣味浓厚、对后世文学影响巨大的那些内容，而对于其中一些涉及古代医学的章节，专业化性质比较突出的"书""表"等没有涉及。[3] 与华兹生英译的《史记》相比，雷蒙·道森英译的叙事不仅注重文本的故事性，而且重视叙事内容的关联性，重视叙事史料的完整性。

（四）以主要人物为中心，增强故事的可读性

雷蒙·道森英译的《史记》以秦始皇为中心，依照历史叙事文学的情节按照叙事结构，首先是秦始皇的出生，叙述秦始皇的文才武略，兼并天下的雄心，再到为阻挡秦始皇破坏诸侯国的合纵，壮士荆轲刺秦王，这些情节悲壮苍凉、跌宕起伏、引人入胜；再到李斯辅佐秦始皇，蒙恬修筑长城，辅佐秦始皇兼并天下，统一六国，再到项羽、陈胜等人揭竿而起，最后到秦始皇去世，秦王朝灭亡。分析雷蒙·道森英译的《史记》可以看出，他没有按照《史记》原文的次序翻译，而是以蒙太奇的手法，重新安排荆轲、李斯、蒙恬、项羽、陈胜等人物的出场顺序，增强了故事的可读性和吸引力。雷蒙·道森英译的《史记》不像是历史的记录，更像一部情节张弛有度的小说。因此，此书被列入"世界经典丛书系列"（*World's Classics*）。

四、雷蒙·道森英译《史记》叙事特点的启示

近十年来，我国着力加强中华文化"走出去"的顶层设计和统筹协调，不断创新中华文化"走出去"的内容形式和体制机制。在国家有关部门的鼎力支持下，翻译了一批中华经典名著，但是产生

的影响力和政府的投资、学者的付出并不成正比。为此,胡安江[4]、汪庆华[5]、吕世生[6]、吴涛[7]等许多学者发表了系列文章,总结得失,探讨策略,积极助力中华文化"走出去"。

《史记》作为中华优秀传统经典著作,应该"走出去"。我们知道,"翻译出去"不等于"走出去",尽管《史记》被翻译成多种文字,但与《史记》的"走出去"还有一些距离。一个新的《史记》译本,要为普通读者所接受,就必须尽可能地纳入普通读者的认知框架中。[1]雷蒙·道森英译的《史记》是在英国人或西方人的视域下建构的叙事文本,这种叙事特征对中华文化"走出去"具有重要启示,对构建全方位、多层次、宽领域的中华文化传播格局有一定的借鉴价值。我们知道,典籍英译的主要目的,"是向西方世界介绍真正的中国传统文化,促进中西文化交流和发展,让西方了解真正的中国。译者努力使中国典籍易于被西方读者接受"[8]。根据我们初步整理,我们认为,雷蒙·道森英译的《史记》对中华经典英译的启示主要表现在以下四个方面:

(一)叙事结构的安排

据吴涛研究发现,长期以来,"汉学家在翻译非纯文学的中国典籍时大多选择学术型翻译路径……译语过度遵循原文"[7]。过于忠于原文,无视译入语或者目的语读者的文化接受可能会导致译文遭受冷遇的现象。吴涛曾指出:"中国典籍英译需要跨出汉学界狭窄的接受圈子,需要被尽可能多的读者阅读和接受,才能进一步扩大中国典籍的文化影响力。"[7]基于此,英译经典时不能一味对照经典原文翻译。如前文所述,雷蒙·道森英译的《史记》非常注重叙事结构的安排,他没有逐字逐句地翻译《史记》原文,而是选择《史记》中关于秦朝的章节,以秦始皇为中心,叙述秦朝的兴衰变化,重新安排荆轲、李斯、蒙恬、项羽、陈胜等人物的出场顺序,内容关联性强,情节张弛有度,故事性和可读性强。为了让读者充分了解秦王朝的历史,雷蒙·道森英译《史记》的 Introduction 部分,用14页的篇幅向读者介绍秦朝及秦以前的中国历史,讲述与秦朝有关的历史人物,同时他还专列大事年表,绘制地图,旨在让读者直观了解秦朝及其他诸侯国的地理位置和版图,将他翻译的《史记》纳入特定的历史框架下,让读者更好地感知《史记》的时空结构。这给研究者和翻译者非常大的启示,翻译中华典籍时要牢固树立"读者中心"的理念,要根据接受者的需要,尽可能地补充足够的相关背景和文化的介绍,必要时调整经典原文的次序,围绕某一个事件或人物,重新组织有关材料,构建新的叙事结构。要按照译入语或目的语读者能够理解并且领会的方式,呈现中华典籍的魅力。

(二)叙事策略的选择

我们知道,中华优秀传统经典"走出去"必须要正确直面三个问题:一是为谁翻译?二是翻译什么?三是如何翻译?关于"为谁翻译",实际上就是翻译的接受对象问题,翻译对象定位准确与否,决定着翻译作品的传播效果。接受对象通常可以分为专业读者和非专业读者。就文化接受而论,"非专业读者是比专业读者更难以取悦的目标读者"[7]。因此,英译中华优秀经典时一定要考虑目的语读者的文化接受能力,重视翻译策略。罗选民等学者曾指出:"在不损害中国文化精神的前提下,以最适合的方式来解读和翻译最合适的典籍材料,从而达到消解分歧,促进中外文化的交流,极大地满足西方受众阅读中国典籍的需要。"[9]雷蒙·道森英译《史记》时,已有西方学者翻译了《史记》的部分章节,为避免重复,展现他的翻译特色,他要在前人翻译的基础上,再辟新径,翻译策略和翻译视角显得尤为重要。1974年,陕西省临潼兵马俑出土,被誉为"世界第八大奇迹"。兵马俑出土曾在国内外引起巨大的轰动,外国人尤其是西方人对兵马俑充满了好奇和神往,许多外国人都渴望来中国参观兵马俑。兵马俑已经成为中国文化的一个象征符号。基于此,雷蒙·道森选择了满足西方人好奇心的叙事策略,英译《史记》时,以秦始皇兵马俑为切入点,以秦王朝为中心,以秦始皇为主线,重新编排《史记》的材料,选择与秦朝有关的第85卷、86卷、87卷、88卷、5卷、6卷等进行翻译，介绍秦朝及与秦朝相关的历史。尽管雷蒙·道森没有全部翻译《史记》，但是其影响力和传播力并不比全译《史记》小。

（三）叙事方法的使用

张利群曾撰文指出，《史记》是叙事文学的代表和发展高峰，是中国叙事文学，尤其是小说的鼻祖。《史记》具有小说形态。小说三要素即人物、事件、环境在《史记》多篇目中都明晰可见。[10]而如何体现叙事文学的价值，怎样表现"小说鼻祖"的魅力，叙事手法显得格外重要。传统的叙事方式有顺叙、插叙、倒叙等。雷蒙·道森英译《史记》时，没有从《秦本纪》或《秦始皇本纪》开始，而是从《史记》第85卷的《吕不韦列传》开始，然后是《刺客列传》（《荆轲刺秦王》）《李斯列传》《蒙恬列传》，再是《秦始皇本纪》，这样的叙事手法是雷蒙·道森有意为之。他试图通过几篇文学趣味浓厚的章节，吸引读者的注意力，中间夹杂《秦始皇本纪》和《封禅书》《河渠书》的部分内容，结尾又安排《项羽本纪》和《陈涉世家》的故事，再次吸引读者的注意力，这种匠心独具的叙事方法，不仅吸引读者，而且让读者有"浸入"式的体验感，纵横捭阖，发人深思，耐人寻味，彰显出叙事文学的非凡价值。

（四）叙事文本的书写

雷蒙·道森英译的《史记》在叙事结构安排时，正文前面有相关英译版本的介绍，正文后面有词语的注释。词语注释时，他没有选择随文注释的方式，而是选择的文末注释。"注释过多还可能给读者的阅读体验带来负面影响，增加阅读成本和负担。"[7]文末注释的优点是可以从视觉上减轻读者阅读的负担，不会让读者望而生畏，读者可以根据自身文化素养和喜好等采取选择性阅读。此外，雷蒙·道森英译的《史记》中有前言（Introduction）、文本注释（Note on the Text）、参考书目（Select Bibliography）、年表（Chronology）、地图（Map）、正文、注释（explanatory notes）、索引（Index）等，处处体现的是以读者为中心的叙事模式。

雷蒙·道森英译的《史记》是研究《史记》英译的一个重要文本，笔者在此抛砖引玉，期望能引起更多学者的关注。

参考文献：

[1] 李秀英.《史记》在西方：译介与研究[J].外语教学与研究,2006(4):303-308.

[2] DAWSOM. Historical Records[M]. Oxford: Oxford University Press,1994.

[3] 李秀英.华兹生英译《史记》的叙事结构特征[J].外语与外语教学,2006(9):52-55.

[4] 胡安江.再论中国文学"走出去"之译者模式与翻译策略[J].外语教学理论与实践,2012(4):55-61.

[5] 汪庆华.传播学视阈下中国文化走出去与翻译策略选择[J].外语教学,2015(3):100-104.

[6] 吕世生.中国"走出去"翻译的困境与忠实概念的历史局限性[J].外语教学,2017(5):86-91.

[7] 吴涛.华兹生的中国典籍英译对中国文化"走出去"的启示[J].昆明理工大学学报（社会科学版）,2018(2):98-108.

[8] 辛红娟.中国经典"谁来译"[N].光明日报,2017-02-11(11).

[9] 罗选民,杨文地.文化自觉与典籍英译[J].外语与外语教学,2012(5):63-66.

[10] 张利群.论作者传记批评的发端及其意义[J].中国民族大学学报（人文社会科学版）,2003(3):137-141.

复制原貌,再现经典:杨宪益《史记》英译本评介

高风平

(渭南师范学院 外国语学院,陕西 渭南 714099)

摘 要:杨宪益与戴乃迭夫妇的《史记选》是《史记》的代表性英译本之一,译者在文本处理的过程中表现出鲜明的翻译策略定位:既要坚持复制原貌,再现经典,又要适度灵活变通,保障可读性。译者对《史记》体例做了最大限度地维护;在传达《史记》中所蕴含的具有浓厚民族文化特质的思想体系时尽可能采取异化策略。但当原文叙述形式可能形成译语读者理解障碍时,也会果断灵活处理行文格式,变通段落结构,来减轻译文读者的阅读负担;同时对于《史记》中一些民族特色浓郁的词汇或表述在英语中没有对应项的情况,也会合理选择归化的策略,以阐释性手法处理文化因素以增强译文的接受度。

关键词:《史记》;杨宪益;异化;归化;翻译策略

作者简介:高风平(1961—),女,山东济南人。渭南师范学院外国语学院教授,主要从事语言与文化比较、翻译学研究。

一、引言

《史记》是我国乃至世界历史学以及文学史上不可多得的经典之作。它不仅为世人展开了一幅自我国黄帝至汉武帝太初四年间的历史画卷,更以恢宏而不失细腻的笔触刻画了大量的人物形象,栩栩如生,跃然纸上。其中不乏奋起草莽而王天下的起义者,看似怯懦无能实则胸怀大志的英雄好汉,不惧权威而声震人主的凛然侠士,胆识过人、无往不胜的豪情将帅,血溅五步、生死度外的舍命刺客,运筹帷幄、足智多谋的文弱书生等等,这些生动丰满的人物形象成为《史记》最具魅力的华章。因此,如诗如歌的《史记》不仅是史学巨著,亦是文学经典,被誉为"无韵之离骚",当属实至名归。《史记》位居二十四史之首,是中国古代3000多年历史和社会生活的缩影,也是世界史学的宝贵财富。[1]

作为中国经典史籍,《史记》有不同时期的外译本,尤以英译本居多,基本都是选译本,其中一般公认为比较有代表性的作品一个是本土译者杨宪益的选译本,另一个是美国译者华兹生的译本,亦为选译本。两个译本几乎是同时期作品,均完成于20世纪下半叶。

杨宪益和华兹生的主观认知不同,翻译目的各异,而且所处的客观历史语境也相去甚远,因此对译本的处理方式亦不尽相同。尽管如此,他们对《史记》的钟爱,他们极尽所能努力推介《史记》的决心和热情是一致的,而且都选择了彼时彼地最合理的途径为读者呈现了《史记》的魅力,可谓殊途同归,异曲同工。相对于华兹生以迎合读者、顺应当时西方社会环境的方式极尽推介的策略选择,杨宪益更注重维护原作的特性和风格,尽量呈现出原汁原味的《史记》故有形态。杨宪益翻译策略选择的着力点在于复制原貌,再现经典。杨宪益译本中处处闪烁着坚守与灵动优势互补、巧妙对接的大智慧,体现了他"史"以实为天的原则和追求,表现出一位译坛巨匠深厚的专业功底和赤诚爱国情操。[2]

二、《史记》体例的处理:忠实而不拘泥

(一)忠实:最大限度坚守原貌

杨宪益典籍翻译的目的是传播中华民族的优

秀文化经典,因此他在《史记》英译的过程中尽可能采用异化翻译方法,坚持最大化地尊重作者,忠实原文。他对司马迁《史记》体例最大限度地维护和守卫便体现了其这一特点。

作为文史双重经典之作,《史记》的突出特点之一体现在其纪传体叙事结构上。司马迁通过将事件挂靠于人物,借助本纪、世家、列传、书、表等5种体例串联贯通,以犀利独到的笔触带领世人纵观我国自上古到汉武帝长达3000年历史发展的轨迹,横贯政治、经济、社会、文化等各个领域,描绘了一幅跌宕起伏、波澜壮阔的宏伟历史画卷。一个个背景不同、个性迥异的鲜活人物,为人们呈现出一段段栩栩如生的历史场景。《史记》独特的叙事体例成为历代历史典籍的模板,极具代表性。[3]

以《史记》为代表的中国历史典籍有着共同的叙事风格,即在描述历史进程的过程中人物生平、事件进展、社会变迁等并不总是一气呵成、贯通而下,而是以"史事"为节点,按照既定模式分割成不同的阶段。而后再遵循特定的结构规则,将其分门别类镶嵌在宏观的格局中,纵横交错,繁而不乱。[4]59

《史记》中但凡列传,几乎均以"XX者X郡人也"开篇,导入人物故事。循着遭遇危机、建功立德、败走麦城等体系化的固定轨迹,形成一种丝丝入扣的结构模式。在这种程式化描述节奏的制约下,人物生平的脉络清晰可辨,功过分明。[5]

司马迁把人物列入不同的本纪、世家、列传中,紧紧围绕主题将人物融入波澜壮阔的历史情景,从而使人物形象呼之欲出;同时,借助独具匠心的情节编排,凸显出鲜明的人物个性。司马迁对他笔下这些历史人物的评价也构成了《史记》撰文风格的一大特色。

《史记》一方面提纲挈领,包罗万象,充分体现了大气磅礴的气质;另一方面又不失细腻、灵动,成功地塑造了一个个人物形象。无愧于鲁迅先生"史家之绝唱,无韵之离骚"的赞誉。

《史记》独特的叙事体例成为历代史学著作的模板,因而《史记》的叙事结构代表着历代史书的主流风格,具有很强的典型性。作为一代文化大使,杨宪益无疑对这种史书编撰体例了如指掌,且有高度的认同感;并且杨宪益对《史记》中的封建等级制度、官职排序结构以及长幼尊卑规则并不陌生,因此对司马迁贯穿在《史记》中的编撰体例表现出由衷的尊重和接受,这体现出社会意识形态对杨宪益翻译策略的影响。同时,杨宪益受托于中国外文局,翻译目的明确指向中华文化的国际传播,《史记》的纪传体国史编撰方式和结构本身就承载着中国文化特色,不可轻易更改。这也是促使杨宪益选择翻译策略的重要因素。因此,杨译在翻译中非常尊重司马迁的叙事体例,极力维护其原态,尽量不予触碰。[5]

(二)变通:争取更大的读者群

在尽量保持原貌的前提下,杨宪益并不拘泥原作的文本结构,当原文结构形式可能妨碍到读者的理解,进而影响接受度时,也会采用灵活变通的方式,以增强译文可读性,从而争取让更多的读者走进《史记》描绘的多彩世界,领略《史记》的盖世风采。

《史记》的语言特点是简明扼要,言简意赅。看似寥寥数语,却往往承载着大量信息,甚至有时信息相互叠加,关联性不强,如果没有足够的相关文化背景知识做支撑,可能造成读者信息接续断篇的情况。

杨宪益在面对原文中典型的中文历史典籍叙述形式可能形成理解障碍时,也会选择归化策略,灵活处理行文格式,变通段落结构,来减轻译文读者的阅读负担。

以《李将军列传》为例,作为《史记》这部鸿篇巨制中的一个组成部分,作者必须尽力做到在有限的篇幅中,交代李广的生平、描述其后世家族的发展历程。《李将军列传》原文中司马迁仅用了19段。但杨宪益英译后变成了61段,如此大幅度的调整正是译者考虑到两种语言的差异,出于关照目的语读者而采用的一种归化翻译策略。[6]

在此例中,因为每个段落都承载着繁杂的信息,并且往往缺少显著的转折、递进,因此按照西方人容易接受的行文风格重新划分段落,整合语篇结构,能够有效消解读者的阅读困难。

如,《李将军列传》中的开篇:"李将军广者……万户侯岂足道哉!"[7]3447短短数语,言简意赅,清楚地交代了李广跌宕起伏的戎马生涯,文本所交代的重点信息包括:李广的家族背景、成长历程和汉文帝发自肺腑的感慨与评价。如果按照原文结构形式将以上信息全部集中在同一段落,则很难规避行文的跳跃感,有悖于英文的行文特征和读者的阅读习惯,会给译语读者造成理解障碍。杨宪益很体恤译语读者,因而按照时段顺序将其分割为三段。自"李将军广者"到"广家世世受射"为第一段;自"孝文帝十四年"到"秩八百石"为第二段;自"尝从行"到段末为第三段。第一段先介绍了李广其人及其家族的背景和渊源;第二段进而顺势描述李广的骁勇善战和初露端倪的显赫功绩;第三段则是借汉文帝的感慨表达了对李广的评价和赞誉,并恰到好处地总结了他怀才不遇,生不逢时的人生境遇。

对段落重新进行合理的划分体现了译者高超的应变能力和敏锐的再创作意识,这是杨宪益译本能够在尽量忠实于原著的前提下,仍能够保证可读性强、叙事流畅和环节间递进平稳的原因。这种手法也用在了《史记选》其他一些篇章的相关处理上。

汉语重意和,英语重形和。汉语古文语言表述紧凑,但言简意赅,内涵丰富,在这个层面英语的对等性相对比较差,转换起来很吃力,因此句子往往显得松散、啰唆,尽失原文的风格特点,从而贬损语言效果和艺术高度。为了补救这一缺憾,译者或变换句型,或调整语序,来达到尽量与原文的简洁风格保持一致的目的。[6]

如:《史记·李将军列传》中:"其射,见敌急,非在数十步之内,度不中不发,发即应弦而倒。"[8]3452 In battle he would not shoot until his adversary was within a few dozen paces and he could be sure of hitting him. Then as soon as his bow string twanged the enemy fell.[9]417原文短短一个句子就对李广的足智多谋,英勇果敢,以及高超的作战策略和军事才能做出全面概括,环环相扣,步步递进,一气呵成,语言信息明了,同时也巧妙地烘托了战场上的危急紧张气氛。

这句话如果采用直译,可能会显得冗长烦琐,弱化原文的节奏、力度和气势。译文用了两个独立句,通过变换句型的方式,巧妙地再现了原文的效果。前后呼应,不但再现了战场浓烈的火药味,而且不失紧凑简洁。

三、异化优先原则

(一)观照语言特色,力图原汁原味

作为我国历史上第一本正史,司马迁的《史记》尽管具有很高的文学价值,但归根结底《史记》的原生身份是史书,有明确的功能定位,严肃、写实、缜密、正规是其核心特点。

《史记》承载着中国民族文化的精髓,因此,在翻译实践中杨宪益刻意强调忠实于原文,尽可能地将中国文化原汁原味地呈现给译语读者,以译者的民族使命感和社会责任感担当起传播中国文化原貌的重任。

异化翻译策略注重源语意识形态和语言特色,善于传递异域文化元素,强调尽量保留原文中富有民族文化色彩的概念和意向。所以,杨宪益与戴乃迭在《史记》译本中主要采用了异化策略,尽可能完美地保留原作的内涵与表现形式,让译语读者有缘欣赏到原作的风采。

如:"如今人方为刀俎,我为鱼肉,何辞为!They are the chopper and board, we the fish and meat. Why should we take the leave?"[9]124译者即再现了原文的内容,也保留了原文的形式,包括喻体也予以真实呈现。可谓形神兼备,巧妙地传达了中国的语言文化元素。

又如:因下令军中曰:"猛如虎,很如羊,贪如狼,强不可使者,皆斩之。"Then he issued this order to the troops:"Any man who is fierce as a tiger, stubborn as a sheep, greedy as a wolf, or disobedient to orders, will lose his head."[9]104尽管sheep在英语中与stubborn的联想并不典型,但译者仍不肯轻

易改变或替换喻体,而是给读者留下了一定的思考机会和回味异域文化因素的弹性空间。这样,即保留了原作简洁紧凑的风格,又传递了原文喻体形象生动的形态。同时又不失时机地给读者带来了不一样的意象联系,有助于丰富英语国家的语言形式。

中国典籍常使用各种意象,看似浅显易懂却含义深远,发人深省。如果译者不假思索地将意象所暗含的委婉表述自作主张直白地呈现出来,主观臆断地低估读者的认知水平,便阻断了读者与作者的互动,违背了原语作者的真实意图;或者避重就轻,过度处理文化负载词中的枝末细节,也可能产生本末倒置的后果,背离原文本意。翻译中的留白不是"故作矜持",做出高深莫测状,而是出于不盲目低估读者的理解力和辨析力,给予读者合理的独立思考的空间,让他们自由想象,在可及的认知领域中充分发挥想象,领略原语的魅力,熟悉原语的表述方式。因此,在处理文化意向词时译者一定要有意识地合理留白,"不穷己所欲言",适度保留语言的模糊性。

杨宪益《史记》译本中有很多译者刻意留存下来的模糊性表述。司马迁的《史记》语言中经常会出现文化意象词,也用了很多极具民族特色的修辞或象征手法,杨宪益在译文中都尽量保持原貌,从而再现了司马迁的精思妙言,兼顾和传达了《史记》的史学价值和文学价值。

杨宪益译本中这样的妙译佳句俯拾皆是,体现了杨宪益作为一代译坛巨匠的素养与实力。如:

例1,谚曰:"桃李不言,下自成蹊。"The proverb says:"The peach and plum trees can not talk, yet a path is trodden out to them."[9]958 这里译者保留了源语"桃"和"李"两个喻体,而不做替换或意译,使读者有机会感受和体验源语的意向联系,感受汉语的精妙与源语作者的智慧。

例2,太史公曰:《诗》有之:"高山仰止,景行行止。"虽不能至,然心乡往之。译者处理为:The Grand Historian comments:One of the songs says,"The great mountain, I look up to it! The great road, I travel it!" Although I cannot reach him, my heart goes out to him.[9]189 同上例,"高山"与"景行"两个喻体也得以保留,译者重复用了"The great…"起始两个句子,形成对仗,达到强化语句的效果。即明了内涵,也再现了源语的语言技巧。

例3,语曰:"能行之者未必能言,能言之者未必能行。"译者处理为:The proverb says:"Doers are not always talkers, nor talkers doers."[9]457 借助"not, nor"句式,形成平行结构,与源语的对仗效果如出一辙,简洁明了。其精妙可谓不输源语。

例4,太山坏乎!梁柱摧乎!哲人萎乎!Mount Tai crumbles, the great beam breaks, the wise man withers away.[9]282 "坏"对应为 crumble,"摧"对应为 break,"萎"对应为 withers away,形象生动,怎一个妙字了得。源语的动感和美感呼之欲出。

例5,持满者与天,定倾者与人,节事者与地。One who overcomes self-satisfaction gains the help of heaven, one who can turn a disastrous situation into a secure one gains the help of men, and one who practices frugality gains the help of the earth.[9]172 这句话源语的极简风格对译者的语言功底提出了很大的挑战,但杨译本无论是内涵的传递,或是语言形式的跟进都无可挑剔,可谓天衣无缝。译者的大风范、大手笔跃然纸上。

(二)步步为营,最大限度坚守异化

《史记》中有一些特色鲜明的文化负载词在目的语文化中呈现空缺状态,杨宪益在确保不会导致误读的情况下,多采用音译法或异化等手法。而对于那些对应程度相对比较高,有可能跨越语际而实现基本相互对接的词汇,译者也不会轻言放弃对于异化的努力,而选择步步为营,对异化做最大程度地坚守,既做到尽量传递出文化含义,又刻意保留文化特性,达到传播中国优秀传统文化、推介中国文化意向的目的。

例1,夫人自帷中再拜,环珮玉声璆然。She returned his bow behind the curtain and her jade pendants tinkled.[9]236 "璆"被巧妙地处理成拟声词 tinkle,玉佩随主人的动作在摇曳中轻轻触碰,声声清脆,令读者恍惚间感觉似萦绕于耳,似身临其境。

杨译主张最大限度地坚守异化、直译,当一个句子无法实现完全直译的情况下,亦可采取部分直译,用线直译辅以点意译的方法,坚守能直译时便直译的原则。即使是线直译中的点意译。

例2,陈涉太息曰:"嗟乎!燕雀安知鸿鹄之志哉!""Ah," said Chen She with a deep sign. "Can a sparrow know a wild swan's ambition?"此句考虑到"鸿鹄"的直译可能造成译语读者的理解障碍,杨宪益做了点处理,将其译成 wild swan,但保留了喻体"燕雀"以及源语结构的特点。此处杨译直译与意译的对接可谓水到渠成,天衣无缝。

例3,今秦失德弃义,侵伐诸侯社稷,灭六国之后,使无立锥之地。杨宪益译为:But Qin, abandoning virtue and justice, has abolished the ancestral sacrifices of the six princes and disinherited their descendants, leaving them not a single inch of land.[9]328 这里杨宪益将"立锥之地"异化为西方读者比较容易接受和理解的"a single inch of land",从而巧妙地避免了源语读者对并不一定能引起相似联想的汉语的夸张修辞产生理解障碍。

例4,今沛公先破秦入咸阳,豪毛不敢有所近。Now the lord of Pei has conquered Qin and taken Xianyang. But he has not touched anything.[9]124

译者并未将"豪毛"直接对应为 hair,而是替换成了 anything,因为此处 hair 并不一定会让译语读者联想到"毫发未动",反倒可能因为他们并不熟悉这里部分指代全体的修辞手法,将 hair 具象化,引起错误的联想,从而对译文产生曲解,anything 简单而直接地解决了这些问题。

(三)虚以调形,实以达意

汉语中的连词数量有限,且相对于英语来说使用频率较低,也常常会被省略,但对应成英语时需要补回这些连词才能关照到英语文法的需求。这样的"补回"貌似刻意增词,实则不可或缺,目的是为了保障内涵上的达意。

如:飞鸟尽,良弓藏;狡兔死,走狗烹。When all the birds are killed the good bow is put away. When the cunning hares are dead the hounds are made into stew.[9]186 汉语文法重意和,因而不需要处处借助连词来澄清语流中的逻辑关系或保障语流的连贯性,但英语文法重形和,必须依仗连词来衔接意群,交代相应的逻辑关系。译者连用两个 when 来引导两个平行句,即强化了对仗效果,又明晰了逻辑关系,并且符合目标语的语言习惯,这里 when 不动声色地完成了其多重功能,可谓恰到好处。

如何在译语中准确、恰当措辞是对译者语言功底的一大挑战。杨宪益、戴乃迭所译《史记选》,有大量恰到好处的措辞,以其神来之笔确保了准确再现译文内涵的同时,传递了源语的语言艺术。

四、归化补救原则

《史记》中经常出现一些民族特色浓郁的词汇或表述英语中没有对应项,无法实现直译,强行直译可能导致英美读者理解障碍。一旦出现这种情况杨宪益也会合理选择归化的策略,以阐释性手法处理文化因素。

如《李将军列传》中这种情况就很典型,比如说古代官职的翻译便是一大难点。中国与西方国家政治制度不同,官职体系相去甚远,很难找到恰当的对应词,且《李将军列传》中的一些官职与历史渊源或社会背景密切相关,杨宪益采取了灵活变通的阐释性翻译,达到关照读者理解困难的目的。如,"左贤王"属于匈奴贵族官职,匈奴以左为贵,左贤王实则一人之下,万人之上;因左贤王封地位于单于王庭之东,故译者直接翻译为 Eastern Prince,"左"不予译出,是为了避免画蛇添足,引起理解困难,或由此引起的烦琐的解释。[8]1476

同理,杨宪益将李广的称号"贰师将军"处理为 conqueror of Osrouchana。貌似风马牛不相及,实则是译者深思熟虑之后的妙笔生花:李广是在大宛贰师城之战后获得了"贰师将军"的称号,而"贰师"位于奥什(现在吉尔吉斯斯坦境内),所以译者直接将其译为 conqueror of Osrouchana 即可省去加注之累,又明示了称号的历史关联,同时避免了冗长的阐释性处理。

再如例1,天下匈匈数岁者,徒以吾两人耳,愿与汉王挑战,决雌雄,毋徒苦天下之民父子为也。Because of us, the empire has been in a tumult for years. Let us settle the issue now by hand-to-hand combat instead of involving all these other men.[9]150 此句中"决雌雄"即"论胜负,比高下","民父子"即平民百姓。译者并未特意处理两个词的字面意,而是贯通整句的内涵,淡化原文文化特色,用流畅自然的译语传达原文信息,提升了译文的可读性。

杨宪益与戴乃迭所译的《史记选》能够在尊重原文的基础上合理地调整重构译文布局,并恰当填补行文中的默认值,适度关照译入语读者的"经验"需求,达到解除译入语读者阅读困难的目的。不同的文化背景造就不同的文化认知系统,并逐渐形成相对固定的认知经验储备。《史记》语言反映的是司马迁及其笔下人物的经验世界,具有鲜明的本民族文化特性,而这在译入语读者的文化认知系统中属于空缺项,因此他们不具备相应的认知经验,阅读障碍也就在所难免。[10]

适度填补默认值也是文言文英译经常会选择的策略,否则译文中可能会显得晦涩难懂,或不知所云,或偏离要旨,造成沟通障碍,甚至误读误解。

例2,谢曰:"臣与将军勠力而攻秦……得复见将军于此。" "I, your humble servant, join with you to attack Qin…so that we meet again here."[9]495 此处译者并不只是简单地直接将"臣"译为 I 了事,以 your humble servant 紧随其后,比较得体地传递了镶嵌在"臣"背后的自谦意味。即体现了刘邦的自贬、隐忍和怯懦,也恰如其分地交代了中国古代历史上的等级观念。而且 your humble servant 也是西方读者比较熟悉的表达方式,他们理解起来会很轻松。这里译文中貌似增词,但整体信息更为忠实准确。

例3,尽征其材士五万人为屯卫咸阳,令教射狗马禽兽。杨宪益译为:He summoned fifty thousand picked men to garrison the capital and ordered them to teach archery, hunting and hawking.[9]70 此句中杨宪益对"狗""马""禽""兽"似置之不理,而是直接以 hunting 和 hawking 替换之,乍看的确有"不忠"之嫌。但仔细解读原文会发现,其实"狗马禽兽"只是汉语书面语更喜好四字词表达的产物,确切地说是以部分指代全体的一种修辞手法,如若不假思索地将"狗马禽兽"逐字解读直译,不禁会使译文冗长拗口,干扰核心信息,还会导致译文以偏概全,误导读者。这里译者选择用 hunting 和 hawking 概括"狗马禽兽"实际上是对原文更为精准的解读,传递的信息亦更为忠实。而且 hunting 和 hawking 既有头韵又有尾韵,节奏感和旋律美跃然纸上,可谓机智。

例4,勾践卒,子王鼫与立。王鼫与卒,子王不寿立。王不寿卒,子王翁立。王翁卒,子王翳立。王翳卒,子王之侯立。王之侯卒,子王无疆立。Goujian died and was succeeded by his son, Shiyu. The throne passed from father to son, from Shiyu to Boshou Weng, YiZhihou and Wujiang.[9]189 汉语重意和,英语重形和。以上例句的这种表达方式,汉语驾轻就熟,层层递进,简洁流畅,一气呵成而又不失清晰明了。但这类表达风格稍不留神就可能译成索然无味的流水账,译者通过重新构架语篇结构的方式,有效解决了英语中非常避讳的主语重复的问题,同时也理顺了人物之间的继位顺序,捋清了层叠的人物关系。更为难能可贵之处在于,通过结构调整,不仅合理解决了译文流畅度的问题,而且译文显得简洁、紧凑,不仅不输原文,还似乎更高一筹。这在古文英译中实属不易,可谓神来之笔。

五、结语

翻译并不是两种文字符号形式的简单对等或符号数量的转移,中国典籍的英译更需综合考量,既要丝丝入扣,又要拨云见日。译者必须对原文中的默认值进行有效的解读,才能做到合理的处理,呈现出理想的翻译作品。[11]158

作为中国第一部纪传体通史,《史记》即是史学经典,也是中国古代社会生活的真实写照,所涉领域宽广,几乎无所不包,承载着独特而厚重的民族文化,且民族特质非常突出,在翻译中便表现出源语文化与译语文化之间的不对称性,译者往往需要选择"协调"(mediation)策略,以达成源语作品与译入语读者之间的平稳对接。但对于如何达成"协调",如何合理拿捏"协调"的度以满足彼时彼地的译介需求则是仁者见仁,智者见智的行为。不同文化下人们的道德体系、思维方式、认知经验以及社会结构和政治体制等等均会呈现不对称性,其中尤以时空差异性为甚。译者必须敏锐地捕捉这些差异,准确判断相应层面的文化相似度,才能够恰当地实施协调,促成源语作者与译入语读者之间的对接。[12]128

文章通过实例,解析了杨宪益、戴乃迭夫妇处理在《史记》独特的叙事体例以及《史记》中所蕴含的具有浓厚民族文化特质的思想体系时所采取的翻译策略。

分析结果表明,相对于同时代的美国译者华兹生的《史记》英译本,杨宪益、戴乃迭夫妇的译本明显更接近原语文本。华兹生考虑到当时西方社会的人文环境因素,为了尽量多的争取读者,采取了迎合市场的归化策略,体例适度西化,语言通俗易懂,转换意义透明,不失为审时度势的智慧之举,有其合理性。也可以说他先行的读者群的开拓为杨宪益、戴乃迭夫妇的译本传播起到了一定的铺垫作用。

杨宪益、戴乃迭夫妇的译本更贴近于源语文化,无论从体例、语言特色还是文化意象上都更为坚守最大限度地忠实,力求再现原貌,为读者呈现原汁原味的精神盛宴。

译者的翻译目的和读者群的定位会直接影响其对于翻译策略的选择,在当前"全球化"的大背景和中国文化"走出去"的大环境下,译者要有主动推介中国文化的使命感,既要尽量拓展读者群体,又要坚持维护中国文化特质,在坚守忠实与合理变通之间拿捏平衡点,合理选择翻译策略,恰当解决原语文化与译语文化之间的不对称性,达到有效传播中国文化的目的。

参考文献:

[1] 李小霞.形象学视域下的《史记》英译研究[J].淮海工学院学报(人文社会科学版),2016(11):52-54.

[2] 石婷.译者主体性视角下杨戴夫妇和华兹生《史记》翻译比较——以《史记卷四十·陈涉世家》为例[J].高考,2015(8):101-102.

[3] 李秀英.华兹生英译《史记》的叙事结构特征[J].外语与外语教学,2006(9):52-55.

[4] 浦安迪.中国叙事学[M].北京:北京大学出版社,1995.

[5] 高风平.从传播到传真的博弈与对接——《史记》外文译本述评[J].渭南师范学院学报,2016(18):58-66.

[6] 张斌.杨宪益、戴乃迭英译本《史记·李将军列传》翻译技巧初探[J].英语教师,2016(7):133-135.

[7] 司马迁.史记[M].北京:中华书局,2013.

[8] 司马迁.史记[M].韩兆琦,评注.长沙:岳麓书社,2004.

[9] 司马迁.史记选[M].杨宪益,戴乃迭,译.北京:外文出版社,2001.

[10] 陈胤谷,姬广礼.认知视角下《京华烟云》的显化策略分析[J].语文学刊,2010(8):77-79.

[11] 王正元.概念整合理论及其应用研究[M].北京:高等教育出版社,2009.

[12] HATIM B, MASON I. Discourse and the Translator [M]. Shanghai: Shanghai Foreign Language Education Press, 2001.

试论《史记菁华录》选文思想及其评论特点

凌璐丝

(渭南师范学院 人文学院,陕西,渭南 714099)

摘 要:清代姚祖恩选编的《史记菁华录》以列传三十三篇,世家九篇,本纪、书、表序各三篇的构成为读者较为全面均衡地呈现了《史记》的面貌。所选篇目中,体现了作者认为"奇志"是《史记》之精华所在的思想,《史记》的不同篇目反映了司马迁"发愤著书"的血性之奇、人物形象之奇、史实之奇、文辞之奇、文章结构布局之奇的多种意义。同时,姚祖恩的评论形式以眉批、夹批、篇末评语为主,语言简洁凝练,紧扣语境,从鉴赏与美学角度出发,帮助读者疏解字句,注重微言大义的发掘。为评注方法和《史记》研究提供了重要借鉴。

关键词:《史记菁华录》;司马迁;选文思想;评论特点

基金项目:2013 国家社科基金重大项目:中外《史记》文学研究资料整理与研究(13&ZD111);国家社科基金项目:《史记》选本研究(11XZW005)

作者简介:凌璐丝(1990—),女,西安市临潼区人。渭南师范学院教师,香港教育学院硕士研究生,主要从事中国文学研究。

一、绪言

(一)《史记》的篇章体例

《史记》系纪传体通史,一百三十卷,西汉司马迁著,约成书于汉武帝征和年间。"史记"一词,东汉之前乃一切史书之统称,后始为司马迁史书之专称,原书最初被称作《太史公书》,到东汉桓帝才改称为《史记》。此书体例为纪传体之滥觞,分为十二本纪、十表、八书、三十世家、七十列传,以本纪、世家和列传为主体,故名纪传体。记载了上自黄帝,下至汉武帝征和三年共三千年的历史。司马迁撰写《史记》的目的在于:"究天人之际,通古今之变,成一家之言。""原始察终,见盛观衰。"[1]742 从整体上评述《史记》的篇章结构,笔者认为《史记》是在本纪、世家、列传、表和书五部分内容相互补充、相互协调形成的统一整体。本纪、世家、列传多记人物事迹。《史通》中评价本纪:"纲纪庶品,网罗万物,论篇目之大者。"[2]54 本纪所记录多为记帝王事迹(或名未为帝,但实际历史地位或功绩与帝王相当者),世家多记诸侯王或功臣事迹,列传多记社会各阶层人物事迹。学者张亚玲在《史记文学研究》中认为:"从阶级属性与历史地位来说,三者呈下降趋势;从数量上来说,由十二而三十而七十,所囊括人物逐渐增加,呈金字塔结构;从对全书的地位与功能来看,本纪提纲挈领地总括一时历史大事,对全书尤其是世家与列传具有统领提挈的作用,二者在此纲领之下展开对具体人事的描摹,演绎本纪之内容。"[3]18

表以年经事纬的方式列举历朝历代大事件,书主要记载以汉代为主的礼乐制度与天文历法等内容。总体来看,《史记》以本纪、世家、列传为主,表、书作为历史的详尽补充,共同构成了这部详略得当、兼容并包的巨作。

(二)历代选读《史记》概况

《史记》可谓自完成之日至今一直受到各朝各代学者的广泛关注。无论是作为历史读本还是文学书籍,历代学者《史记》研究都包罗万象。据学者张亚玲统计:从汉至清,《史记》研究的专著多达101部,文章1435篇,涵盖了典章名物、地理沿革、史实正误、文字校勘、音韵训诂以及读法、点评等领域,成果不可谓不丰硕。下面对历代选读《史记》的情况略述一二。

《史记》研究的萌芽期要追溯到汉魏六朝。该时期评论重点是司马迁的思想归属与《史记》的取材特点。扬雄、班氏父子、刘勰、张辅、葛洪等人都对《史记》有所评价,虽然这些评论褒贬不一,而且较为零散,未经过系统整理,但这些也可以归纳出《史记》在那个年代的影响力。至于选读《史记》的现象,则早在东汉初年就已经出现了。如据《后汉书·窦融传》记载,汉光武帝就出于一定的政治目的,让人将《史记》的相关篇目抄出赐给别人:"(光武)帝深嘉美之,乃赐融以外属图及太史公《五宗(世家)》《外戚世家》《魏其侯列传》。"[4]805这是一种较早而简单的《史记》选本。另据《隋书·经籍志》有"《史要》十卷,汉桂阳太守卫飒撰,约《史记》要言,以类相从"[5]961的内容。这自然是一种较为成熟的《史记》选本,说明选读《史记》在东汉时期已经不是个别现象。

其次就是东汉对《史记》的研究中,班氏父子可作为东汉学者的代表。他们也对《史记》有所继承,并就某些篇章提出了批评。提出了著名的"史公三失":"是非颇谬于圣人,论大道则先黄老而后六经,序游侠则退处士而进奸雄,述货殖则崇势利而羞贱贫,此其所蔽也。"[6]3580

三国到魏晋时期,选读《史记》的著作数量有所增加,《隋书·经籍志》中就记载:"《史汉要集》二卷,晋祠部郎中王蔑撰。抄《史记》,入春秋者不录。《三史略》二十九卷,吴太子太傅张温撰。《史记正传》张莹撰。《正史削繁》九十四卷,阮孝绪撰。"[5]961《旧唐书·经籍志》对此又进行了补充,这时期还有"《史要》三十八卷,王延秀撰。《合史》二十卷"等《史记》选读著作。

南朝刘勰将《史记》的特点总结为"实录无隐之旨,博雅弘辩之才,爱奇反经之尤,条例踳落之失"[7]241四个方面。但是南朝梁代最为著名的文学总集《文选》由于编辑选文标准及体例的因素,没有从《史记》中选文,只选录了司马迁的《报任少卿书》)。

接下来是《史记》研究快速发展的时期——唐宋。在这段时期,相关的研究从质与量来说都更上了一个台阶。该时期以注释《史记》为亮点,张守节的《史记正义》与司马贞的《史记索隐》便是《史记》注释史上的代表佳作,与南朝刘宋裴的《史记集解》并称为"《史记》三家注"。其后以韩、柳为代表掀起的古文运动使《史记》得到进一步推崇。甚至学者俞樟华称:"《史记》在文学史上的不朽地位,是在唐朝奠定基础的。"[8]17

唐代选读《史记》的除了魏徵奉敕编撰《群书治要》,选录两卷《史记治要》,主要是从有利于统治者治理天下的角度进行选录之外,其他学者及文人多是选读之后,对某一个历史人物的赞叹与惋惜之情等,如李白阅读《史记·伯夷列传》后,写了一首《笑歌行》云:"巢由洗耳有何益,夷齐饿死终无成。"[9]509唐代诗人王珪在选读了《高祖本纪》后写了一首《咏汉高祖》:"汉祖起沛丰,乘运似跃麟。手奋三尺剑,西灭无道秦。"[9]509当然以杜牧读了《项羽本纪》之后所写《题乌江亭》最为有名:"胜败兵家事不期,包羞忍耻是男儿。江东子弟多才俊,卷土重来未可知。"[9]466对历史悲剧人物的惋惜之情溢于言表。

在宋代,古文大家欧阳修、曾巩、王安石等均继承了韩、柳古文传统,提倡学习《史记》文法,尤其重视行文之脉络。在宋代出现了一些比较重要的文学总集选录《史记》篇章,例如真德秀的《文章正宗》、楼昉的《崇古文诀》、倪思的《班马异同》等;也有吕祖谦的《史记详节》等专门的《史记》选本。

元代,虽有戴表元《史记》人物论九篇,罗璧、黄潜等人考证《史记》疑义之作,刘因、马端临、王恽等人也对司马迁史才和体例创新之功予以肯定,但若从研究角度看,相比唐宋,则要岑寂很多。

明清的《史记》研究呈现出空前繁荣的局面,尤其是评点《史记》,构成了整个《史记》研究史上绝无仅有的壮阔景观。杨慎、何孟春、唐顺之、王慎中、董份、钟惺等人,均有《史记》评点之作。其中尤以归有光、茅坤等为代表。归有光一生评点《史记》数十次,对其叙事技巧做了肯定,以为:"事迹错综处,太史公叙得来如大塘上打纤,千船万船不相妨碍。"[10]160 茅坤在其《史记抄》中,主张学习《史记》之"风神"。同时,他还对充溢于《史记》中强烈的感情与艺术感染力予以发掘:"盖各得其物之情而肆于心故也,而固非区区句字之激射者。"[11]16

明代《史记》选读的著作还有凌稚隆的《史记纂》等。而清代数量就更多了,选文更为细致,评点更为精辟,体现出多样性的选录标准。如清人汤谐《史记半解》、王又朴《史记七篇读法》、储欣的《史记选》、吴敏树的《史记别钞》、高嵝的《史记钞》等。当然本文着重介绍的《史记菁华录》则是其中最为重要《史记》选本。

近现代以来,司马迁与《史记》的研究队伍日益壮大,除司马迁的生卒年份、生平家世及《史记》的名称、断限、取材、缺补、义例等具体问题的考证外,对《史记》的综合集成研究,使《史记》研究领域呈现出新气象。这一时期《史记》选本数量较多,不同的学者都能选出自己心目中的《史记》精华部分。例如近代较为有名的《史记》选本有秦同培《白话史记读本》、胡怀琛选注《史记》、中华书局《史记精华》,王伯祥《史记选》,杨家骆《史记今释》,李伟泰《史记选读》等。许多儿童类《史记故事》等读物,均是人们广泛阅读《史记》,并进行《史记》普及的选本。司马迁的生平家世研究,主要见于评传类著作。如肖黎、黄新亚、张大可、许凌云诸人的《司马迁评传》,陈雪良的《司马迁人格论》等。

二、姚祖恩《史记菁华录》选文思想

(一)《史记菁华录》题词所体现的选文思想

姚祖恩在《史记菁华录》卷首的"题词"中曾经批评前人阅读《史记》:"徒琅琅于《管晏》《夷》《屈》数传,而不窥其全貌。"[12]5 因而他在节选取材时特别注意尽量给读者呈现《史记》的全貌:《史记菁华录》中的五十一篇,本纪、书、表各占三篇,世家九篇,列传三十三篇,分配比率较为均衡。不过仔细分析所录篇章,我们会发现姚氏并不是简单的充凑和随意的节选,而有一个核心的原则,那就是其评点中出现频率最高的一个概念——"奇"。司马迁有"爱奇"的倾向,早在西汉末的扬雄就曾看出。

(二) 从编选篇目所体现的选文思想

姚祖恩则在《史记菁华录》的选录中具体实践了这一观念。他在所选《太史公自序》的末评中就指出:"《史记》一书,学者断不可不读。"[12]236 这是因为"其文洸洋玮丽,无奇不备",而《史记》之"菁华",即体现在这一方面。按评点中的意思,可以把《史记菁华录》中所选篇章大体分为五类:第一类体现司马迁"发愤之所为作"的创作特点,以《伯夷列传》《屈原贾生列传》《季布栾布列传》《张释之冯唐列传》《游侠列传》等为代表。姚氏在《太史公自序》的眉批中把这些篇章归为"奇志",认为它们最能体现太史公的"精神眉宇"之所在。《屈原贾生列传》的末评中说:"史迁之知灵均,在于至洁中见其一片血性,而其狷介无之况,俱于言外见之。"[12]126 在《季布栾布列传》末评中也说:"特感其为奴不死一节,深服其摧钢为柔一念,便将自己一腔蓬勃,俱要发泄出来。只是赞中'欲有所用其未足也'一句,为一篇《报任安书》骨子。"[12]157

可见"奇志"主要是就其"血骨"而言。这种"奇"是司马迁特有的,可算是最高层次的"奇"了。第二类篇目,以《项羽本纪》《魏公子列传》《淮阴侯列传》《李将军列传》《汲郑列传》为代表,其传主正如姚祖恩在《信陵君列传》(即《魏公子列传》)眉批中所指出的那样,是"史公意中极爱慕之人",其传"亦生平最用意之笔"。因而司马迁的这类传记显得"精神百倍",令人"千载读之,奇气犹存",是人物形象风貌层面的"奇"。第三类则是"奇"之篇,它们在《史记》里最突出,《史记菁华录》中也选录最多。如多记神异怪诞之事的《封禅书》《扁鹊仓公列传》就被选入,姚祖恩在后一篇的夹批中指出:"此等事入唐人手,便成小说,入汉人手,便成文章。"[12]164

可见他把记"奇"事看作是以《史记》为代表的西汉文的重要特点。而对于《史记》中历代帝王将相发迹前后的奇言异行,《史记菁华录》也多有选录,如《越世家》独录传末陶朱公范蠡隐退后的经商活动及救子等事;《高祖本纪》摘选其位微时的种种"贵人"征兆;《匈奴列传》单录冒顿单于发迹夺权的传奇经历。早期的扬雄、应璩等人所谈的司马迁的"奇"主要是就这一层面来说的。第四类入选篇章主要是文辞之"奇",突出表现在对阴阳、纵横之士言论的大量选录上,如《张耳陈馀列传》《淮阴侯传》都选录了秦汉之际的著名策士蒯通游说范阳令和韩信的大段辞令。有策士习气的郦食其、陆贾、伍被等人的言论,也悉数入选。这类作品,正如姚祖恩在《孟子荀卿列传》眉批中所说:"以文字易于浩溥,可以据一篇之胜耳。"[12]99 它们更能体现《史记》文风"奇恣"的特点。最后一类入选的篇章,则侧重于结构布局之"奇",如入选的"三表"(《高祖功臣年表》《秦汉之际月表》《六国表》)的序,姚祖恩说它们:"布局之工,未易测也。"[12]23 在《老庄申韩列传》的眉批中也说:"写来全似画龙之法,风云晦冥之中,乍露鳞爪,而其中莫非龙也。"[12]87《魏其武安侯列传》《酷吏列传》等也主要是因为其结构布局之"奇"而录入的。当然,这五类篇目的划分是相对的,它们在《史记菁华录》中也是有交叉的,但"奇"的选录原则,则贯穿于五十一篇选文的始终。

不过姚祖恩所说的"奇",还附带着另一层的含义。他在《伯夷列传》眉批中指出:"文虽千回百折,而大势截然不乱,眯目者妄托其奇而不识其脉,则亦何奇之有?"[12]84 也就是说,真正的"奇文"要做到整体脉络的贯连。因而,在对所选篇目内容进行删节时,姚氏非常重视这一点,说很多传记:"事或粉糅,而文不能无冗蔓,则掇其精华而略其敷衍。"[12]5 如《项羽本纪》只取项羽的发迹称霸过程、鸿门宴、楚汉交锋、兵困垓下直至乌江自刎,略去了天下形势的交代和项羽与其他诸侯关系的记叙,从而使项羽事业沉浮的主线以及项刘争霸的背景明晰化。《史记菁华录》中经过删节的章段,大多在《史记》原篇中具有相对独立性,而对于全篇都脉络贯连的篇目,只要篇幅不是太长,一般不做删节,而全部录入,如《萧相国世家》。这样的处理,使《史记菁华录》并无割裂支离之弊,也充分显示了姚祖恩的灵活性。

(三)朱自清等学者对《史记菁华录》的评价反映出的选文思想

朱自清在《史记菁华录》序言里面题词一篇,以说明姚祖恩编选的用意。其中他谈道:"这里说摘出一些部分,足以表见《史记》文字的'天工人巧'的,供学者研摩;又把游览比喻读书,游览可以挑选那最胜之处,'顽山钝水'便舍弃不顾,读书可以挑选那精粹之处,随事敷衍的笔墨,便也舍弃不顾;这是文章家的看法,把《史记》认为文学书,与史学家的看法全然不同。其中'事奇则文亦奇'的'奇'字,与跋中'无奇不备'的'奇'字,在评注中也常常用到,并不是'奇怪'或'新奇'的意思,大概'事奇'的'奇'字指其事可供描写而言,'文奇'的'奇'字指其文描写特出而言。但站在史家的立场,不能专取那些可供描写的材料;一事的过场脉络,也不得不叙;趣味枯燥可是关系重要的事迹,也不得不记。这些材料,在文章家看来,便是不奇的事,写成文字,只是寻常的记叙文,便是不奇的文了。"[12]248

由此可以看出,在朱自清看来,姚祖恩是根据文章文学性、鉴赏性的高低进行筛选,也就是说在姚祖恩眼中,《史记》是一部文学书更胜于一部历史书。

三、姚祖恩《史记菁华录》的评论特点

(一)评论的形式:眉批、夹批、篇末评语

眉批、夹批每篇都有,侧重品评篇章中的字、句、段;篇末评语则侧重于品评全篇的总体立意,但并非每篇选文都有。《史记菁华录》的评点,大致像明清小说评点体例一样,分为夹批、眉批和末评。夹批一般都较为简洁,有的用来疏解字句含义,帮助读者理解文章。然而它又不像注释那样呆板,大多紧扣语境,带有主观鉴赏的性质。例如

《廉颇蔺相如列传》中"秦王与群臣相视而嘻"的"嘻"字,历来有把它解释为"惊而怒"的,也有解释为"惊怪之声"的。姚祖恩夹批道:"想此时真是哭不得笑不得,只一嘻字,传神极矣!"[12]120独不说透,却更有助于引导读者对文章的体会。同一"嘻"字,用在《史记》另一篇《魏其武安侯列传》的"夫怒,因嘻笑曰"句中,姚氏又批道:"活化欲发不得发之状。"[12]175而明确地解释为"嘲弄之笑",反觉于情境未合。有的夹批则起着梳理结构层次、点明章法布局的作用。如《项羽本纪》中项刘成皋对峙的几段描写,初看起来笔墨似乎有些游离,《史记菁华录》则于刘邦的言行下分别标出"能忍一""能忍二"……"能忍六",提醒读者这个地方是在集中揭示刘邦的性格,更进一步说,又是在解释接下来的垓下大战中刘邦得以成为最终赢家的原因。眉批则字数相对较长,嵌入夹批中容易打断阅读进程,又多属题外发挥和宏观归纳,故列于文眉。眉批按其自身的内容和性质,可以分为评事和评文两种。评事就是对《史记》中的某个人物、某个事件或某种现象发表自己的主观看法。从观点来看,并无多少石破天惊之论。然而姚祖恩大多能着眼全篇,不做脱离传文的臆断,因而这类评点较之前代史家,虽深刻不及,通达则过之。评文则是对《史记》文章的章法布局进行分析评述,如《项羽本纪》中钜鹿大战一段,姚氏眉批道:"'当是时'三字重提,笔力奇恣,'冠诸侯'略作一锁,下再展开,皆故作奇恣之笔,以出色描画也。"[12]7

这很能启发读者的美学鉴赏,姚祖恩用力最勤之处,即在此类评点。末评置于《史记菁华录》中二十四篇选文末尾,不是每篇都有,运用上有很大的随意性。内容上类似于眉批,但更富于宏观总结的性质,它们或总评人事,或归纳全传结构布局,阐明史公作传命意。如前所说,姚祖恩并不是一个高明的史家,末评中的人事评点,鲜有闪光之处。但他却可以称得上是一个高明的文章家,篇末对文章的评述,很有见地,能够对读者的阅读起到了提纲挈领的作用。

从以上的分析可见,《史记菁华录》中的夹批、眉批、末评在评点内容上有一定的交叉,但它们又是相互补充,彼此配合,共同服务于文章的鉴赏和评论。这种评点形式立足于细微之处,专注于具体的文体分析,是从文本通向文学理论和文化观念的桥梁,在中国古代文学理论体系的建构中具有重要的地位。

(二)评论的内容:章法结构分析、字法句法讨论、微言大义的发掘。

《史记菁华录》的评点具有文学意义,有些近似于文学批评,这些评语旨在提炼和阐释《史记》的精妙之处。书中精彩、独到、简洁的评语不仅向读者和研究者们展示了《史记》这部巨著各个方面的菁华,而且书中的一些注解对于我们阅读和理解《史记》有很大的帮助。

1. 对叙事的形式法则进行评点

姚祖恩在评点《史记》时已经开始关注《史记》在建构人物纪传时,所呈现出的作为叙事文体的特征。在评点时他对叙事的形式法则进行了标注和评点,如《外戚世家》中就涉及:总叙法,分叙法,原叙法,旁叙法等;《萧相国世家》中点出了正叙萧何功劳的四处,将史公多样化的叙事手法一一点明,使读者明了妙在何处,显示出评点者对于《史记》在叙事文学传统中的价值与意义的重视。

2. 贴近人物语言

《史记菁华录》标注了司马迁刻画人物采用的语言贴近人物性格。如《陈涉世家》中评点人物语言时使用:"数用'吾闻''或闻''或以为'等字,极肖草泽人口吻。"[12]55又《萧相国世家》中评点高祖语言:"用'我'字,妙。是高祖意中语。"[12]65

3. 评注形式多样化

从评点形式来看,姚祖恩的《史记菁华录》主要有眉批、夹批和篇末评语三种。眉批和夹批每篇都有,侧重于品评篇章中的字、句、段;篇末评语于品评全篇的总体立意,但并非每篇都有。从评点的内容来看,有章法结构的分析,字法句法的讨论,微言大义的钩稽。其精妙处有时令人拍案叫绝,深服其别具只眼。虽然个别地方也有穿凿附会,故弄玄虚处,但还是可以看出,作者对于史学与文学都有着相当深厚的造诣。

四、结语

姚祖恩《史记菁华录》是对《史记》的剪裁与选取、解读与评点、编选思想、指导阅读等方面均有独到之处的文学性《史记》选本。杨义先生曾说过:"明清的评点家是把评点的方式作为独特的世界,投入了自己的智慧和生命的。"[13]331他们"以宇宙天地为怀抱的奇书评点世界,是一个生龙活虎的世界。"[13]332"他们由作品体悟着天地之道,阐述着自己的理论见解。"[13]332

姚祖恩在评注《史记》时也倾注了大量的心血和情感,对评注方法和后世文学的发展所作的杰出贡献,是不可磨灭的。

参考文献

[1][汉]司马迁. 史记[M]. 北京:中华书局,1982.

[2][唐]刘知幾. 史通[M]. 上海:上海古籍出版社,1978.

[3]张亚玲. 史记文学研究[D]. 西安:陕西师范大学博士论文,2013.

[4][南朝]范晔. 后汉书·窦融列传[M]. 北京:中华书局,1965.

[5][唐]魏徵. 隋书[M]. 北京:中华书局,1973.

[6][东汉]班固. 汉书[M]. 北京:中华书局,1962.

[7][梁]刘勰著,陆侃如、牟世金译注. 文心雕龙译注[M],济南:齐鲁书社,1995.

[8]俞樟华. 评明清学者论太史公叙事手法[J]. 杭州:浙江师范大学学报,1987.

[9]宋嗣廉. 历代吟咏史记人物诗歌选读[M]. 长春:吉林人民出版社,2008.

[10]归震川,方望溪. 归震川方望溪评点本史记[M]. 武昌张裕钊精刻本,清光绪二年正月.

[11][明]茅坤. 茅鹿门先生文集明万历刻本[M]. 上海:上海古籍出版社,1995.

[12][清]姚祖恩. 史记菁华录[M]. 上海:上海古籍出版社,2007.

[13]杨义. 中国叙事学[M]. 北京:人民出版社,2009.

[14]王长顺. 论史记的叙事张力[J]. 深圳:深圳大学学报,2012(03).

[15]王俊. 论姚苎田史记菁华录的学术价值[J]. 渭南:渭南师范学院学报,2007(6).